Für meine Großeltern

Raphaela-Maria Wegers

Das Wohn- und Sammlungshaus Domnick in Nürtingen

im Kontext der Architektur der 1960er Jahre

MICHAEL IMHOF VERLAG

Mit freundlicher Unterstützung

Umschlag: Haus Domnick, Paul Stohrer, 1967; Südansicht gen Osten.
Vorsatz: Haus Domnick, Paul Stohrer, 1967; Nordansicht, Eingang.
S. 8/9: Haus Domnick, Paul Stohrer, 1967; Blick in Raum 7, 3 und 4 (Salon).
S. 10: Haus Domnick, Paul Stohrer, 1967; Blick auf die kleine Terrasse.
S. 214/215: Haus Domnick, Paul Stohrer, 1967; Südansicht mit Garten.
Nachsatz: Haus Domnick, Paul Stohrer, 1967; Westansicht.

Dissertation zur Erlangung des Doktorgrades der Philosophischen Fakultät der
Christian-Albrechts-Universität zu Kiel

© 2024
Michael Imhof Verlag GmbH & Co. KG
Stettiner Straße 25; D-36100 Petersberg
Tel.: +49 661 2919166-0; Fax: +49 661 2919166-9
info@imhof-verlag.de; www.imhof-verlag.de

Gestaltung und Reproduktion: Anja Schneidenbach, Michael Imhof Verlag
Druck und Bindung: mediaprint solutions GmbH, Paderborn

Printed in EU

ISBN 978-3-7319-1410-5

Inhalt

Danksagung 7

1 Einleitung 11

2 Forschungsstand 13

3 Baugeschichte 16
    3.1 Der Bauherr Ottomar Domnick 16
    3.2 Erste Visionen und Entwürfe 18
    3.3 Das Bauprojekt in Nürtingen 29

4 Das Wohn- und Sammlungshaus Domnick 38
    4.1 Grund- und Aufriss 38
    4.2 Die Innenraumgestaltung 46
        4.2.1 Räume mit primär musealer Nutzung 46
        4.2.2 Der Gäste- und Wohntrakt 54
    4.3 (Nicht-) Realisierte Projekte 56

5 Das Bauprojekt im Gesamtwerk des Architekten 62
    5.1 Paul Stohrer 62
    5.2 Sein Œuvre 63

6 Bautypologische und museologische Kontextualisierung 72
    6.1 Entwicklungsgeschichte von Museen 72
    6.2 Ein Überblick der Museumsbauten im 20. Jahrhundert 76
    6.3 Kunstmuseumstypen 81
        6.3.1 Kunstmuseen und Galerien für zeitgenössische Kunst 81
        6.3.2 Das Privatmuseum 84
    6.4 Einordnung in die Museumsarchitektur 86
        6.4.1 Zur Lage eines Museums 90
        6.4.2 Die Wechselwirkung zwischen Architektur und Kunst 91
        6.4.3 Lichtplanung 94
        6.4.4 Der Grundriss und die Raumordnung 98
        6.4.5 Vergleichende Pavillonmuseen 99
        6.4.6 Vergleichsbauten in Deutschland 105
        6.4.7 Internationaler Vergleich 115
        6.4.8 Einzelformen 125
    6.5 Zusammenfassung 127

7 Das Haus Domnick im Kontext der Wohnhausarchitektur 129
7.1 Die Geschichte des Wohnens im Zusammenhang mit der Villa Domnick 130
7.2 Das ebenerdige Einfamilienhaus 132
7.2.1 Geschichte des Begriffs und die Bauform des Bungalows 134
7.2.2 Der pavillonisierte Bungalow 136
7.2.2.1 Der Barcelona-Pavillon und seine Nachfolger 139
7.2.2.2 Der Kanzlerbungalow in Bonn (Sep Ruf) 143
7.2.2.3 Haus Riedel in Gruiten (Paul Schneider-Esleben) 145
7.3 Der Wohnhausgrundriss und das Raumprogramm 146
7.4 Einzelformen 153
7.5 Der Zeitgeist der Wohnhäuser aus dem 20. Jahrhundert 162
7.5.1 Walter Gropius und die Meisterhäuser des Bauhauses 163
7.5.2 Die Bungalowbauten von Richard Neutra 165
7.5.3 Maison Mairea (Alvar Aalto) 169
7.5.4 Haus Harnischmacher II (1947) und das Boxensystem Marcel Breuers 172
7.5.5 Das Privathaus Oscar Niemeyers (1953) 175
7.5.6 Von Haus Schminke bis Haus Baensch (Hans Scharouns Architektur) 178
7.6 Zusammenfassung 183

8 Einordnung in den Architekturstil der 1950er und 1960er Jahre 185
8.1 Die Architektur nach 1945 186
8.1.1 Die strukturierte Architektur am Haus Domnick 193
8.1.2 Die offene Konstruktion als brutalistisches Motiv 198
8.2 Das Haus Domnick als Festung 206

9 Würdigung 210

Literatur- und Quellenverzeichnis 216

Abbildungsnachweis 233

Danksagung

Die vorliegende Arbeit „Das Wohn- und Sammlungshaus Domnick in Nürtingen im Kontext der Architektur der 1960er Jahre" wurde im März 2023 von der Philosophischen Fakultät der Christian-Albrechts-Universität zu Kiel als Dissertation angenommen.
Ohne die Unterstützung mir wohlgesonnener Menschen und Institutionen hätte sie in dieser Form nicht realisiert werden können. Für die vielfältig erfahrene Hilfe möchte ich mich an dieser Stelle sehr herzlich bedanken.
Mein besonderer Dank gilt zunächst meinem Doktorvater Prof. Dr. Klaus Gereon Beuckers, der das Thema der Dissertation vorgeschlagen und meine Arbeit stets mit viel Verständnis unterstützt hat. Ich danke ihm besonders für seine wissenschaftliche und methodische Betreuung. Die Dissertation entstand im Zuge seines Forschungsprojektes zur Sammlung Domnick, weshalb für ihre Bearbeitung aufgrund der Laufzeit des Projektes nur ein begrenztes Zeitfenster zur Verfügung stand. Ebenso gilt mein Dank Prof. Dr. Klaus Jan Philipp für die Begutachtung und die wertvollen Hinweise.

Für vielfältige Unterstützung bin ich der Stiftung Domnick, insbesondere der Leiterin Vera Romeu, verbunden. Dort wurden meine Forschungen entscheidend unterstützt. Ohne Michael Hörrmann, den damaligen Geschäftsführer der Staatlichen Schlösser und Gärten Baden-Württembergs, hätte es diese Dissertation wahrscheinlich nicht gegeben. Er hat sich sehr dafür eingesetzt und zudem die Finanzierung des Drucks zugesagt. Ihm und seiner Nachfolgerin Patricia Alberth sowie Dr. Petra Pechaček sei dafür herzlich gedankt.
Mein besonderer Dank gilt schließlich meiner Familie, insbesondere meinen Eltern Regina Kolks-Wegers und Dr. Ralf Günter Wegers, die mich mit großem persönlichem und finanziellem Engagement auf meinem Weg begleitet haben. Der größte Dank gebührt meiner Mutter, ohne deren unermüdliche Unterstützung, Stärkung und Motivation die vorliegende Studie nicht möglich gewesen wäre.
Sie alle seien in diese Danksagung eingeschlossen.

1 Einleitung

„Leben und Wohnen mit Bildern" war Ottomar Domnicks Ansporn, ein eigenes Wohn- und Sammlungshaus in Nürtingen, zu bauen. Die Kunstsammlung des Psychiaters und seiner Ehefrau, Greta, umfasst insgesamt 150 Werke, die sie innerhalb weniger Jahre zusammentrugen. Viele Kunstwerke sind von Malern wie Willi Baumeister, Hans Hartung und Fritz Winter. Aufgrund der wachsenden Sammlung wünschte sich das Ehepaar ein adäquates Domizil für die wertvollen Gemälde.

„Architektur, Inneneinrichtung und Bildende Kunst sollen zu einer Einheit verschmelzen, die, von der individuellen Handschrift des Bauherrn geprägt, den individuellen Blick des Betrachters, dessen je eigene ästhetische Erfahrung sowie den gedanklichen Austausch darüber zum Ziel hat."[1]

Die Sammlung Domnick war schon bald nicht mehr in den eigenen Räumen im Stuttgarter Wohnhaus unterzubringen. Deshalb übergab das Sammlerehepaar 1953 die Bilder an die Stuttgarter Staatsgalerie als Dauerleihgabe, nachdem sie dort bereits vom 5. April bis 5. Mai 1952 in einer Ausstellung gezeigt worden waren.[2] Geplant war eine Schenkung an die Staatsgalerie mit der Bedingung, dass die Sammlung geschlossen in einem eigenen Raum präsentiert werden müsse und Domnick selbst den Raum einrichten sowie kuratorisch betreuen dürfe. Dieser Plan zerschlug sich und nach diversen Dissonanzen wurde die Sammlung 1967 an die Eheleute zurückgegeben. Während der schwierigen Verhandlungen, bei denen unter anderem auch ein Besuch der Ausstellung für die Domnicks und ihre Gäste außerhalb der Öffnungszeiten relevant war, entschieden sie sich zur Errichtung eines eigenen Bauwerks nach persönlichen Vorstellungen, in dem die Sammlung in Verbindung mit den Wohnräumen untergebracht werden sollte. Mit ihrem langjährigen Architektenfreund Paul Stohrer suchten sie ein ideales Baugelände und entwarfen ein Bauwerk nach ihren Vorstellungen. 1967 wurden die Arbeiten am Wohn- und Sammlungshaus beendet und die Gemälde konnten aus Stuttgart überführt werden. Seitdem befindet sich die Sammlung in dem einzigartigen Gebäude inmitten eines Naturschutzgebietes auf der Schwäbischen Alb. Neben den Bildenden Künsten sind hier ebenso Literatur, Theater, Film und Musik beheimatet. Das Ehepaar erfüllte sich einen Lebenstraum vom eigenen Privatmuseum, in dem sie gleichzeitig wohnten.

Nach der Trennung der Kunstsammlung von der Staatsgalerie führten die Kunstwerke ein Schattendasein in der kunsthistorischen Fachwelt, die sich auch mit der Architektur des Wohn- und Sammlungshauses in Nürtingen nur wenig beschäftigte. Dabei ist insbesondere die Doppelfunktion des Gebäudes typologisch von erheblichem Interesse für die Museumsarchitektur und den Wohnhausbau der 1960er Jahre. Sammlung und Architektur wurden ab 2021 Gegenstand eines gemeinsamen Forschungsprojektes der Stiftung Domnick, der Staatlichen Schlösser und Gärten Baden-Württembergs und des Kunsthistorischen Instituts der Christian-Albrechts-Universität zu Kiel unter der Leitung von Professor Dr. Klaus Gereon Beuckers.[3]

Das Gebäude erscheint durch sein schroffes, schlichtes und kühles Äußeres als ein Vertreter der modernen Architektur, das zusammen mit der Sammlung, dem Wohnambiente und dem angeschlossenen Skulpturenpark ein Gesamtkunstwerk ergibt.

---

1   Esser 1999, S. 7.

2   Vgl. Stockhausen 1998, S. 179–195. Zuletzt auch Beuckers 2023a, S. 20–24. – Romeu 2023, S. 34–37.

3   Vgl. Beuckers/Hannig 2023.

Unbehandelter Sichtbeton dominiert das architektonische Erscheinungsbild. Der Baustil des ebenerdigen Gebäudes lehnt sich an die französische Architektur des béton brut an, der wesentlich von Le Corbusier geprägten École de Paris. Paul Stohrer, der sich bereits Jahre zuvor mit der Bauweise des rohbelassenen Materials auseinandergesetzt hatte, stand mit dem Bau des Hauses Domnick und der engen Zusammenarbeit mit dem Bauherrn vor einer besonderen Herausforderung.

„Ich wollte umgekehrt: außen schlicht, streng, abweisend, schmale Fensterschlitze, kühle Fassade, klarer Sichtbeton, wenig einladend für Fremde oder für Einbrecher. Erst innen wird es hell, licht, erfüllt vom Leben mit Kunst."[4]

Um den Anforderungen des Bauherrn gerecht zu werden, experimentierte er mit der Optik des Baus, suchte vor allem aber nach einer schlüssigen Verknüpfung einer Museums- und Wohnhausarchitektur zu einem räumlichen Gesamtkonzept.

„Mit dem Haus Domnick wurde ein vollkommen neuer Gebäudetypus geschaffen: Kein mit Kunst ausgestattetes Wohnhaus, sondern ein Museum, in dem gewohnt wird – und nicht nur das, sondern in dem auch noch Aufführungen moderner Musik stattfinden, in dem ein Filmschneideraum eingerichtet ist und in dem der Hausherr so manchen Besucher am Ende des Rundganges in die Garage führte, um ihm auch seine Autos zu zeigen. Mit diesem Haus war Domnicks lang gehegter Wunsch erfüllt: ein Haus zu bauen für seine durch und durch von der Leidenschaft für das Moderne geprägten Interessen, ein Haus vor allem aber ‚für die Kunst und das Gespräch, für die Begegnung'."[5]

Diese typologische Verknüpfung erfordert eine Betrachtung sowohl der Bautradition eines Museums als auch des zeitgenössischen Wohnbaus. Nach einer umfassenden Dokumentation der Baugeschichte, einschließlich des ersten Entwurfs für einen Bau an einem anderen Ort, wird das architektonische Werk von Paul Stohrer vorgestellt und das Domnick-Projekt hierin eingeordnet. Anschließend werden die beiden Gattungen Museumsbau und Wohnbau als Grundlage einer kunsthistorischen Einordnung exemplarisch in den Blick genommen, um vor diesem Hintergrund die Architektur des Hauses Domnick typologisch würdigen zu können. Ein abschließendes Kapitel widmet sich der architektonischen Sprache des Gebäudes im Sinne einer stilistischen Analyse und deren Einordnung in die zeitgenössische Architektur. Ziel der Untersuchung ist die Würdigung der Besonderheiten des Gesamtentwurfs und seiner formalen Umsetzung im Sammlungshaus Domnick in Nürtingen.

---

4   Domnick ²1989, S. 310.

5   Büchner 2004, S. 126.

2 Forschungsstand

Das Wohn- und Sammlungshaus ist bislang innerhalb der kunsthistorischen Forschung wenig beachtet worden. Ottomar Domnick veröffentlichte eigene Publikationen,[6] in deren Fokus allerdings die eigene autobiographische Selbstdarstellung steht. Darüber hinaus geht er auf sein eigenes künstlerisches Wirken als Filmemacher und Autor ein.

In seiner 1977 herausgegebenen Autobiographie „Hauptwege und Nebenwege" beschreibt er ausführlich persönliche Gedanken, Motive und Ideen bezogen auf das Wachstum seiner Sammlung und den Wunsch, ein eigenes Kunsthaus zu besitzen.[7] Detailliert berichtet er über sein Bemühen und seine Schwierigkeiten bauliche Anforderungen, zeitgemäße Stile und Entwürfe für die Umsetzung diverser Sonderwünsche einzuholen. Wichtige Impulse erhielt er aus Fachbüchern und Fachzeitschriften über Stilrichtungen, Architekten, Museen und imposante Bauten.[8] Er thematisiert die komplizierte Planung einer zweckdienlichen Wegführung durch die Ausstellung sowie einer geeigneten Belichtung. Sein Wunsch war es, die Einrichtung im Einklang mit der ausgestellten Kunst abzustimmen. Eine konkrete Rückführung der architektonischen Formfindung bleibt allerdings ungeklärt.

Anlässlich seines 75. Geburtstags erschien 1982 die Dokumentation „Die Sammlung Domnick. Ihre Entstehung. Ihre Aufgaben. Ihre Zukunft" als Ergänzung zu seiner Autobiographie. Neben Dankworten an seine Freunde und Mitarbeiter erklärte er seine pädagogische Verpflichtung, die jüngere Generation an die Abstraktion der Kunst heranzuführen. Einleitend erläuterte er seinen Entschluss zur Errichtung eines eigenen Museums und skizzierte die Zusammenarbeit mit Paul Stohrer.

„Es geht fast allen Sammlern gleich: von einem gewissen Zeitpunkt an sind die Bilder mächtiger als die Umgebung. Sie finden keinen Platz mehr, stehen gestapelt herum oder wandern ins Depot. Und doch will der Sammler mit all seinen Bildern leben, sich von keinem trennen, sie sichtbar um sich haben. [...] Jahrelange freundschaftliche Beziehungen zu dem Architekten Paul Stohrer schufen die Voraussetzungen für einen Entwurf, der absolut unkonventionell ist."[9]

Nach einer chronologischen Wiedergabe, beginnend im Jahr 1945 über seinen Zugang zur Kunst, die Anfänge seiner Sammlung, seine Faszination für die abstrakte Malerei und dem Entschluss, selbst ein Gebäude zu planen und zu bauen, beschrieb er seine Gedanken zu einigen Werken und seine Beweggründe diese zu erwerben. Stolz schilderte er die enge Zusammenarbeit mit Paul Stohrer und „das fruchtbare gemeinsame Erlebnis einer aus dem Nichts entstandenen Architektur".[10]

Ein weiteres Buch mit dem Titel „Mein Weg zu den Skulpturen" erschien 1987. Hier beschrieb er das Zusammenwirken von Kunstsammeln, Bauen, Filmen und Schreiben. Er erklärte, dass alles eine Einheit wäre, aber hin und wieder das eine oder andere mehr im Vordergrund stünde. Seine Sammeltätigkeit brachte er mit dem Wunsch, etwas ins Leben stellen zu wollen, in Zusammenhang. Sein intensiver Kontakt zu Künstlern klang nach dem Tod Willi Baumeisters ab, die Entwicklung der Kunst hin zur Op Art, Pop Art oder Concept Art entsprachen nicht seinen Vorstellungen von Abstraktion.

---

6   Vgl. Domnick 1967. – Domnick, Ottomar und Greta 1982. – Domnick 1987. – Domnick ²1989.
7   Vgl. Domnick ²1989.
8   Impulsgebend waren sicherlich Architektenmonografien sowie allgemeine Bücher zur Architekturgeschichte und Zeitschriften wie die Bauwelt oder Baumeister, die sich mit den Themen Architektur, Städtebau und Landschaftsplanung befassen.
9   Domnick 1982, Ottomar und Greta, S. 6–7.
10 Domnick ²1989, S. 59.

Die Vorläufer, basierend auf Kandinsky's Thesen, wurden abgelöst.[11] Neue Projekte wie das Filmen und Schreiben lösten eine Reaktivierung des Kunstinteresses mit neuen Perspektiven aus. Der Bau des Wohn- und Sammlungshauses lebte auf und der Oberbürgermeister Nürtingens bot ihm das Baugelände auf der Oberensinger Höhe an. „Aus diesem Innenraum nun hinaus in die Natur. Eine Provokation, eine neue Aufgabe: Natur und Kunst zu verbinden."[12] Dieser Leitgedanke bestimmte die Planung seines Skulpturengartens.

Dieser Selbstdarstellung steht eine Vorstellung des Ehepaars Domnick, der Kunstsammlung, des Hauses und des Parks sowie der künstlerischen Veranstaltungen mit Konzerten, Lesungen und Filmeabenden durch den damaligen langjährigen Kurator Werner Esser aus dem Jahre 1999 gegenüber, nachdem dieser die ursprüngliche Hängung durch eine kunsthistorisch kuratierte Neuhängung ersetzt hatte.[13] Das Büchlein blieb wie weitere Kurzaufsätze und Zeitungsartikel bezüglich der Architektur auf einer beschreibenden Ebene.[14]

Für die Blätter der Kulturgemeinschaft des Deutschen Gewerkschaftsbunds verfasste Paul Stohrer 1967 einen einseitigen Text über die architektonische Lösung für das Sammlungshaus Domnick.[15] In der Einleitung bedankte er sich dafür, dass ihm die Ehre zuteilwurde, für den privaten Sammler und anspruchsvollen Bauherrn dieses besondere Bauprojekt ausführen zu dürfen. Im Anschluss erklärte er die hohen baulichen Anforderungen.

Gisela Brackert beschreibt Domnick 1967 als einen der resolutesten Sammler Deutschlands, der sich „weder Kunsthalle noch Bungalow, sondern ein Wohngelände für die Kunst, das noch menschliche Maße hat", hat errichten lassen.[16] Nach einer kurzen Bauskizzierung widmet sie ihre Aufmerksamkeit dem „veritablen" Sammler. Susann Seyfert listet denkmalpflegerische Maßnahmen in 2006 auf wie das Entfernen des starken Weinbewuchses, die Fassadenreinigung und die Sanierung des Betons.[17] Dieter Büchner kommentiert die Sammelleidenschaft des Ehepaares und erörtert die Eigenheiten des Baus in Nürtingen. Der Autor lobt die Gestaltung des offenen Übergangs vom Galeriebereich zur Privatsphäre. Die optimale Belichtung und das passende Mobiliar vollenden die Symbiose von einem Museum und einem Wohnhaus.[18] Die Angaben zur Architektur des Gebäudes beschränken sich auf die Doppelfunktion des Bauwerks und das puristische Baumaterial Beton. Zur Innen- und Außengestaltung sowie zu späteren Sanierungsmaßnahmen werden nur allgemeine Fakten angeführt.

Werner Esser, der Kurator der Domnick-Stiftung Nürtingen, porträtierte 2013 schriftlich den Sammler Domnick und dessen Begegnung mit der abstrakten Kunst in Zeiten des Wiederaufbaus und der Neuformation.[19] Seinen Zugang zur Kunstszene verdankte er der jüdischen Malerin Lily Hildebrandt.[20] Wie ein Galerist unterstützte Domnick Künstler und Ankäufe, organisierte Ausstellungen und vermittelte Kontakte. In diesem Zusammenhang wurde ihm vertrauensvoll der Nachlass des Künstlers Franz Marc in die Hände gelegt. Versuche, dessen Werke innerhalb eines Franz-Marc-Museums im Hause des Künstlers in Ried auszustellen oder die Witwe, Maria Marc, von einer Schenkung des gesamten Nachlasses an die Stadt Stuttgart zu überzeugen, scheiterten.[21] 1947 hatte Domnick anschließend die Idee, ein modernes Museum für abstrakte Kunst am Stuttgarter Schlossplatz zu errichten. Da auch dieses Vorhaben misslang, entschied er sich 1948 dafür, seine Praxisräume in der Gerokstraße zu einem veritablen Privatmuseum umzuwandeln. Des Weiteren beschrieb Esser die freundschaftliche Beziehung zwischen Domnick und Baumeister, dem er sein weitreichendes Verständnis für die Kunst zu verdanken hatte. Zusätzlich widmete sich Esser Domnicks künstlerischer Verlagsarbeit und seinem Debüt als Filmemacher.

Ein Perspektivwechsel bei der Betrachtung des Hauses Domnick ergibt sich bei der näheren Beschäftigung der Arbeiten des Architekten Paul Stohrer, auch wenn dieser deutlich im Schatten prominenter Stuttgarter Architek-

---

11 Vgl. Beuckers 2023a, S. 15–17. Der Autor hat dies auf den Einfluss des Kunsthistorikers Hans Hildebrandt auf die frühe Sammlungstätigkeit von Domnick zurückgeführt.
12 Domnick 1987, S. 34.
13 Vgl. Esser 1999. Einen noch stärker biografischen Zugang bei Esser 2013.
14 Weitere Aufsätze sind u.a. von Brackert 1967. – Stohrer 1967. – Mahringer 1970. – Esser 1992. – Marquart 2002. – Büchner 2004. – Seyfert 2008.
15 Vgl. Stohrer 1967. Gefunden im ASD.
16 Brackert 1967, S. 38.
17 Vgl. Seyfert 2008.
18 Vgl. Büchner 2004.
19 Vgl. Esser 2013.
20 Lily Hildebrandt und ihr Ehemann, der Kunsthistoriker Hans Hildebrandt, waren direkte Nachbarn der Domnicks in der Taubenheimstraße in Bad Cannstatt. Vgl. hierzu auch Beuckers 2023a, S. 14–15.
21 Die Werke Franz Marc sollten nach Domnick als Grundstein eines neu zu gründenden Museums der abstrakten Kunst dienen.

ten wie Paul Bonatz, Rolf Gutbrod und Paul Schmitthenner stand. Durch den Bau von Haus Englisch und dem in Zusammenarbeit mit Hans Paul Schmohl erbauten Rathaus in Stuttgart erlangte er eine gewisse Bekanntheit, weshalb ihm zu Ehren 1999 über ihn in der Architektur-Galerie am Weißenhof in Stuttgart eine Ausstellung gezeigt wurde.[22] Der schmale Ausstellungskatalog mit einem Aufsatz von Max Bächer stellte wesentliche Bauwerke des Architekten vor und berücksichtige dabei auch das Haus Domnick.[23]

Als ehemalige Mitarbeiterin in Stohrers Architekturbüro in Stuttgart legte 2012 die Architektin Ursula Grammel ihre Dissertation über die Bauten ihres Mentors vor.[24] Die Monografie über den Architekten Paul Stohrer erläutert seine wichtigsten Vorhaben entsprechend ihres Bautyps. Die Entwicklung seiner eigenen Architektursprache wird ausführlich diskutiert und auf Vorbilder wie Le Corbusier, Richard Neutra und Oscar Niemeyer zurückgeführt. Das Haus Domnick, seine umfassende Baugeschichte mit diversen Vorprojekten aus den Jahren 1949 bis 1965, eine aktuelle Baubeschreibung und die Planungen möglicher Anbauten sind auf zwanzig Seiten in einem eigenständigen Kapitel zusammengefasst. Grammel begreift das Gebäude weder als Wohnhaus noch als Kulturgebäude und weist ihm einen besonderen Stellenwert innerhalb Stohrers architektonischen Werkes zu. Historische Kontexte, allgemeine Entwicklungstendenzen oder nationale und internationale Vergleiche werden lediglich marginal thematisiert. Der inhaltliche Schwerpunkt der Publikation liegt auf einer personenbezogenen Betrachtung Stohrers. Für das Sammlungshaus werden nur wenige stilistische Bezüge zu Le Corbusier und zum Brutalismus erstellt.

Die einzige architekturhistorische Würdigung des Sammlungshauses ist ein Aufsatz des Stuttgarter Architekturhistorikers Prof. Dr. Klaus Jan Philipp, der das Gebäude in den Kontext wehrhaft anmutender Bauten der 1960er Jahre stellt. Das Sammlungshaus von Domnick und einige andere Bauten charakterisiert er als Phänomene

> „der Architektur der Nachkriegszeit, die neben der ‚emotionale[n] Unterkühltheit' des International Style auch eine plastische Architektur hoher Emotionalität und Imaginationsfähigkeit hervorgebracht hat."[25]

Im Archiv der Sammlung Domnick befindet sich ein umfangreiches Repertoire von Planungsunterlagen und Entwürfen. Greta Domnick stellte nach dem Ableben ihres Ehegatten 1989 Dokumente wie Rechnungen, Briefe und Architekturpläne archivarisch gut sortiert zusammen. Zahlreiche Grundrisse und Ansichten geben Aufschluss über den Planungsprozess bis zum finalen Ergebnis, wodurch die Baugeschichte gut rekonstruiert werden kann. Für die grundlegende Formfindung Stohrers sind jedoch keine Vorstudien und Skizzen vorhanden. Es gibt auch keine dokumentierten Hinweise auf beispielgebende Bauwerke oder fremde architektonische Inspirationen.

Das Haus Domnick als ein Produkt der Nachkriegsmoderne muss im Kontext der Museums- und Wohnhausarchitektur betrachtet werden. Beide Disziplinen sind gut erforscht und werden in zahlreichen Publikationen diskutiert. Daneben ist die Einordnung in die Baustile nach dem Zweiten Weltkrieg relevant, die hinsichtlich ihrer architektonischen Tendenzen behandelt werden, ohne je auf das Haus Domnick Bezug zu nehmen. Methodisch interessant ist die Untersuchung des Architekturhistorikers Werner Durth über die Anpassung an die politischen Entwicklungen sowie den jeweiligen Zeitgeist der deutschen Architekten von 1900 bis 1970.[26] Für das Haus Domnick ist diese Studie wichtig, weil sie sich mit Rezeptionsverhalten auseinandersetzt. Zum New Brutalism gibt es diverse Aufsätze des englischen Architekturkritikers Reyner Banham. Die Architekten Alison und Peter Smithson und Le Corbusier verfassten eigene Schriften über ihr Wirken und ihren Stil, deren Fragestellungen sich jedoch anders orientieren und für die vorliegende Untersuchung eher als Grundlagenmaterial dienen können.[27] Das Fehlen von kunsthistorisch orientierten Baumonografien zu vielen Gebäuden des zweiten Drittels des 20. Jahrhunderts, die oft nur sehr rudimentär publiziert worden sind, wie auch einer für diese Zeit umfassenderen Aufarbeitung des Wohnhausbaus im deutschen Südwesten erschwert die stilistische und motivische Kontextuierung des bereits im Typus ungewöhnlichen Sammlungshauses Domnick. Diese kann deshalb auch nur in einer exemplarischen Diskussion einzelner Aspekte erfolgen und muss bis zur Vorlage eines breiteren Vergleichsmaterials vorläufig bleiben.

---

22 Auf die Einzelwerke Paul Stohrers wird im weiteren Verlauf eingegangen.
23 Kat. Stuttgart 1999.
24 Vgl. Grammel 2012.

25 Philipp 2014, S. 305.
26 Vgl. Durth 1986.
27 Vgl. Banham 1955. – Smithson 1955. – Banham 1966. – Banham 1990. – Elser/Kurz/Chachola-Schmal 2017.

3 Baugeschichte

Dem Bauherrn, Ottomar Domnick, schwebte bereits 1947 vor, in Stuttgart am Schlossplatz ein Museum für abstrakte Kunst zu errichten. Im Gegensatz zu den zeitgemäßen, anonymen und kühlen musealen Räumen träumte er von einem lebendigen Haus der Begegnung, in dem Vorträge gehalten werden und Konzerte stattfinden sollten und in dem ausreichend Platz war für eine Bibliothek. Damit unterscheidet sich das Sammlungshaus Domnick schon seinem Anspruch nach grundsätzlich von einem traditionellen Museum.[28]

> „Das Zusammenleben und das Zusammenwirken sollten im Vordergrund stehen. Der Mensch darf nicht ausgeklammert werden […]. Die Architektur soll sich hier unterordnen, den Künsten dienen, sich nicht eigenwillig vordrängen oder gar unökonomisch werden."[29]

Seit den 1950er Jahren ist Paul Stohrer aktiv an der Realisierung Domnicks Museums-Wunsch beteiligt. Für die Laufbahn und das Spätwerk des Architekten wird das Sammlungshaus eine herausragende Rolle spielen.

Im Folgenden wird die bewegte Baugeschichte von geplanten Projekten und anfänglichen Entwürfen bis zum heutigen Wohn- und Sammlungshaus in Nürtingen beschrieben. Einführend werden das Leben des Ehepaars Domnick, ihre Sympathie zur Kunst und ihr Wunsch, ihre eigene Sammlung öffentlich zu präsentieren, vorgestellt.

3.1 DER BAUHERR OTTOMAR DOMNICK

Der Psychiater, Kunstsammler, Filmemacher und Musiker Ottomar Wolfgang Johannes Domnick wurde am 20. April 1907 in Greifswald als zweiter Sohn des Rechtsanwaltes Theodor Domnick und der Lehrerin Hildegard Domnick geboren.[30] Ab 1927 studierte er Medizin in Berlin, München, Greifswald, Paris, Innsbruck und Rostock. Anschließend absolvierte er die Facharztausbildung zum Neurologen in Berlin, Hamburg und Frankfurt am Main, wo er seine Ehefrau Margarethe Gerhardt (Greta) kennenlernte. Sie wurde am 15. Oktober 1909 in Wongrowitz bei Posen geboren und studierte ebenfalls Neurologie sowie Gehirnchirurgie. Nach Ottomars Anerkennung als Facharzt für Nerven- und Geisteskrankheiten heiratete das Ehepaar 1938, ließ sich in Stuttgart nieder und betrieb in der Poststraße eine Praxis für Neurologie und Psychiatrie. Während des Zweiten Weltkrieges war Ottomar Domnick von 1942 bis 1945 in Russland als Arzt verpflichtet, während Greta in Stuttgart die Praxis allein weiterführte. Aufgrund der Bombardierung des Wohn- und Praxisgebäudes bezogen sie nach Ottomars Rückkehr neue Praxisräume in der Gerokstraße nahe dem Bubenbad. Ab 1950 wurde die Praxis kontinuierlich zu einer Privatklinik erweitert und bis zum Verkauf der Räumlichkeiten 1987 geführt. In seiner Freizeit begeisterte sich Ottomar Domnick für extravagante Sportwagen, wodurch er mit berühmten Rennfahrern und Paul Stohrer in Kontakt kam.[31]

Die Domnicks waren leidenschaftliche Kunstsammler und Förderer der neuen, abstrakten Kunst. Ihr Interesse

---

28 Vgl. Esser 1999, S. 7.
29 Domnick, Ottomar und Greta 1982, S. 6.
30 Zu Ottomar und Greta Domnicks Leben vgl. Domnick ²1989. – Domnick 1982, Ottomar und Greta. – Domnick 1987. – Esser 1999, S. 51–55. – Romeu 2023.

31 Der Bauherr und sein Architekt teilten die Leidenschaft für rasante Sportwagen. Romeu 2023.

und ihr Enthusiasmus Kunst zu sammeln, wurde durch die enge Freundschaft mit Willi Baumeister geweckt und von ihm begleitet.[32] Die Beziehung zu dem zeitgenössischen Maler führte sie in das Künstlermilieu ein. Ab 1947 veranstalteten die Domnicks in ihren Praxisräumen einen Ausstellungs- und Vortragszyklus mit Werken von Fritz Winter, Otto Ritschl, Willi Baumeister, Max Ackermann sowie Georg Meistermann. Im Anschluss der ersten Ausstellung wurde eine Publikation „*Die schöpferischen Kräfte in der abstrakten Malerei*" herausgebracht.[33] Ihre Förderung der avantgardistischen Künstler und ihrer Werke begünstigten die Anerkennung der umstrittenen abstrakten Kunst in Deutschland. Die gute Beziehung zu Willi Baumeister und das Engagement der Kunstmäzene belebten den deutsch-französischen Kulturaustausch. 1948/49 wurde Baumeister dazu eingeladen, eine Sektion für eine kleine Gruppe deutscher Künstler für den *3e Salon des Réalités Nouvelles*[34] zusammenzustellen. Dieser übergab die Aufgabe an Ottomar Domnick, wodurch dieser plötzlich länderübergreifend als Kurator aktiv wurde.[35] Beeindruckt von der Kunst, die er im Zuge dieser kuratorischen Tätigkeit in Frankreich kennenlernte, entwarf er die Wanderausstellung „Französische abstrakte Malerei" in Deutschland und übernahm neben organisatorischen Aufgaben die gesamte Öffentlichkeitsarbeit und die Verantwortung für die Finanzierung.[36] Ziel des Projektes war die „Völkerverständigung durch Kunst sowie Vermittlung und Verbreitung der Abstraktion".[37] Die Erfahrungen und neuen Kontakte weckten Domnicks Interesse für weitere Ausstellungen.[38]

Die erste Ausstellung der Privatsammlung von Domnick in einer geschlossenen Präsentation erfolgte 1952 in der Stuttgarter Staatsgalerie. Die beabsichtigte Schenkung seiner Sammlung an das Land Baden-Württemberg wurde 1961 nach kontrovers geführten Verhandlungen aufgegeben.

In den Niederlanden erfuhr die abstrakte Malerei indessen zunehmende Aufmerksamkeit. 1953 wurde die Sammlung Domnick im Stedelijk Museum in Amsterdam und anschließend im Palais des Beaux Arts in Brüssel ausgestellt. Weitere Ausstellungen der modernen Kunst folgten und Kontakte zu anderen Sammlern wie Albert Schulz-Vellinghausen entstanden.[39] Großmütig schenkte Domnick dem Museumsdirektor und Kunstsammler des Kaiser-Wilhelm-Museums, Paul Wember, ein Bild von Helmut Macke „Der barmherzige Samariter".[40]

Seit den frühen 1950er Jahren engagierte sich Domnick auch als Filmemacher. Sein erster Film „Neue Kunst-Neues Sehen" wurde 1951 in Stuttgart aufgeführt und erhielt 1952 den Deutschen Filmpreis.[41] 1954 wurde sein erster Dokumentarfilm „Willi Baumeister" gezeigt. Nach dem Tod Baumeisters (1955) wuchs Domnicks Enttäuschung über die Entwicklung der Malerei zunehmend und alternativ konzentrierte er sich auf eine Karriere als Filmproduzent. 1957 entstand sein erster Spielfilm „Jonas", für den er den Deutschen Filmpreis in den Kategorien Kamera, Musik und Nachwuchsdarsteller und zusätzlich einen Bambi erhielt. Zusammen mit seiner Frau Greta drehte er acht Filme, die die gesellschaftlichen und politischen Themen der Zeit wie Atomkrieg, Vereinsamung und Umweltzerstörung dokumentierten. Seit Mitte der 1960er Jahre widmete er sich im Zuge seiner Neubauplanungen erneut der Kunst. Der Traum, ein Haus für die Kunst, um diese adäquat präsentieren zu können, veranlasste Domnick 1965 sämtliche Planungsalternativen wie den Ausbau seiner Praxis zu verwerfen und den Bau eines eigenen Privatmuseums zu beschließen. Ein nicht unerheblicher Impuls dafür dürfte der Bau des Atelierhauses des befreundeten Künstlerehepaares Hans Hartung und Anna-Eva Bergman in Antibes an der Côte d'Azur gewesen sein, für das Hartung ab Mitte der 1960er Jahre viele Entwürfe zeichnete und den Bau sehr eng begleitete. Ottomar und Greta Domnick hatten bereits Ende der 1950er Jahre ihren Freund und Architekten Paul Stohrer engagiert, ihnen ein Haus zur privaten als auch musealen Nutzung zu entwerfen. „Wohnen und Leben mit den Bildern" war der Leitsatz.[42] Der erste Entwurf für ein Bauwerk in Kirchheim/Teck

---

32 Sein Atelier war in unmittelbarer Nähe zu den Praxisräumen, was die Freundschaft förderte.
33 Das Werk zählt zu den Pionierwerken der Kunstliteratur der Nachkriegszeit. Vgl. Domnick 1947.
34 Der *Salon des Réalités Nouvelles* ist neben der Biennale in Venedig die wichtigste Plattform für zeitgenössische Kunst. Vgl. Schieder 2005, S. 94.
35 Vgl. Schieder 2023, S. 41–42. – Salm-Salm 2023, S. 131–132.
36 Vgl. Schieder 2005, S. 91–98
37 Schieder 2005, S. 106.
38 Vgl. Domnick 1982, Ottomar und Greta, S. 22–24.
39 Der deutsche Kunstsammler und Kritiker stiftete nach seinem Ableben seine imposante Sammlung der Ruhr-Universität Bochum. Vgl. Domnick 1982, Ottomar und Greta, S. 27.
40 Vgl. Domnick 1982, Ottomar und Greta, S. 26–27.
41 Domnick ²1989, S. 226 f. Zu den Filmen vgl. Minas 2023.

zerschlug sich spontan. Ein zweckmäßiges Grundstück wurde bald darauf in Nürtingen auf der Oberensinger Höhe gefunden. Hier sollte die Kunstsammlung dauerhaft ausgestellt werden können. Am 15. September 1966 fand die feierliche Grundsteinlegung des Bauvorhabens statt.

Bauherr und Architekt lernten sich in den 1950er Jahren durch Verbindungen ihrer privaten Freundeskreise kennen. Ihr gemeinsames Hobby, die Leidenschaft für extravagante Autos, brachte sie zusammen. Ihre ähnlichen Charaktereigenschaften, ihr Hang zum Perfektionismus und ihre Passion für Malerei, die für beide untrennbar von der (Innen-) Architektur war, begünstigten die enge Zusammenarbeit. „Bilder sind anspruchsvoll. Sie verlangen ihren Platz, ihr Licht, ihre Umgebung. […] Sie öffnen sich, wenn die Umgebung ihnen entspricht."[43]
Nach der Fertigstellung und Einweihung des Sammlungshauses am 20. Oktober 1967 widmete sich Domnick einem neuen Projekt und etablierte ab 1973 Cellokonzerte in seinen Räumlichkeiten. Bis 1987 fanden hier 16 Cellokonzerte mit internationalen Cellisten statt.[44] Der umtriebige Kunstliebhaber intensivierte schließlich ab 1977 die Erweiterung um einen Skulpturengarten.[45] 1986 beschloss Domnick seine aktive Sammeltätigkeit zu beenden.

1977 wurden die Verhandlungen mit dem Land Baden-Württemberg über eine eventuelle Schenkung erneut aufgegriffen, um die Ausstellung der umfangreichen Sammlung für die Zukunft zu sichern. Das Ergebnis war ein Erbvertrag mit dem Bundesland.

In seinen letzten Lebensjahren verfasste Domnick einige Schriften, unter anderem eine Autobiographie (Hauptweg und Nebenwege) sowie eine Dokumentation über „Die Sammlung Domnick".[46] Darüber hinaus verlieh er regelmäßig zwei Preise für junge Künstler: den Domnick-Film- und den Domnick-Cello-Preis.

Am 14. Juni 1989 verstarb Ottomar Domnick nach schwerer Krankheit in der Universitätsklinik in Tübingen. Seine Ehefrau Greta entschied sich am 6. März 1991 für den Freitod.[47]

Ottomar Domnick und sein Engagement für Kunst verhalf der abstrakten Malerei in Deutschland zur Anerkennung. Sein Eifer, Kunst und das Interesse für Kunst den Menschen näher zu bringen, hat sich nachhaltig bewährt. Seinem exzentrischen und eigenwilligen Wesen ist es zu verdanken, dass die Nachwelt eine so beeindruckende Sammlung und ein außergewöhnliches Gebäude erhalten hat.

„Wir ließen uns nur selten von Kunstkritikern oder Galeristen beraten. Wir wollten unbeeinflusst bleiben. Das ist auch ein Lebensprinzip: die Unabhängigkeit zu wahren, selbstständig zu bleiben, Entschlüsse allein zu treffen […] Auf eine starre Linie war ich nie festgelegt, und doch hat die Sammlung ein einheitliches Gesicht. […] Doch auch in Zeiten, da neue Interessen in den Vordergrund traten, habe ich mich nie von der Malerei entfernt."[48]

3.2 ERSTE VISIONEN UND ENTWÜRFE

Ottomar Domnick und seine Frau Greta hatten schon zu Beginn ihrer Ehe eine Vorliebe für Design und Architektur. Der Stuttgarter Kunsthistoriker Hans Hildebrandt, einer der Wegbereiter der klassischen Moderne in Südwestdeutschland, beschrieb 1941 die geschmackvoll eingerichteten Wohn- und Praxisräume in Bad Cannstadt.[49] Hohe und weite Verbindungstüren und der bewusste Einsatz von neutralen Farben erlaubten die Geschlossenheit der Einzelräume und zugleich eine offene Raumfolge. 1946 bezog das Ehepaar ein Haus in direkter Nachbarschaft zu Hans Hildebrandt in der Gerokstraße 65 in Stuttgart. Aus dieser Verbindung resultierten weitere Freundschaften, insbesondere mit Willi Baumeister, der ihre ersten Kunstankäufe vermittelte. Innerhalb kürzester Zeit bauten die Domnicks eine eindrucksvolle Kunstsammlung auf, die sie ab 1947 in den Praxisräumen in regelmäßig stattfindenden Ausstellungs- und Vortragszyklen ausstellten.

1949 wurden Sammlung und Wohnen erstmals in den Praxisräumen miteinander verbunden. Der Architekt und Künstler Otto Schenk verknüpfte die Räume für die Ausstellung und den Wohnbereich im Stil des Bauhauses. Einige Möbel hatte Domnick selbst entworfen. Hans Hildebrandt beschrieb die Räumlichkeiten als

---

42 Grammel 2012, S. 130.
43 Domnick, Ottomar und Greta 1982, S. 6.
44 Ottomar Domnick spielte seit seiner Kindheit selbst Cello. Sein musikbegeisterter Vater legte auf diese Ausbildung sehr viel Wert, weshalb die Familie stets von der Musik begleitet wurde.
45 Domnick, Ottomar und Greta 1982, S. 6.
46 Vgl. hierzu Beuckers 2023a, S. 23.
47 Vgl. Büchner 2004.
48 Domnick, Ottomar und Greta 1982, S. 31.
49 Vgl. Hildebrandt 1941. – Beuckers 2023a, S. 14.

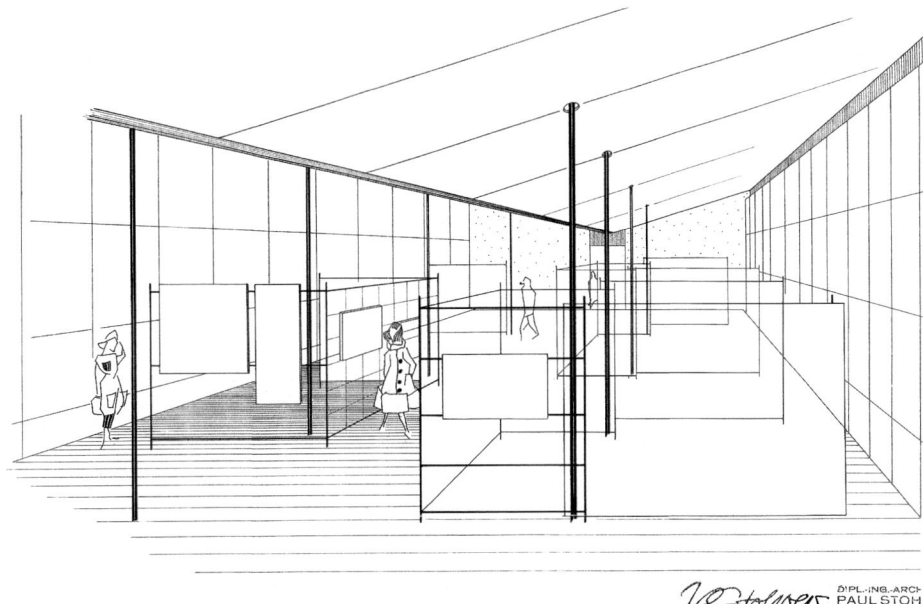

Abb. 1 Paul Stohrer, Umbau des Säulensaals der Stuttgarter Staatsgalerie, 1958; Innenraumperspektive.

„Heim, in dem ärztliches Wirken, moderne Einrichtung und abstrakte Kunst sich in Eintracht zusammenfinden."[50] Die lichtdurchfluteten Innenräume mit weißen Wänden auf unterschiedlichen Ebenen waren puristisch eingerichtet und gewährten spannungsvolle Durchblicke.

In den 1950er Jahren sollten weitere Um- und Ausbauten der Praxis- und Wohnräume erfolgen. Der Architekt Chen Kuen Lee plante eine Aufstockung und den Ausbau des Dachgeschosses, jedoch wurden diese Entwürfe nicht realisiert.[51] 1958 bekam Paul Stohrer diesen Auftrag, der fortan als „Hausarchitekt" für Domnick tätig war.[52] In den 1960er Jahren begann Stohrer mit dem Ausbau und der räumlichen und funktionalen Veränderung der Praxis- und Wohnräume.

Trotz des Zugewinns an Fläche wurden die Räumlichkeiten in der Gerokstraße für die wachsende Kunstsammlung zu klein. Auf Anraten seines Künstlerfreundes Hans Hartung beabsichtigte Domnick 1951 seine inzwischen mehr als 150 Werke umfassende Sammlung der Staatsgalerie Stuttgart zu stiften. Diese Schenkung war jedoch an Bedingungen geknüpft. Seine Sammlung sollte als eine Einheit in einem „Domnick-Saal", zu dem er einen exklusiven Zugang forderte, permanent ausgestellt werden. Zusätzlich verlangte er ein Mitspracherecht beim Arrangement der Gemälde. 1952 wurde die Sammlung im Rahmen einer Sonderausstellung im sogenannten „Debus-Saal"[53] der Staatsgalerie erstmals öffentlich gezeigt. Nach anfänglicher Zufriedenheit empfand der Kunstliebhaber die museale Atmosphäre in dem Saal unpassend. Eine Renovierung des Saals wurde abgelehnt und die Sammlung ab 1957 im Depot der Staatsgalerie eingelagert.[54]

Aufgrund der schlichten Architektur und des fehlenden künstlerischen Ambientes legte Stohrer ein Jahr später dem Museum einen Entwurf für eine mögliche Um-

---

50 Hildebrandt 1949, S. 29.
51 Chen Kuen Lee (1919–2003) war ein selbständiger Architekt in Stuttgart, der insbesondere durch seine Wohnungsbauten im süddeutschen Raum bekannt wurde. Ottomar Domnick lernte ihn bei einem Treffen des Baumeister-Kreises im „Bubenbad" kennen. Seine Entwurfszeichnungen liegen im ASD.
52 Da Domnick von Paul Stohrers Fähigkeiten überzeugt war, empfahl er ihn seiner Schwester Elsa Bitter, die ein Wohnhaus in Bielefeld (1960–61) sowie die Armaturenfabrik Bitter in Brackwede (1962) plante.
53 Debus lehrte seit 1950 an der TH Stuttgart Räumliches Gestalten und Entwerfen. 1951 wurde ihm der Säulensaal in der Staatsgalerie gewidmet.
54 Vgl. Grammel 2012, S. 130–131.

und Neugestaltung des „Dr. Domnick-Saals" für die Sammlung vor.[55] Die Vorstellung Domnicks, eine Raumwirkung wie im Palazzo Reale in Mailand für die Picasso-Ausstellung zu erzielen, lehnte Stohrer ab. Die unterschiedliche Architektur der Säle und der Anspruch einer dauerhaften und einer temporären Ausstellung zu wechselnden Themen wichen zu sehr voneinander ab. Stohrer empfahl daher die Marmorsäulen durch kreuzförmige Stahlstützen zu ersetzen sowie vor den hohen Fenstern Blendrahmen mit einer matten Faserkunststofffüllung für eine verbesserte Verteilung des Tages- und Abendlichts anzubringen. Mit prismatischen Fensterpfeilern und einer geneigten prismatischen Decke sollten weitere Lichtbrechungen und diffuse Lichtführungen erzielt werden. Eine konkave Rampe sollte die Stufen von der Eingangshalle aus ersetzen und eine optische Vergrößerung des Raumes vortäuschen (Abb. 1).[56] Diese räumlichen Veränderungen wären – bis auf den Austausch der Stützen – leicht zu verwirklichen gewesen, fanden aber keine Zustimmung aufseiten der Staatsgalerie.

Des Weiteren kritisierte Stohrer die Präsentation und Beleuchtung der Sammlung. Er schlug „eine Aufteilung mit einer ‚Ordnungslinie' und seitlichen Kojen [vor], die keineswegs gleichartig, sondern jeweils mäanderförmig angelegt sind".[57] Die Baukosten berechnete er mit 80.000 bis 100.000 DM. Dieser Planungsentwurf wurde jedoch aufgrund der zu hohen Kosten abgelehnt. Persönliche Differenzen zwischen Domnick und den Vertretern der Staatsgalerie betrafen den Katalog der Kunstwerke, die Anschaffungspolitik und die Erfüllung des Erbvertrags.

Der Vorschlag der Staatsgalerie, die Bestände in der Vorhalle und im Treppenhaus unterzubringen, war für den Sammler inakzeptabel. Schließlich kündigte Domnick im Frühjahr 1961 enttäuscht das Vertragsverhältnis auf.

Nach diesen erfolglosen Verhandlungen beschloss Domnick seine schon Ende der 1940er Jahre aufkeimende Vision von einem modernen Museum, einem lebendigen Haus für die Ausstellung abstrakter Kunst, für Vorträge, Konzerte und mit einer Bibliothek mit eigenen finanziellen Mitteln umzusetzen. Bereits 1948 hatte er sich ein eigenes Museum für abstrakte Malerei auf einem Bauplatz am Stuttgarter Schlossgarten nahe dem Rosengarten vorgestellt. Die Absicht, ein additiv erweiterbares Gebäude zu errichten, wurde aus unbekannten Gründen nicht weiterverfolgt.[58]

Anfang der 1960er Jahre nahm Domnick dieses Vorhaben wieder auf. Er wollte einen Pavillon im Stuttgarter Weißenburgpark zusammen mit dem Kulturkreis des Bundesverbandes der deutschen Industrie errichten.[59] Auf dem von der Stadt zur Verfügung gestellten Gelände stand eine Villa aus der Mitte des 19. Jahrhunderts (1844), die 1898 vom Stuttgarter Seifenpulverfabrikaten Dr. Ernst von Sieglin erworben wurde. Nach einigen Veränderungen der Parkanlage modernisierte der Architekt Heinrich Henes im Zeitraum von 1912/13 das immer noch beliebte Teehaus und den Marmorsaal für kulturelle Veranstaltungen und legte einen Tennisplatz an. 1956 erwarb die Stadt Stuttgart das Anwesen mit dem leer stehenden Gebäude. Domnick zeigte Interesse an diesem Grundstück, wobei an die kostenlose Nutzung der Abriss der alten Villa geknüpft war. Kohleskizzen von Stohrer dokumentieren einen Museumspavillon aus mehreren Baukörpern, deren gegeneinandergesetzten Horizontalplatten die dominante Struktur betonten. Die Schichtung der kubischen Raumstrukturen sowie markante Betonträger und eine pergolaartige Dachkonstruktion beherrschten das Erscheinungsbild des Baus (Abb. 2). Das Motiv der Schichtung sowie die herausstehenden Balkenköpfe sind nach Ursula Grammel Motive des Metabolismus, einer japanischen Stilrichtung, die versucht auf die Flexibilität der Welt und der Zeit mittels erweiterbarer Großstrukturen zu reagieren.[60] Der Entwurf Stohrers für den Weißenburgpark musste aufgrund der nicht finanzierbaren Kosten verworfen werden, wie schon zurückliegende Projekte.

Das Stützen-Balken-System wurde in den 1960er Jahren zum ästhetischen Symbol einer Architektur für eine sich wandelnde Gesellschaft. Das ehemalige Stadttheater in Mönchengladbach (1957, 2000 abgerissen) und die Stuttgarter Handwerkskammer (1961) konstruierte Stohrer nach diesen Leitlinien. Das fünfgeschossige Hauptgebäude der Handwerkskammer ist ein Stahlbetonskelettbau, dessen äußeres Erscheinungsbild von den

---

55 Vgl. Grammel 2012, S. 131.
56 Gutachten von Stohrer, 11.05.1959, ASD.
57 Gutachten von Paul Stohrer; Umgestaltung Sammlung Dr. Domnick in der Staatsgalerie v. 11.02.1959, S. 1, ASD.
58 Vgl. Schreiben vom 02.01.1948, ASD.
59 Die von Stohrer ausgeführten Planunterlagen befinden sich im ASD. Vgl. Grammel 2012, S. 132–133.
60 Metabolismus [gr. Metabolé = Umwandlung, Veränderung].
61 Vgl. O.N. 1962a.
62 Vgl. O.N. 1962a.

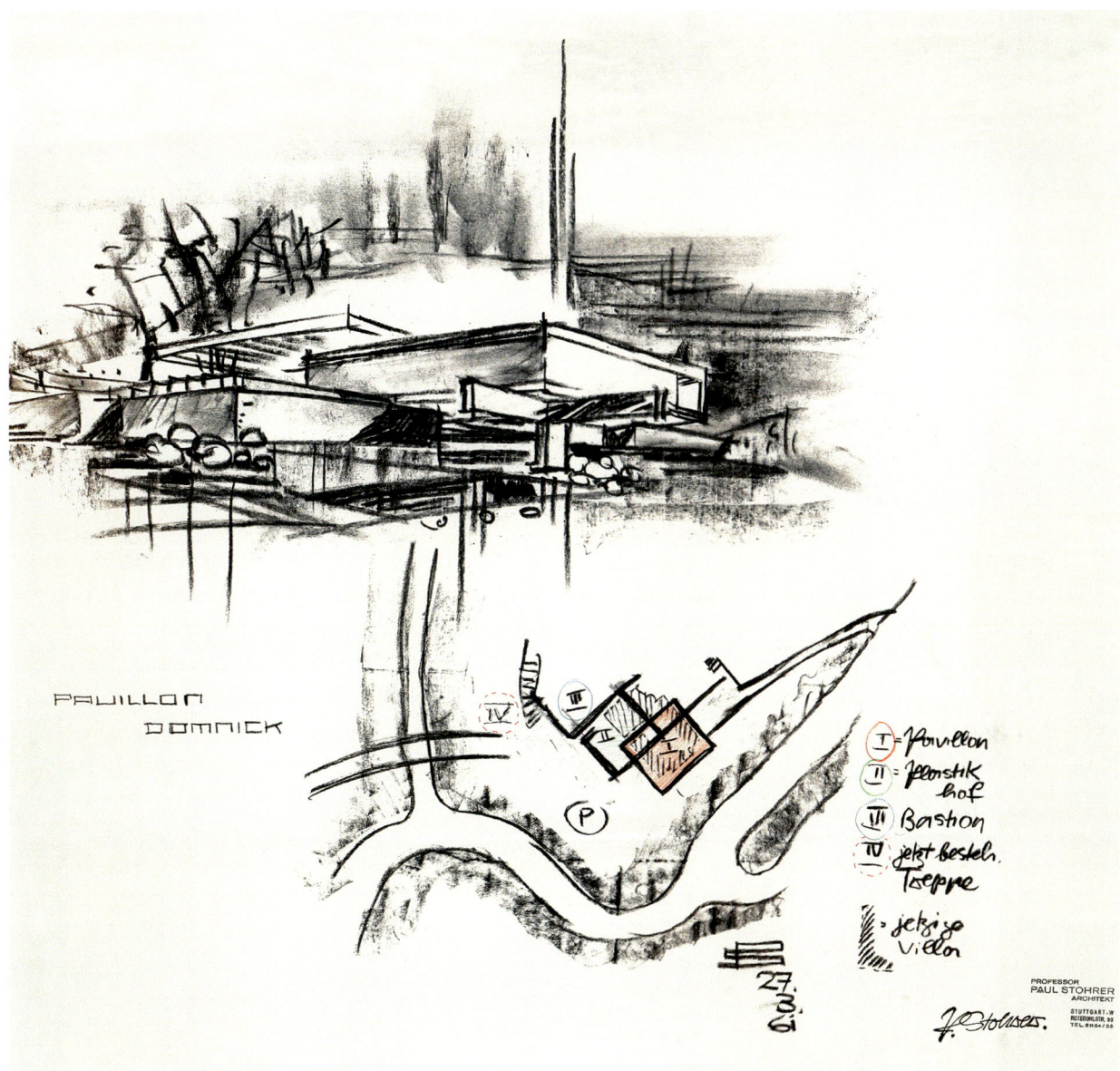

Abb. 2 Paul Stohrer, Pavillon Domnick im Stuttgarter Weißenburgpark, 1961; Perspektivzeichnung.

sichtbaren Außenstützen aus Fertigteilen und den Stahlbeton-Rippendecken gekennzeichnet ist. Dieser Baustil prägte zahlreiche Verwaltungsgebäude, Wohn- und Geschäftshäuser in Stuttgart. Insbesondere das Wirken Rold Gutbrods in den 1950er Jahren bestimmte das Bauen der Nachkriegszeit. Der erste Bauabschnitt des Loba-Hauses in Stuttgart (1948–1952) ist eine erste Formulierung dieser Architektur. Den zweiten Abschnitt realisierte 1953 Stohrer. Gemein haben die prägnanten Gebäude die Zurücknahme von Erdgeschoss und Dachzonen und die massig vorspringenden Brüstungsbänder, die die horizontale Schichtung unterstützen. Verschieden sind im Wesentlichen die Materialwahl und die Proportionen der Fassadenelemente. Das Gebäude kann als typisches Verwaltungsgebäude der 1950er Jahre angesehen werden.

1961 versuchte Domnick seine Kunstsammlung in einem in Erlenbach am Main geplanten Museum „Internationales Kunstzentrum e.V." unterzubringen. Der Verein wollte ein Museum der bildenden Künste des 20. Jahrhunderts errichten, in dem Vorträge, Diskussionen und Kurse über Themen der zeitgenössischen Kunst, Architektur, Musik und Literatur stattfinden und Wechselausstellungen von Malerei, Plastik und Grafik präsentiert werden sollten.[61] Der Entwurf hierzu stammte noch von Le Corbusier, der auch die Ausführung begleiten wollte. Er plante einen rechteckigen Wandelgang in Schneckenform, indem die Besucher auf gleicher Ebene von innen nach außen gelangten.[62] Die rechteckigen Spiralen waren beliebig zu verlängern. Der Eingang des auf Säulen stehenden Gebäudes sollte im Zentrum unter dem Haus liegen. Die Leihgabe der inzwischen 240 Wer-

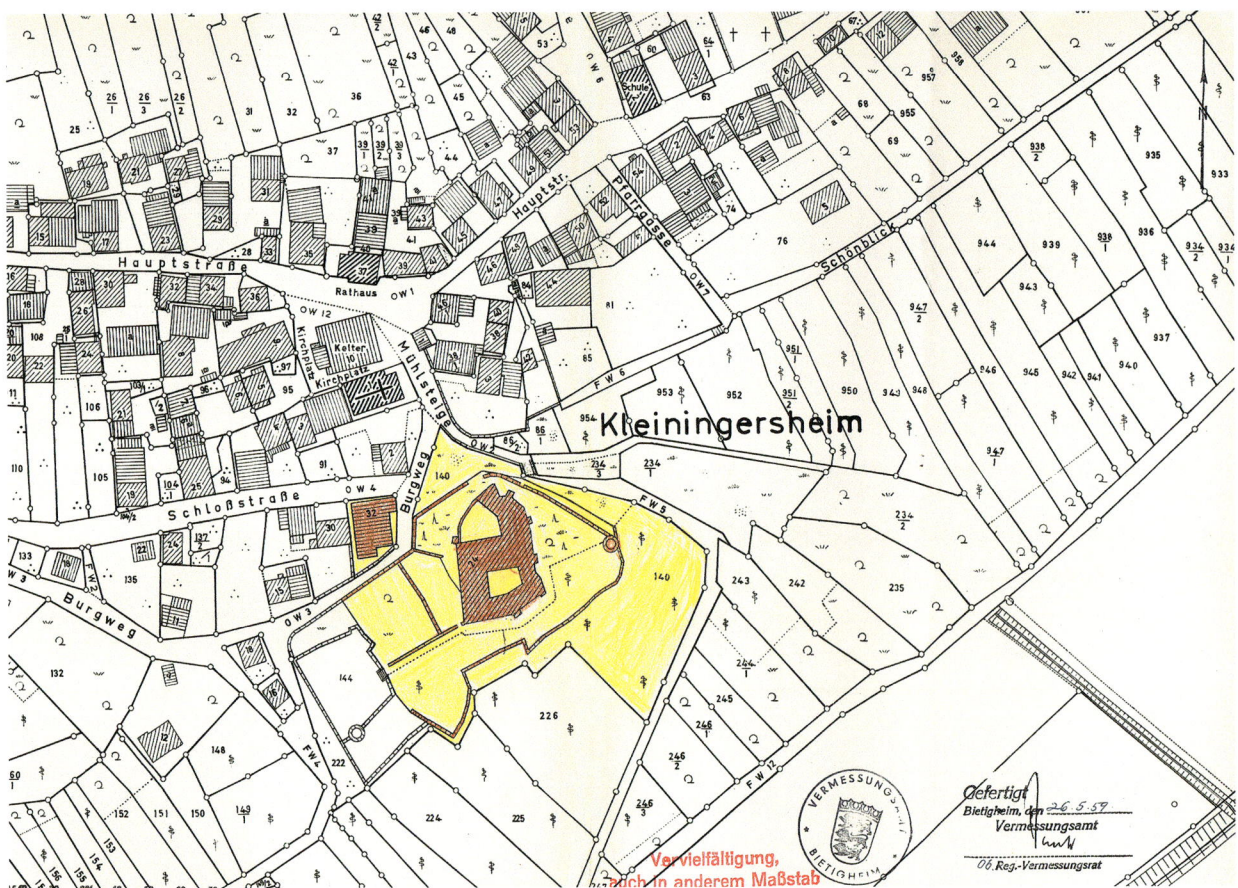

Abb. 3a Klein Ingersheim, 1959; Lageplan.

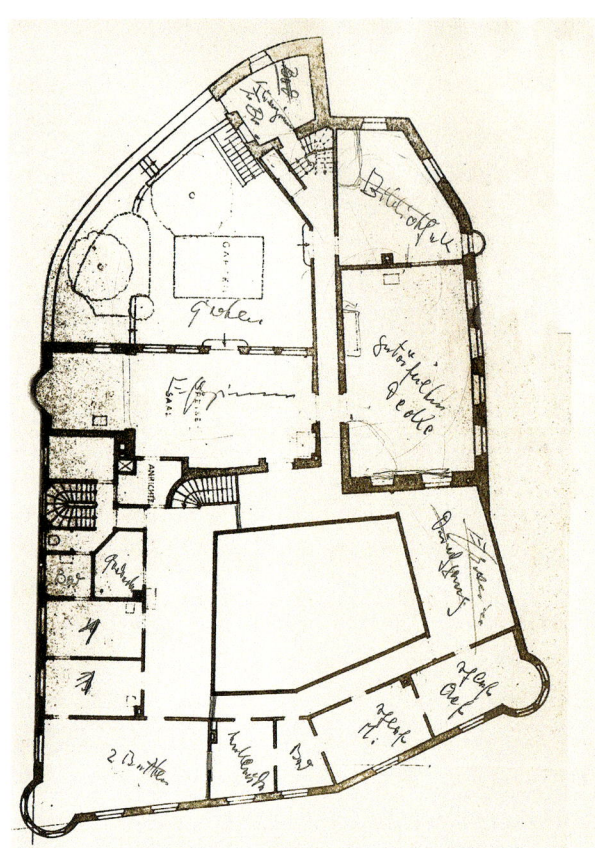

Abb. 3b Klein Ingersheim, 1959; Grundriss EG.

ke umfassenden Sammlung von Domnick hätte die ersten hundert Meter der Kunstspirale gefüllt. Aber auch dieses Projekt konnte aus Kostengründen nicht realisiert werden.

1962 stand Domnick mit dem Landrat von Ludwigsburg in Verhandlung über die Entwicklung eines Kulturzentrums im Schloss Klein Ingersheim (Abb. 3a, b).[63] Der Zustand des 1912 errichteten Schlosses sollte angeblich bestens gewesen sein und es wurde ihm für 500.000 DM zum Kauf angeboten. Im Fall eines erfolgreichen Vertragsabschlusses mit der Möglichkeit, ein adäquates Ambiente für die Ausstellung im Schloss herzurichten, sollte die Sammlung in den Besitz der Stadt Ludwigsburg übergehen. Nach der Besichtigung des Objektes befand Domnick die Örtlichkeiten als nicht tauglich, da er für die Errichtung eines modernen Pavillons ein passendes Baugelände benötigte.

Domnick kam nach all diesen persönlichen Enttäuschungen zum Resultat, dass er seinen Lebenstraum, seinen Gemälden eine Heimat zu geben und zugleich mit ihnen

---

63 Sämtliche Unterlagen zum Schloss Ingersheim sowie die geführten Briefwechsel lagern im ASD.

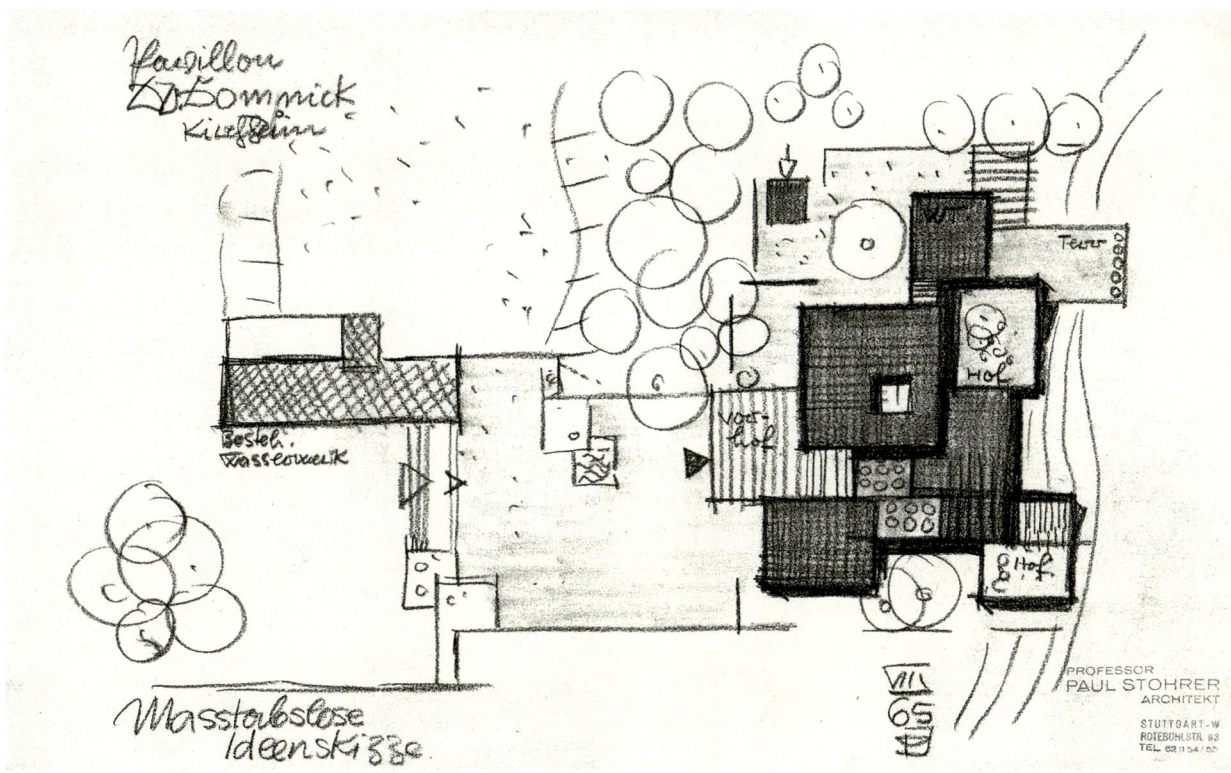

Abb. 4 Paul Stohrer, Haus Domnick, Kirchheim/Teck, 1965; Maßstabslose Ideenskizze.

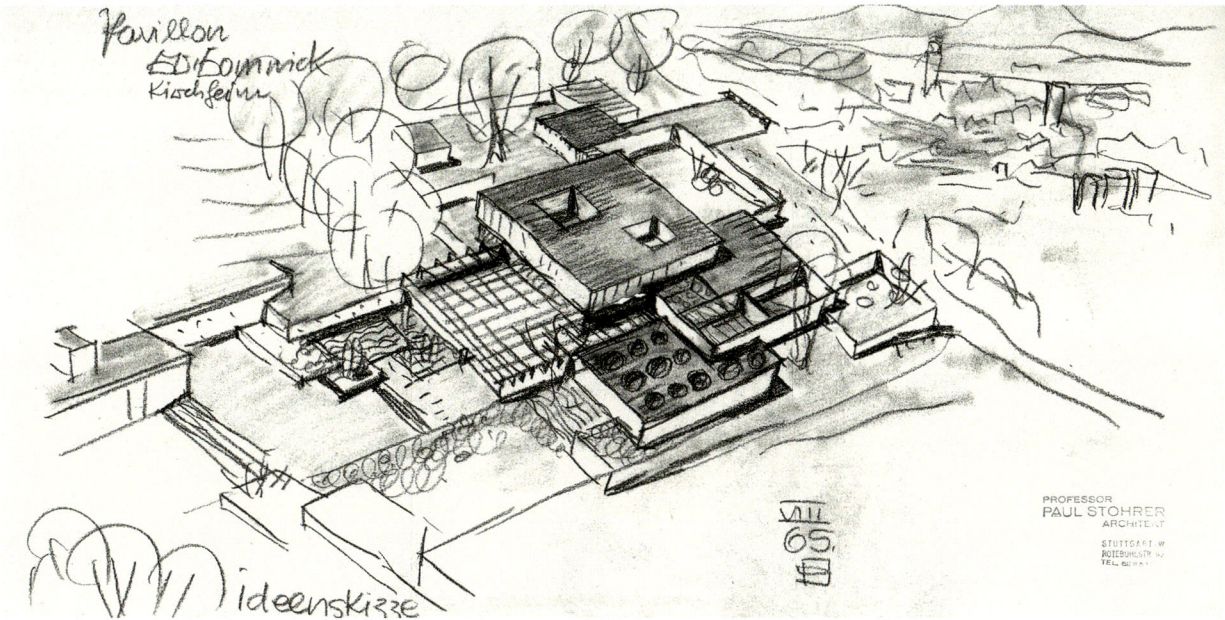

Abb. 5 Paul Stohrer, Haus Domnick, Kirchheim/Teck, 1965; Ideenskizze.

als Hausherr zu wohnen, nur im Alleingang mit seinem Hausarchitekten Stohrer verwirklichen konnte.
Finanzielle und wirtschaftspolitische Freiheit waren Grundvoraussetzungen für Domnicks Anforderungen an einen Museumsbau. Erhalt und Geschlossenheit seiner Sammlung schrieb er eine besondere Relevanz zu, weshalb seinerseits geäußert wurde, die Gemälde nach seinem Ableben nur zusammen mit dem Bauwerk in einem Erbvertrag der Stadt Stuttgart zu vermachen.
Kenntnisse über die zeitgenössischen Baustile und ihren Wandel sowie ein ausgeprägtes Fachwissen im Bereich Architektur eignete sich Ottomar Domnick aus der Literatur sowie durch Gespräche mit Künstlern wie Har-

Erste Visionen und Entwürfe

tung, Architekturhistorikern wie Hildebrandt sowie Architekten wie Stohrer an. Darüber hinaus ließ er sich von eingängigen Besuchen diverser Museen inspirieren und konnte zu den Entwürfen und Plänen eigene kreative Vorstellungen beitragen.[64]

> „Ich las die Literatur: Le Corbusier und Neutra und Sven Nils. Ich studierte das Licht: die natürliche und die künstliche Beleuchtung. Wir fuhren nach Kopenhagen und besuchten das Privatmuseum ‚Louisiana', in Holland das Kröller-Müller-Museum und in der Schweiz und in Frankreich die bekannten Stätten [...]. Wir besuchen die Kunstvereinshäuser im Rheinland und in Hamburg. In Berlin die Nationalgalerie [...]. Und in Stuttgart den Neubau vom Kunstverein. Und die Privatgalerie von Schmela in Düsseldorf. Wir kannten die Privatsammlungen von Karl Ströher in Darmstadt und die Ludwig-Sammlung in Köln. Und die großen Städtischen Galerien wie in Bielefeld den Jonson-Neubau – und – und – . [...] Ich erlebte in der ‚Fondation Maeght' an der Corniche die südliche Sphäre in der Anlage, aber auch die Stilbrüche in der Innenraumgestaltung."[65]

Das Museum für moderne und zeitgenössische Kunst „Louisiana" in Humlebæk, nahe Kopenhagen, wurde 1958 von Jørgen Bo und Vilhelm Wohlert in Hanglage am Öresund konzipiert und ist ein wichtiges Vorbild für das Sammlungshaus. Die im Pavillonstil errichteten Gebäude sind miteinander verbunden. Die Einbindung des Gebäudekomplexes in die Natur sowie die harmonische Verbindung von Architektur und Kunstausstellung beeindruckten Domnick außerordentlich. Darauf wird noch einzugehen sein.

Nicht nur das äußere Erscheinungsbild seines Bauwerks, sondern auch die Lage des Baugeländes war für Domnick von entscheidender Bedeutung. Die Suche nach einem geeigneten Grundstück erwies sich als schwierig. „Wir fuhren landauf, landab, suchten einen Platz. Unser Architekt Prof. Stohrer konterte: ‚Der Bauplatz ist fast wichtiger als das Haus'."[66] Favorisiert wurde ein vom Großstadtleben abgeschiedenes Areal. Stohrer empfahl das Gebiet auf der Schwäbischen Alb. 1965 fand sich ein erfolgversprechender Baugrund in Kirchheim an der Teck im Gewann „Egart"[67]. Hierfür wurden die Baupläne entwickelt.[68]

Die im Archiv der Stiftung bewahrten und einsehbaren Ideenskizzen und Baupläne basierten auf dem Pavillon-Prinzip des Kopenhagener Museums. Ein maßstabloser Grundriss von August 1965 zeigt ein Gebäude aus geometrischen, ineinandergreifenden Bauteilen mit unterschiedlichen Höhenniveaus (Abb. 4, 5). Die Gestaltung von Innenhöfen sowie verschiedene Pergola-Motive und Dachgestaltungen sind nur undeutlich zu erkennen. Der erste Grundriss datiert vom September 1965 zeigt ein Gebäude aus vier ineinandergeschobenen rechteckigen Bauteilen (Abb. 6). Im Nordosten befindet sich ein quadratischer Anbau für den Eingangshallenbereich, die Garderobe, Besuchertoiletten sowie das Büro und ein Appartement. Die quadratische Grundform wird durch östlich vorgelagerte Stützen, die vermutlich ein Vordach tragen, optisch zu einem Rechteck. Nördlich davon ist ein Schwimmbecken geplant.

Auf den Eingangsbereich folgt ein großer rechteckiger Saal für die Sammlung. Die Struktur einer geometrischen Rasterung des Innenraumes, die am Außenbau durch hervorstehende Betonträger betont wird, ist erkennbar. Im Südwesten schließt sich an die Grundform ein rechteckiger Bau mit den Privaträumen der Domnicks an. Die südlich vorgelagerten Stützen bilden hier aus dem Rechteck eine quadratische Grundform. In der Nordwestecke befindet sich eine Garage.

Ein überarbeitetes Konzept vom Dezember 1965 beinhaltet den ausführlichen und gebilligten Plan zur Vorlage beim Bauamt (Abb. 7). Des Weiteren sind verschiedene Außenansichten des geplanten Gebäudes vorhanden (Abb. 8a, b).

Auf dem rechteckigen, von Norden nach Süden ansteigenden Grundstück sollte ein langgestrecktes Bauwerk aus drei miteinander verbundenen rechteckigen Bauelementen einschließlich Freiflächen errichtet werden. Der Eingang zur Sammlung befindet sich im kleinsten Rechteck, dem Eingangsrechteck, im Nordosten auf einem Bodenniveau von 1,20 Metern unter dem Wasserspiegel. Beim Betreten der Eingangshalle führt linkerhand der

---

64 Vgl. Brawne 1965.
65 Domnick ²1989, S. 308–309. Wesentliche Schriften, die Domnick gelesen haben könnte, sind: Le Corbusier ²1924. – Le Corbusier 1930. – Neutra 1927. – Neutra 1950. – Neutra 1956.
66 Domnick, Ottomar und Greta 1982, S. 7.
67 ‚Gewann' ist ein süddeutscher Ausdruck, der eine Flurform bezeichnet.
68 Vgl. dazu auch Wegers 2023.
69 Zur vereinfachten Beschreibung wird die westliche Verlängerung als einheitliches Quadrat angesehen.

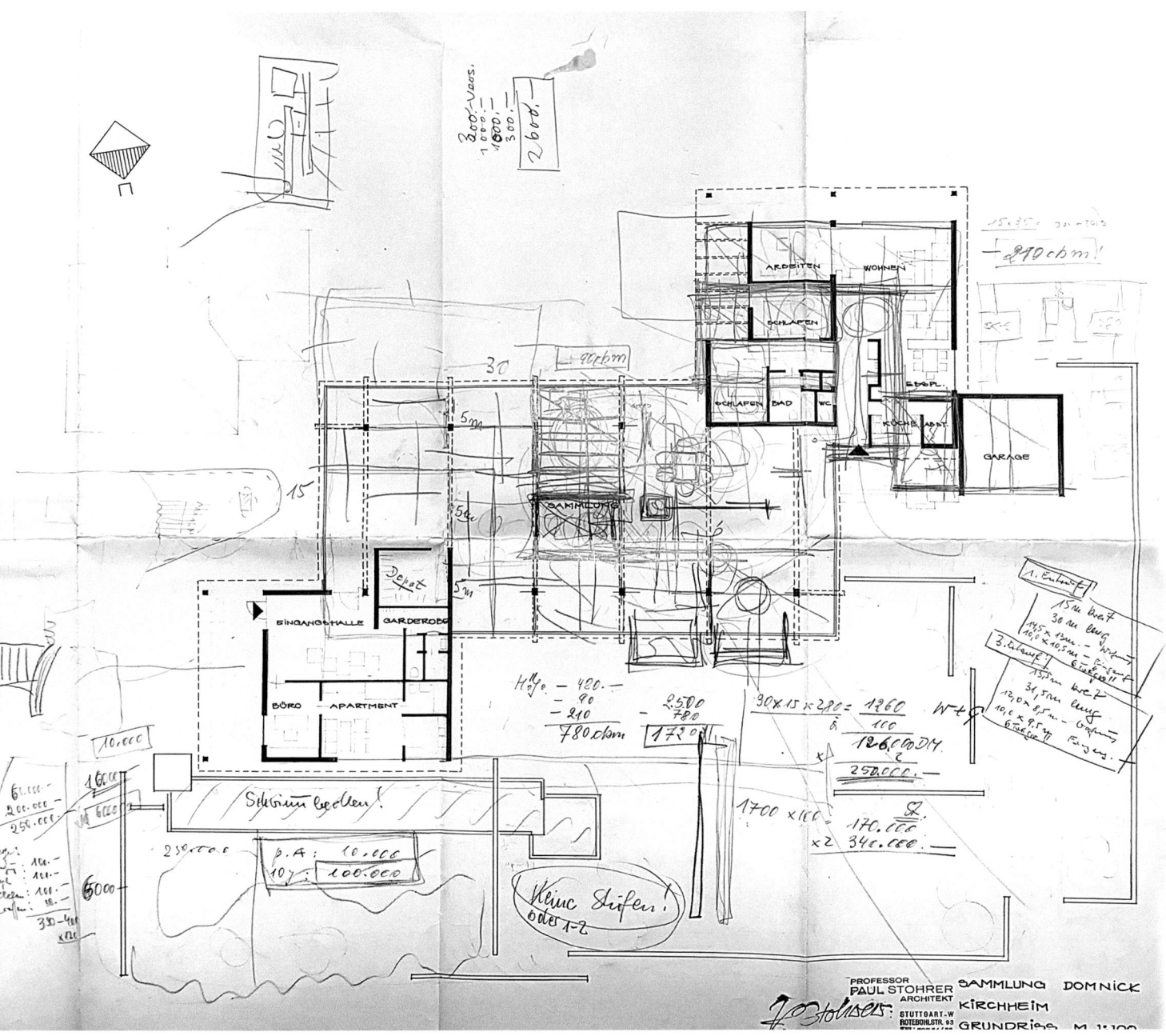

Abb. 6 Paul Stohrer, Haus Domnick, Kirchheim/Teck, September 1965; Grundriss.

offene Zugang in die Sammlung. Rechterhand führen zwei Türen in das Sekretariat und zu zwei Gästezimmern sowie drei kleinen Abstellräumen. Geradezu schließt sich ein Flur an, über den die Besuchergarderobe sowie die Besuchertoiletten und gegenüber der Gästebereich erreichbar sind. Hinter einem privaten Eingangsbereich befinden sich ein Wohn- und Essbereich sowie ein Badezimmer und eine kleine Kochnische für Gäste. Aus dem Schnitt B-B geht hervor (Abb. 9a, b), dass der Gästebereich unterkellert ist und sich die rechteckigen Gebäudeteile des Eingangsbereichs und des anschließenden Sammlungssaals überschneiden. Im Bereich der Überschneidung ist ein Versprung der Deckenhöhe festzustellen. Die Garderobe, die Besuchertoiletten und ein Teil der Eingangshalle liegen sowohl im Bereich des Eingangsrechtecks als auch im sich anschließenden Sammlungsrechteck. Der hinter den Besuchertoiletten befindliche separate Bilderraum und ein Filmvorführungsraum sind von der Sammlung aus zugänglich. Auch diese Räume liegen teilweise im Überschneidungsbereich der beiden Rechtecke.

Das Sammlungsrechteck verläuft in Ost-West-Richtung und ist in etwa drei mal fünf Quadrate mit einer Kantenlänge von 4,50 Meter unterteilt (Abb. 7). Gen Osten ist der Raum um zusätzliche drei Meter verlängert. Die Verlängerung an der südlichen Längsseite ist nicht notiert.[69]

Erste Visionen und Entwürfe 25

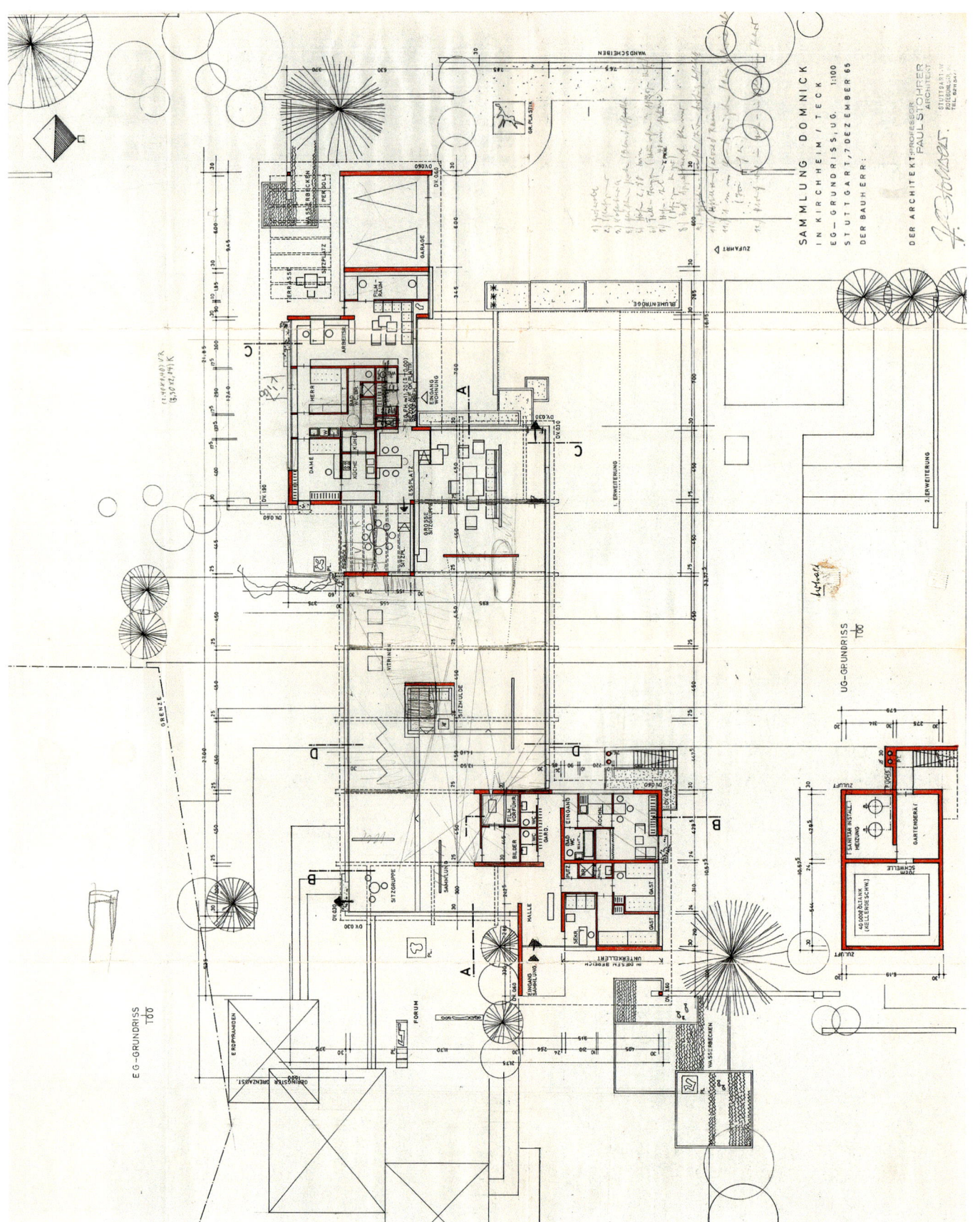

Abb. 7 Paul Stohrer, Haus Domnick, Kirchheim/Teck, Dezember 1965; Grundriss.

26 Baugeschichte

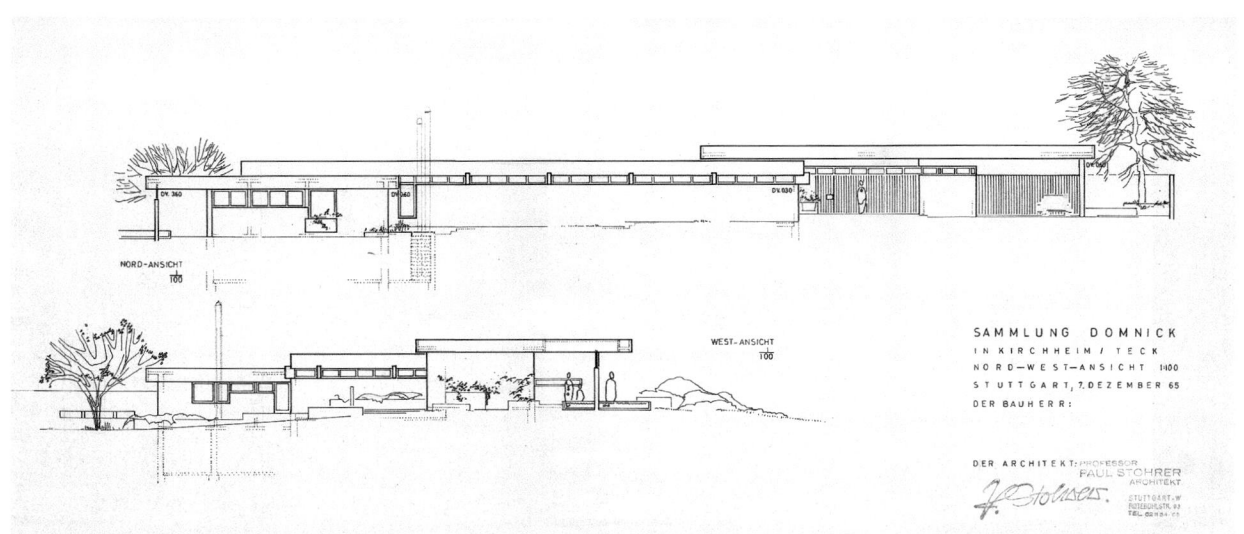

Abb. 8a Paul Stohrer, Haus Domnick, Kirchheim/Teck, 1965; Süd-Ost.

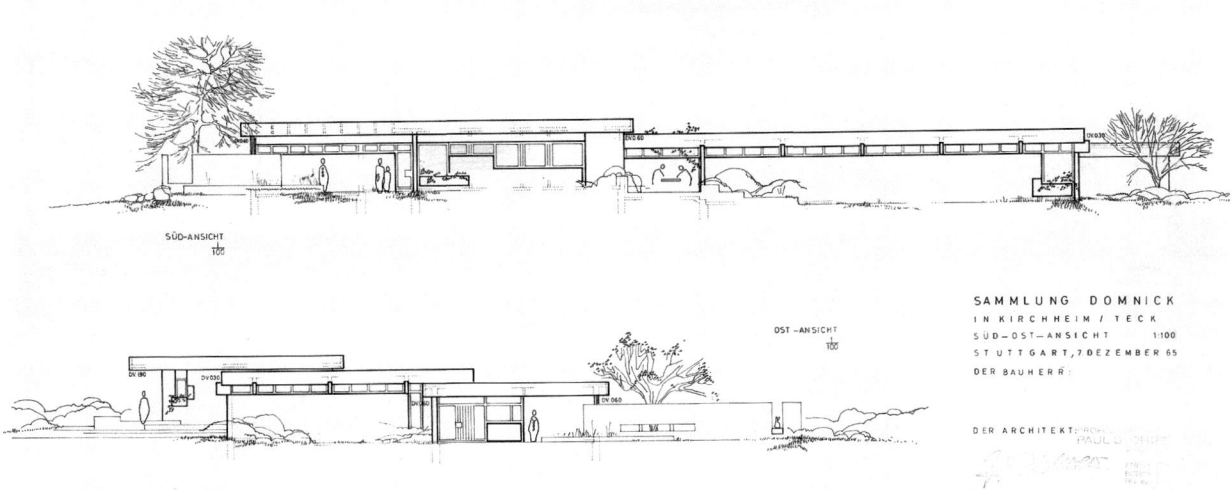

Abb. 8b Paul Stohrer, Haus Domnick, Kirchheim/Teck, 1965; Nord-West-Ansichten.

Die Rasterung ist am Außenbau durch herausragende Betonträger markiert.

Die ersten zwei mal drei Quadrate sind auf demselben Bodenniveau wie das Eingangsrechteck. Anschließend erhöht sich das Bodenniveau in Süd- und Westrichtung um 0,30 Meter, wodurch eine räumliche Trennung entsteht.

Die südliche Treppe erstreckt sich über die Länge der ersten drei Quadrate. Die westliche Treppe erstreckt sich nahezu über zwei Quadrate. Eine kleine isolierte Sitzmulde mit Kamin liegt im Schnittbereich der beiden Treppen. Das um 0,45 Meter tiefer liegende Séparée ist von Osten aus betretbar. Der Saal wird mittels frei eingezogener Wände, Stufen und Vitrinen gegliedert.

Hinter dem Sammlungsraum schließt ein 0,30 Meter höher gelegener großer Raum für eine Sitzgruppe an. Er umfasst ungefähr zwei mal zwei Quadrate. Hier befindet sich die Filmleinwand. Südlich grenzt eine Terrasse mit einer Pergola an. Die Deckenhöhe bleibt konstant.

Südöstlich schließt das 0,60 Meter erhöhte Wohnrechteck an. Im siebten Südquadrat sind ein Essbereich, die Küche und ein Kühlraum untergebracht. Von hier aus ist die erwähnte Terrasse und über einen Rundgang jeder Raum in der Wohnung erreichbar. Südlich der Küche befinden sich das Zimmer der Dame und das sich anschließende Zimmer des Herrn. Zwischen den Räumen führt ein Flur zum mittigen Badezimmer. Vom Herrenzimmer führt der Weg ins Büro. In der Nordwestecke liegt ein weiterer Wohnraum, dahinter ein schmaler Filmraum. Eine großzügige Terrasse mit einem Wasserbecken nimmt die Südwestecke ein. Gegenüber steht eine Garage mit zwei Stellplätzen. Der Eingangsbereich zur Privatwohnung wiederum liegt zwischen Ess- und Wohnzimmer.

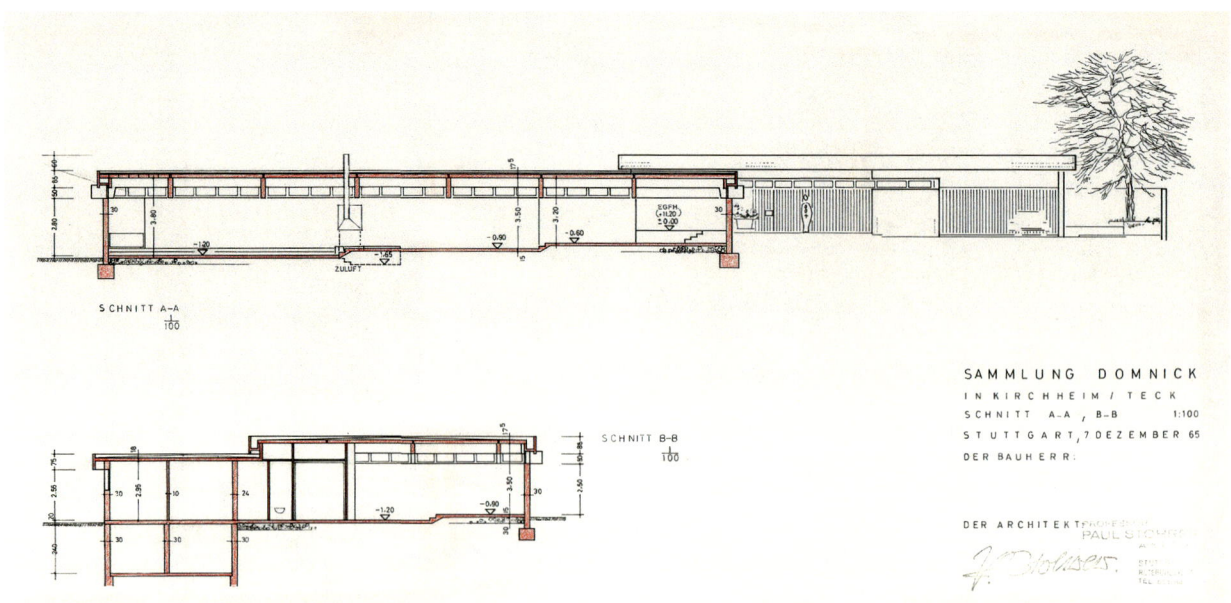

Abb. 9a Paul Stohrer, Haus Domnick, Kirchheim/Teck, 1965; Schnitte A-A, B-B.

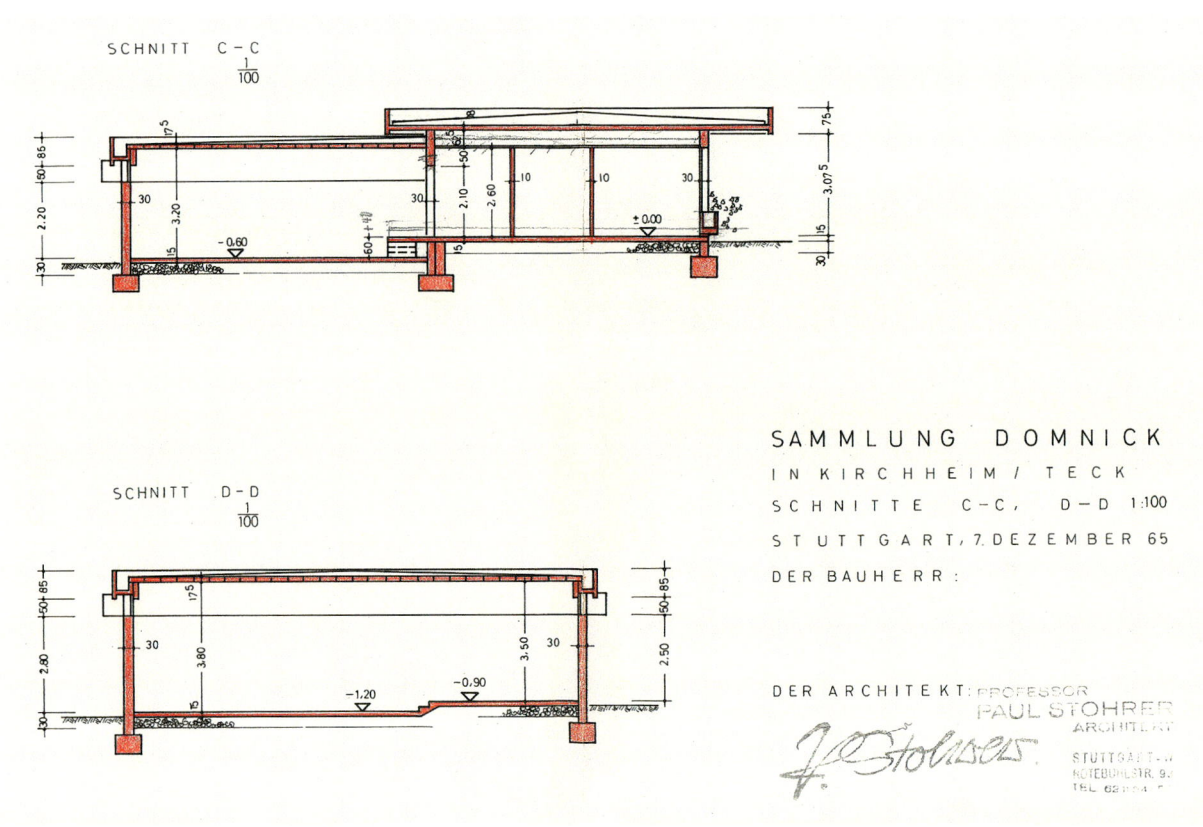

Abb. 9b Paul Stohrer, Haus Domnick, Kirchheim/Teck, 1965; Schnitte C-C, D-D.

Anhand der unterschiedlichen Ansichten wird deutlich, dass der gesamte Sammlungsraum über ein, unter dem Dach verlaufenden Fensterband beleuchtet werden sollte. Das Eingangsrechteck ist auf allen Seiten, außer der Südseite, durchfenstert. Die Wohnung weist an ihrer Nord- und Südseite das gleiche Fensterband wie beim mittleren Gebäudeteil der Sammlung auf. Das Phänomen kann auf der Nordseite mit der Verbindung von öffentlichen und privaten Räumen erklärt werden. Auf der Südseite schützen sie die Einsicht in die Schlafzimmer.

Neben den Grundrissen, Ansichten und Schnitten existieren noch Bleistiftskizzen für die Hängung der Bilder, die Domnicks Überlegungen und Absichten festhalten. Zusätzlich entwarf Stohrer ein kleines Modell des geplanten Bauwerks (Abb. 10). Der gesamte Entwurf des Museums beruht einerseits auf den Plänen für den Weißenburgpark andererseits auf den im Pavillonstil existierenden Museen; allen voran das dänische Bauwerk bei Kopenhagen. Eine detaillierte typologische Einordnung erfolgt im Kapitel 6.4.5.

Nachdem 1965 die Stadt Kirchheim/Teck die Baugenehmigung erteilte, entschied sich Domnick aufgrund des nahe gelegenen Asphaltwerkes gegen das Bauvorhaben auf diesem Grundstück und die Suche nach einem geeigneten Anwesen begann erneut. Das Bauprojekt gab Ottomar Domnick die Gelegenheit zu einer Konkretisierung seiner Vorstellungen von Museumsarchitektur, für die er sich zahlreicher Anregungen bediente, aber eine neue Form anstrebte. Auf diese wird noch einzugehen sein. Ohne das Vorprojekt in Kirchheim/Teck ist die Herleitung des fertiggestellten Bauwerks in Nürtingen nicht verständlich. Nachdem Domnicks Sammlung fast 15 Jahre im Depot geruht hatte, wurde 1966 endlich der ideale Bauplatz in Nürtingen auf der Oberensinger Höhe gefunden.

Abb. 10 Paul Stohrer, Haus Domnick, Kirchheim/Teck, 1965; Modell.

3.3 DAS BAUPROJEKT IN NÜRTINGEN

Während seiner umfassenden Suche wurde Domnick und Stohrer von der Stadt Nürtingen ein Baugelände auf der Schwäbischen Alb angeboten. Am 15. Juli 1966 erteilte das Landratsamt Nürtingen die Baugenehmigung mit der Auflage, dass der Gebäudekomplex die das Grundstück umzäunende Hecke nicht überragen dürfe. Diese maßgebende Vorgabe ist entscheidend für die architektonische Entwurfsentwicklung des verwirklichten Haus Domnicks.

Der Auftrag für das Privatmuseum war für Stohrer eine besondere Herausforderung, die „sich von den heute üblich gewordenen perfekten Manageraufträgen diametral unterscheidet, weil beide [Domnick und seine Frau Greta] zu den heute selten gewordenen Bauherren gehören, die noch über ein fundiertes Grundwissen in allen Disziplinen der Kunst verfügen."[70] Der Architekt respektierte und bewunderte seine Auftraggeber für ihren Mut und Idealismus, ein solches Projekt ohne fremde finanzielle Unterstützung realisieren zu wollen. Er stand unter einem enormen Zeitdruck, da ihm für die Planung und die Fertigstellung des Gebäudes nur zwei Jahre zur Verfügung standen. Die Architekten Winfried Kunze und Gunter Pelchen unterstützten ihn mit kreativen Ideen und bei der Kontrolle der Bauabwicklung.

Viele Vorschläge Stohrers wurden aufgrund konkreter Vorstellungen des Bauherrn und begrenzter finanzieller Mittel verworfen, sodass schließlich Betonfertigteile als Hauptbaumaterial nicht nur für die ästhetische Optik eingesetzt wurden, sondern auch zur Minimierung der Kosten.

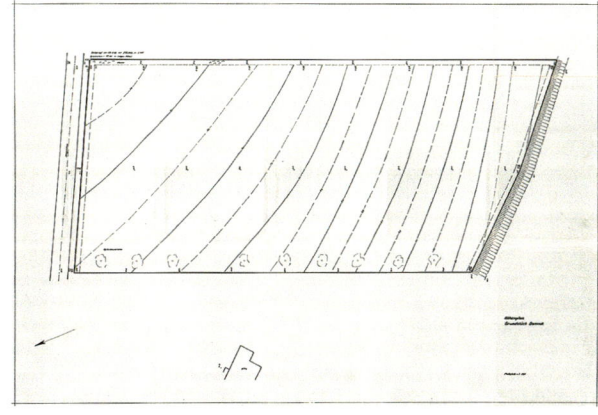

Abb. 11 Paul Stohrer, Haus Domnick, Nürtingen, 1966; Höhenplan vom Grundstück.

---

70 Stohrer 1967, S. 23.

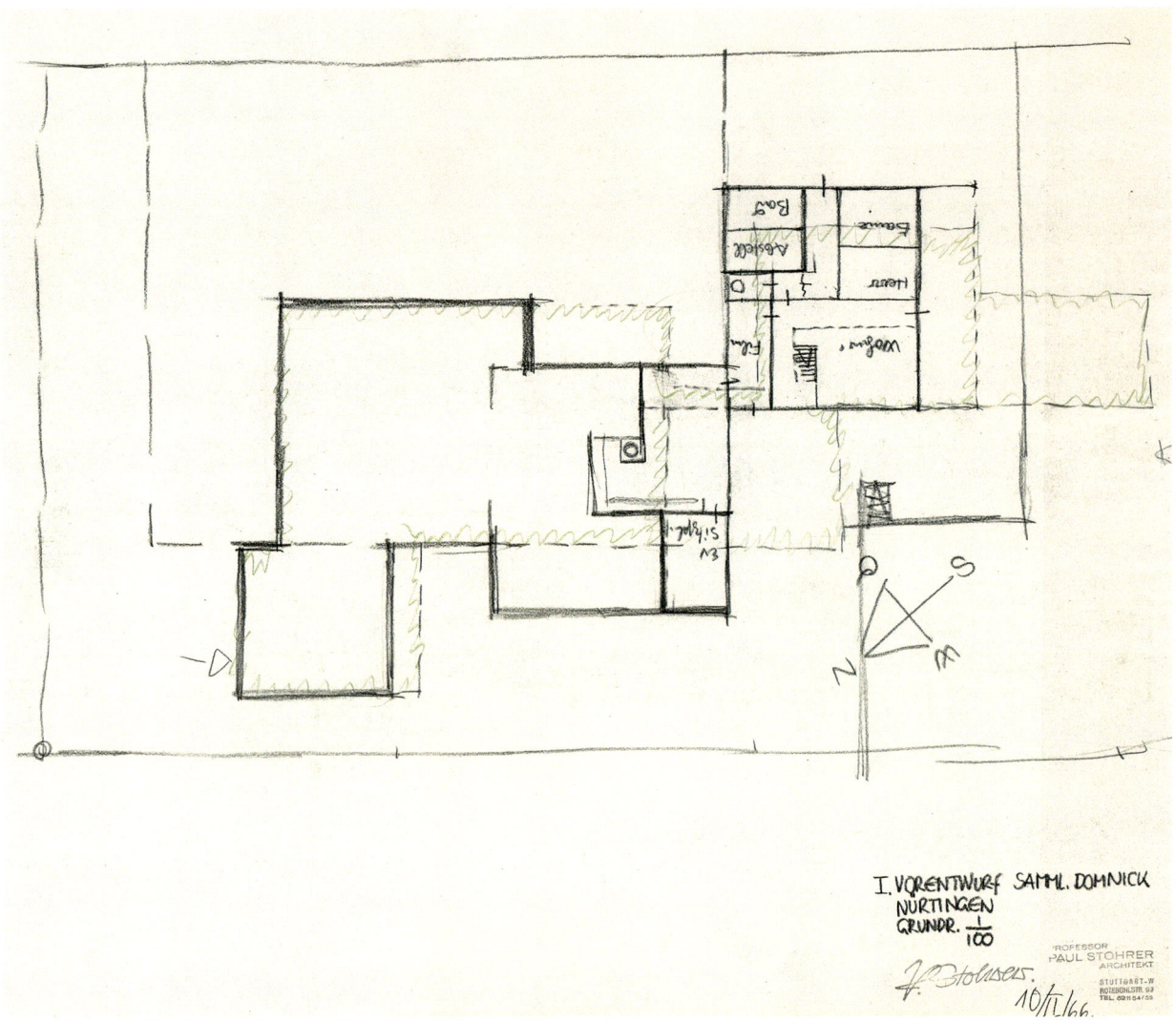

Abb. 12 Paul Stohrer, Haus Domnick, Nürtingen, 1966; Vorentwurf I.

Ursprünglich sollte der Bauplan für Kirchheim/Teck auf das in zwei Richtungen ansteigende Gelände (Abb. 11) in Nürtingen übertragen werden. Eine Grundrisszeichnung von Stohrer zeigt, wie das Gebäude von Kirchheim/Teck mittels einer gespiegelten Raumanordnung und geänderten Raumnutzung zu übernehmen gewesen wäre (Abb. 12). Die verstärkten Linien in diesem Plan kennzeichnen die neuen Grundmauern. Es sollten vier unterschiedlich große Quadrate zum Teil ineinander- und aneinandergereiht werden. Das Gebäude erstreckt sich von der Nordwestecke zur gegenüberliegenden Südostecke des Geländes. Der Haupteingangsbereich liegt im kleinsten nördlichen Quadrat. Im Anschluss an die Eingangshalle folgen zwei ineinander verschobene und leicht voneinander versetzte Quadrate. Diese ersetzen den ursprünglichen rechteckigen Sammlungsraum. Im Innenraum ist die Überschneidung der Quadrate durch teilweise ausgeführte Wände für mehr Ausstellungsfläche sichtbar. Der hintere Teil des dritten Quadrats wurde für die Privaträume abgetrennt. Das Quadrat in der Südostecke hätte neben den Privaträumen, bestehend aus zwei Schlafzimmern, zwei Bädern und einem Wohnzimmer, einen Vorführraum beherbergt. Diese Skizze zeigt die räumliche Dimension auf im Verhältnis zu den anderen Grundstückparametern.

Eine weitere Skizze zeigt Details des Innenausbaus (Abb. 13). Vor dem öffentlichen Eingangsbereich ist eine Pergola-Struktur eingezeichnet. In der Ostecke des Gebäudes befindet sich ein weiterer Zugang, wobei es sich in der von Stohrer gefertigten Perspektivzeichnung um ein Tor handelt (Abb. 14), eventuell von einer Garage und einem Lieferanteneingang. Aus der Perspektivzeichnung geht hervor, dass diese Fläche nicht überdacht werden sollte. Eingetragene Treppen verweisen auf Höhenversprünge innerhalb des Gebäudes. Diese Skizzen basieren eindeutig auf den Entwürfen von Kirchheim/Teck, wurden aber nicht weiter konkretisiert, da das Gebäude zu klein war. Außerdem hätte

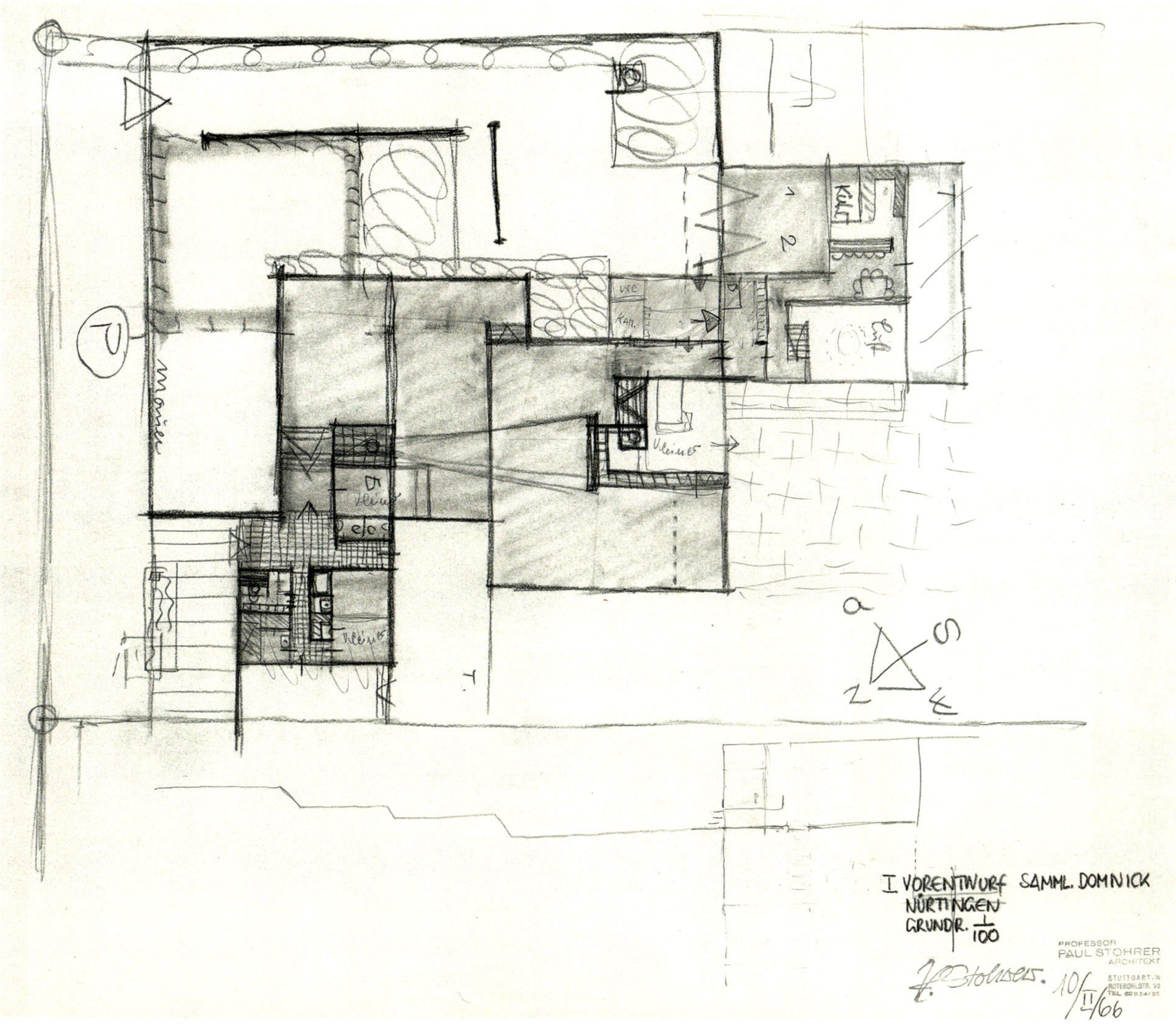

Abb. 13 Paul Stohrer, Haus Domnick, Nürtingen, 1966; Vorentwurf I. überarbeitet

die Dachkonstruktion die vorgeschriebene maximale Höhe überschritten.

Schließlich unterbreitete Stohrer Mitte März 1966 Domnick den Plan eines quadratischen Rastergrundrisses mit Stützenköpfen, mit dem der gesamte Entwurfsprozess eine neue Dynamik erhielt (Abb. 15). Der geschlossene Kubus mit nach innen gerichteten Raumfolgen und aus ökonomischer Sicht günstigen Betonfertigbauteilen begeisterte den Bauherrn. Der gesamte Entwurf ist nicht mehr vorhanden, jedoch existiert ein Antwortschreiben Domnicks mit seinen Ideen und Wünschen, woraus einige architektonische Details geschlussfolgert werden können.[71] Demzufolge muss Stohrer die organische Verzahnung der Räume von den Kirchheim/Teck-Plänen übernommen haben. Domnick

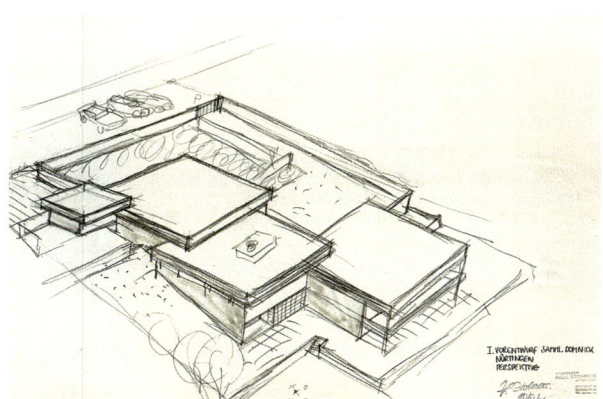

Abb. 14 Paul Stohrer, Haus Domnick, Nürtingen, 1966; Vorentwurf I. Perspektivzeichnung.

71   Schreiben von Ottomar Domnick an Paul Stohrer v. 15.03.1966, ASD.

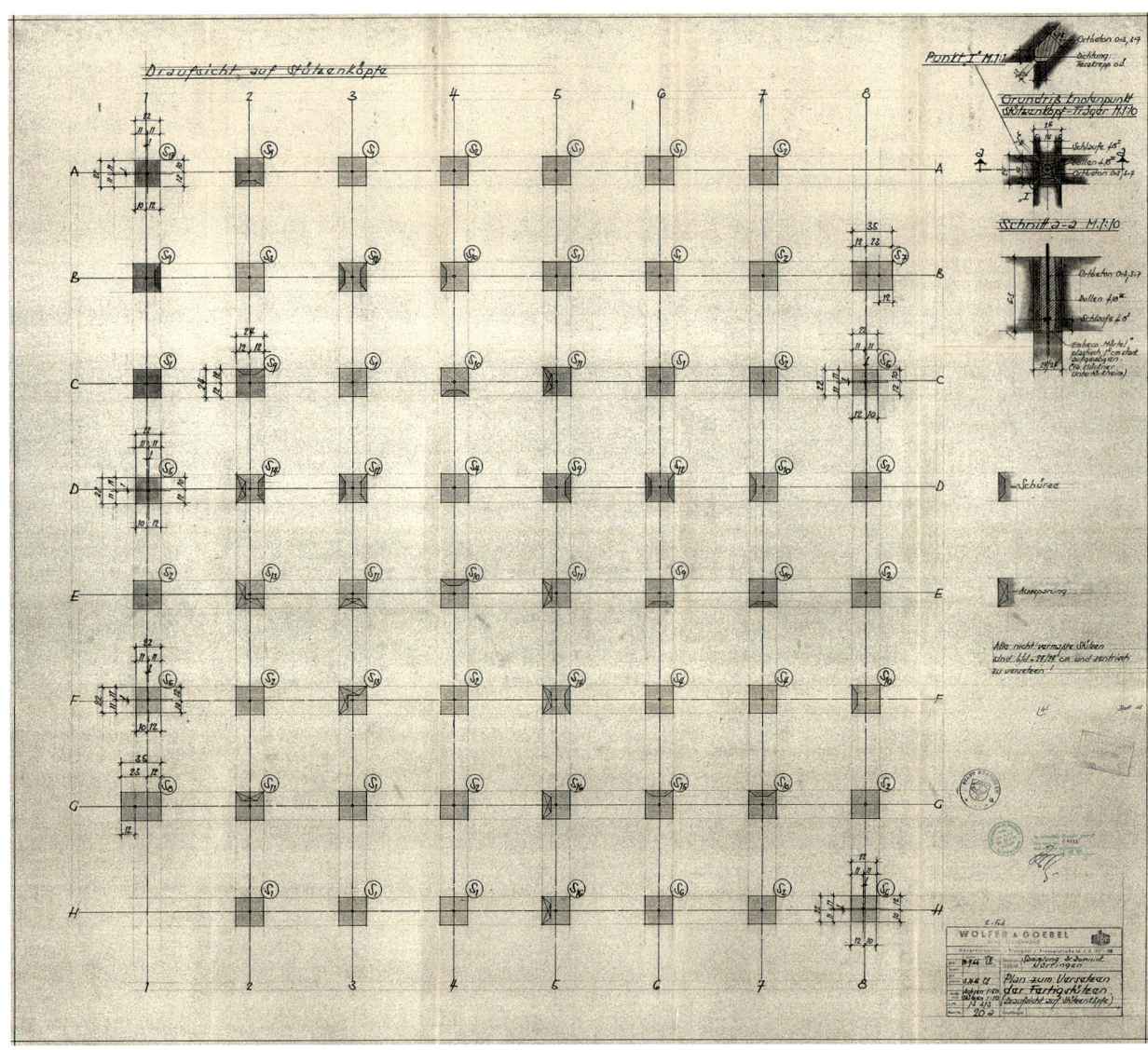

Abb. 15 Paul Stohrer, Haus Domnick, Nürtingen, 1966; Rastergrundriss.

wünschte sich eine optische Verstärkung der Raumverbindungen mit einem labyrinthischen Charakter. Kein Raum sollte ohne den anderen von Bedeutung sein. Greta Domnick schlug einen separaten Lieferanteneingang zur Küche vor, damit Veranstaltungen in den Sammlungsräumen nicht gestört werden. Plausibel ist es, die abseits gelegte Garage näher an den Eingangsbereich zu rücken. Die von Stohrer geplanten Innenhöfe sollten nach Domnick in ihrer Größe und Funktion differenziert und individuell gestaltet werden können. Die Dachvorsprünge sollten deutlich vorstehen, um dem Gebäude den Charakter einer Festung zu verleihen. Die Reduzierung auf wenige Fensterschlitze sollte vermutlich vor Einbruch und Diebstahl schützen.

Vom 16. April 1966 liegt ein überarbeiteter Grundriss mit Schnitten vor (Abb. 16, 17). Der Eingangsbereich in der Nordecke erstreckt sich über zwei Quadrate. Davor sind Parkplätze geplant. Entlang der Nordwestwand, hinter dem Eingang, waren eine Garage und ein Gästeappartement vorgesehen. Für die notwendige Länge der Garage wurden das Mädchen- und das Gastzimmer gekürzt. Handschriftliche Vermerke belegen, dass es viele Unstimmigkeiten bezüglich der Raumgestaltung und Nutzung gab. In der Nordecke sollte anstelle der Garage ein Filmraum eingerichtet werden, der Licht und Belüftung benötigt. Hinter den Toiletten wäre Raum für einen „Frühstücksplatz" für Gäste gewesen. Dieser mit einem Geländer abgetrennte Bereich sollte sich zur Sammlung hin öffnen und den Besuchern einen imposanten Einblick vermitteln. Ein weiterer Eintrag betrifft die Umgestaltung des Sekretariats in ein zweites Gästezimmer. Die Anordnung der Besuchertoiletten war nicht festgelegt. Bleistifteintragungen belegen hierfür die Planung eines halbrunden Raumes hinter dem Eingangsbereich. Der Gästebereich war von den Sammlungsräumen aus über eine Treppe zugänglich, was für das Dienstmädchen

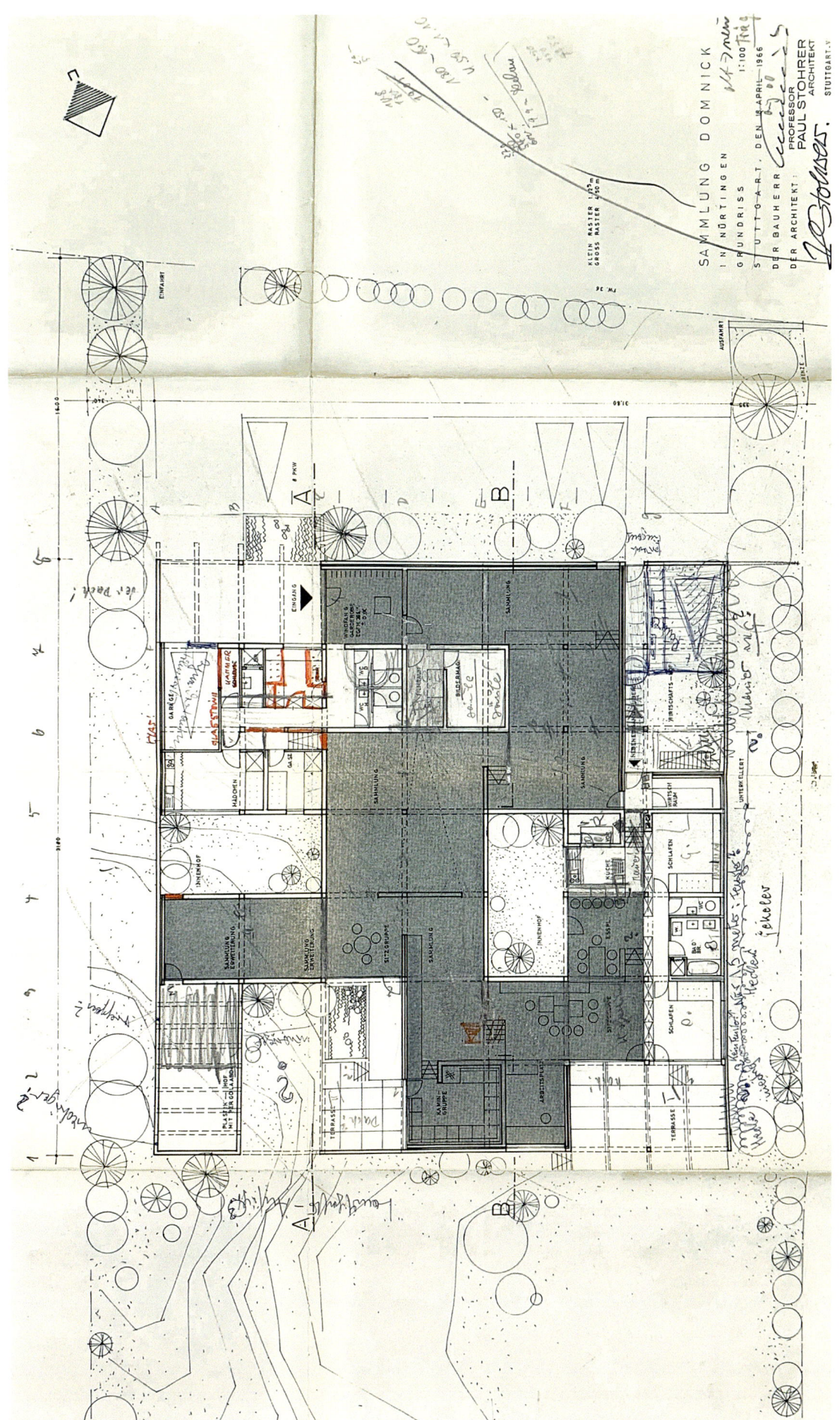

Abb. 16 Paul Stohrer, Haus Domnick, Nürtingen, April 1966; Grundriss.

Das Bauprojekt in Nürtingen 33

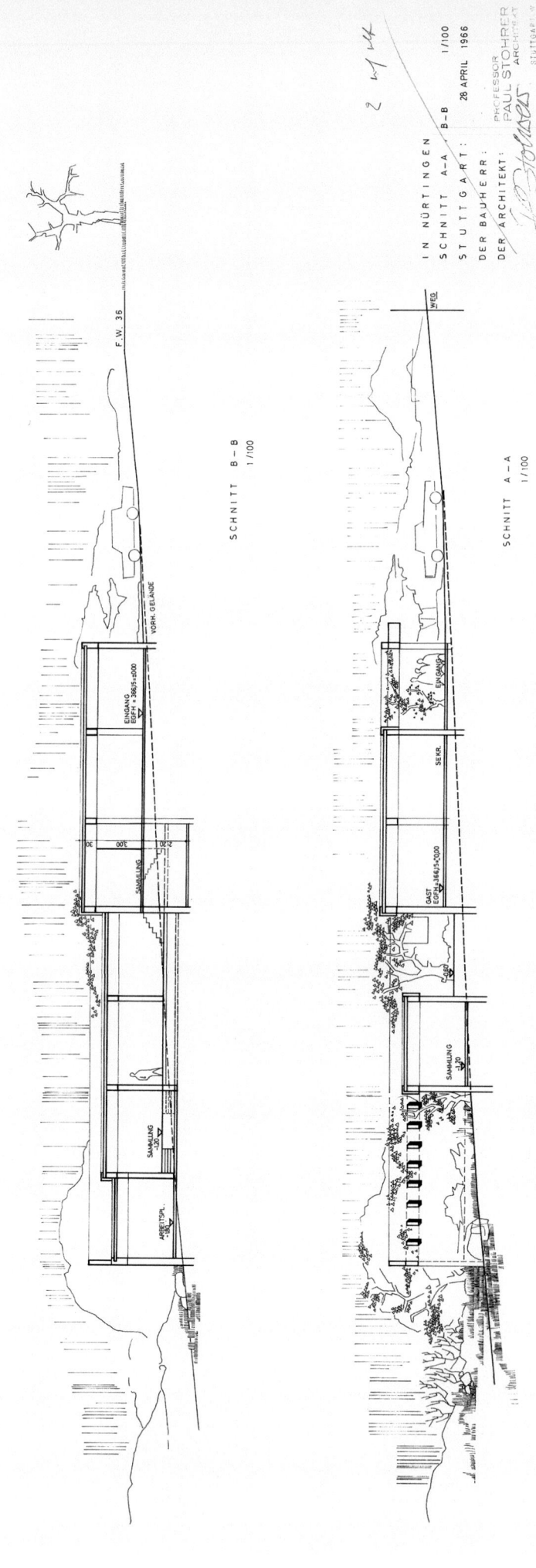

Abb. 17 Paul Stohrer, Haus Domnick, Nürtingen, April 1966; Schnitt A-A, B-B.

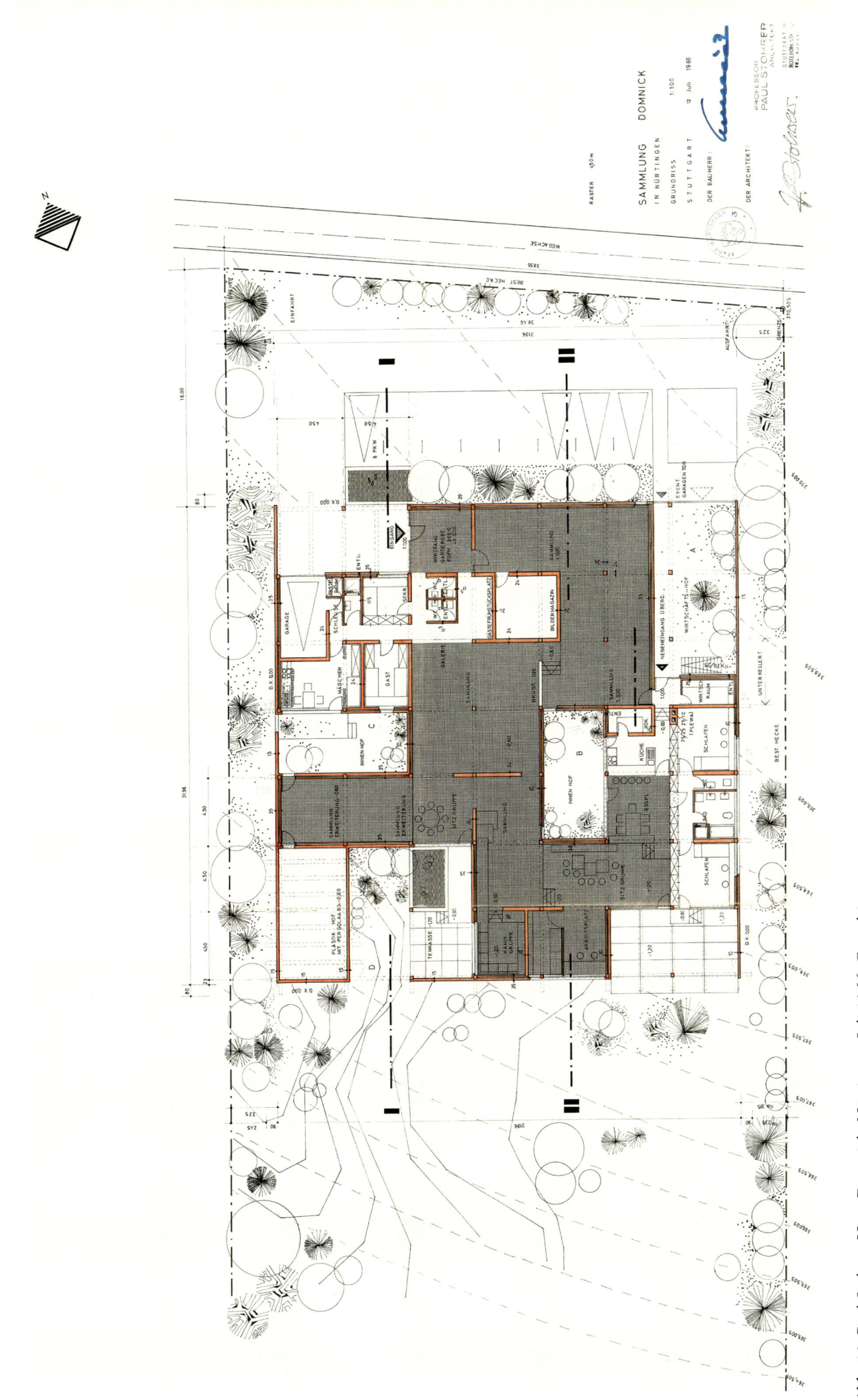

Abb. 18 Paul Stohrer, Haus Domnick, Nürtingen, Juli 1966; Grundriss.

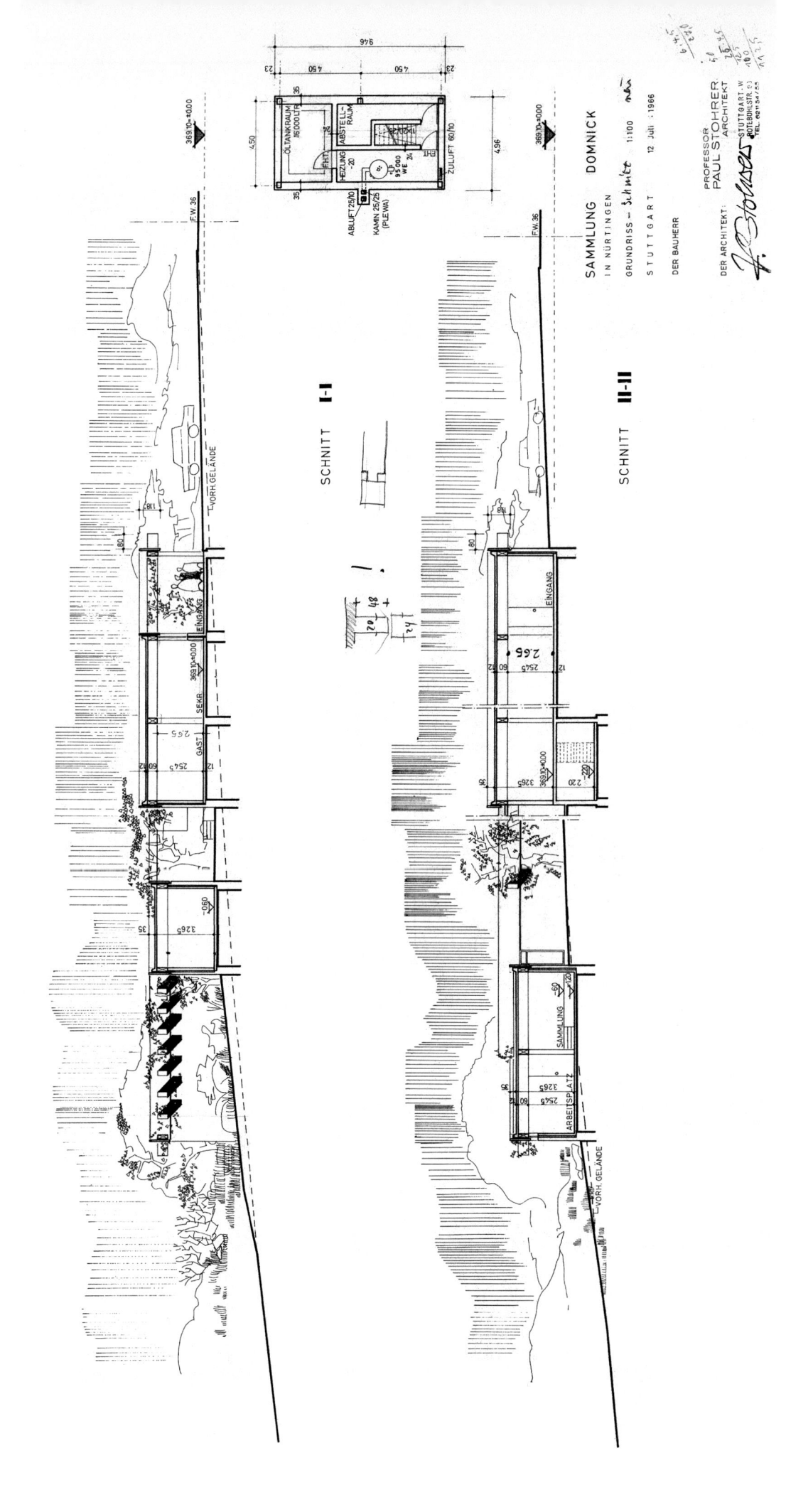

Abb. 19 Paul Strohrer, Haus Domnick, Nürtingen, Juli 1966; Schnitte I-I und II-II.

36 Baugeschichte

einen kurzen Weg zur Küche bedeutete. Dieser Vorschlag wurde jedoch als „lästiger Hintereingang" verworfen.
In der Ostecke befand sich ein Nebeneingang für Lieferanten zum sogenannten Wirtschaftshof. Nachträgliche Anmerkungen belegen die Errichtung einer Garage.
In der Südwestecke wurde eine Beton-Glas-Konstruktion geplant, der ummauerte „Plastik-Hof",[72] mit einer Pergola-Überdachung zum Schutz der Kunstwerke vor Witterungseinflüssen. Ergänzungen und Korrekturen sehen eine Verkleinerung des Plastikhofes vor, um den Bereich für die Sammlung zu vergrößern. Die Absenkung des Bodenniveaus und die dafür notwendigen Treppenstufen werden angedacht. Auf der Richtung Osten angrenzenden Fläche von vier Quadraten sind eine Terrasse mit Sitzecke und einem kleinen Wasserbecken sowie eine Grünfläche geplant. Eine weitere Wand verschließt den Blick in die Landschaft, schützt aber gleichzeitig die Privatsphäre. Domnick forderte in einem Schreiben eine Überdachung der Terrasse, um einen fließenden Übergang von innen nach außen zu schaffen und den Blick auf die Abenddämmerung genießen zu können. An der zweiten Terrasse in der Südecke kritisierte er den konstruktiven Widerspruch der Höhendifferenz zwischen Schlaf- und Wohnzimmer und den Terrassenausgängen.[73] Die Treppen wurden verschoben, um harmonischere Raumeindrücke zu erzielen. Die offene Küche zum Esszimmer wird durch eine Wand mit einer Durchreiche getrennt und der Ausgang von der Küche zum Innenhof geschlossen.

Domnicks Vorschlag einer Konstruktion mit fünf Dächern verwirft Stohrer. Zur Beruhigung der Außenansicht bevorzugt er eine einzige Dachfläche über das ganze Gebäude. Der Innenraum wird durch unterschiedliche Deckenhöhen gegliedert.

Ein verifizierter Plan vom Juli 1966 zeigt die gewünschte Neugestaltung des Magazins, des Gästefrühstückbereichs, der Besuchertoiletten und die Streichung des Durchgangs vom Mädchenzimmer in die Sammlung (Abb. 18, 19). Die Brüstungen an den Treppen und die Galerie zum großen Sammlungsraum sind eingezeichnet. Auf einem folgenden Plan desselben Monats ist die Privatgarage per Hand in die Ostecke verlegt worden. In der Nordecke befindet sich nun der Filmvorführungsraum mit einer Länge von nur noch einem Quadrat. Das vergrößert das dahinterliegende Mädchenzimmer. Die bereits im April diskutierten Veränderungen wurden erneut eingezeichnet.

In der Endfassung wurden einige Nebenräume neu angeordnet und für eine optimale Raumnutzung Freiflächen integriert. Diverse Fensteröffnungen der Fassade und verschiedene Gartenzonen wichen zugunsten einer homogenen Außenansicht.

---

72 In den Grundrissentwürfen Stohrers bezeichnet dieser einen Außenbereich als „Plastik-Hof".

73 Vgl. ein Schreiben Domnicks vom 25.04.1966, ASD.

4 Das Wohn- und Sammlungshaus Domnick

„Der Bau ist schlicht, einfach, ohne Pathos, hat menschliche Maße, ist weder aufwendig noch verspielt, eher geradlinig und streng, aber dann doch wieder in sich labyrinthisch verschlungen, wenn auch ohne die Ängste eines Labyrinthes. [...] Wir sind bewusst aus dem Trubel der Großstadt herausgerückt, aus dem starren Gefüge der Veranstaltungen und des Alltags [...]."[74]

Am 15. September 1966 begannen die Bauarbeiten für die Errichtung des Wohn- und Sammlungshauses in Nürtingen. Bereits ein Jahr später am 20. Oktober 1967 wurde die Fertigstellung feierlich begangen.

Im Folgenden wird das Wohn- und Sammlungshaus in Nürtingen in seinem heutigen Zustand beschrieben. Die Sammlungsräume sind nummeriert, um dem Rundgang durch das Gebäude nachvollziehbar folgen zu können.

Die Einrichtung der Wohn- und Sammlungsräume hat das Ehepaar Domnick überwiegend selbst bestimmt. Die heutige Ausstattung, die Aufstellung des Mobiliars und die Hängung der Bilder entsprechen jedoch nicht mehr dem Originalzustand. Domnicks Vorliebe für dunkle Möbel und Tierfelle ist bis heute präsent. Auf alten Fotografien ist der Flügel bereits Ende der 1960er Jahre im Salon zu sehen. In den Sammlungsräumen standen mehrere Sitzmöglichkeiten, um sich in Ruhe der Kunst widmen zu können, und auch gemütliche Wohnlandschaften für gesellige Gesprächsrunden.

4.1 GRUND- UND AUFRISS

Der Wohn- und Museumsbau befindet sich auf einem 3.400 Quadratmeter großen Areal, das die Stadt Nürtingen 1966 dem Bauherrn zur Verfügung stellte. Es liegt in einem Landschaftsschutzgebiet in Südlage auf der Oberensinger Höhe in Nürtingen, nahe dem von Eduard Mörike in seinem Märchen „Stuttgarter Hutzelmännlein" beschriebenen Ort (Abb. 20).[75]

Das Grundstück war von einer Hainbuchenhecke umgeben, die das Gebäude, so die Auflagen des Landschaftsschutzes, nicht überragen durfte.[76] Daher musste der ursprünglich angedachte zweigeschossige Bau auf einen eingeschossigen Flachbau reduziert werden. Der Betonskelettbau steht auf einem quadratischen Grundriss mit einer Kantenlänge von 32 Metern (Abb. 15). Die Grundfläche beträgt circa 1.000 Quadratmeter. Das Innenraster aus Fertigbauteilen ist in sieben mal sieben Quadrate gegliedert mit einer Seitenlänge von 4,25 Metern (Abb. 21). Die Quadrate des Hauptrasters sind je nach Bedarf durch den Einbau von Türen oder Verschieben von Wänden unterteilt. Die strukturierte Schalhaut der Deckenplatten markiert die Verbindung mehrerer Quadrate zu unterschiedlich großen Räumen.

Die ersten zwei Rasterquadrate an der Nordseite und die diagonal gegenüberliegenden an der Südseite sind offen und mit Pergolen aus Betonträgern überdacht. Im Norden befindet sich der großzügige Eingangsbereich, im Süden eine Terrasse. Große Fenster und Türen geben

---

74 Schreiben Ottomar Domnicks v. 14. 04.1967, ASD.
75 „[...] in allen deutschen Landen möge wohl Herrlicheres nicht viel zu finden sein als dies Gebirg', zur Sommerszeit, und diese weite gesegnete Gegend." Vgl. Mörike ²2013, S. 64.
76 Vgl. Grammel 2012, S. 136.

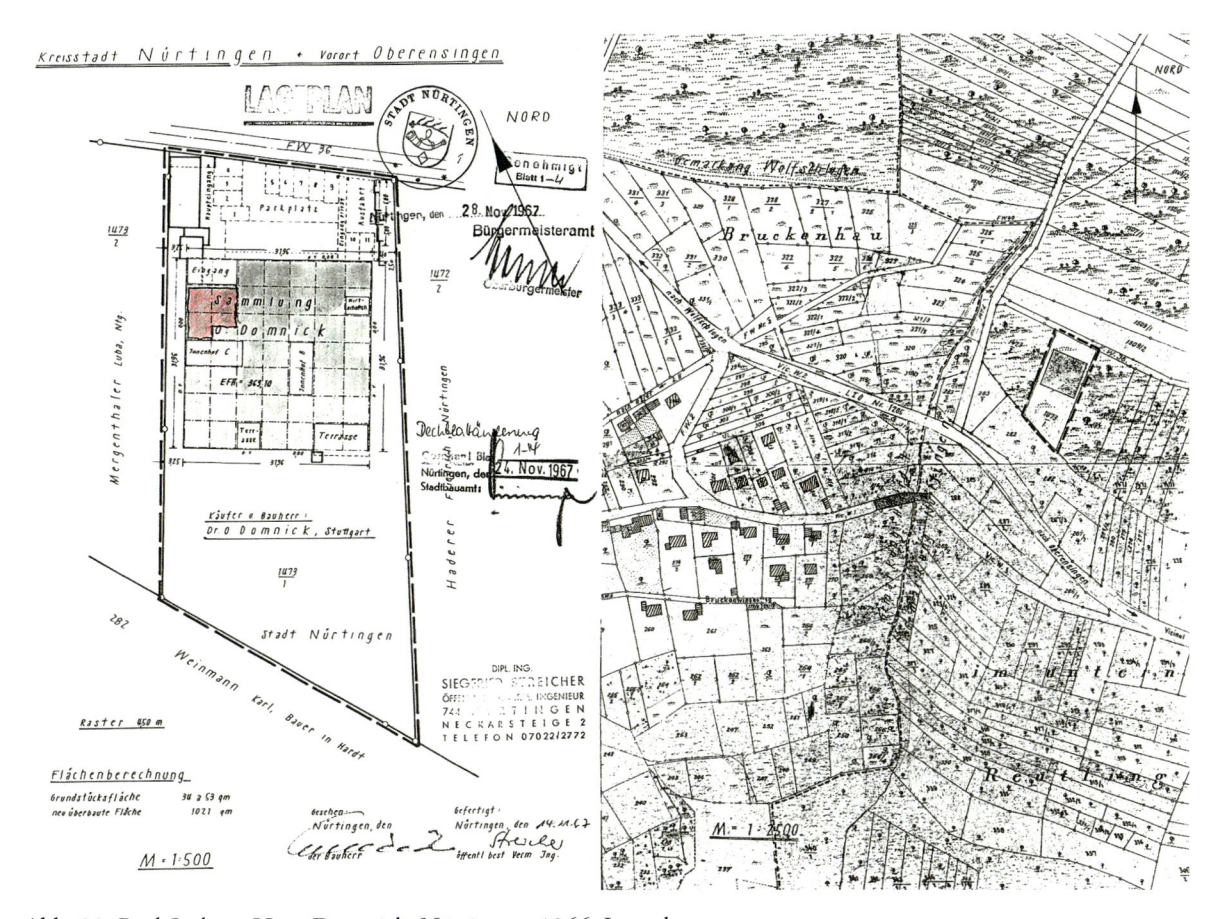

Abb. 20 Paul Stohrer, Haus Domnick, Nürtingen, 1966; Lageplan.

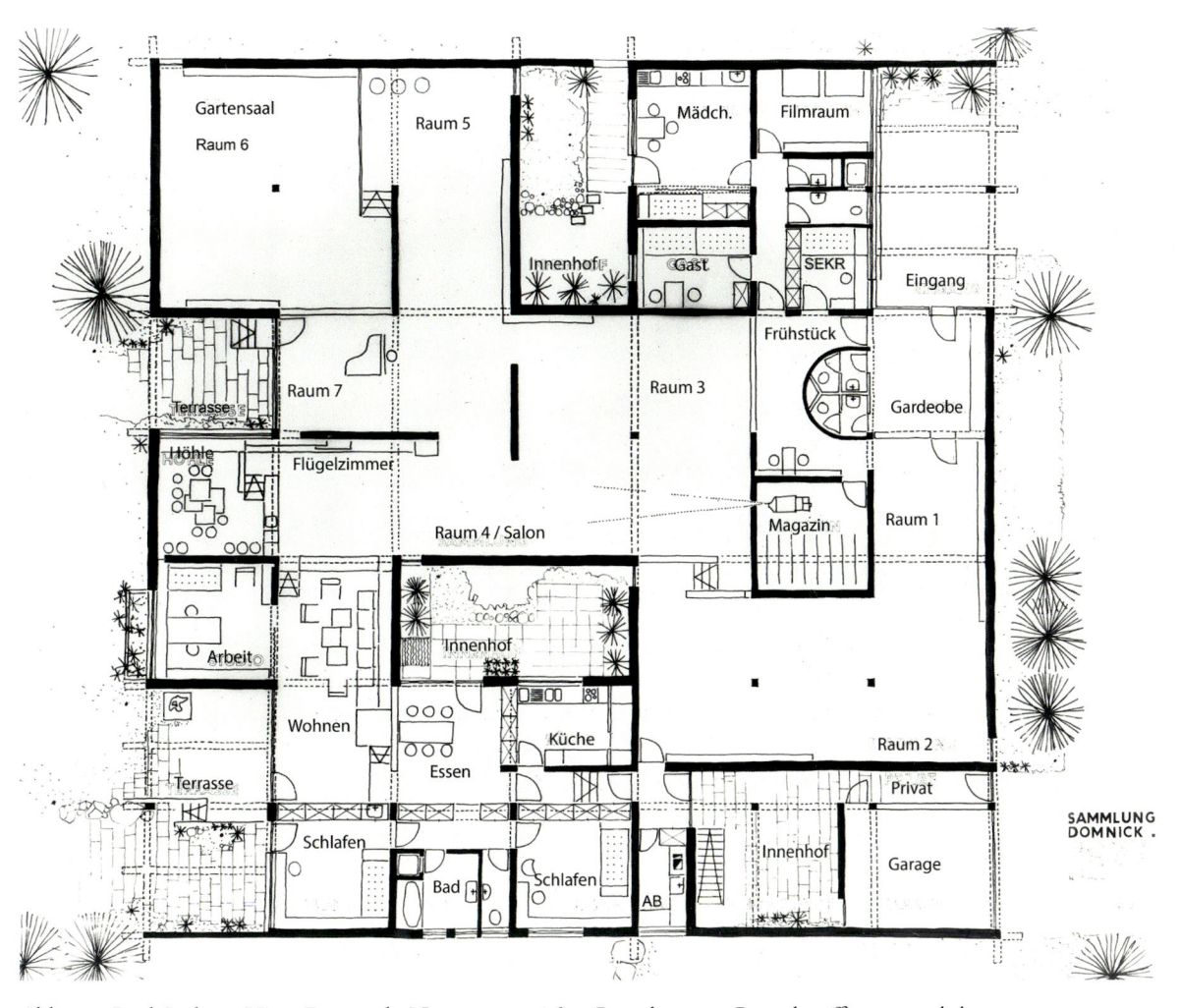

Abb. 21 Paul Stohrer, Haus Domnick, Nürtingen, 1967; Grundriss mit Raumbezifferung und -benennung.

Grund- und Aufriss **39**

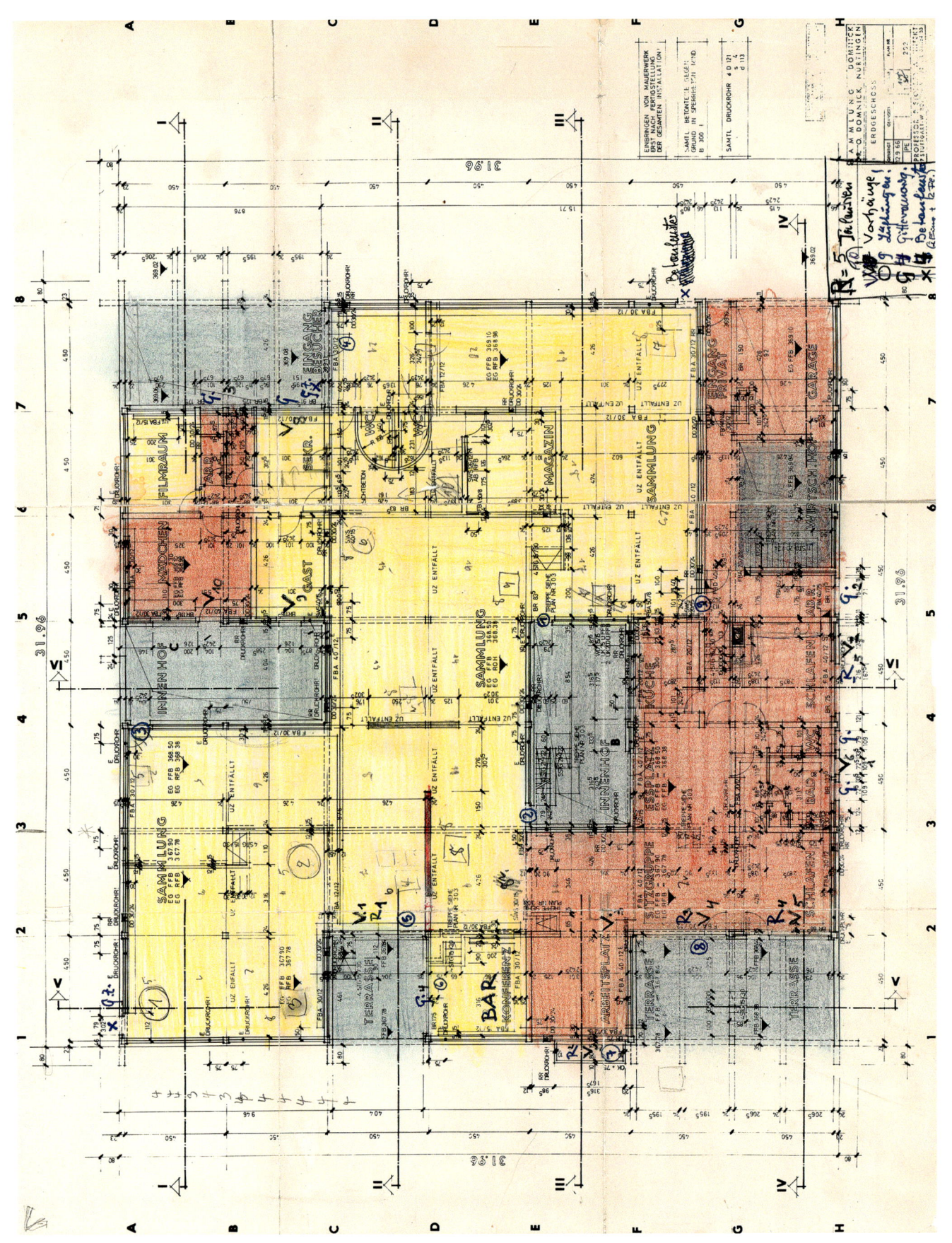

Abb. 22 Paul Stohrer, Haus Domnick, Nürtingen, 1967; Grundriss mit farblicher Hervorhebung der unterschiedlichen Raumfunktionen; Rot: Wohnung; Gelb: Sammlung; Blau: Lichthöfe.

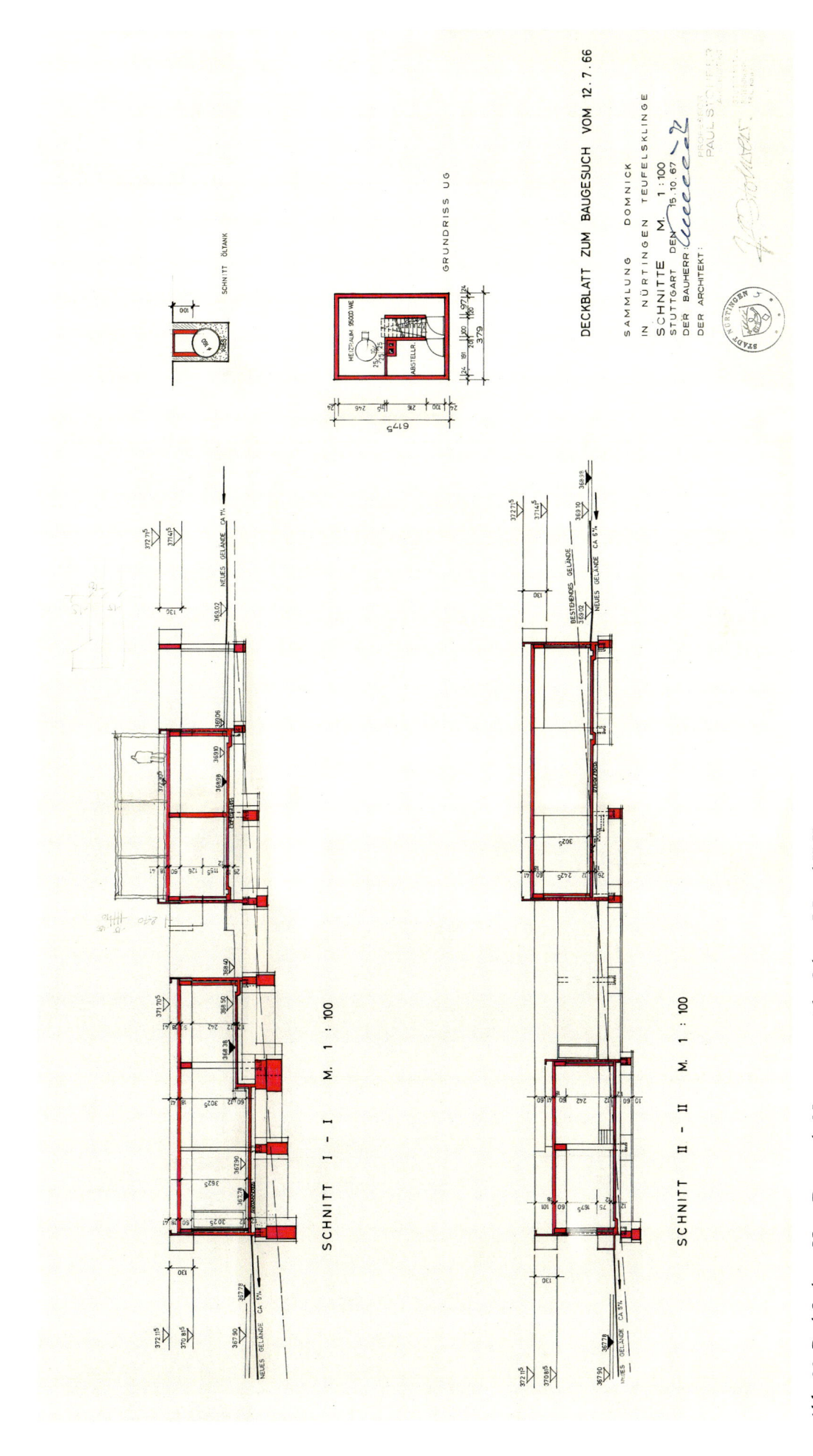

Abb. 23 Paul Strohrer, Haus Domnick, Nürtingen, 1967; Schnitt I-I und II-II.

Grund- und Aufriss 41

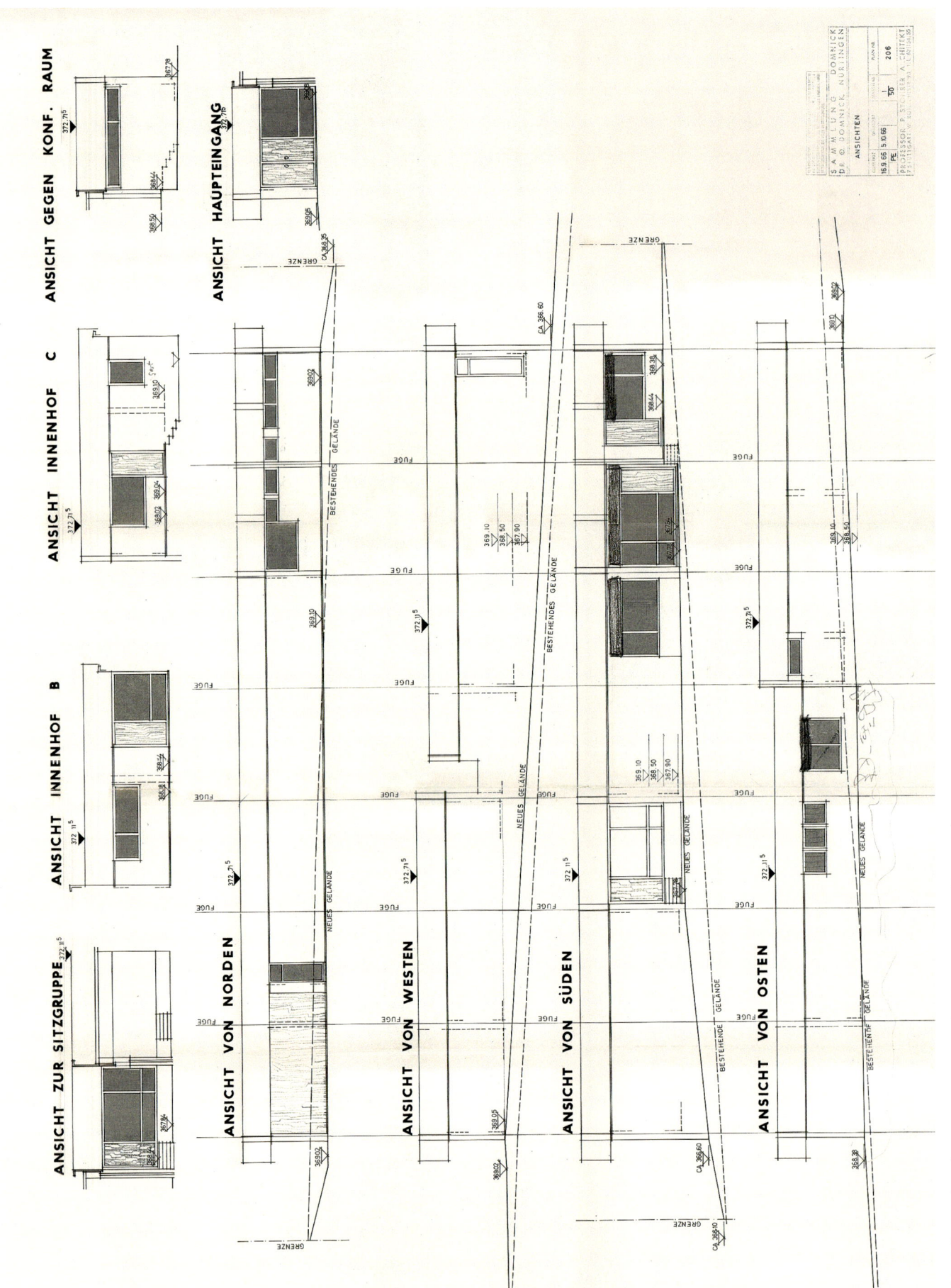

Abb. 24a Paul Stohrer, Haus Domnick, Nürtingen, 1966; Ansichten.

42 Das Wohn- und Sammlungshaus Domnick

Abb. 24b Paul Stohrer, Haus Domnick, Nürtingen, 1966; Ansichten.

Abb. 24c Paul Stohrer, Haus Domnick, Nürtingen, 1966; Ansichten.

„überraschende Ausblicke in die Landschaft"[77] und belichten die Räume.

Der Filmraum, das Sekretariat, das Magazin, die Toiletten für Privatgäste und das „Mädchenzimmer" waren für die Öffentlichkeit nicht zugänglich. Aufgrund der Umgestaltung einiger Räume ist der Zutritt in diesen Bereich heutzutage bedingt erlaubt. Der Filmraum und ein Durchgangszimmer, in dem eine halbrunde Wand die Toilettenräume abtrennt, liegen innerhalb des Gebäudes.

Die Sammlungsräume verlaufen diagonal durch das Gebäude. Für eine flexible Aufteilung sind sie durch nichttragende, bis zu vier Fünftel der Raumhöhe emporragende Wände gegliedert (Abb. 22).

Im Nordosten erstreckt sich die Garage gen Süden über fast zwei Quadrate. Am Ende der Garage liegt ein kleiner Innenhof. Ein schmaler Gang an der Innenseite dient als Lieferanteneingang und führt in den privaten, zwölf Quadrate umfassenden Wohnbereich. Zwei Schlafzimmer mit dazwischenliegendem Bad haben Tageslicht.

Die Küche und das Esszimmer erhalten Tageslicht aus dem angrenzenden Innenhof in der Mitte des Gebäudes. Hinter dem offenen Wohnraum liegt das Büro mit Fenster gen Süden. Wohn- und Essbereich sind von der Sammlung aus über eine Brüstung teilweise einsehbar.

An der Westseite ist ein dritter Innenhof vom Mädchenzimmer aus zugänglich mit einer Tür nach draußen. Durch einen schmalen Fensterschlitz fällt Licht in die Sammlungsräume ein. Die Lichthöfe sind gleichzeitig Ausstellungsflächen für Plastiken und Skulpturen.

Die Querschnittzeichnungen zeigen drei gen Süden abfallende Ebenen und unterschiedliche Deckenhöhen (Abb. 23). Die erste Ebene umfasst drei mal sieben Quadrate des nördlichen Gebäudedrittels, wobei das Bodenniveau ab der Mitte abfällt, aber die Deckenhöhe gleichbleibt. Die Sammlungsräume und die Wohnräume der Domnicks im mittleren Bereich liegen auf der zweiten tieferen Ebene mit niedrigeren Decken im Esszimmer und in der Küche. In der Südostecke liegen

---

77   Stohrer 1967, S. 23.

der Gartensaal und eine kleine Terrasse auf der dritten Ebene. Es folgen der Konferenzraum, auch Gedenkraum oder Höhle genannt, das Arbeitszimmer und das Wohnzimmer mit einer geringeren Deckenhöhe. Die Pläne und Außenansichten zeigen, dass das Gebäude mit zwei höhenversetzten Betonplatten überdacht ist. Die dritte Ebene ist von außen nicht zu erkennen (Abb. 24a–c).

Der Bauplan der Fertigteilkonstruktion aus Sichtbeton erfüllt die Ideen und Ansprüche Domnicks. Das äußerlich einheitlich und massiv wirkende Gebäude lässt keinen Rückschluss auf die Innengestaltung und den musealen Charakter zu. Die innen sichtbaren Betonunterzüge durchstoßen die Attika und setzen Akzente in den Ecken. Sie rhythmisieren die Fassade entsprechend der Rasterung des Grundrisses. Pergolen über dem Eingangsbereich und der Südterrasse schmücken den schlichten Baukörper. Durch eine Lochblende fällt Licht in den Eingang (Abb. 25, 26).

An der Ostseite im Schlaftrakt sind kleine Fenster vorhanden. Die Terrassentüren im Süden gewähren einen Blick in die Natur (Abb. 27). Der Lichteinfall durch die schmalen Fensterschlitze in die Sammlungsräume ist gering. Ein Fensterband erhellt die sogenannte Höhle. Alle Fensterrahmen sind dunkel gestrichen.

Das Gebäude wurde rundherum mit Wein bepflanzt, was im Laufe der Jahre die Betonoptik verbarg und das Objekt in die Landschaft integrierte (Abb. 28). Aus konservatorischen Gründen wurde der Wein im Zuge der Restaurierung 2006 abgenommen. Durch den Bewuchs war die Integration in die Landschaft, wie sie die Nürtinger Baugenehmigung gefordert hat, besonders

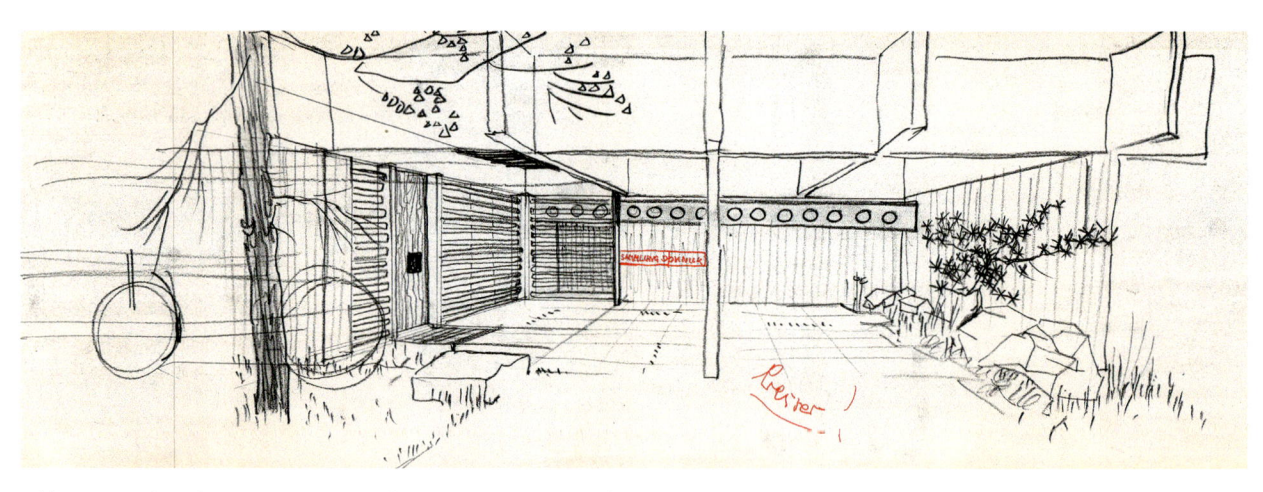

Abb. 25 Paul Stohrer, Haus Domnick, Nürtingen, 1967; Skizze des Eingangs.

Abb. 26 Paul Stohrer, Haus Domnick, Nürtingen, 1967; Eingang.

Abb. 27 Paul Stohrer, Haus Domnick, Nürtingen, 1967; Südansicht des Sammlungshauses.

Abb. 28 Paul Stohrer, Haus Domnick, Nürtingen, 1967; alte Abbildung des Sammlungshauses.

gewährleistet. Der heutige Bau markiert die Rohheit der Ausgestaltung in einer ursprünglich nicht geplanten Weise. Die Qualität der räumlichen Architektur zeigt sich erst beim Betreten des Gebäudes, denn [...] „erst im Inneren wird es hell, licht, erfüllt von Leben und Kunst."[78]

---

78   Domnick ²1989, S. 310.

4.2 DIE INNENRAUMGESTALTUNG

Die Innenraumgestaltung orientiert sich an der Rastergliederung des Grundrisses. Neben Beton als Hauptbaustoff werden Naturmaterialien, vorzugsweise Backstein, Holz, Fell und Leder, eingesetzt. Der kubische Bau ist unterteilt in den öffentlichen Museumsbereich und den Privatbereich des Ehepaars Domnick. Ein Blick in den Wohnraum vermittelt den Besuchern einen Eindruck von der Inneneinrichtung in den Privaträumen.

4.2.1 Räume mit primär musealer Nutzung

In den Museumsräumen herrscht ein Hell-Dunkel-Kontrast. Erdfarben und gebrochene Töne unterbrechen das dominierende Schwarz und Weiß. Schwarz ist für Domnick die intensivste Farbe, „[...] als unmittelbarer Ausdruck der malerischen Handschrift, [...]. So entsteht ein ernster Gesamteindruck von harmonischem Klang."[79]

Die grauen Betonträger kontrastieren mit den weiß gestrichenen Wandflächen. Entgegen allgemein üblicher dunkler Fußböden und heller Decken ist das Farbkon-

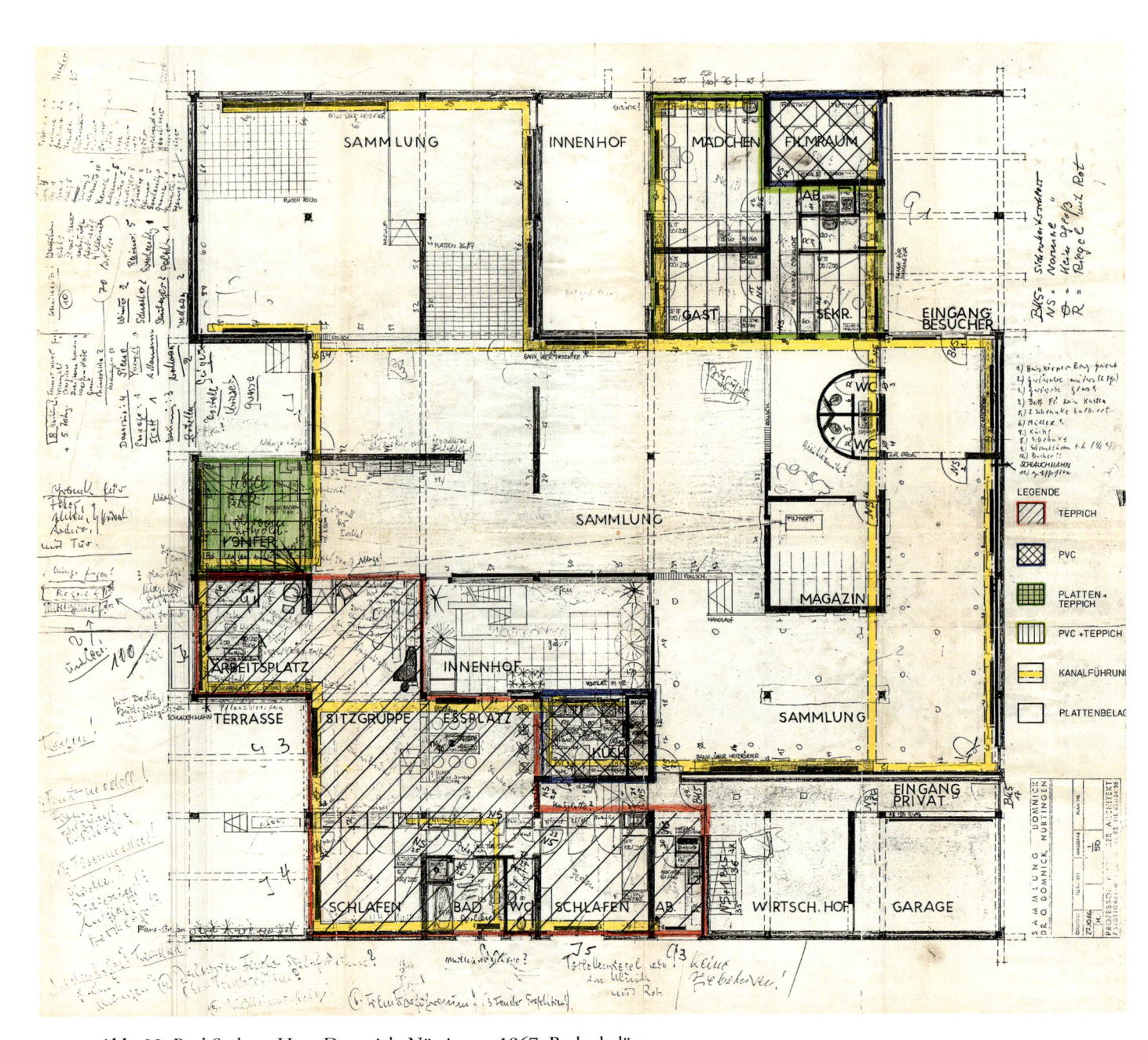

Abb. 29 Paul Stohrer, Haus Domnick, Nürtingen, 1967; Bodenbeläge.

---

79 Domnick, Ottomar und Greta 1982, S. 47.

46 Das Wohn- und Sammlungshaus Domnick

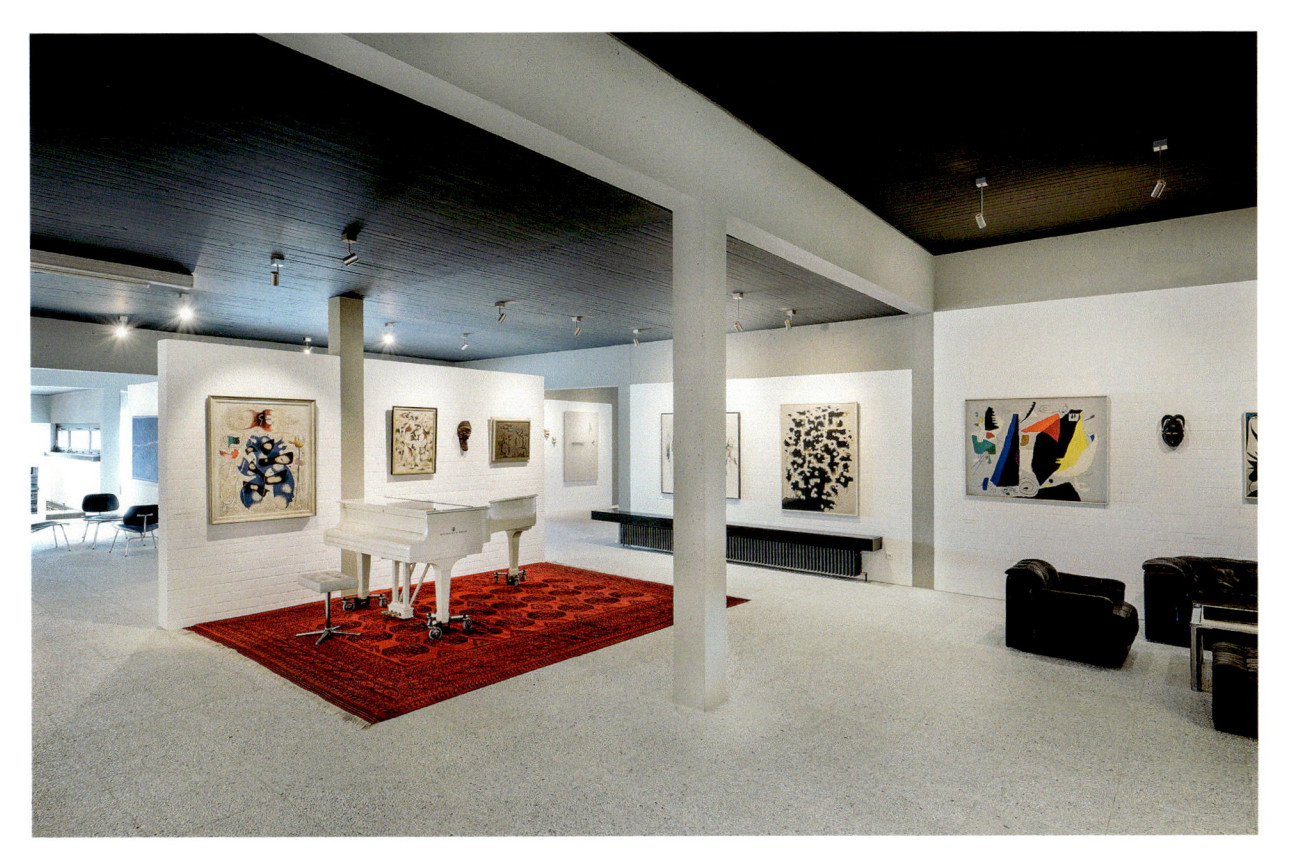

Abb. 30 Paul Stohrer, Haus Domnick, Nürtingen, 1967; Ansicht von Innen (Salon).

zept umgekehrt. Im Allgemeinen lassen dunkle Decken und helle Wände den Raum optisch niedriger und kleiner erscheinen. Allerdings verstärken die hellen Wände die Wahrnehmung des Raums.[80] Domnick beabsichtigte eine Reflektion des künstlichen Lichts auf dem hellen Boden aus Carrara-Marmor (Abb. 29, 30). Die speziell für dieses Gebäude hergestellten Waschbetonplatten mit weißen Carrara-Marmorschotter sind unempfindlich, pflegeleicht und besonders geeignet für einen regen Publikumsverkehr. Stohrer ließ sich für die Gestaltung der Decken von der Theaterarchitektur inspirieren. Einbauleuchten erhellen die grauen Decken und lassen die Räume optisch höher und größer erscheinen. Domnick lehnte eine klassische Beleuchtung mit musealen Streu- und Oberlichtern ab, sondern bevorzugte eine individuelle Ausleuchtung der Bilder durch punktuelle Lichtsetzungen, durch die die besondere Ästhetik der Bilder unterstrichen werden sollte. Einzelne gezielt auf die Bilder gerichtete Punktstrahler erzeugen im Halbdunkel der Räume eine zudem behagliche Atmosphäre.[81] Die mit Lampen angestrahlten Kunstwerke, die zum Inventar gehören, heben sich deutlich von der übrigen

Abb. 31 Paul Stohrer, Haus Domnick, Nürtingen, 1967; Eingangsbereich/Empfang.

schlichten Einrichtung ab und betonen Hell-Dunkel-Effekte.

Eine dunkle Holzwand trennt den Eingangsbereich von den Sammlungsräumen. Linksseitig ist die Garderobe (Abb. 31). Gegenüber, hinter dem Empfangstresen, führen zwei rahmenlose, wandbündige Türen zu den Toiletten. Der mit einer halbrunden, plastisch reliefierten (Abb.

---

80 Vgl. Erner 2014, S. 78–82.

81 Vgl. Grammel 2012, S. 138, 145–146.

Abb. 32 Paul Stohrer, Haus Domnick, Nürtingen, 1967; Blick vom Salon in den Frühstücksraum und den Umgang mit Halbtonne.

Abb. 33 Paul Stohrer, Haus Domnick, Nürtingen, 1967; Eingang in die Sammlungsräume.

Abb. 34 Paul Stohrer, Haus Domnick, Nürtingen, 1967; Weg in den Frühstücksraum zum Magazin und Gästebereich.

32) Betonwand abschließende Raum liegt innerhalb eines um ein Viertel vergrößerten Rasterquadrates. Die dritte rechte Tür öffnet sich um den halbrunden Toilettenraum in Richtung Gästetrakt, Filmraum und zur Sammlung. Der um den halbrunden Toilettenraum verkleinerte Durchgangsraum wurde als Frühstücksraum genutzt mit Blick über eine Brüstung in die Sammlungsräume wie in eine Landschaft. Hinter der Garderobe beginnen Richtung Osten die diagonal durch das Gebäude verlaufenden, labyrinthisch verketteten Sammlungsräume. Sie werden durch sichtbare Betonträger in der Decke, frei eingestellte bis zu vier Fünftel der Raumhöhe reichende Innenwände sowie Niveauunterschiede im Boden strukturiert. Die orthogonal zueinander ausgerichteten Deckenschalungen gliedern die Ausstellungsräume.

Der erste Sammlungsraum mit der Fläche eines Rasterquadrates wird aufgrund der dem Zugang in der Richtung entgegengesetzten Deckenschalung als eigenständiger Raum, zu dem sich nahtlos anschließenden Versammlungsraum betrachtet (Abb. 21, 33). Auf der rechten Seite mündet ein offener Durchgang um den halbrunden Toilettenbereich im Frühstücksraum (Abb. 34). Im zweiten Sammlungsraum steht zwischen zwei Trägersäulen ein großer Tisch (Abb. 35). Der Projektorraum,

Abb. 35 Paul Stohrer, Haus Domnick, Nürtingen, 1967; Blick in Raum 1 und 2.

im Grundriss als Magazin betitelt, liegt zwischen den ersten beiden Sammlungsräumen und dem Frühstücksraum. Der quadratische Raum ragt zu einem Viertel in die Mitte des zweiten Sammlungsraums hinein. Die aus dem Raster heraus versetzte Trennwand reicht nur zu drei Viertel der Raumhöhe.

Der dritte Sammlungsraum liegt bei gleichbleibender Deckenhöhe drei Stufen tiefer (Abb. 36). Ein Durchbruch in der nördlichen Rückwand ermöglicht Einsicht aus dem Frühstücksraum in die Sammlungsräume drei und vier, jedoch gibt es aufgrund des tieferen Bodenniveaus keinen Durchgang (Abb. 32). Der Betonträger zwischen Raum zwei und drei markiert den Versatz der Deckenhöhe und damit den Übergang von Ebene 1 zur tiefer liegenden Ebene 2.

Der Salon umfasst vier Rasterquadrate und ist vielseitig nutzbar. Im Zentrum steht eine Betonstütze, die in eine drei Viertel hohe Trennwand parallel zum Durch-

Abb. 36 Paul Stohrer, Haus Domnick, Nürtingen, 1967; Blick in Raum 3 (Salon).

Abb. 37 Paul Stohrer, Haus Domnick, Nürtingen, 1967; Raum 3 (Salon).

Die Innenraumgestaltung

Abb. 38 Paul Stohrer, Haus Domnick, Nürtingen, 1967; Blick in Raum 5.

Abb. 39 Paul Stohrer, Haus Domnick, Nürtingen, 1967; Blick in Raum 6 (Gartensaal) von Raum 5 aus.

bruch integriert ist. (Abb. 30, 37). Aktuell steht nördlich dieser Wand ein Flügel. Östlich von der Trennwand kann eine Leinwand für Filmvorführungen heruntergelassen werden.[82]

Westlich geht der Salon in den zwei Quadrate einnehmenden schmalen bestuhlten Raum fünf über (Abb. 38). Ein langes schmales Fenster in den nördlich angrenzenden Innenhof bietet einen mäßigen Lichteinfall. Eine

Abb. 40 Paul Stohrer, Haus Domnick, Nürtingen, 1967; Blick aus Raum 6 (Gartensaal).

---

82 Die vorgeführten Filme wurden durch zwei Löcher in der Wand, die von zwei Gemälden verdeckt sind, aus dem Filmraum projiziert.

Abb. 41 Paul Stohrer, Haus Domnick, Nürtingen, 1967; Blick vom Raum 6 (Gartensaal) in Raum 7 (Flügelzimmer).

Treppe mit Holzgeländer führt in den sechsten Raum auf dem dritten Bodenniveau hinab (Abb. 39), den sogenannten Gartensaal. Die Deckenhöhe ist gleichbleibend zur zweiten Ebene, wodurch der Raum höher ist (Abb. 40). In der Mitte der vier Rasterquadrate großen Fläche steht ebenfalls ein Betonträger. Durch ein schmales Fenster am Ende der Westwand fällt Tageslicht ein. Ursprünglich war der quadratische Raum als Außenraum für die Ausstellung von Skulpturen vorgesehen gewesen (s.o.). Eine gemauerte Balustrade gewährt Richtung Osten, ohne Zutritt, Einblick in den siebten, letzten Ausstellungsraum (Abb. 41).

Auf dem Grundriss ist ein Flügel eingezeichnet, daher der Name Flügelzimmer. Die Deckenschalung verläuft über zwei Quadrate im rechten Winkel zum Salon. Eine drei Viertel hohe Trennwand in der Mitte steht (Abb. 21, 42) zu einem Drittel im Salon.

Die eingestellten Trennwände im Salon und Flügelzimmer bieten beidseitig mehr Platz zur Hängung der Ausstellungsbilder (Abb. 43, 44). Die zusätzlichen Wandflächen haben oberste Priorität für Sammlungsausstellung. Konzerte, Kino, Theateraufführungen oder Lesungen waren in ihrer Bedeutung nachrangig.

Richtung Süden folgen tieferliegend eine kleine Terrasse und Raum 8. Dieser wird aufgrund der geheimnisvollen Atmosphäre durch das tiefere Bodenniveau, der niedrigen Decke und einer halbhohen Wand am Treppen-

Abb. 42 Paul Stohrer, Haus Domnick, Nürtingen, 1967; Raum 7 (Flügelzimmer) mit Trennwand.

abgang. In der Mitte steht ein massiver Baumstammtisch (Abb. 45). Tageslicht fällt über ein Oberlicht hinein.

Im Flügelzimmer bilden Richtung Osten eine kleine Treppe und eine niedrige weiße Mauer eine Barriere zum tieferliegenden Wohnbereich. Im Sammlungsraum steht ein Sofa davor und auf der Rückseite die etwas höhere Schrankwand (Abb. 46, 47). Die Decke ist auf gleicher Höhe wie in der Höhle. Dadurch wird die Trennung vom öffentlichen zum privaten Bereich betont. An das

Die Innenraumgestaltung **51**

Abb. 43 Paul Stohrer, Haus Domnick, Nürtingen, 1967; Blick links von der Trennwand im Raum 7 (Flügelzimmer) gen Norden.

zwei Rasterquadrate große Wohnzimmer schließen Richtung Süden das Büro mit einem großen Fenster und eine zwei Quadrate große Terrasse an. Die Rückwand mit dunklen Einbauschränken versperrt den Weg zu dem an der Südseite liegenden Schlafbereich. Links führen wenige Stufen hoch auf die zweite Ebene in das Esszimmer, die Küche und in weitere Privaträume des Ehepaares Domnick (Abb. 48).

Abb. 44 Paul Stohrer, Haus Domnick, Nürtingen, 1967; Blick rechts von der Trennwand im Raum 7 (Flügelzimmer) gen Norden.

Abb. 45 Paul Stohrer, Haus Domnick, Nürtingen, 1967; Höhle.

Abb. 46 Paul Stohrer, Haus Domnick, Nürtingen, 1967; Blick ins Wohnzimmer.

Abb. 47 Paul Stohrer, Haus Domnick, Nürtingen, 1967; Blick vom Wohnzimmer zur Sammlung.

Die Innenraumgestaltung

Abb. 48 Paul Stohrer, Haus Domnick, Nürtingen, 1967; Blick ins Esszimmer.

4.2.2 Der Gäste- und Wohntrakt

Die Wohnung der Domnicks ist separat durch eine Eingangstür neben der Garage erschlossen (Abb. 49). In den nordöstlichen drei Rasterquadraten (Abb. 21) befinden sich die Garage und der anschließende Wirtschaftshof mit einem schmalen überdachten Gang zur Kellertreppe, zur Privateingangstür mit Garderobe und zur dahinterliegenden Abstellkammer. Gegenüber befindet sich ein Zugang zu den Sammlungsräumen. Diese Abgrenzung gewährleistet einerseits Dienstleistungsunternehmen den unmittelbaren Zugang zu den Sammlungsräumen und sichert andererseits die absolute Privatsphäre für das Ehepaar. Der sich anschließende private Wohnbereich der Domnicks erstreckt sich über drei mal vier Quadrate an der Ostseite des Gebäudes auf Ebene zwei und drei. Eine Treppe hinter der Eingangstür führt geradeaus in das Esszimmer, rechterhand ist die Küche, die über ein Oberlicht vom westlich angrenzenden Innenhof Tageslicht erhält (Abb. 50). Küche und Esszimmer sind durch eine Wand mit einer Durchreiche getrennt. Vom Esszimmer aus ist der Innenhof zugänglich (Abb. 51). Die heute als nicht mehr zugängliche Privatwohnung genutzten Schlafzimmer des Ehepaares und zwei dazwischenliegende Badezimmer an der Ostseite sind von den übrigen Wohnräumen durch eine Schrankwand geschützt. Das Damenzimmer und die Bäder haben einfache Fenster (Abb. 52). Das Herrenzimmer hat einen Ausgang zur Südterrasse (Abb. 53).

Das Wohnzimmer und das Büro liegen einige Stufen tiefer auf der dritten Ebene (Abb. 47). Der Gästetrakt befindet sich in der Nordwestecke des Gebäudes und nimmt die Fläche von zwei mal drei Rasterquadraten ein (Abb. 21, 54). Der Eingang befindet sich im Frühstücksraum. An dem Flur liegen rechts das Sekretariat, eine Toilette und eine Abstellkammer. Geradeaus war einst der Filmraum, heute wird dieser Raum als Archiv genutzt. Links vom Flur liegen laut Grundriss das Gästezimmer und das Mädchenzimmer (Abb. 55) mit integrierter Küchenzeile und einem Ausgang zum Innenhof.

Eine vertikale Fuge im Mauerwerk in der Zwischenwand vom geplanten Gästezimmer und dem Mädchenzimmer sowie ältere Fotos belegen, dass während der Bauphase diese Zwischenwand geschlossen wurde (Abb. 56, 57). Da es zum Mädchenzimmer keinen Zugang vom Flur

Abb. 49 Paul Stohrer, Haus Domnick, Nürtingen, 1967; Garage und Hauseingang.

Abb. 50 Paul Stohrer, Haus Domnick, Nürtingen, 1967; Küche.

Abb. 51 Paul Stohrer, Haus Domnick, Nürtingen, 1967; Blick in den Innenhof des Esszimmers.

Abb. 53 Paul Stohrer, Haus Domnick, Nürtingen, 1967; Terrasse vor Schlafzimmer des Herren und Wohnzimmer.

Abb. 52 Paul Stohrer, Haus Domnick, Nürtingen, 1967; Ostwand mit Fenster der Badezimmer und des Schlafzimmers der Dame.

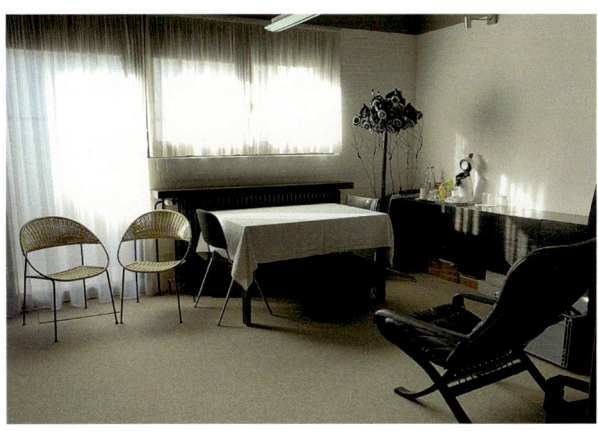

Abb. 55 Paul Stohrer, Haus Domnick, Nürtingen, 1967; Mädchenzimmer.

Abb. 54 (links) Paul Stohrer, Haus Domnick, Nürtingen, 1967; Tür zum Gästetrakt.

Die Innenraumgestaltung

Abb. 56 Paul Stohrer, Haus Domnick, Nürtingen, 1967; Tür vom Mädchenzimmer, rechts Mauerfuge.

aus gab, wurde in der Nordwestecke die Wand durchbrochen. Bei den Umbaumaßnahmen im Jahr 2005 wurde der Durchbruch wieder geschlossen, eine Tür zum Flur eingebaut und in dem ursprünglich geplanten Gästezimmer eine Damentoilette eingerichtet.

4.3 (NICHT-) REALISIERTE PROJEKTE

Für Domnick war der Einbau eines Schwimmbeckens ein durchaus zeittypisches essentielles Kriterium für die Planung des Wohn- und Sammlungshauses in Nürtingen. Jedoch wurde dieser Wunsch von Stohrer nicht berücksichtigt. Erst 1971 bis 1973 wurden Konzepte für den Anbau einer Schwimmhalle erstellt, die sich wie „in einem Guß"[83] dem Baustil des Hauptgebäudes anpassten, sich also nach denselben Einheiten, Dimensionen und Materialien richteten.

Das Schwimmbecken sollte in Verlängerung der Privaträume an der Südostecke vor der Terrasse liegen. Der Plan zeigt einen Anbau von vier Rasterquadraten in die Länge und über die Breite der drei Quadrate von Terrasse und Büro (Abb. 58). Vor dem Bürofenster war eine Terrasse über drei Quadrate gen Süden mit einer Pergola aus Betonträgern geplant. Die Schwimmhalle sollte einen L-förmigen Grundriss bekommen. Die nun verglaste Südterrasse hätte in den Eingangsbereich mit Umklei-

Abb. 57 Paul Stohrer, Haus Domnick, Nürtingen, 1967; Alte Aufnahme, Mädchen- und Gastzimmer ohne Zwischenwand; Foto aus ASD.

---

83 Brief von Pelchen an Ottomar Domnick, 20.03.1973, ASD.

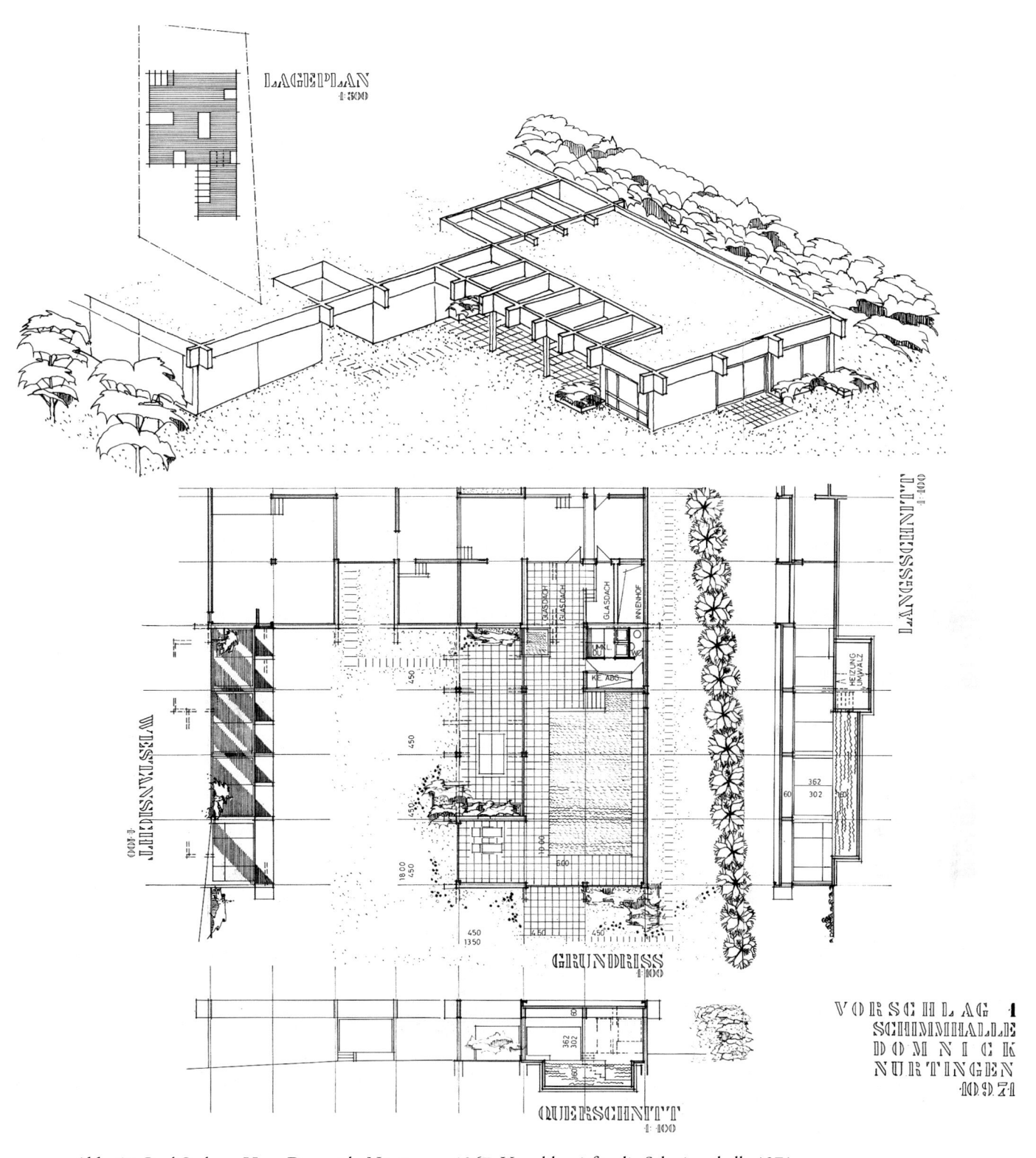

Abb. 58 Paul Stohrer, Haus Domnick, Nürtingen, 1967; Vorschlag 1 für die Schwimmhalle 1971.

den und zu den Toiletten und Duschen geführt; das Schwimmbecken hätte sich über das zweite, dritte und vierte Quadrat Richtung Süden erstreckt. Große Glasfronten auf der Süd- und Westseite sollten einen freien Blick in die Natur ermöglichen; das südwestliche Quadrat wäre gen Süden für eine geschützte Ruhezone geschlossen worden. Herausragende Betonträger an der Südseite betonten die Rasterung und hätten den Anbau an die Fassade des Hauptgebäudes angepasst.

Der zweite und dritte Entwurf ist aufgrund von Übereinstimmungen auf einem Plan gezeichnet (Abb. 59). Die Grundrissgröße umfasst im zweiten Entwurf eine Verlängerung von fünf Quadraten und im dritten von nur vier Quadraten. Das erste Rasterquadrat wird wie

(Nicht-) Realisierte Projekte 57

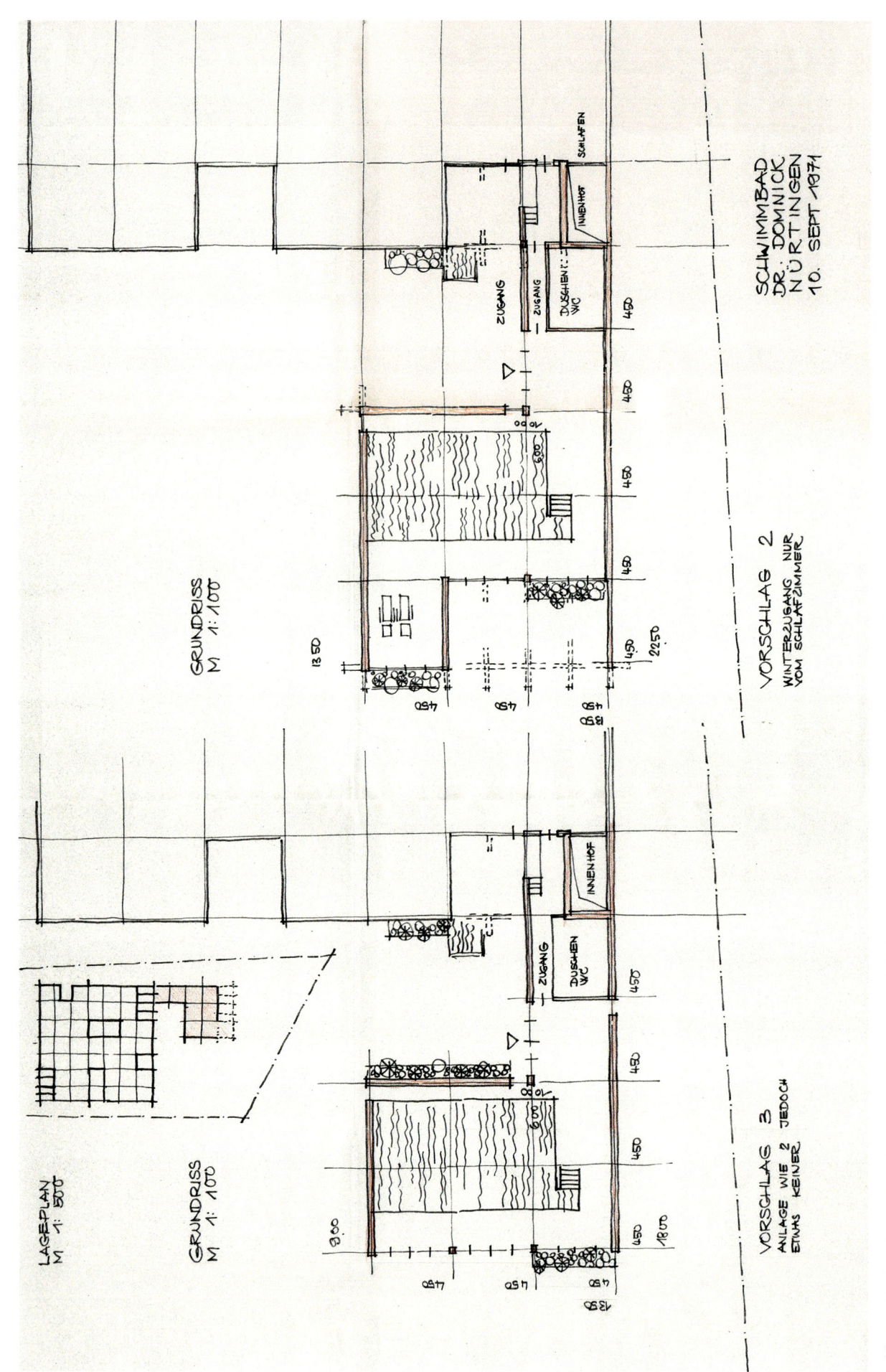

Abb. 59 Paul Stohrer, Haus Domnick, Nürtingen, 1967; Vorschlag 2 und 3 für die Schwimmhalle 1971.

58 Das Wohn- und Sammlungshaus Domnick

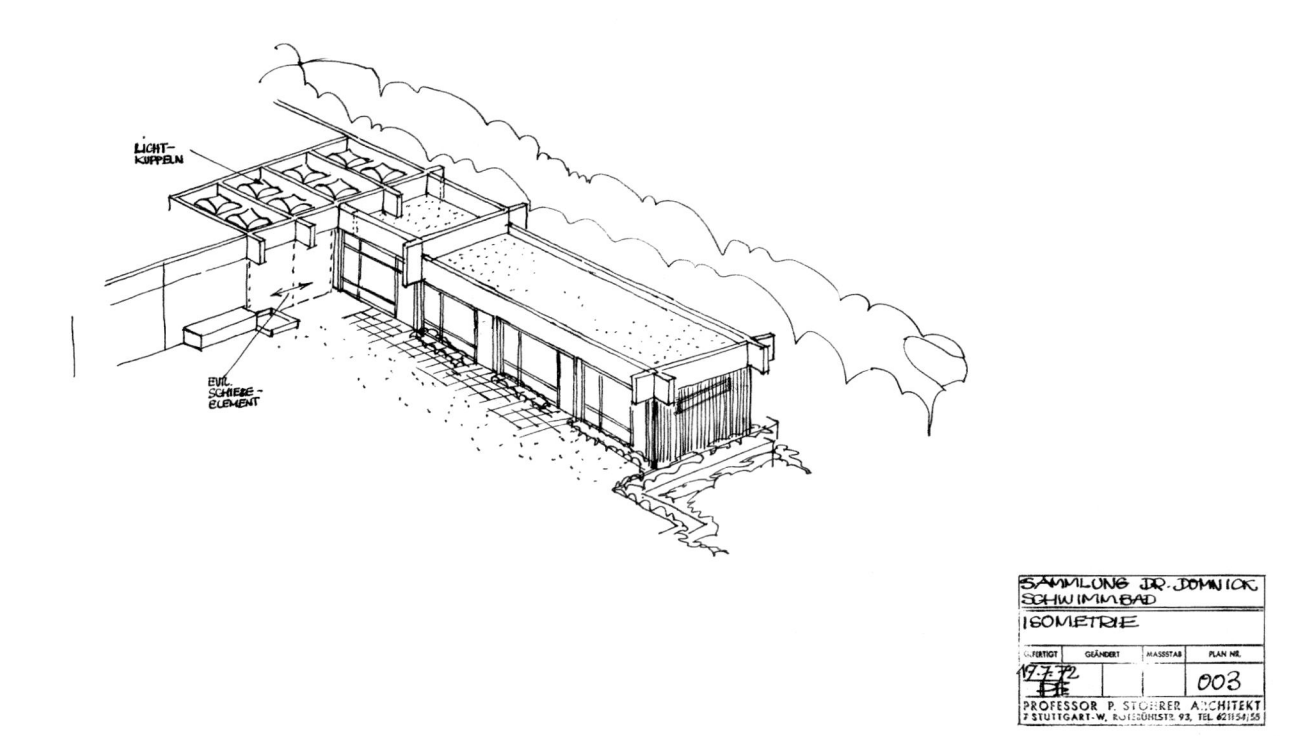

Abb. 60 Paul Stohrer, Haus Domnick, Nürtingen, 1967; Vorschlag 4 für die Schwimmhalle 1972.

im ersten Entwurf für Duschen und Toiletten genutzt. Der Zugang zur Schwimmhalle führt jeweils wettergeschützt durch das Schlafzimmer des Herrn über die Terrasse. Auf zwei Rasterquadraten Richtung Süden steht ein verglaster Anbau mit Schiebetür für Tageslicht im Wohnbereich. In Entwurf zwei und drei grenzt hier ein quadratischer Anbau auf drei mal drei Rastereinheiten an. Das Schwimmbecken liegt auf den ersten sechs Quadraten mit einer Bahnlänge von zehn Metern. Im zweiten Entwurf sind eine vorgelagerte Terrasse in der Südostecke und ein überdachter Liegeplatz im südwestlichen Rasterquadrat eingezeichnet. Entwurf drei schließt mit Glasfassade Richtung Süden. Lichteinfall kommt jeweils von der südlichen Landschaftsseite.

Im Juli 1972 wurde ein vierter Entwurf vorgelegt (Abb. 60). Der längliche Schwimmhallenanbau erstreckt sich über vier Quadrate gen Süden. Die Südterrasse vor dem Wohn- und Schlafzimmer des Herrn erhält Lichtkuppeln und wird vor dem Wohnzimmerbereich mit einer Schiebetür geschlossen.[84] Der Anbau auf dem ersten Quadrat liegt auf dem Bodenniveau der Terrasse. Die anschließenden drei Segmente liegen tiefer. Der Versatz der beiden Deckenplatten wird durch einen Querbetonträger optisch hervorgehoben. Die Westseite ist vollständig verglast, die Süd- und Ostseite mit Holzpaneelen verkleidet. Des Weiteren geht aus einem Schreiben hervor, dass die Sportbahn des Beckens 14,33 Meter messen soll, sodass nach sieben Bahnen exakt 100 Meter erreicht werden.[85]

Trotz diverser Entwürfe, Beschlüsse und Finanzierungsdiskussionen wurde das Bauvorhaben einer Schwimmhalle möglicherweise aus Kostengründen nie realisiert. Sicherlich hätte ein Anbau die klare Lesbarkeit der Hausarchitektur gestört. Ob dies jedoch ein Argument gegen den Anbau war, ist aus den Unterlagen nicht zu entnehmen.

Alternativ wurden 1974 Überlegungen zu einem Skulpturenhof auf der Eingangsseite erwogen. Drei skizzierte Vorschläge wurden jedoch ebenfalls nicht realisiert.

Um das Ensemble von Kunst und Architektur zu komplettieren, erwarb Domnick 1976 das Nachbargrundstück zur Gestaltung eines Skulpturenparks (Abb. 61a–c). Für die Planung der Gartenanlage engagierte er den Landschaftsarchitekten Hans Luz, der zur selben Zeit

---

84 In einem Brief schlägt Stohrer Domnick schusssicheres Glas vor, sodass Einbruchschutz gewährleistet ist. Brief von Stohrer an Domnick, 21.07.1972, ASD.

85 Brief von Stohrer an Domnick, 21.07.1972, ASD.

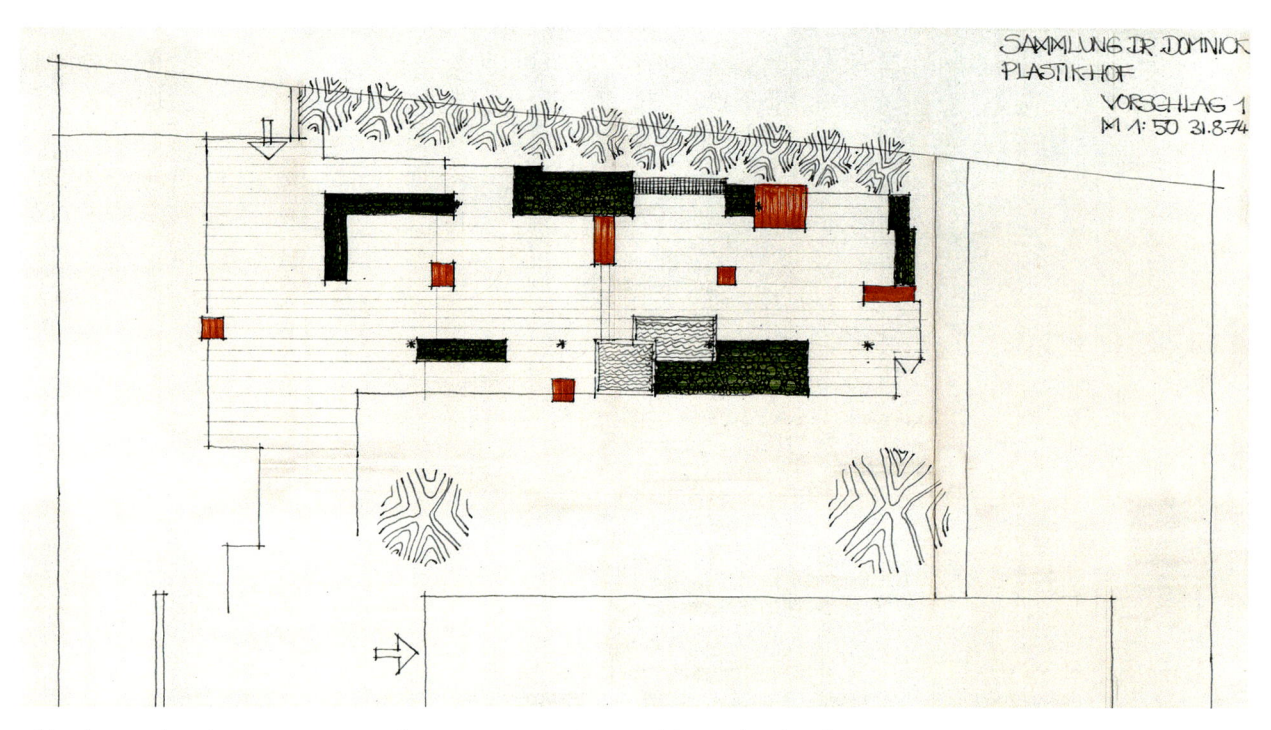

Abb. 61a Paul Stohrer, Haus Domnick, Nürtingen, 1967; Vorschlag 1 Plastikhof 1974.

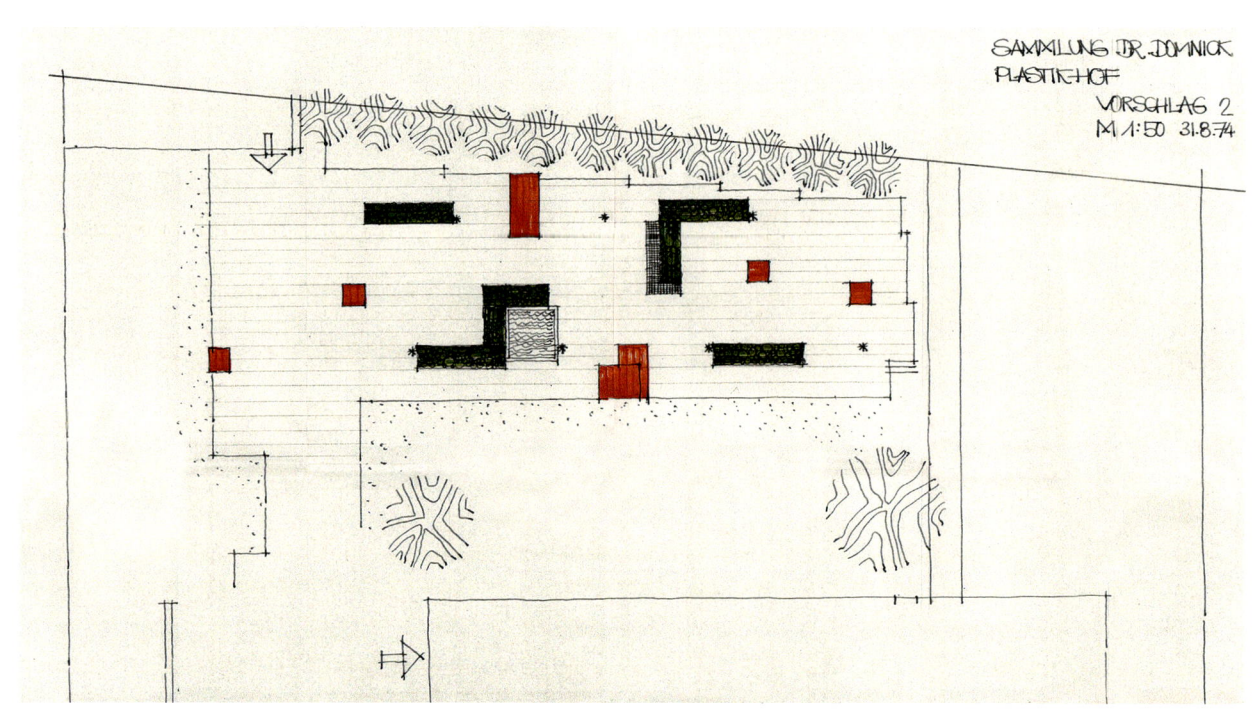

Abb. 61b Paul Stohrer, Haus Domnick, Nürtingen, 1967; Vorschlag 2 Plastikhof 1974.

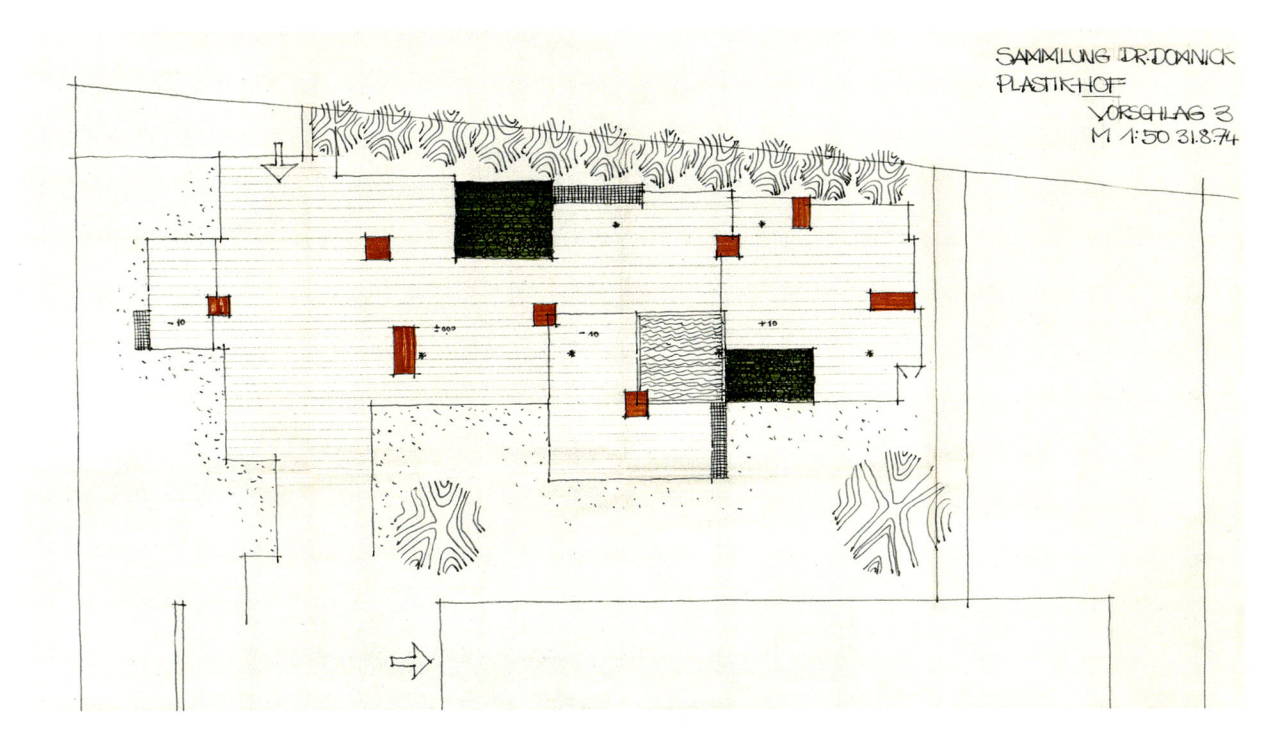

Abb. 61c Paul Stohrer, Haus Domnick, Nürtingen, 1967; Vorschlag 3 Plastikhof 1974.

die Bundesgartenschau in Stuttgart vorbereitete.[86] Drei Wegschleifen durchqueren das gesamte Gelände und ermöglichen verschiedene Ausblicke in die Landschaft und Ansichten der Skulpturen. Die organisch geschwungenen Pfade stehen im Kontrast zu den kantigen Kunstwerken im Garten.

---

86 Vgl. Beuckers 2023b, S. 175, 190–191.

5 Das Bauprojekt im Gesamtwerk des Architekten

Mit der Planung des Sammlungshauses Domnick erlangte der Architekt Paul Stohrer in seiner letzten Schaffensphase nochmals fachliche Anerkennung. Trotz seines hohen Bekanntheitsgrades im süddeutschen Raum war es für ihn eine Herausforderung, sich neben der starken Konkurrenz zu behaupten. In der Liste seiner Entwürfe und Bauten von traditionellen Einfamilienhäusern in den 1930er Jahren, der Bungalow-Architektur in den 1950er Jahren und der skulpturalen Ausformungen mit Beton in den 1960er Jahren besitzt das Gebäude der Sammlung Domnick einen besonderen Stellenwert. Um das Wohn- und Sammlungshaus Domnick in Stohrers Gesamtwerk und die allgemeine Baustilentwicklung einzuordnen, werden im Folgenden das Werk des Architekten vorgestellt sowie die Entwicklung seiner Architektursprache und charakteristische Merkmale seines Baustils erläutert.

5.1 PAUL STOHRER

Paul Stohrer (1909–1975) stammte aus einer alten Stuttgarter Handwerksfamilie.[87] Bereits in seiner Kindheit entwickelte er eine ausgeprägte Leidenschaft für Kunst, weshalb er zunächst Maler oder Bildhauer werden wollte. Nach Abschluss einer Zimmermannslehre begann er sich im Wintersemester 1927/1928 an der Staatlich Württembergischen Höheren Bauschule Stuttgarts[88] ein Ingenieurstudium.[89] Das für die Aufnahme nachzuweisende Praktikum absolvierte er bei dem Architekten Richard Gebhardt in Stuttgart. Kernaufgaben des Architekturbüros waren Wohnungsbauten, die Typisierung von Grundrissen und die schlüsselfertige Erstellung von Eigenheimen. 1934 legte er die „Prüfung für den mittleren Baudienst, Note II a" ab und eröffnete 1935 im Stuttgarter Innenstadtbereich ein eigenes Architekturbüro, das er selbst als Atelier bezeichnete. Seit 1929 war er parallel auch noch an der Technischen Hochschule Stuttgart für Architektur immatrikuliert. Als Schüler von Paul Bonatz und Paul Schmitthenner[90] wurde er mit der traditionellen Baukunst und den zeitgenössischen Architekturströmungen des Neuen Bauens vertraut. Nach einer Unterbrechung des Studiums von 1942 bis 1944 aufgrund seines Kriegsdienstes erhielt er im Dezember 1944 sein Diplom mit der Gesamtnote „gut".

Aufträge für die Planung oder Umgestaltung von Wohnhäusern, Geschäftsgebäuden oder auch Theaterbauten rekrutierte er aus den zahlreichen Kontakten während seiner Tätigkeit im Architekturbüro Gebhardt. Daneben beschäftigte er sich intensiv mit der Entwicklung von typisierten Einfamilienhäusern. Zwischen 1949 und 1955 erhielt er den Auftrag, das Haus Englisch, in dem u.a. der Architekt Gebhardt seine Büroräume gemietet hatte, völlig neu zu gestalten.

Seit den ausgehenden 1940er Jahren etablierte sich Stohrer als geschätzter, ideenreicher Architekt. Inspiriert durch zeitgenössische internationale Beiträge in der Fach-

---

[87] Zu Paul Stohrer vgl. Sayah 1987. – Schirmbeck 1994. – Ross 2004. – Sayah 2011. – Lubitz 2012. – Grammel 2012.
[88] Später: Staatsbauschule; heute: Hochschule für Technik.
[89] Aufgrund seines Realschulabschlusses blieb ihm zunächst ein Studium an der Technischen Hochschule verwehrt.
[90] Die beiden deutschen Architekten sind Hauptvertreter der Stuttgarter Schule und des Baustils des Traditionalismus.

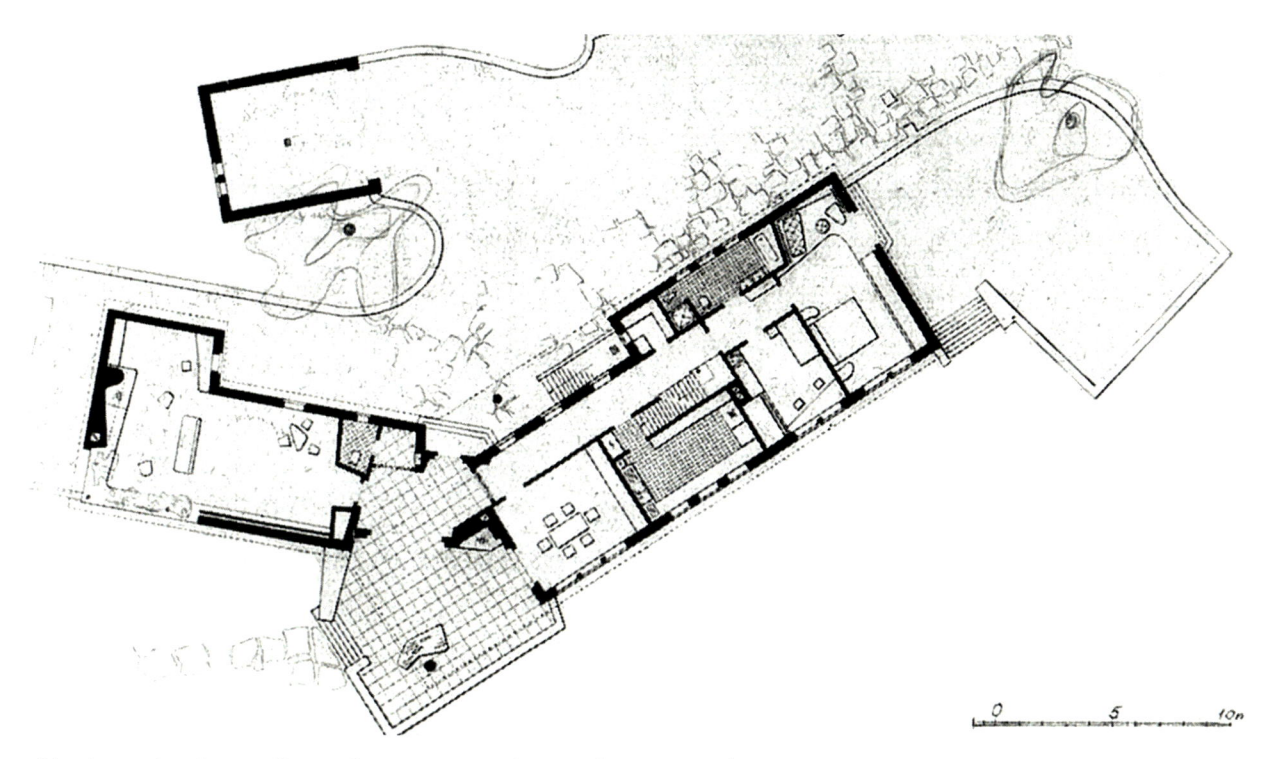

Abb. 62 Paul Stohrer, Villa Wiedenmeyer, München, 1949–50; Grundriss.

literatur, insbesondere zu der neuen Baukunst der 1950er Jahre in Italien und immer akribisch auf der Suche nach außergewöhnlichen Formen, konstruierte er innovative Bauwerke, die das Stadtbild von Stuttgart bis heute eindrucksvoll prägen. Berühmte Vorbilder für Stohrer waren Le Corbusier, Frank Lloyd Wright, Mies van der Rohe und der skandinavische Architekt Alvar Aalto.[91]

Für Stohrer „beruht das Entwerfen als ein schöpferischer Prozess auf dem Konzept des ‚homo ludens' und der Erkenntnis, dass der Ursprung aller schöpferischen Arbeit vom Spiel ausgehe."[92] Seine Mitarbeiter erstellten Skizzen und Pläne nach seinen Ideen. Nach zahlreichen Diskussionen und Korrekturen der Vorschläge stand ein finaler Entwurf fest.

Während seiner letzten Schaffensphase in den 1960er Jahren bis 1975 realisierte er nur noch wenige Bauprojekte. Seine kreative Euphorie wie die plastische Gestaltung der Fassaden am Haus Englisch, am Geschäftshaus Raber + Märcker oder am Hofbräueck (1956–58) war nicht mehr sichtbar.

Erst mit dem Bau für das Privatmuseum für den Psychiater, Filmemacher und Kunstsammler Domnick in Nürtingen (1966–67) gewann er erneutes Prestige zurück und erhielt wieder die Aufmerksamkeit in der Fachwelt.

5.2 SEIN ŒUVRE

Das Gesamtwerk Paul Stohrers umfasst Wohnungsbauten und Einfamilienhäuser, Geschäfts-, Büro- und Verwaltungsgebäude sowie Kultur- und Industriebauten. In Stuttgart sind herausragende Beispiele seines Wirkens aus den 1950er und 1960er Jahren heute noch zu sehen.

Ab 1935 widmete sich Stohrer – vor seinem Studienabschluss und bereits im eigenen Büro – vorrangig dem Wohnungsbau. Bis zum Kriegsausbruch 1939 stellte er sechzig Projekte im Stuttgarter Raum fertig. Viele seiner Bauten repräsentieren beispielhaft die Prinzipien des „Neuen Bauens". Hier stehen weniger ansprechende Fassaden im Vordergrund, sondern die Raumgliederung, geistige Ordnung und innere Proportionen. Nennenswerte Beispiele sind die Villa Widenmeyer in Weißbach (1949/50), ein Einfamilienhaus am Hasenberg in Stuttgart (1950/51) und das Film-Casino in München (1951).

Wohnbauten
Die Villa Widenmeyer zählt zum Bautyp „Landhaus".[93] Dieses Projekt markiert den Umbruch in Stohrers Architekturstil. Traditionelle Motive der Stuttgarter Schule

---

91 Vgl. Grammel 2012, S. 46–48.
92 Grammel 2012, S. 49.
93 Zur Villa Widenmeyer vgl. Grammel 2012, S. 96–100.

und Merkmale der modernen 1950er Jahre treffen in diesem Bau aufeinander. Die neuartige Grundrissform aus zwei ungleichen Schenkeln mit der dazwischenliegenden Eingangshalle ist unter Berücksichtigung der Grundstücksverhältnisse vermessen worden (Abb. 62). Bodentiefe Fenster beziehen Terrasse und Garten in den Wohnraum mit ein. Die weiteren Räume wie Ess- und Schlafzimmer befinden sich im anderen Schenkel. Die Raumaufteilung und Nutzung ist anhand der Fensterformate erkennbar. Der klar ablesbare Grundriss, die geschwungene Form des Wasserbeckens sowie das Übereck-Fenster im Wohnraum spiegeln Einflüsse der Modernen wider. „[...] das steile Satteldach mit dem Dachvorsprung und der Deckung mit alten Biberschwänzen, die Sprossung der Fenster mit Fensterläden und die handwerkliche Ausprägung der Details erinnern an die Architektursprache des traditionellen Bauens."[94] Die Verwendung von Naturstein, Holz und Biberschwanz als Baumaterial sowie die Gestaltung überwiegend heller Innenräume beruht auf der Lehre der Stuttgarter Schule. Ein Wechselspiel von Hell-Dunkel-Kontrasten und verschiedenen Materialstrukturen sind sowohl im Außen- als auch im Innenbereich festzustellen. Die Anordnung der Räume ist in Bezug zur Natur entwickelt worden und erzeugt ein Wechselspiel von innen und außen.

Stohrers Vorliebe für sichtbare Strukturen wird auch an seinem Möbeldesign deutlich. Beispielhaft ist der Kontrast zwischen einem waagerecht konstruierten Unterbau aus dunklen Schubladen und dem gläsernen Aufbau aus senkrechten Schiebetüren eines Geschirrschranks in der Villa Widenmeyer.

Die Aufteilung der Räume auf die zwei Gebäudeschenkel ist vom Grundsatz vergleichbar mit der Funktionstrennung im Haus Domnick. Die Wechselspiele von Innen- und Außenraum sowie die Farbkontraste scheinen wiederkehrende Motive Stohrers Architektursprache zu sein. Die Architektur der Villa Widenmeyer ist typisch für die Anfänge von Stohrers Stilentwicklung und unterscheidet sich deutlich zum Haus Domnick in den 1960er Jahren.

Möglicherweise durch amerikanischen Einfluss wie Frank Lloyd Wright gewann in den folgenden Jahren der Baustoff Holz für Stohrer und seine Generation an Bedeu-

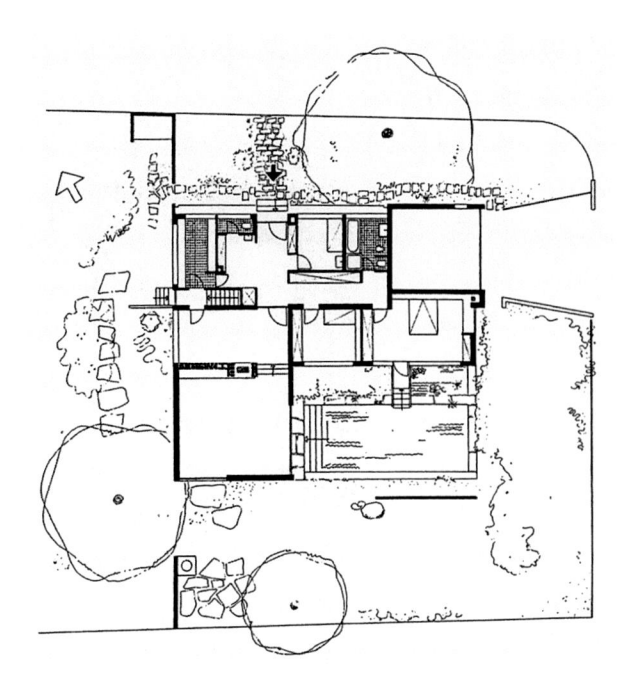

Abb. 63a Paul Stohrer, Haus Hielscher, München, 1953–54; Grundriss.

tung. Der Bau exklusiver Einfamilienhäuser wurde zu seinem Hauptbetätigungsfeld. Inspiriert wurde er von der Architektur Wrights, was seine rhythmisch strukturierten Fassaden und seine Vorliebe für Pergolen zeigen. Vor allem der Bautypus Bungalow wird signifikant in seinem Œuvre. Insgesamt entwarf Stohrer fünfzehn Bungalowbauten, von denen acht in Stuttgart stehen. Exemplarisch sind die Wohnhäuser der Filmschauspielerin und Sängerin Margot Hielscher in München (1953/54) und das Haus Sulzberger für einen Stuttgarter Verleger (1953/54).[95]

Das eingeschossige Haus Hielscher direkt an der Isar ist von einer zwei Meter hohen Mauer umgeben.[96] Der Winkelgrundriss inkludiert die Garage und zeichnet sich durch Geradlinigkeit, klare Raumgliederung und den vorspringenden Teil des Wohnraumes aus (Abb. 63a–c). Der individuell gestaltete Grundriss des kubischen Baukörpers spiegelt sich in der asymmetrischen Fenstergliederung und dem versetzten Pultdach wider. Die großflächigen Fenster gewähren den nötigen Lichteinfall und lassen von außen die Raumverteilung erkennen. Durch die großzügigen Fensterformate sind Natur und Raum miteinander verknüpft.[97]

---

94 Grammel 2012, S. 98.
95 Eine Definition des Bungalowtypus erfolgt im bei der Einordnung in die Wohnhausarchitektur. Inwieweit das Haus Hielscher als Bungalow bezeichnet werden kann, wird hier folglich nicht erörtert. Die Zuordnung des Wohnhauses zum Bautyp Bungalow wird von Ursula Grammel übernommen.
96 Zum Haus Hielscher vgl. Grammel 2012, S. 101–104.
97 Vgl. Grammel 2012, S. 103.

Abb. 63b Paul Stohrer, Haus Hielscher, München, 1953–54; Straßenseite.

Abb. 63c Paul Stohrer, Haus Hielscher, München, 1953–54; Gartenseite.

Ein typisches Motiv für Stohrers Folgeaufträge ist ein waagerecht durchgängiges Fensterband im Dachbereich in Richtung Garten und an der Eingangsseite im Norden. Hell-Dunkel-Kontraste und verschiedene Materialstrukturen beherrschen auch hier die Außenbereiche. Die helle Fassade an der Straßenseite erinnert an den Stil der Stuttgarter Schule.

Das Grundkonzept der Innenarchitektur folgt einem schlichten Farbkonzept. Die hellen Wände kontrastieren mit den grau-weiß gekalkten Föhren-Langriemen-Fußböden und den Decken. Alle Einbauten sind in weiß gehalten, nur Bücher, Polstermöbel, Bilder und Teppiche bilden Farbakzente. Die Verbindung von Wohn- und Essbereich über eine dreistufige Treppe und einer beidseitig nutzbaren Bücherwand ist ein besonderes Raumgestaltungsdetail, das auch beim Haus Domnick zwischen Sammlungs- und Wohnräumen verwendet wird. Die Idee dieser Raumtrennung über verschiedene Ebenen stammt von Frank Lloyd Wright.[98] Das Haus Hielscher dokumentiert einen Wechsel innerhalb Stohrers Architektursprache. Einige Motive, wie die geschlossene Ansicht von der Straße, die Niveausprünge sowie die Farbkontraste im Innenraum finden sich später auch im Haus Domnick.

Das Haus Sulzberger in Stuttgart zeigt trotz der zeitgleichen Errichtung eine andere Architektursprache.[99] Es ist Stohrers erster flachgedeckter Stahlbetonskelettbau, der von den Flachdachhäusern Richard Neutras beeinflusst wurde (Abb. 64a, b). Die Außenmauern bestehen aus Sichtbeton mit wenigen rahmenden Details.

Die Räume der Dreiflügelanlage werden durch Fenster am südlichen Innenhof belichtet. Der Eingang liegt im Westen. Die Wohn- und Funktionsbereiche sind auf dem Grundriss getrennt. Flurzonen werden als nutzbare Durchgangszimmer eingerichtet. Die vollverglaste Fensterfront im Gartenzimmer und die tragende Kaminwand mit einer Natursteinverkleidung, die vom Innenhof in das Wohnzimmer weitergeführt wird, vermitteln den Eindruck einer Innen- und Außenraumverbindung. Diese architektonischen Mittel setzte Stohrer hier erstmalig zur Bildung des fließenden Übergangs zwischen Architektur und Natur ein.[100] Zur Betonung dieser Symbiose baute er „expressive und fragile Dach- und Deckenelemente"[101] ein, was dem Gebäude einen unaufdringlichen, mit der Natur assimilierenden Charakter verleiht. Das Haus Sulzberger steht exemplarisch für die internationale Moderne. Insbesondere die Herausarbeitung einer Plastizität der Fassadengestaltung können als Wegbereiter für die am Haus Domnick realisierten Pergolen gedeutet werden.

Von 1959 bis 1961 baute Stohrer sein eigenes Sommerhaus in Dingelsdorf am Bodensee, das zu seinen Meisterwerken zählt (Abb. 65). Eine besondere Herausforderung war der unebene Baugrund mit der Hauptorientierung nach Norden. Das Grundstück steht unter Landschafts- und Naturschutz und befindet sich oberhalb eines Uferschlickgrundes mit einer eiszeitlichen Moränenaufschüttung. Daher musste das prismatische Gebäude auf vier Betonpfeilern errichtet werden. Ein Drittel der nahezu quadratischen Betonplatte des Erdgeschossniveaus wird als Terrasse genutzt, der Rest ist überbaut. Hier sind eine Garage, ein kleines Bad und ein großes Arbeits- und Wohnzimmer mit einer offenen Küche untergebracht. Durch die vollständige Glasfront

---

98 Vgl. Grammel 2012, S. 101–104.
99 Zum Haus Sulzberger vgl. Grammel 2012, S. 105–110.
100 Vgl. Schirmbeck 1994, S. 115. – Grammel 2012, S. 105–115.
101 Schirmbeck 1994, S. 115.

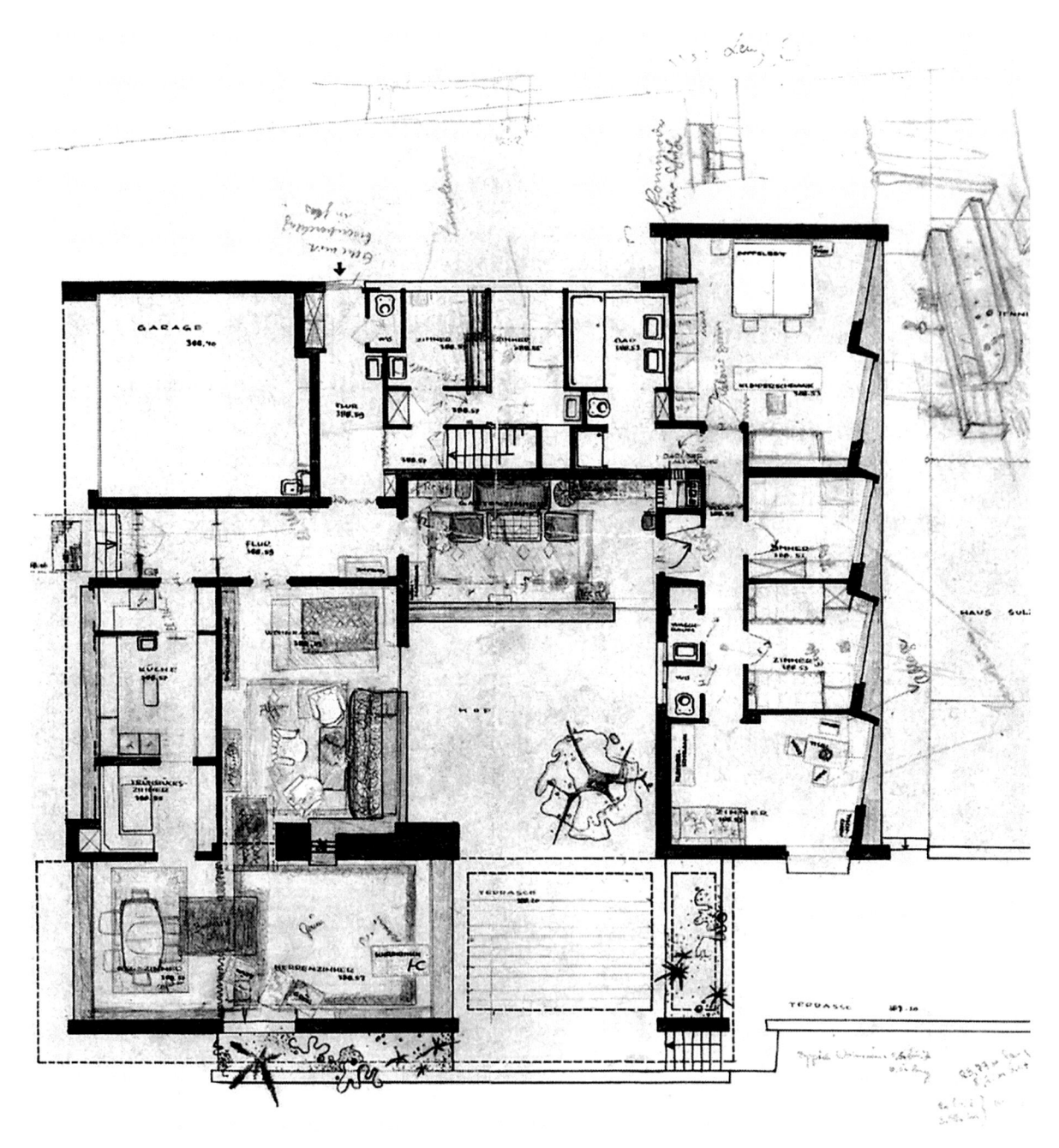

Abb. 64a Paul Stohrer, Haus Sulzberg, Stuttgart, 1953–54; Grundriss.

Abb. 64b Paul Stohrer, Haus Sulzberg, Stuttgart, 1953–54; Teilfassade.

zur Seeseite wird eine optische Raumvergrößerung über die Terrasse in die Natur erzeugt. Im Obergeschoss befindet sich der Schlafbereich.

Die zweischaligen Außenwände im Westen und Osten sind vollständig geschlossen. Die äußere Wand besteht aus weiß gestrichenem, schalungsrauen Sichtbeton. Die schräge Südwand ist mit senkrechten Gussglaslamellen strukturiert. Innen können nach Bedarf Ateliervorhänge zugezogen werden. Für einen möglichst freien Blick auf den See wurde die Tragkonstruktion auf der Landschaftsseite auf drei Betonstützen reduziert und auf Fensterrahmen verzichtet. Eine Hainbuchenhecke im Süden verbirgt das Gebäude von der Straßenseite aus. Zusätzlich ist das Grundstück von Schilf und Brombeerhecken umzäunt. Das Gebäude repräsentiert den Prototypen für die Entwicklung Stohrers Architektursprache im Einfamilienhausbau. Er hatte hier seine Idee verwirklicht, ein Gebäude bestmöglich auf einem beliebigen Grundstück individuell anzupassen. Durch die Pfahlbauweise blieb das Gelände weitgehend unversehrt. Der einfache Grundriss und der reduzierte Materialeinsatz grenzen das Gebäude von den umliegenden Prunkvillen ab.[102]

Die Inneneinrichtung zeigt die Experimentierfreude des Architekten mit Materialien und Dekorationen sowie seine Leidenschaft für japanische Architektur. Das klare räumliche Konzept, die künstlerische Konstruktion, die exquisiten Details und die individuelle Ausstattung spiegeln die Persönlichkeit des Architekten wider.[103]

Die aufgeführten Beispiele aus den Wohnhäusern Stohrers zeigen die Andersartigkeit der Entwürfe für das Wohn- und Sammlungshaus Domnick. Innerhalb der vielfältigen Wohnhausbauten Stohrers finden sich jedoch auch bereits einige architektonische Motive, die in Nürtingen erneut aufgegriffen werden und das Domnicksche Haus in Stohrers Architektursprache einbinden. Stohrers Begeisterung für Vertreter des béton brut und des organischen Bauens zeichnet sich in seinen plastisch geformten Baukörpern ab, die das Baumaterial offen darlegen. Dies zeigen zwei Modelle (1965) für das Einfamilienhaus des Fabrikanten Mann in Baden-Baden (Abb. 66a, b), das jedoch nie realisiert wurde.[104] Ein Entwurf bezeugt aufgrund der verspielten Architektur mit organisch gerundeten Formen den Einfluss Oscar Niemeyers und Hans Scharouns. Die Form des Gebäudes ist an die Gegebenheiten des Geländes und der Umgebung angepasst. In den Dachplatten sind kreisrunde Aussparungen,

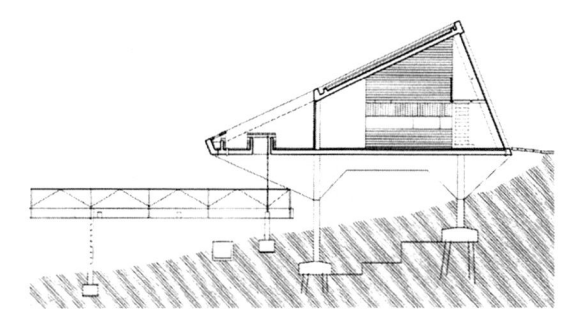

→6.52 Sommerhaus Stohrer, Schnitt

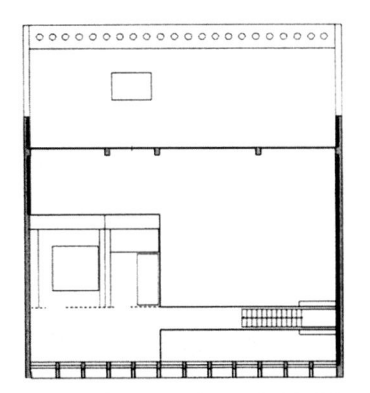

→6.51 Sommerhaus Stohrer, Schlafebene

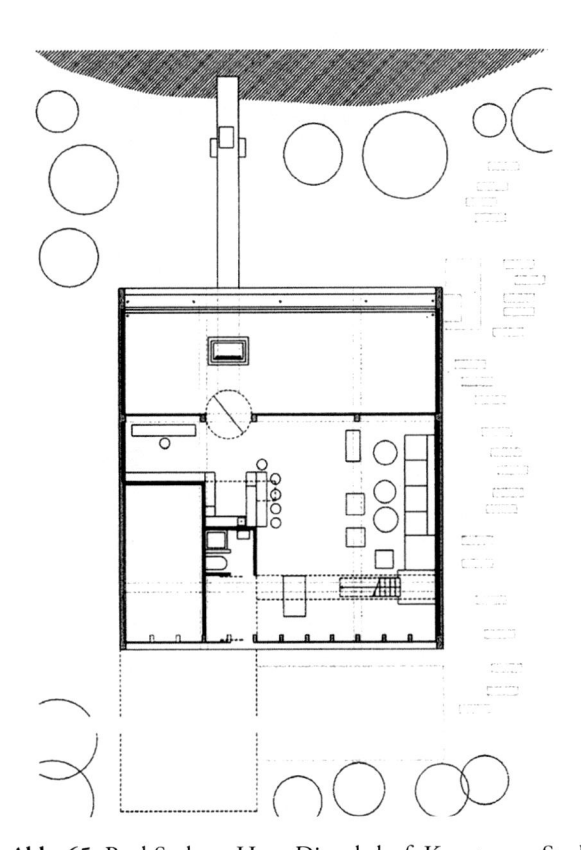

Abb. 65 Paul Stohrer, Haus Dingelsdorf, Konstanzer Stadtteil Dingelsdorf, 1959–61; Grundriss und Ansicht.

---

102 Vgl. Grammel 2012, S. 116–124.
103 Vgl. Roos 2004, S. 202.
104 Vgl. Grammel 2012, S. 88.

Abb. 66a Paul Stohrer, Haus Mann, Baden-Baden, 1965; Modell 1.

durch die Licht auf die darunter liegenden Terrassen fällt.
Die zweite Variante mit aneinandergefügten viereckigen Kuben, verschiedenen Dachhöhen, Betonpergolen und Innenhöfen erinnert an Le Corbusier und Frank Lloyd Wright. Beide Entwürfe sind aufgrund ihrer konträren Geometrie grundverschieden, aber beide Bauwerke fügen sich organisch in die Landschaft ein. Die plastische Strukturierung durch die Pergolen erzeugt eine Tiefenwirkung der Fassade und verbindet sie mit den Außenbereichen. Die Konstruktion des Hauses als Skelettbau ermöglicht eine freie Fassadengestaltung unabhängig von der Lastabtragung. Dabei ist die pergolaartige Bedeckung auf Le Corbusiers „Fünf Punkte einer Architektur"[105] zurück-

Abb. 66b Paul Stohrer, Haus Mann, Baden-Baden, 1965; Modell 2.

---

105 Vgl. Le Corbusier/Jeanneret 2001.

zuführen, die an zahlreichen Bauwerken rezipiert wurde. Den Auftrag für das Haus Mann könnte Stohrer als Vorlage für den Bauplan des Wohn- und Sammlungshauses Domnick genutzt haben. Dafür sprechen die geometrische Grundform, die Anpassung an die Topographie und die verschiedenen Dachplatten mit integrierten Pergolen. Die tragende Konstruktion, das Gestaltungsprinzip mit offenen und geschlossenen Flächen und das Wechselspiel zwischen Baukörper und Landschaft sind in der Bauweise des Sammlungshauses in Nürtingen wiederzufinden.

Die Architektur des Wohn- und Sammlungshauses ist in Stohrers vielseitigem Gesamtwerk außergewöhnlich. Jedoch weist das Gebäude charakteristische Motive seiner Architektursprache auf: die klare Funktionstrennung innerhalb des Wohnbereiches, die Niveauunterschiede zur Differenzierung der fließenden Raumfolgen, das Spiel mit Hell-Dunkel-Kontrasten sowie Materialstrukturen und -lineaturen. Das organische Bauen gewinnt in seiner Architektur an Bedeutung. Die Fragmentierung der Dachplatten am Haus Domnick schafft halboffene Übergangszonen zwischen innen und außen. Der Bautyp eines schlichten Betonbungalows mit speziellen Einzelmotiven wie Pergolen und Fassaden-Rhythmisierung sind in Stohrers Gesamtwerk signifikant.

Sonstige Bauaufgaben
Ein zweites Betätigungsfeld des Architekten war die Planung von Geschäfts- und Verwaltungsgebäuden. Seine ersten Geschäftsbauten sind geprägt von der amerikanischen Stahl-Glas-Architektur. Ab den 1950er Jahren eignete sich Stohrer umfangreiche Kenntnisse für den Einsatz von Stahlbeton und Fertigbauteilen an. Im Gegensatz zum Wohnungsbau unterliegt die Planung eines Bürogebäudes keinem „schöpferischen Entwurfsprozess", denn wesentliche Rahmenbedingungen müssen eingehalten werden:

> „Das Bürohaus ist ein Haus der Arbeit, der Organisation, der Klarheit, der Ökonomie. Helle, weite Arbeitsräume, übersichtlich, ungeteilt, nur gegliedert wie der Organismus des Betriebes. Größter Effekt mit geringstem Aufwand an Mitteln."[106]

Mit Ausnahme der Helligkeit sind diese Vorgaben beim Haus Domnick berücksichtigt worden. Insbesondere die klare Organisation der Räume durch das vorgegebene

Abb. 67 Paul Stohrer, Geschäfts- und Wohngebäude, Stuttgart, Herdweg, 1959/61, Ansicht.

Raster, die fließenden Sammlungsräume und die räumliche Wirkung mit verschiedenen Ebenen sind Motive der Bürohausarchitektur.

Stohrer entwickelte eine individuelle plastische Gestaltung der Rasterfassaden. Anstatt Vorsprünge hinter Blechstreifen zu verstecken, setzte er Betonträger als Element der Fassadengestaltung ein.[107] Das Haus Englisch in Stuttgart (1949/55) demonstriert seine abwechslungsreiche Formgebung durch die lebendige Gestaltung der Außenhaut. Die sichtbaren Betonrippen in der oberen Dachzone erzeugen eine offene Raumstruktur wie die Pergolen am Haus Domnick.

Die Skelettbauweise strukturiert die Fassade und bestimmt die Raumgrößen des Bürogebäudes. Der Einsatz spezieller Baustoffe, beispielsweise Sonnenverglasung oder Schallisolierung, sind standortgebunden. Ein Geschäftsgebäude prägt das Image eines Unternehmens und sollte daher individuell und repräsentativ sein. In Stohrers Architektur sind starke Einflüsse von Le Corbusier zu erkennen wie beispielsweise das Brise-Soleil-Motiv, die Schichtung einzelner Fassadenelemente und die Auflösung der Dachzone.[108] Deutlich wird der Ein-

---

106 Stohrer 1954, zit. nach Grammel 2012, S. 192.
107 Vgl. Schirmbeck 1994, S. 114.
108 Vgl. Grammel 2012, S. 192–194.

fluss von Le Corbusiers Fünf Punkte-Systems (1923) am Geschäfts- und Wohngebäude Stohrers (1959/61) im Herdweg (Abb. 67). Der auf Stützen ruhende Baukörper mit dem Wechsel von frei gestalteten offenen und geschlossenen Fassadenflächen folgt den Gestaltungsprinzipien von Le Corbusier.[109]

Die in den 1960er Jahren häufig verwendete Stützen-Balkenkonstruktion erfüllt nach Ursula Grammel Anforderungen einer sich permanent verändernden Welt und ihrer Gesellschaft. Ein horizontal vorgelagerter Erker und die durch herausragende Betonträger sichtbare Trag- und Raumstruktur erzeugt ein Licht-Schatten-Spiel um das plastische Gebäude.[110] Die Schwingfenster in den Fassaden sind mit filigranen Jalousien und Lochblenden versehen. Nur wenige Baumaterialien kommen zum Einsatz. Dem Architekten gelang es, das moderne Gebäude in die Umgebung der historischen Altbauten zu integrieren.

Die Industriebauten Stohrers sind meistens auf einfachen Grundrissen in Stahl- und Sichtbetonbauweise mit einer gegliederten Fassade ausgeführt. Das favorisierte Brise-Solei-Motiv Le Corbusiers ist beispielsweise am Coca-Cola Fabrikgebäude in Fellbach (1957/58) zu sehen. Stohrer entwickelte auch in dieser Sparte seine eigene Architektursprache, die nicht mit dem gewohnten Erscheinungsbild eines Fabrikgebäudes übereinstimmt.[111]

Für den Bereich Kulturbauten entwickelte Stohrer ein spezielles Lichtkonzept. Der Roxy-Filmpalast in Berlin (1949/50) hat eine Betonfassade mit rhythmisierenden Aluminiumblechen und Kugellampen an der Eingangsfront. Den Innenraum beherrschen geschwungene Konturen zusammen mit indirekten Lichtquellen und kontrastreichen Farben. Mittels schwebender, indirekt beleuchteter Wandverkleidungen, Punktstrahlern und Hauptbeleuchtungskörpern entwickelte Stohrer eine außergewöhnliche Lichttechnik für eine sphärisch anmutende Atmosphäre. Die dunkelblaue Decke lässt an das grenzenlose Weltall denken. Im Stadttheater in Mönchengladbach (1956/59) wird die Linienführung der Wandflächen mittels einer Punktbeleuchtung betont. Diese Lichtkonzepte inspirierten vermutlich die Beleuchtung im Sammlungshaus.

Beton ist für die Architektur Stohrers kennzeichnend und wird in allen Projekten eingesetzt. Der Baustoff bietet zahlreiche Gestaltungsmöglichkeiten. Je nach Zusammensetzung von Beton ist er für Tragkonstruktionen, im Fundament- und Deckenbau oder auch als Sichtbeton einsetzbar. Das Wohnhaus Berg (1956/57; Abb. 68) und das Haus Lehn in Stuttgart (1957/58) sind Beispiele, die durch die Formbarkeit, die Plastizität und die Entwicklung amorpher Grundrisse dazugewonnen haben.[112]

Die künstlerische Gestaltung des Wohn- und Sammlungshauses kann auf die Formensprache Stohrers zurückgeführt werden. Seine Ziele, etwas Nützliches und Brauchbares mit der Reduzierung auf das Nötigste zu schaffen und gleichzeitig dem Bau einen Mehrwert zu verleihen, spiegeln sich in der schlichten Architektur wider.[113] Im Wohnbau stellt Stohrer Übergangszonen mit Terrassen oder großen Glasfronten für ein Wechselspiel von innen und außen her. Nach diesen Kriterien ordnete Stohrer die Terrassen und Innenhöfe im Haus Domnick an. Domnick sollen insbesondere die architektonischen Details von Stohrers Architektur angesprochen haben.[114] Hierzu zählen die plastisch hervorgehobenen Betonträger und die asymmetrisch angeordneten Fenster.

Die Vielseitigkeit Stohrers und seine Entschlossenheit eine stilvolle und unverwechselbare Architektur zu entwerfen, werden Argumente für Domnicks Architektenwahl gewesen sein. Domnick wird von Stohrers sensiblem Umgang mit seinen Auftraggebern und deren Anforderungen und Wünsche beeindruckt gewesen sein, was ihn davon überzeugte, für sein Projekt mit ihm zusammenzuarbeiten.

Stohrers Geschäfts-, Industrie- und Kulturbauwerke sind beispielgebend für den Rastergrundriss, die offenen Raumstrukturen, Hell-Dunkel-Kontraste und das Beleuchtungssystem.

Stohrer betrachtete Architektur als gestalterischen Auftrag, weshalb er losgelöst von baulichen Vorgaben und Regeln arbeitete und seine künstlerischen Freiheiten verwirklichte. Seiner geschickten Verhandlungsstrategie mit Bauherren ist es zu verdanken, dass auch dominante Persönlichkeiten mit einer Mentalität wie der von Ottomar Domnick sich in den Entwurfsprozess mit einbringen

---

109 Vgl. Grammel 2012, S. 212–215.
110 Das Stützen-Balken-System soll in den 1960er Jahren ein sichtbares Symbol für eine flexible Welt sein. Vgl. Grammel 2012, S. 213.
111 Vgl. Grammel 2012, S. 232–241.
112 Beide Wohnhäuser besitzen eine Pergola. Beim Haus Lehn fällt durch eine durchbrochene Dachplatte Licht auf die Terrasse, beim Haus Berg ist eine Pergola oberhalb der Fensterzone an der Attika als Sonnenschutz angefügt.
113 Vgl. Kat. Stuttgart 1999, S. 26–30 (Max Bächer).
114 Vgl. Lubitz 2012.

und sich schließlich mit ihrem Bauwerk identifizieren konnten.

Abschließend kann festgehalten werden, dass das Haus Domnick aufgrund der aus vielen Bereichen kombinierten Architektursprache einen besonderen Stellenwert in Stohrers Gesamtwerk einnimmt. Domnick selbst äußerte: „Man spürte Stohrers Handschrift am kleinsten Detail, am Licht, am Material, am Grau, am Weiß, an Treppchen, Innenhöfen, Säulen, am Innenausbau und am Fensterzuschnitt."[115] Dennoch steht das Haus Domnick im Werk von Stohrer singulär dar. Die in seinem Geschäftshaus am Herdweg bereits verwendete Aufständerung des Hauses auf Trägerbalken, die in ihren Balkenköpfen über das Gebäude hinausragen, wird in Nürtingen zum bestimmenden Element. Darüber hinaus wird in besonderer Konsequenz das Rasterschema auf den gesamten Bau angewendet und durch die Träger ab-

Abb. 68 Paul Stohrer, Haus Berg, Stuttgart, 1956–57; Ansicht.

lesbar gemacht. Damit erscheint vor allem der Außenbau besonders modulhaft, was sich sonst in dieser Art an den flächendominierten Bauten Stohrers nicht findet.

---

115   Domnick ²1989, S. 314.

6 Bautypologische und museologische Kontextualisierung

Das Sammlungshaus Domnick ist auch typologisch ungewöhnlich. Einzelne Kriterien wie die Standortwahl, die Grundrissrasterung, freistehende Wände, Belichtung, unterschiedliche Raumhöhen und die museale Präsentation der Kunstwerke können mit Museen derselben Ära verglichen werden.

Ottmar Domnick berichtet in seiner Biografie über zahlreiche Museumsbesuche in Deutschland und den angrenzenden Nachbarländern. Unter anderem besichtigte er das Privatmuseum Louisiana bei Kopenhagen in Dänemark, das Kröller-Müller-Museum in Otterlo in den Niederlanden, die Nationalgalerie in Berlin, die Kunstvereine im Rheinland und in Hamburg, den Neubau des Kunstvereins in Stuttgart, Privatsammlungen in Darmstadt und Köln und auch Städtische Galerien wie beispielsweise in Bielefeld. Seiner Meinung nach wurde die Ausstrahlung eines Museums nicht nur von der Architektur bestimmt. Die Gestaltung der Innenräume, die Präsentation der Objekte, die Organisation einer Ausstellung, die Lichtverhältnisse und die Luftzufuhr wären wichtige Elemente, die zu berücksichtigen waren, um eine optimale Kommunikation zwischen der Kunst und dem Betrachter herzustellen. Diese Kriterien beobachteten der Bauherr und sein Architekt, um Anregungen für das Wohn- und Sammlungshaus in Nürtingen zu sammeln. Im Gegensatz zu den schlossähnlichen Renaissance-Museumsbauten mit Kojen, Oberlichtern, langen Gängen und hohen Sälen, schwebte ihm ein modernes museales Gebäude vor mit Durchblicken und Perspektiven, ohne Konkurrenz zwischen Architektur, Bild und Ausstattung.[116]

Im Folgenden wird die Entwicklung der Museumsarchitektur erläutert, um die bautypologische Ausbildung musealer Gebäude nachzuvollziehen und das Haus Domnick mit diesen zu vergleichen. Neben einer allgemeinen Entwicklungsgeschichte wird im Speziellen auf Bautypen der Kunstmuseen eingegangen, um daraus die besondere Stellung und Position des Hauses in Nürtingen charakterisieren und unterscheiden zu können. Nach der Einordnung des Wohn- und Sammlungshauses des Ehepaares Domnick in diesen Kontext erfolgt eine stilistische Erörterung, die die Architektur zu den besichtigten und zeitgleichen Museen in Relation stellt. Berücksichtigte Kriterien sind die Lage, die Wechselwirkung von Architektur und Kunst, das Lichtkonzept sowie der Grundriss und das Raumprogramm.

6.1 ENTWICKLUNGSGESCHICHTE VON MUSEEN

> „Museen sind Architektur und Zeichen, Sammlung und Speicher, Ausstellung und manchmal Erzählung, sie sind öffentlicher Raum, Orte der Kommunikation, der Betrachtung und Forschung, sie sind Medium und Institution."[117]

---

116 Vgl. Domnick ²1989, S. 308–309.

117 Hartung 2010, S. 1.

Museen dienen als architektonischer Rahmen der Kommunikation zwischen Gegenstand und Betrachter. Museen als Institutionen befassen „sich, wenn auch nicht ausschließlich, mit der visuellen Kommunikation von Gegenständen kulturellen und wissenschaftlichen Interesses, wobei ‚kulturell' und ‚wissenschaftlich' im weitesten Sinne verstanden sind."[118] Im Unterschied zu Massenmedien wie Fernsehen oder Kino präsentiert sich ein Museum dem einzelnen Besucher, wodurch es einem illustrierten Buch oder einer Zeitschrift gleicht. In der Regel ist keine Reproduktion eines Kunstwerkes in der Ausstellung vorhanden, sondern das Original. Eine verbindliche Definition der Aufgabe eines Museums gibt es bis heute nicht; Museumstheorie ist ein weiterhin intensiv diskutiertes Feld. Museen sind „sowohl Ausdruck als auch Agenturen einer spezifischen geschichtskulturellen Praxis, die stets auch kulturelle, politische, soziale und wirtschaftliche Aspekte umfasste."[119] Die Vielfalt der unterschiedlichen Museumstypen kann nicht stringent nach einfachen Kriterien wie Zweck, Inhalt oder Zielgruppe klassifiziert werden. So zahlreich die Museumsbauten sind, so zahlreich ist auch die Museumsarchitektur, die sich nach unterschiedlichen Standorten und Ausstellungen sowie spezifischen Anforderungen richtet. Ein fertiggestelltes und eingerichtetes Museum ist selten zu verändern, jedoch gibt es Versuche, moderne Konzepte in bestehenden Gebäuden umzusetzen. Häufig werden Neubauten mit einem möglichst umfangreichen Variationsspektrum errichtet.

Von der Antike bis ins 15. Jahrhundert wurden Kunstsammlungen meistens mit religiösem Hintergrund wie Reliquiensammlungen oder aus Prestigegründen zur Präsentation von privatem kulturellem Reichtum zusammengetragen. Frühe partiell öffentliche, meist fürstliche Ausstellungsräume waren kleine Gebäude in Verbindung zu historischen Tempelanlagen und Pinakotheken, die hauptsächlich Kunstgemälde und Skulpturen ausstellten. Während der Renaissance wurden Ausstellungen in den privaten Bereich verlagert. Residenzen und Paläste in idyllischen Parkanlagen boten ausreichend Platz und ein angenehmes Ambiente für Wohn- und Ausstellungsräume, in denen sich die Aristokratie versammelte, beispielsweise in Palazzo Medici Riccardi in Florenz (um 1440).[120]

Die Kapitolinischen Museen in Rom wurden 1471 durch eine großzügige Spende von Papst Sixtus IV. eingerichtet und für das Publikum geöffnet.

Im 15. Jahrhundert entstanden die ersten Museen nach heutigem Verständnis. Die Ausstellungen dienten der Belehrung, Zerstreuung und Erbauung der Besucher. Ende des 16. Jahrhunderts etablierte sich die Einrichtung von Ausstellungsräumen in Räumlichkeiten von Regenten, Klerikern und Gelehrten. Sogenannte Wunderkammern bezweckten eine Veranschaulichung der Welt. Es entstanden einerseits kleine private Orte der Kontemplation, andererseits umfangreiche Kunstkammern als Begegnungsstätte zur sozialen Interaktion.[121] Mit dem Ende der Renaissance und dem aufklärerischen Gedankengut, Wissen für die Allgemeinheit zugänglich zu machen, erwiesen sich öffentliche Bereiche wie Universitäten, Akademien, Kirchen und Klöstern als autonome Begegnungsstätte für Kunst. Der Museumsbau entstand aus dem Bedürfnis der Errichtung dauerhafter baulicher Strukturen für Sammlungen. Diese Idee verbreitete sich von Italien ausgehend über ganz Europa bis nach Amerika. Die dafür entwickelten Pläne trugen teilweise einen utopisch-modellhaften Charakter, wurden zum Teil aber auch realisiert. Ein frühes, allein für die Kunstsammlung dienendes Gebäude mit einer musealen Nutzung war das Fridericianum des Landgrafen Friedrich II. von Hessen-Kassel (1720–1785). Darüber hinaus war hier die fürstliche Bibliothek untergebracht.[122] Anfang des 19. Jahrhunderts wurde das Gebäude zum „Palast der Stände" umgebaut und war das erste deutsche Parlamentsgebäude; im Zweiten Weltkrieg wurde es schwer beschädigt. Nach dem veränderten Wiederaufbau findet hier seit 1955 alle fünf Jahre die documenta als Standortbestimmung zeitgenössischer Kunst statt.[123]

1792 wurden in Frankreich mit dem Dekret der französischen Nationalversammlung Museen zum Gemeinbesitz erklärt. Der Wandel des Louvre (1681) als Haus der königlichen Sammlungen in ein Museum der Republik (1793) mit der ersten staatlichen Sammlung war der Beginn für zahlreiche Museumsgründungen der nachfolgenden Jahrhunderte. Nach der Französischen Revolution im Zusammenhang mit der Säkularisierung verloren sakrale Kunstsammlungen ihre religiöse Rele-

---

118 Brawne 1965, S. 17.
119 Hartung 2010, Vorwort.
120 Vgl. Tzortzi 2015, S. 12–13.
121 Vgl. Tzortzi 2015, S. 14.
122 Während des Zweiten Weltkrieges ging ein Großteil der Bestände bei einem Brand verloren.
123 Vgl. Brawne 1965, S. 17.–18. – Montana 1990, S. 7. – Newhouse 1998, S. 46–47. – Vieregg 2008, S. 37. – Hartung 2010, S. 9. – Ridler 2012, S. 26–27. – Tzortzi 2015, S. 15–18.

vanz und wurden verkauft oder sogar teilweise vernichtet. Gleichzeitig wurden Kirchen und enteignete Klöster als Museumsräume weitergenutzt. Kunst etablierte sich zu einem säkularen, höfischen Statussymbol für Privilegierte. Sammlungen in Nationalmuseen wie in Nürnberg (1852) oder München (1855) wurden zu Leitinstitutionen für kulturhistorische Museen, die sich der Bewahrung historischen Kulturguts über einen engeren Kunstbegriff hinaus widmeten.

Inspiriert von Schlössern, in denen Galerien eingerichtet wurden, bildete sich der Museumsbau aus, der sich zu einem eigenen Bautypus entwickelte. Insbesondere kulturhistorische Museen wie National- und Landesmuseen dienten auch Kunstmuseen als Vorbild. Von besonderer Wirkung wurden die von dem französischen Architekten Jean-Nicolas-Louis Durand (1760–1834) entwickelten Bautypen, an die sich etliche Bauobjekte, insbesondere die des öffentlichen Interesses, anlehnten.[124] Auf der Grundlage eines auf dem quadratischen Raster basierenden modularen Systems entwarf Durand etliche Musterbauten für verschiedene Bauaufgaben. Hierzu gehörte auch ein Museum, das in seinem quadratischen Bau einen zentralen Raum für Kunstausstellungen aller Art, Malerei, Skulptur, Architektur und Wanderausstellungen vorsah (Abb. 69). Sein Museumsentwurf kann als Zusammenfassung aller Pläne des 18. Jahrhunderts gesehen werden, der Einfluss auf die nachfolgende Architektengenerationen nahm.[125]

Drei bedeutende Museen des 19. Jahrhunderts, die zu den Klassikern des Museumsbaus betrachtet werden können, konkretisieren die architektonische Typologie eines Museums, die sich an das Pantheon als Tempelhalle orientieren: die Glyptothek (1816/30) und die Alte Pinakothek (1823/30) in München und das Alte Berliner Museum von Schinkel (1826/36). Zu ihren Gemeinsamkeiten zählt die repräsentative Tempelarchitektur der monumentalen Portiken, Kolonnaden an den Längsfassaden und lang gestreckte Ausstellungsräume, in Reihe oder um eine Rotunde angeordnet.

Leo von Klenze (1784–1864) nutzte für seine Münchener Glyptothek die Vorlagen von Durand. In dem tempelartigen Gebäude ordnen sich 14 unterschiedlich gestaltete Ausstellungsräume um einen zentralen Innenhof. Die hohen gewölbten Räume vermitteln einen herrschaftlichen Eindruck. (Abb. 70)[126] Die Alte Pinakothek, ebenfalls von Leo von Klenze, zählt zu den prä-

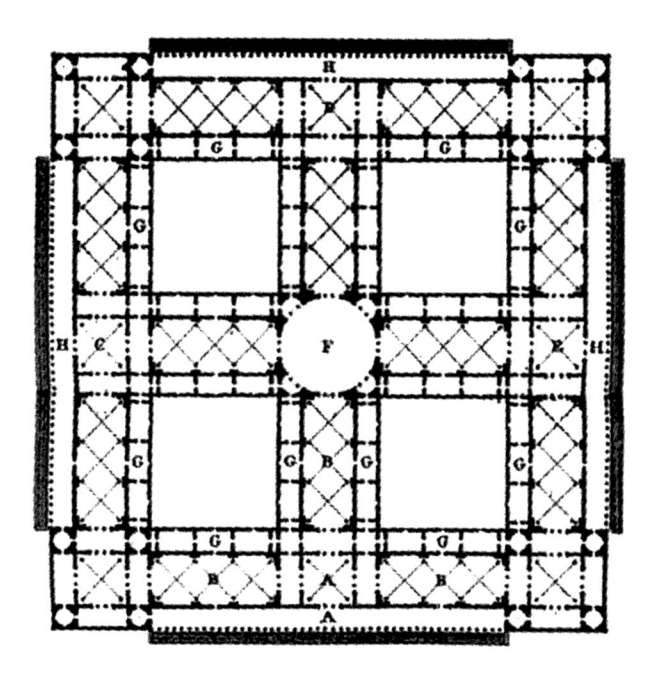

Abb. 69 Jean-Nicolas-Louis Durand, Museumsplan, 1802–05; Grundriss.

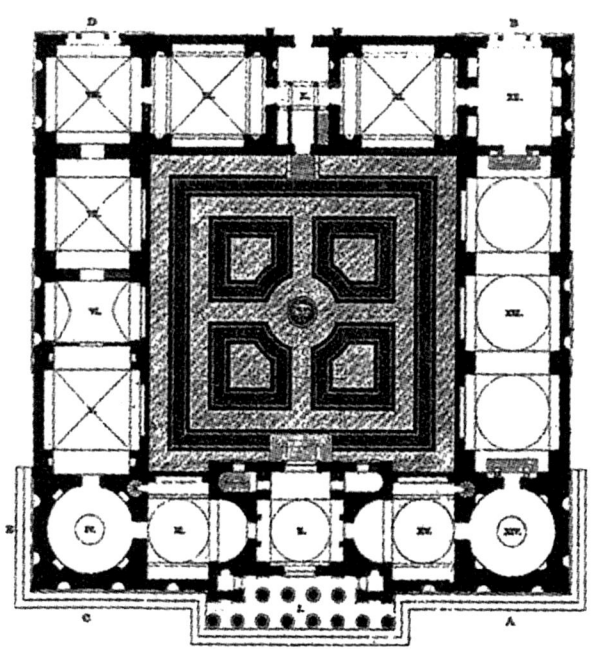

Abb. 70 Leo von Klenze, Münchener Glyptothek, 1830; Grundriss.

---

124 Jean Durand schwebte ein normierter Bauprozess vor. Er entwickelte für wichtige Bautypen eine eigene Lösung. Sein Museumsplan beruht auf einem quadratischen Grundraster. Vier gleichlange Flügel ordnen sich um ein griechisches Kreuz, in dessen Mitte eine Rotunde ist. Die Raumfolgen um den zentralen Raum sind auf diese Weise miteinander verbunden.
125 Vgl. Frankenberg 2013, S. 64f. – Tzortzi 2015, S. 18 f.
126 Mit dem Wiederaufbau in den 1960er Jahren wurde die Innenraumgestaltung neu konzipiert.

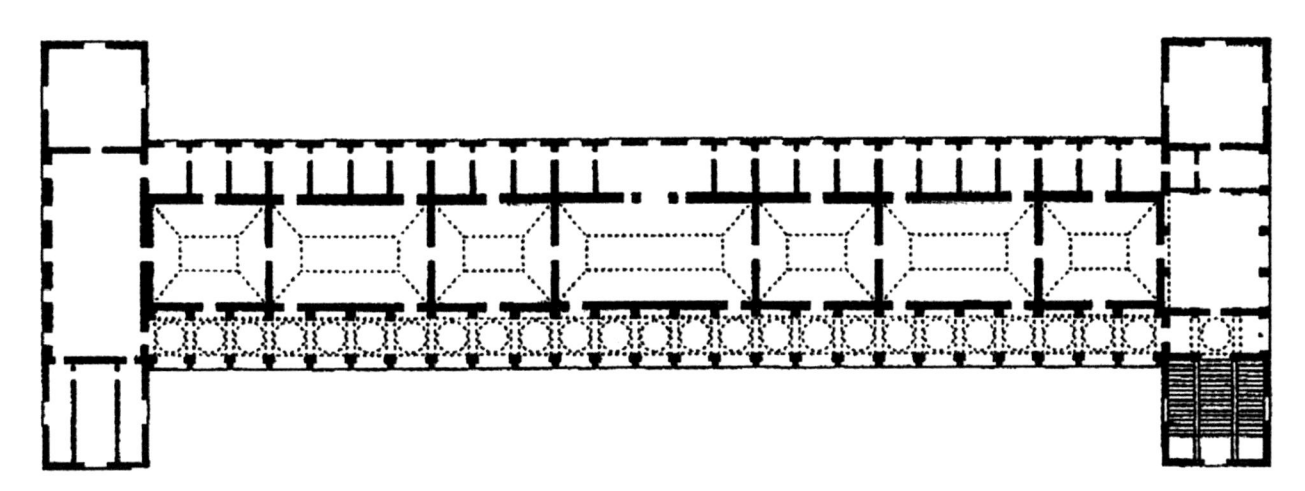

Abb. 71 Leo von Klenze, Alte Pinakothek, München, 1836; Grundriss.

genden Museumsarchitekturen des 19. Jahrhunderts (Abb. 71). Die Fassade mit einem Giebelportikus und ionischen Säulen bildet einen auratischen Rahmen für die Sammlung vom 14. bis zum 18. Jahrhundert im Inneren. Das H-förmige Gebäude beherbergt eine Bibliothek, Ausstellungsräume, Lagerräume und Büros. Die von Ost nach West aneinandergereihten Ausstellungsräume sind von unterschiedlicher Größe und mit Oberlichtern erhellt. Sie lassen sich zwischen großen Sälen und seitlichen angefügten kleineren Kabinetten differenzieren. Nach massiven Zerstörungen im Zweiten Weltkrieg wurde beim Wiederaufbau der Eingang von der östlichen Stirnseite mittig an die nördliche Längsseite verlagert, sodass ein spiegelsymmetrisches Gebäude entstand.

Das Alte Museum in Berlin, entworfen von Karl Friedrich Schinkel (1781–1841), ist eine Modifikation zu Durands Entwurf. Das monumentale Bauwerk ruht auf einem Sockel (Abb. 72). Ionische Säulen entlang der gesamten Fassade erinnern an den Tempelbau griechischer Antike. In der Mitte des rechteckigen flachgedeckten Gebäudes befindet sich eine Rotunde, die von zwei Innenhöfen flankiert wird. Der prunkvoll kassettierte hohe Kuppelbau, ähnlich dem Pantheon, beeindruckt den Besucher. Das runde Herzstück des Museums und die Innenhöfe werden von verschieden großen Galerien und Ausstellungssälen umrahmt.[127] Die eigenwillige Anordnung der Säle ermöglicht dem Besucher individuelle Routenläufe durch das Museum. Die Neue Pinakothek in München (1846/52), die Dresdener Gemäldegalerie (1847/55) und das Kunsthistorische Museum in Wien (1872/89) sind weitere Bei-

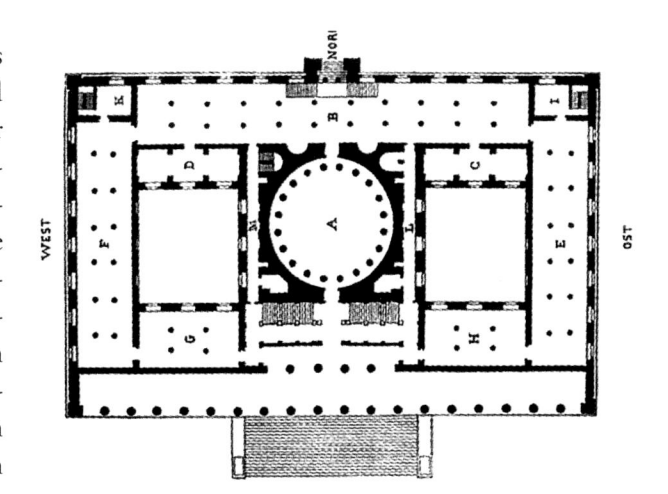

Abb. 72 Karl Friedrich Schinkel, Altes Museum, Berlin, 1830; Grundriss.

spiele der klassischen Museumsbauten des 19. Jahrhunderts in Deutschland.[128]

Parallel wurden in England durch neue Materialien und Techniken der Industriellen Revolution, insbesondere durch den Einsatz von Eisen und Stahl, neue Akzente in der Museumsarchitektur gesetzt. Moderne Ausstellungsgebäude sollen die Ansprüche Beständigkeit und Flexibilität erfüllen. Mit der Veränderung der äußeren Gestaltung, weg von dem tempelartigen Charakter hin zu Glas-Stahlkonstruktionen, wandelte sich auch die Organisation des Innenraumes. Auf dem freien Grundriss mit verstellbaren Trennwänden konnten Ausstellungen variabel gestaltet werden. Statt der zentralen Rotunde wurden gläserne Basiliken wie der Crystal Palace in London (1851) von Joseph Paxton errichtet, der als Ausstellungsraum der Weltausstellung fungierte. Das Bauwerk

---

127 Tzortzi 2015, S. 20.

128 Vgl. Tzortzi 2015, S. 21.

repräsentiert den technischen Fortschritt der industriellen Revolution, die den Beginn der Moderne markiert.[129] Der Beginn einer originären Museumsarchitektur kann um 1800 mit ersten Überlegungen und Entwürfen angesetzt werden. Die in dieser Zeit errichteten Bauwerke werden als „Klassiker" angesehen und sind bis heute ausschlaggebend. Gegen Ende des 19. Jahrhunderts verlagerte sich der Diskurs. Die bestehenden Museen wurden vereitelt und neue Visionen um ein ‚ideales Museum' wurden erneut aufgegriffen, wenn auch nicht sofort umgesetzt. Ab dem 20. Jahrhundert erfährt die Museumsarchitektur gestalterische Wendepunkte. Typologische Differenzierungen in der inzwischen komplexen Museumslandschaft und Ausstellungen nach Aspekten moderner Museumspädagogik entstanden.[130]

6.2 EIN ÜBERBLICK DER MUSEUMSBAUTEN IM 20. JAHRHUNDERT

Mit Einzug der Klassischen Moderne in der ersten Hälfte des 20. Jahrhunderts erfuhr der Bautyp des Museums vorerst keinen wesentlichen Wandel, da die Klein- und Mittelformate sowie die Bindung an das klassische, flache Leinwandbild keine neuen Räume verlangten. Allerdings kam zunehmend eine Forderung nach einem anderen Rezeptionsverhalten auf, das auch eine Abkehr von historisierenden oder klassizistischen Raumgefügen forderte. Die theoretisch formulierten Baukonzepte, die vorerst baulich nicht realisiert wurden, zeugen von kontroversen Ansichten einer reformbedürftigen Museumsarchitektur. Fachkonferenzen wie die International Conferences of Museography (1934), Publikationen in Fachzeitschriften (Museumskunde, 1907 gegründet) und Forschungsberichte erörterten die konventionellen Merkmale der Museumsarchitektur, ihre Typologie und Entwicklung.[131] Schon im sechsten Band des vierten Teils des Handbuchs der Architektur (1889) war über Konzepte von Gebäuden für Erziehung, Wissenschaft und Kunst berichtet und die Geschichte der verschiedenen Museumstypen und ihrer architektonischen Kennzeichen wie Raumbemessungen, Belichtung und Einrichtung unter dem Aspekt der Anpassung an die moderne Industriegesellschaft diskutiert worden.[132] Glas und verstellbare Wände kamen als charakteristische Elemente der neuen Museumsmodelle in die Diskussion, da sie eine variable Abstimmung der Farb- und Lichtgestaltung, räumliche Flexibilität und eine neuartige Präsentation der Kunst ermöglichen. Wie sich zeigen wird, erfährt die Geschichte des Museumsbaus mehrere Wendepunkte während des 20. Jahrhunderts. Das sind zum einen die verschiedenen architektonischen Einflüsse, die Veränderungen der museologischen Ansprüche an das Gebäude und die Auseinandersetzungen mit gesellschaftlichen Entwicklungen.[133]

Erste Veränderungen sind an der Außenhaut der Bauten auszumachen. Die angestrebte Reduzierung der dekorativen Stilelemente wurde bis zum Ersten Weltkrieg allerdings nur selten umgesetzt. Beispielhaft für die neuen schlichten Außendekorationen der Fassaden sind die Provinzialmuseen in Bonn (1906/09) und Trier (1904/06). Die Erweiterungsbauten heben sich von der Architektur der Altbauten deutlich ab. Die schlichte Fassade des Flügelanbaus in Bonn entlang der Bachstraße war durch Fensterachsen, Lisenen und Gesimse gegliedert. Der ursprüngliche Altbau an der Colmannstraße entsprach stilistisch dem Historismus.[134] Beim Reiff-Museum in Aachen (1906/08) ist die schlichte Formensprache gut ablesbar. Das dreigeschossige Gebäude ruht auf einem Sockelgeschoss. Die Fassaden des Erdgeschosses und des ersten Obergeschosses sind durch die symmetrisch angeordneten Fensterachsen identisch. Die Größe und die Massivbauweise verleihen den Museen trotz der schlichten und dezenten Fassaden weiterhin ein monumentales Erscheinungsbild. Die einfache Geometrie des Gebäudes und die feine Gliederung der Fassade ohne prunkvolle Dekorationen mit Säulen, Kapitellen oder aufwendigen Gesimsen folgen den architektonischen Anforderungen der Moderne. Zeichen- und Hörsäle im Erd- und ersten Obergeschoss werden seitlich belichtet. Zwei hohe Mansardendächer sorgen für ausreichend Lichteinfall in das fensterlose zweite Obergeschoss, in dem die Sammlung in unterschiedlich großen Sälen ausgestellt wird.[135] Die äußere und innere Architektur des Bauwerks orientiert sich an den als Galerien genutzten Schlössern.

---

129 Vgl. Tzortzi 2015, S. 22 f.
130 Zur Museumsgeschichte vgl. Brawne 1965. – Montana 1990. – Newhouse 1998. – Waidacher 1999. – Sheehan 2002. – Vieregg 2008. – Hartung 2010. – Frankenberg 2013 – Thome 2015. – Tzortzi 2015. – Klein 2018.
131 Vgl. Vieregg 2008, S. 51 f. – Kott 2014.
132 Vgl. Schmitt 1983.
133 Vgl. Frankenberg 2013, S. 96.
134 Der erste Museumsbau von 1893 ist im Zweiten Weltkrieg zerstört und nicht wieder aufgebaut worden. Deshalb ist das Gebäude von 1906 der heutige Altbau.
135 Vgl. Koch 1980, S. 221–225.

Nach dem Ersten Weltkrieg rückte die Zweckmäßigkeit eines Bauwerks in den Vordergrund. Das Deutsche Museum in München (1925) von Gabriel von Seidl und das Deutsche Hygienemuseum in Dresden (1927/30) von Wilhelm Kreis sind repräsentativ für die neue Museumskultur. Das von historischen Monumentalbauten geprägte Stadtbild Münchens erfährt eine neue Attraktivität durch die Verbindung des Traditionellen mit der Moderne. München ist die Stadt Deutschlands, die die Entwicklung und Verbreitung der Betonbautechnik am meisten förderte. Das Deutsche Museum ist ein Highlight des damals neuen Betonbaus.[136] Oskar von Miller (1855–1934), Gründer des Museums, wünschte sich ein Bauwerk auf dem neusten Stand der Bautechnik, weniger als architektonisches Meisterwerk, mehr als ein Wunder der Ingenieurskunst. Nach der Gründung 1903 begannen die Bauplanungen des 1925 eröffneten Museums. Die Fertigstellung verzögerte sich, weil in Folge des Ersten Weltkrieges Spendengelder wegfielen. Die Entwürfe des Architekten Gabriel von Seidl wurden während der Detailplanung zugunsten von mehr Funktionalität verändert. Die neuzeitliche sachliche Fassade ist klar lesbar gegliedert. Detailformen sind weitgehend aus dem neuen Baustoff Beton ausgeführt. Die Vierflügelanlage umschließt einen Innenhof. Im Zentrum des nördlichen Hauptflügels besitzt das ovale Vestibül einen monumentalen Treppenaufgang. Die Galerien sind von Säulen gestützte, große, offene Mehrzweckhallen. Das Gebäude vereint Kunst, Technik und Wissenschaft und war richtungsweisend für avantgardistische Museumsbauten wie das Technische Museum in Wien (1918) oder das Museum of Science and Industry in Chicago (1940).

Die Architektur des Hygienemuseums in Dresden, beeinflusst sowohl von Motiven des Festspielhauses in Hellerau von dem Architekten Heinrich Tessenow als auch von der Werkbund-Architektur, erfüllt im Außen- und Innenbereich die strengen geradlinigen und funktionalen Anforderungen der Zeit.[137] Der dreiteilige Gebäudekomplex aus drei vorne stehenden Kuben und langgestreckten Flügeln um einen Innenhof ist in der neuen Stahlbetonbauweise errichtet worden. Monumental wirkt der mittlere mehrgeschossige Baukörper des Vestibüls mit einer dominanten Fensterfront mit dazwischenliegenden Pfeilern. Flankiert wird er würdig von zwei vorspringenden, zweigeschossigen, flachgedeckten Flügelbauten. Das Gebäude beherbergt Ausstellungsräume, Vortragssäle und Werkstätten und muss für den Publikumsverkehr geöffnet sein. Das Museum ist ein Vorreiter für den Stil der Neuen Sachlichkeit, des Purismus mit Merkmalen des International Style.[138]

Vergleichbare Museen aus dem gleichen Zeitraum sind das Hauptgebäude des Museum of Fine Arts in Houston (1924), die Kunstmuseen in Newark (1926), Seattle und Portland (beide 1932), das Gemeentemuseum in den Haag (1935) und das „Übergangsmuseum" für die Kröller Stiftung in Otterlo (1938).[139] Gemeinsame Merkmale sind eine reduzierte Außenornamentik, klare Gliederungen und neutrale, flexible Ausstellungsräume, die ein vielseitig verstellbares Beleuchtungssystem erfordern. Besonders das Kröller-Müller-Museum in Otterlo kommt in seiner Grundidee dem Konzept Domnicks besonders nah. 1911 beauftragten die Kunstsammlerin Helene Kröller-Müller (1869–1939) und ihr Ehemann Anton den Architekten Peter Behrens und seinen Assistenten Ludwig Mies van der Rohe mit dem Entwurf eines museumartigen Wohngebäudes zu ihrer Nutzung, das später in ein Museum umgewandelt werden sollte. Behrens Vorschlag wurde aufgrund seines neoklassizistischen Baustils abgelehnt.[140] Mies van der Rohe erhielt zunächst den Auftrag, doch auch sein Modell entsprach nicht den Vorstellungen des Ehepaares. Sein Entwurf sah einen zweigeschossigen langgestreckten Baukörper mit beiderseits zwei flachen Anbauten vor (Abb. 73).[141] Diese Seitenflügel standen in Form, Länge und Größe asymmetrisch zu dem Hauptbau. Ein parallel zum Kerngebäude verlaufender Säulengang verband die beiden Anbauten und bildete einen Innenhof. Daneben plante Mies van der Rohe ein Außenraumkonzept mit Gärten, um eine enge Beziehung und Kommunikation zwischen Architektur und Umgebung zu etablieren. Im Inneren entwarf er eine komplexe Raumorganisation, die die verschiedenen Funktionsbereiche des Wohnens und der Sammlung voneinander trennte und gleichzeitig miteinander verband. Der Entwurf erinnert entfernt an die un-

---

136 Zum Deutschen Museum in München vgl. Mielke 1959. – Bühler 2015.
137 Zum Hygiene-Museum in Dresden vgl. Mielke 1959. – Schulte 2001. – Vogel 2003.
138 Zum Internationale Style vgl. Hitchcock/Johnson 1985.
139 Vgl. Waidacher 1999, S. 114 f.
140 Zum Kröller-Müller-Museum in Otterlo vgl. Spaeth 1986, S. 22–25. – Van der Wolk 1992. – Vieregg 2008, S. 195–217. – Ruhl 2013. – Weisberg 2013. – Tzortzi 2015, S. 195–197. – Kuenzli 2019, S. 160–167. Zu Henry van der Velde vgl. Teirlink 1959. – Velde 1969. – Velde 1986.
141 Vgl. Cavalcanti 2013, S. 67–85. – Krohn 2014, S. 24–27.

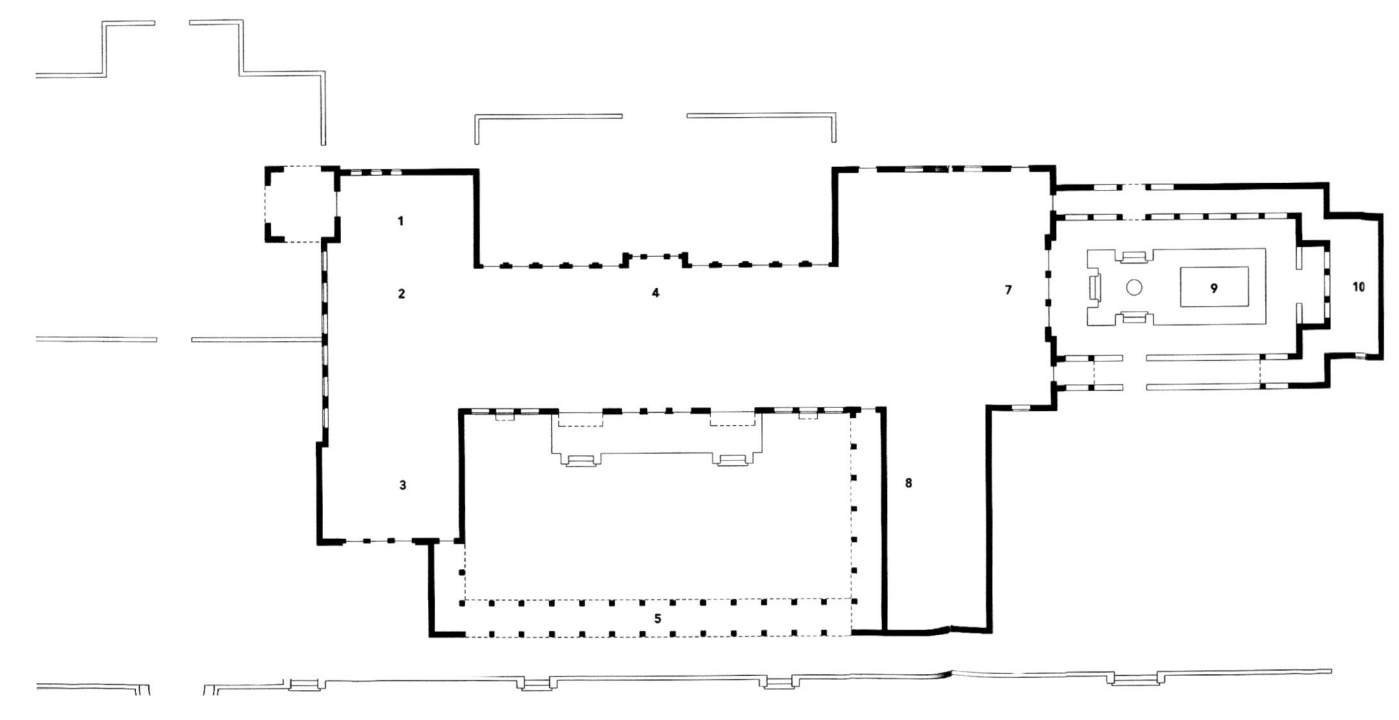

Abb. 73 Mies van der Rohe, Kröller-Müller-Museum, 1912–13; Grundriss.

terschiedlich großen und von ihren Höhen verschiedenen Pavillonbauten in Kirchheim/Teck. Insbesondere die Laubengänge sind als eine Variation der Pergolen zu lesen. Darüber hinaus ist die Vision Mies van der Rohes, „eine Stätte wirklichen Kunstgenusses und nicht als Verwahrungsort von Kunst"[142] zu kreieren, verwandt mit der Auffassung Domnicks, einen Ort für die Kunst im Einklang mit der Architektur zu entwickeln. Beiden schwebte ein schrankenloser Übergang zwischen Kunstwerk und Lebensumwelt vor.[143] Allerdings demonstriert der Entwurf für das Kröller-Müller Museum diesen Leitgedanken noch nicht. Über die Gründe für die Ablehnung seines Entwurfs kann nur spekuliert werden.
1920 beauftragten Kröller stattdessen den Architekten Henry van der Velde ein Museum auf ihrem Nationalparkgrundstück in der Provinz Gelderland zu errichten, das jedoch aufgrund finanzieller Schwierigkeiten nicht umgesetzt wurde. Die Schenkung der Kunstsammlung an den niederländischen Staat erfolgte mit der Auflage, hierfür innerhalb von fünf Jahren ein Museum zu bauen. Von 1937 bis 1938 entwarf van der Velde deshalb ein provisorisches „Übergangsmuseum" mit einem Skulpturenhof. Der Grundriss des einstöckigen Gebäudes aus grau-gelbem Backstein mit Flachdach und dünnem Gesims aus Beton ist kreuzförmig axial-symmetrisch um einen zentralen Innenhof angelegt (Abb. 74a, b). Das schlichte Gebäude bindet sich in die umgebende, gartenartige Landschaft ein. Die Räume selbst sind schematisch angeordnet, wodurch homogene und symmetrische Sichtfelder entwickelt werden; sie werden in dem nahezu fensterlosen Bau über Oberlichter erhellt. 1970/77 erhielt das Museum einen Anbau von Wim G. Quist. Bis heute ist hier die zweitgrößte Van-Gogh-Sammlung ausgestellt. Im Vergleich zum Vorschlag Mies van der Rohes ist dieses Bauwerk symmetrisch geplant und strahlt eine intimere Atmosphäre aus. Domnick besuchte das Kröller-Müller-Museum in den 1960er Jahren und somit vor der Errichtung des Erweiterungsbaus. Vergleichbar zu den Pavillonbauten in Kirchheim/Teck sind die verschieden hohen Baukörper, die abgesetzten Dachplatten und die sparsam eingesetzten Oberlichter. Bei dem fertiggestellten Haus Domnick in Nürtingen sind diese Motive ebenfalls zu finden. Speziell das schlichte, elegante Erscheinungsbild durch die glatten und schlichten Wände sowie die geringfügigen Öffnungen erscheinen auf Nürtingen gewirkt zu haben. Selbst die reduzierte, aber planmäßige auf die Kunstwerke lenkende Innenraumgestaltung sind Motive, die im Haus

---

142 Mies 1986, zit. nach Frankenberg 2013, S. 66.

143 Der Barcelona Pavillon und die Nationalgalerie in Berlin sind beispielhafte Bauten, die die Schranke zwischen Kunst und Umwelt auflösen.

78 Bautypologische und museologische Kontextualisierung

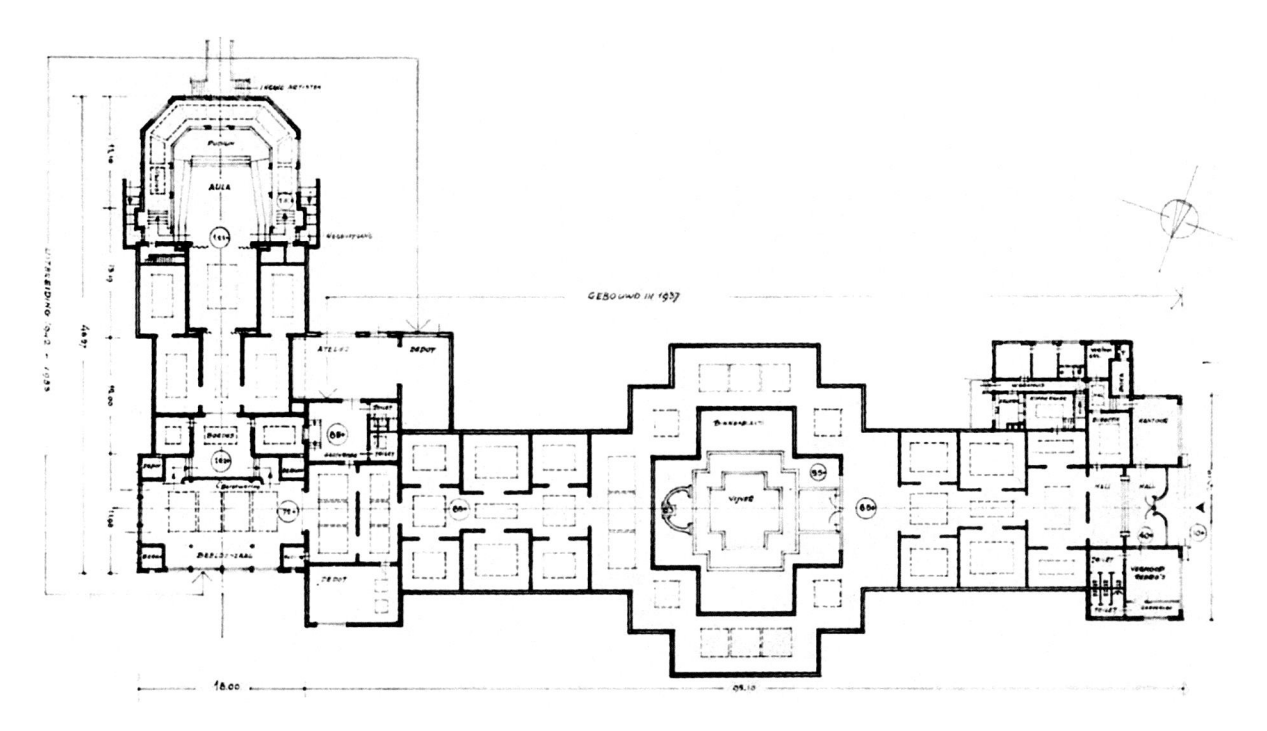

Abb. 74a Henry van Velde, Rijksmuseum Kröller-Müller-Museum, Otterlo, 1937; Grundriss.

Domnick abgewandt vorzufinden sind, wie darüber hinaus auch die Wegführung, die Fensterschlitze und die Punktbeleuchtung.

Der Bau des Museums of Modern Art in New York dürfte Domnick und vor allem Stohrer als ein Meilenstein der Museumsgeschichte bekannt gewesen sein, obwohl ihn seine Besuche niemals in die USA führten. Es ist das erste Museum, das sich ausschließlich auf Moderne Kunst spezialisierte und sich neben der konventionellen Malerei den Bereichen Fotografie, Film und Design widmete sowie auch architektonisch innovativ war. Das 1939 von Philip L. Goodwin in Abstimmung mit Alfred Barr fertiggestellte Gebäude ist aufgrund seiner städtebaulichen Einbindung im Gegensatz zum Kröller-Müller-Museum vertikal ausgerichtet. Es passt sich durch seine schlichten Außenfassaden an die umliegenden Geschäfts- und Hotelbauten an. Die großen Glasfenster im Erdgeschoss und der unauffällige Eingang vermitteln den Eindruck eines Luxushotels. Die großzügig geschnittene Lobby ist hell und offen gestaltet. In den oberen Stockwerken befinden sich die offenen und flexibel abteilbaren Ausstellungssäle, bei denen die freie Abfolge der einzelnen Räume des Museums durch variable Trennwände gegliedert wird. Durch die hellen Wände und hohen

Abb. 74b Henry van Velde, Rijksmuseum Kröller-Müller-Museum, Otterlo, 1937; Ansicht.

Decken wirken die Räume riesig; sie gelten als Erfindung des „White Cube", des unausgestatteten weißen Raumes, in dem Kunst allein wirken soll. Das auf die ausgestellte Kunst der Moderne zielgerichtete Bauwerk ist durch seine bescheidene Größe dem geometrisch abstrakten Design bahnbrechend für die Geschichte der Museumsarchitektur.[144] Die Prominenz dieses schlichten Museumsbaus inmitten der New Yorker Innenstadt könnte einen allgemeinen Einfluss auf die bescheiden wirkende Architektur des Hauses Domnicks gehabt haben; eine direkte Vorbildlichkeit ist eher nicht zu erkennen.

Ab 1933 zur Zeit des Nationalsozialismus bis nach dem Zweiten Weltkrieg stagnierte der Museumsbau. Im Krieg

---

144 Vgl. Ricciotti 1985. – Frankenberg 2013, S. 87f. – Tzortzi 2015, S. 23 f.

gingen viele Museumsbauten verloren, wodurch anschließend ein regelrechter Bauboom erfolgte. Ab den 1950er Jahren wurden Bauwerke im Stil der klassischen Moderne fortgesetzt. Der Funktionswandel eines Museums zu einem Erholungsort mit Wechselausstellungen förderte das Prinzip eines pavillonartig erweiterbaren, in die Landschaft integrierten meist eingeschossigen Gebäudes.[145] Beispiele sind das Folkwang-Museum in Essen (1956/60) und das Focke-Museum in Bremen (1961/64).[146] Die ebenerdige Bebauung und großzügige Glasfronten stellen einen Bezug zum Außenraum her.

Nach der Stagnation des Museumsbaus kam die Idee auf, das Museum als Gesamtkunstwerk aus Architektur und Ausstellung zu begreifen. Exemplarisch zeigt sich dieses neue Konzept in Italien an Museen wie dem Castello Sforzeso in Mailand oder dem Erweiterungsbau des Museo Canoviano in Possango (1956/57).[147] Im Castello Sforzeso ging das historische Gebäude mit dem neuen Ausstellungskonzept der Kunstwerke eine Symbiose ein. Obwohl in Italien erst seit Anfang des 20. Jahrhunderts weniger im Stil des Historismus gebaut wurde und sich Themen wie die Industrialisierung und Technisierung nur langsam etablierten, bezeugen Bauwerke aus den Zwischenkriegsjahren einen nachhaltigen Beitrag der italienischen Architektur.[148]

Frank Lloyd Wright entwickelte das Konzept des Guggenheim Museums in New York. Das 1959 eröffnete, moderne Denkmal im Zentrum der Stadt offeriert eine neue Beziehung zwischen Architektur und Betrachter. Im Gegensatz zum Museum of Modern Art in New York grenzt es sich optisch von den umliegenden Bauwerken ab. Der spiralförmig angelegte Ausstellungsraum gestattet einen fortlaufenden Rundgang vom Ein- bis zum Ausgang. Über die Kuppel werden die Innenräume erhellt, die Galerien sind künstlich beleuchtet.[149]

Zeitgleich entwarf Mies van der Rohe ebenfalls ein neues Konzept. Kunstwerke sollten in einem Museum nicht isoliert voneinander präsentiert werden und der Übergang von Architektur und Natur fließend verlaufen. Für eine maximale architektonische und gestalterische Flexibilität entwarf er offene Räume mit transparenten Wänden, die seitdem in der Museumsarchitektur eine große Rolle spielen. 1962/68 entstand auf der Grundlage seines Pavillons für die Weltausstellung in Barcelona (1929) die Neue Nationalgalerie in Berlin als Glas-Stahl-Bau auf einem quadratischen Grundriss mit einem Flachdach.[150]

Der technische Fortschritt und gesellschaftliche Veränderungen erforderten eine zeitgemäße Umstrukturierung der Museen. Spezialisierungs- und Differenzierungsprozesse veränderten die Museumslandschaft. Eine Vielzahl von Museumstypen kristallisierte sich heraus. Unterschieden wird zwischen den beiden großen Kategorien der naturwissenschaftlichen und naturhistorischen Museen sowie den kultur- und kunstgeschichtlichen Museen. Diese grobe Klassifizierung lässt sich in zahlreiche untere Rubriken unterteilen.[151] Ferner muss zwischen Einzelbauten und Bauwerken innerhalb ganzer Gefüge sowie zwischen ein- und mehrgeschossigen Museen und deren inneren Aufbau differenziert werden. Der Überblick über die Entwicklung der Museumsarchitektur gab bereits erste Eindrücke über die verschiedenartigen Bautypen, deren Lokalisierung, Geschossigkeit und innere Raumanordnung. Das Kapitel 6.4 richtet sich gezielt auf diese Fragestellung.

Parallel zu den architektonischen Entwicklungen und museologischen Veränderungen widmete sich Domnick der Kunst. Durch Anknüpfen an die Künstler und Kunsthistoriker der Zeit entwickelte sich die Hinwendung zur abstrakten Kunst und der Leidenschaft für das Sammeln. Die Entstehung und die Entscheidung, ein Haus für die Kunst zu bauen, ruht aus dem Begehren heraus, die gesammelten Werke teilen zu können und dem Wunsch der Bewahrung für die Nachwelt. Die Intention Domnicks kann folglich mit der aus früheren Jahrhunderten verglichen werden, die Architektursprache seines Hauses grenzt sich jedoch von den historistischen Bauwerken ab und ist ein Exemplum der Moderne.

---

145 Vgl. Naredi-Rainer 2004, S. 25 f. – Schönecker 2016, S. 10 f.
146 Die beiden Museen werden in den Kapiteln 6.4 ausführlicher behandelt.
147 Vgl. Brawne 1965, S. 30 u. 41–47.
148 Vgl. Nestler 1954, S. 7–12.
149 Es wird angenommen, dass Frank Lloyd Wright vom Idealplan Le Corbusiers Musée Mondial inspiriert wurde. Vgl. Mack 1999, S. 22–35 u. 36–51. – Tzortzi 2015, S. 23–25.

150 Vgl. Tzortzi 2015, S. 25 f. Die Nationalgalerie in Berlin wird im Kapitel 6.4.6 beschrieben.
151 Neben Kunst-, Kultur- und Geschichtsmuseen wurden Museen, die sich speziellen Themen wie Archäologie, Ethnologie, Naturkunde und Technik widmen, Landes- und Stadtmuseen, Freilichtmuseen, Industrie-, Sozial- und Wirtschaftsmuseen gegründet. Vgl. Brawne 1965, S. 17 f. – Auer 1974. – Hartung 2010, S. 1–6.

6.3 KUNSTMUSEUMSTYPEN

„Die zeitgenössische Kunst gehört in dieser Rolle selbstverständlich zum Museum. Der Künstler ‚sieht' mehr als die übrigen Menschen und formt das Gesehene zur Mitteilung…Das Auswählen und Darbieten der Gegenwartskunst ist also Bestandteil der Museumsarbeit…Das Kunstmuseum ist also ein wichtiges Bildungsinstitut, das seine ihm zugemessene Aufgabe beharrlich verfolgen muss. In seinem Äußeren soll es veränderlich und anpassungsfähig sein."[152]

Anders als die meisten kulturhistorischen oder technischen Museen unterliegen Kunstmuseen dem Zwang, den unterschiedlichen Kunstwerken ihre Eigenart und ihre Aura zu erhalten und diese unabhängig vom ursprünglichen Funktionszusammenhang herauszustellen. Die Typen der Kunstmuseen sind allerdings ähnlich heterogen wie die Museen insgesamt. Beispielsweise sind es Volkskundemuseen mit kunsthistorischen Präsentationskonzepten.[153] Erste Gemäldegalerien wie die Königliche Gemäldegalerie 1747 in Dresden wurden Mitte des 18. Jahrhunderts eröffnet. Die Gründung erster spezieller Kunstmuseen wird in die Jahre zwischen 1830 und 1914 datiert, aber es gibt etliche Vorläufer. Der Museumshistoriker James J. Sheehan limitiert ihre Gründungsphase auf die Jahre 1830 bis 1880 und bezeichnet diese Epoche als das eigentliche „Museumszeitalter".[154] Zu den ersten großen deutschen Kunstmuseen zählen das Alte Museum in Berlin (1823/30 erbaut) und die Glyptothek in München (1816/30 erbaut), die ihre Kunstobjekte unabhängig von ihrem historischen Kontext präsentierten.[155]

Ab Mitte des 19. Jahrhunderts wurden Ausstellungen überwiegend nach Stilepochen mit einer umfangreichen Darbietung des nationalen Reichtums eingerichtet. Gegen Ende des Jahrhunderts wurden zunehmend auch zeitgenössische Kunstwerke gezeigt, deren Präsentation vorher eher Kunstvereine übernommen hatten. Die Museen des 20. Jahrhunderts suchten in ihrer Architektur eine der autonomen und selbstreferentiellen Moderne entsprechende Form. Offene Strukturen, weiße Raumteiler, wenn nicht sogar der White Cube, und künstliche Belichtung sind dabei fast durchgängig gewählte Gestaltungsformen.[156]

Städtische oder staatliche Museen, Galerien oder Zentren für zeitgenössische Kunst und staatliche oder private Sammlungshäuser kristallisierten sich heraus durch die Verlagerung auf bestimmte Schwerpunkte, beispielsweise auf eine Gemäldesammlung oder auf das Gesamtwerk eines Künstlers. Im Folgenden werden Kunstmuseumstypen zwischen öffentlich/staatlichen und privaten Häusern differenziert und ihre Unterkategorien erläutert. Die Klassifizierung gibt Aufschluss über den besonderen Stellenwert des Wohn- und Sammlungshauses in Nürtingen und verdeutlicht seine typologische Einzigartigkeit innerhalb der Museumstypen.

6.3.1 Kunstmuseen und Galerien für zeitgenössische Kunst

Die imposante Sammlung des Ehepaars Domnick besteht im Wesentlichen aus abstrakter Kunst nach 1945. Zahlreiche Werke sind Gemälde beispielsweise von Willi Baumeister, Hans Hartung und Fritz Winter, die zu klassischer Museumsbestückung der Zweiten Moderne in Deutschland geworden sind. Damit steht das Wohn- und Sammlungshaus in Nürtingen sowohl von seinem Inhalt als auch seiner Raumform und Funktion im Kontext von Museen und Galerien zeitgenössischer Kunst. Seit der Renaissance waren das gesellschaftliche Interesse für Kunst und damit auch der Einfluss von Kunst auf die Gesellschaft gestiegen. Die Abhandlung Friedrich Schillers „Über die ästhetische Erziehung des Menschen in einer Reihe von Briefen" von 1795 thematisierte dann die Wirksamkeit der Kunst, eine politische und gesellschaftliche Freiheit zu schaffen.[157] Schillers Thesen bilden bis heute die Grundlage für die Einrichtung öffentlicher Ausstellungen. Ab dem 18. Jahrhundert erweiterte sich der Kreis der Kunstsammler und erste öffentliche Museen wurden gegründet.[158] Die Ausstellungen vieler Kunstmuseen der Gegenwart basieren auf geschenkten oder geliehenen Einzelwerken oder Sammlungen von Privatpersonen.

Das Kunstmuseum ist der populärste Museumstyp, der für die ausgestellte Kunst architektonisch den passenden Rahmen bietet, um den Wert und die Authentizität einer Ausstellung zu bewahren und die Betrachtungsweise zu beeinflussen. Seit der Mitte des 20. Jahrhunderts hat sich organisatorisch, kuratorisch und architektonisch die Museumslandschaft sehr verändert. Die architekto-

---

152 Bott 1979, S. 8.
153 Vgl. Vieregg 2008, S. 188. – Tzortzi 2015, S. 11.
154 Sheehan 2002. – Vgl. Hartung 2010.
155 Vgl. Vieregg 2008, S. 189f u. 192 f.
156 Vgl. Newhouse 1998, S. 9 u. 15. – Hartung 2010, S. 17 f.
157 Vgl. Schiller 1965.
158 Vgl. Ridler 2012, S. 23–32.

nische Veränderung der Gebäude, eine spezifische Kategorisierung der Ausstellungen sowie die Integration weiterer Kultur- und Freizeitangebote machen einen Museumsbesuch zu einem Event.

Seit Mitte des 20. Jahrhunderts repräsentieren moderne Kulturzentren den gesellschaftlichen Neubeginn der Nachkriegszeit. Hier sind museale Ausstellungsräume oft mit Bibliotheken, Mediatheken, Auditorien, Theaterbühnen, Forschungszentren, Bildungsstätten und Gastronomie in einem Baukomplex vereint. Ähnliche Kultureinrichtungen gab es bereits in der Antike, die im Laufe der Entwicklung der Museumsarchitektur jedoch kaum Nachfolge fanden. Sie wurden im Sinne einer gesellschaftlichen Funktion von Kunst, ihrer anti-elitären Öffnung für alle Bevölkerungsgruppen und vor allem der Erweiterung des Kunstbegriffs mit einer Entgrenzung der Gattungen seit den 1950er Jahren wieder attraktiv. Mit der Zeit entwickelten sich variantenreiche Bautypen, die die einzelnen Teilbereiche zweckmäßig, aber abhängig vom städtebaulichen Konzept neu ordnen. Ein imposantes Beispiel ist das Alvar-Aalto-Kulturhaus in Wolfsburg (1962), dessen Baugestalt und Raumverteilung an die städtebauliche Situation zwischen dem Rathausplatz und einer Parklandschaft angepasst wurde (Abb. 75). Hinter der geschlossenen Fassade der aneinandergereihten Kuben befinden sich Vortragssäle, Büros und Geschäfte, im rückwärtigen Bereich liegt eine Bibliothek. Nach außen hin ist das „schwebende" Bauwerk überwiegend verschlossen, sodass die Innenräume mit Oberlichtern belichtet werden.[159] Aufgrund Stohrers Faszination und Begeisterung für Aaltos Architektur liegt es nahe, dass er mit Domnick zusammen das Museum in Niedersachsen besuchte oder sie es sich in Publikationen angesehen haben.

Das deutlich kleinere Reuchlinhaus in Pforzheim von Manfred Lehmbruck (1961) besteht aus mehreren Funktionskuben für Bibliothek, Ausstellungshalle für Wechselausstellungen sowie die Räumlichkeiten des Stadt- und Schmuckmuseums. An das quadratische Foyer ordnen sich die rechteckigen Baukörper an (Abb. 76a, b). Von außen zeigen die verschiedenen Fassaden die unterschiedliche innere Nutzung.[160] Aufgrund der Lage des Reuchlinhauses im regionalen Umfeld von Stuttgart dürfte der Bau Domnick und Stohrer bekannt gewesen sein.

Das Haus Domnick in Nürtingen besitzt aufgrund der vielfältigen Funktionen gewisse Aspekte eines Kulturzentrums, das sich einer städtischen Gesellschaft öffnen möchte. Folglich griffen Domnick und Stohrer Motive der ersten polyfunktionalen Museumszentren der 1960er Jahre auf. Die Einbindung der Kulturzentren in das städtische Gefüge und das alltägliche Leben sowie ihre Di-

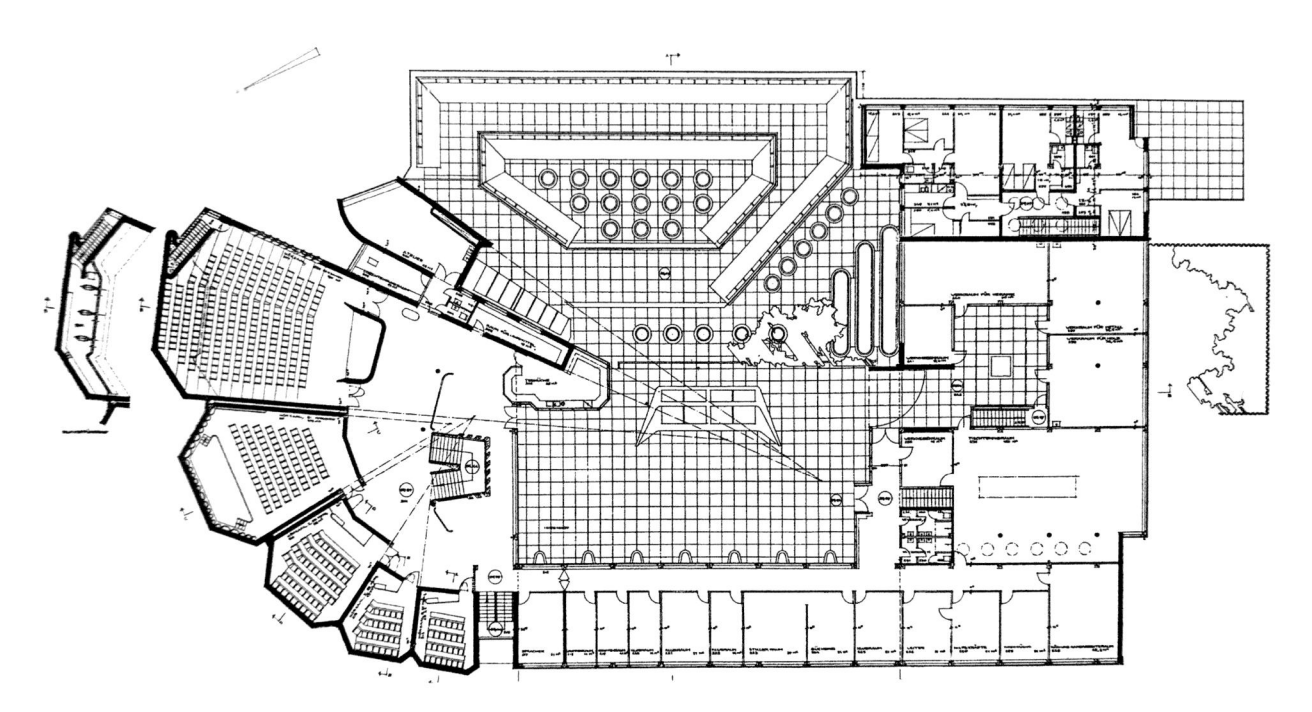

Abb. 75 Alvar Aalto, Kulturhaus, Wolfsburg, 1962; Grundriss.

---

159 Vgl. Schildt 1994, S. 95 f.

160 Das Reuchlinhaus wird an späterer Stelle detaillierter vorgestellt.

Grundrisse, Maßstab 1 : 750

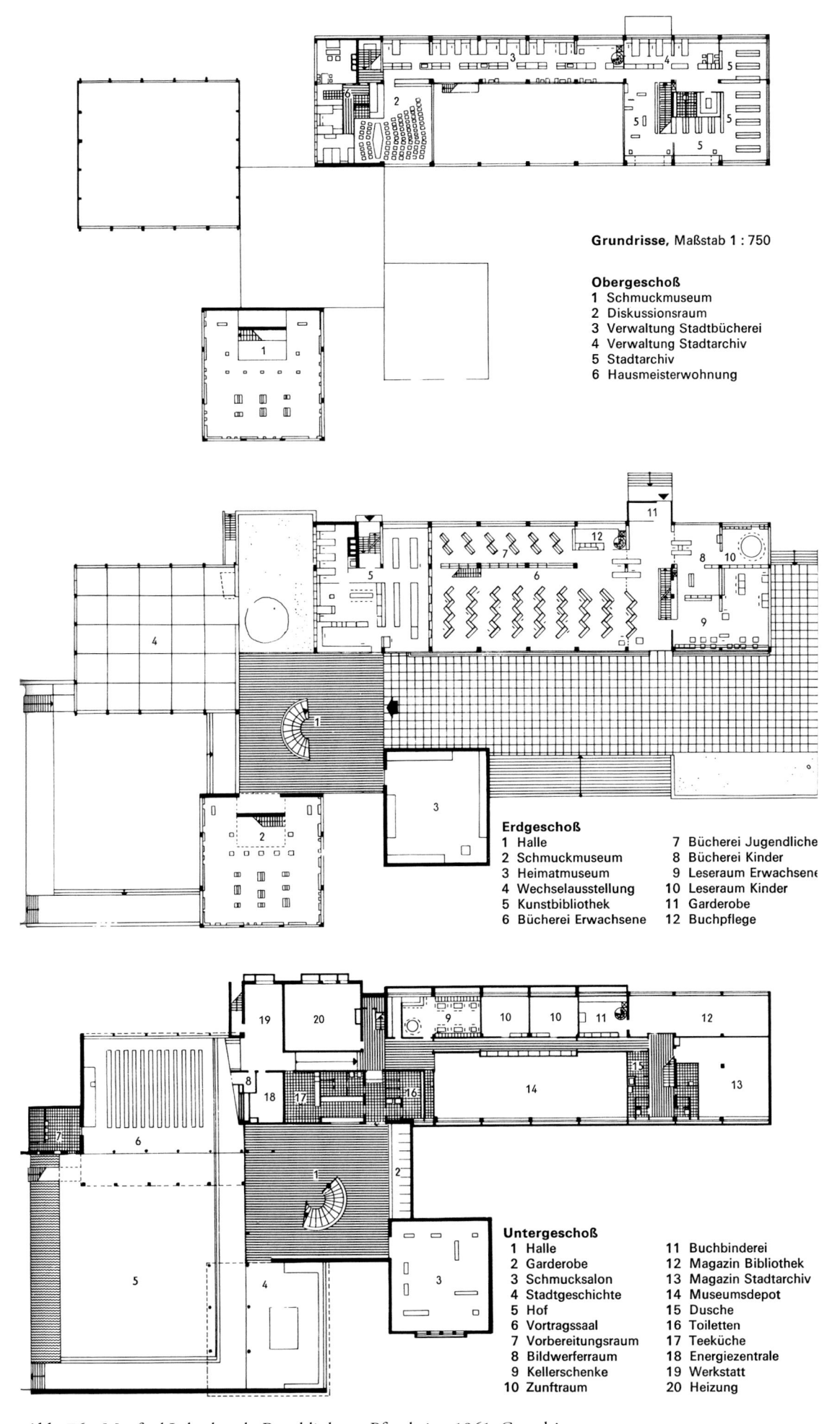

Obergeschoß
1 Schmuckmuseum
2 Diskussionsraum
3 Verwaltung Stadtbücherei
4 Verwaltung Stadtarchiv
5 Stadtarchiv
6 Hausmeisterwohnung

Erdgeschoß
1 Halle
2 Schmuckmuseum
3 Heimatmuseum
4 Wechselausstellung
5 Kunstbibliothek
6 Bücherei Erwachsene
7 Bücherei Jugendliche
8 Bücherei Kinder
9 Leseraum Erwachsene
10 Leseraum Kinder
11 Garderobe
12 Buchpflege

Untergeschoß
1 Halle
2 Garderobe
3 Schmucksalon
4 Stadtgeschichte
5 Hof
6 Vortragssaal
7 Vorbereitungsraum
8 Bildwerferraum
9 Kellerschenke
10 Zunftraum
11 Buchbinderei
12 Magazin Bibliothek
13 Magazin Stadtarchiv
14 Museumsdepot
15 Dusche
16 Toiletten
17 Teeküche
18 Energiezentrale
19 Werkstatt
20 Heizung

Abb. 76a Manfred Lehmbruck, Reuchlinhaus, Pforzheim, 1961; Grundriss.

Abb. 76b Manfred Lehmbruck, Reuchlinhaus, Pforzheim, 1961; Treppe im Foyer.

mension sind Eigenschaften, die sie vom Wohn- und Sammlungshaus, das für sich selbst abseits der Stadt liegt, abgrenzen. Aufgrund dieser Kriterien unterscheidet sich das Haus Domnick auch von anderen größeren Museumstypen wie Nationalgalerien, die einen besonderen Repräsentationsanspruch erfüllen müssen.[161] Andere Unterrubriken wie Stadtmuseen, Museen für themengebundene Ausstellungen oder Kunstgalerien beanspruchen räumliche Flexibilität, um auf Vielschichtigkeit sowie den ständigen Zuwachs und Wechsel der Werke reagieren zu können.[162]

Das Gebäude für die Sammlung Domnick in Nürtingen ist als Wohn- und Sammlungshaus mit den üblichen Typen von Kunstmuseen kaum vergleichbar. Die vielen Kunstmuseen und vor allem allen typischen Kunstgalerien zugrunde liegende Flexibilität, mit der leicht wechselnde Werke präsentiert werden können, war hier nicht notwendig, da die Sammlung festgefügt und ihre Aufhängung als dauerhaft verstanden wurde. Die Beständigkeit der Innenraumgestaltung kann ansatzweise mit den Räumlichkeiten eines Künstlerhauses verglichen werden. Allerdings handelt es sich hierbei um bereits bestehende Gebäude, die museal erst sekundär genutzt werden sollen.[163]

Neben der flexiblen Raumgestaltung spielte die seit den 1950er Jahren stattfindende Hinwendung vom klassischen Wandbild zum zunehmend raumgreifenden Objekt bis hin zur Installation bei Domnick keine Rolle, da seine Sammlung weitgehend dem Leinwandbild galt. Hingegen musste der Bau multifunktional sein, da er als ein Ort der Begegnung, wo Kunst erlebt, Musik gehört und Film gesehen werden sollten, konzipiert war. Aufgrund der quantitativen Beschränkung war eine räumliche Differenzierung für diese unterschiedlichen Nutzungen nicht möglich, so dass der Flügel beispielsweise im Museumsraum stand, wie auch die herunterlassbare Leinwand für Filmvorführungen. Im Haus Domnick wurden die Funktionen additiv in multifunktionalen Räumen konzipiert.

6.3.2 Das Privatmuseum

Große Kunstmuseen sind oft aus Privatsammlungen entstanden. Beispiele sind Kunstsammlungen wie die von Lillie P. Bliss (1864–1931), die den Grundstein des New Yorker Museum of Modern Art bildete, oder die Sammlungen von Ferdinand Franz Wallraf (1748–1824) für das dann von Johann Heinrich Richartz (1796–1861) erbaute Wallraf-Richartz-Museum in Köln. Der Sammler Domnick errichtete sein Haus in Nürtingen in erster Linie für die Präsentation seiner Kunstwerke zu seinen Lebzeiten, parallel zur privaten Wohnnutzung der gleichen Räume, in denen gelegentlich unter seiner persönlichen Beteiligung auch öffentliche oder geladene Veranstaltungen stattfanden. Für die Öffentlichkeit war es somit nur eingeschränkt zugänglich, da der Zugang seiner Zustimmung bedurfte, man kann es als „semi-öffentliches" Privatmuseum bezeichnen.[164] Erst nach seinem Tod und der Überführung in eine Stiftung wurde es der Allgemeinheit geöffnet.

Im 19. und 20. Jahrhundert kam diese semi-öffentliche Präsentationsweise von Kunst in Mode. Der Sammler Bernhard von Lindenau (1779–1854) ließ 1846/47 ein für die Öffentlichkeit zugängliches Museum auf seinem Privatgrundstück bauen. Er stellte hier seine umfangreiche Kunstsammlung der italienischen Malerei mit dem pädagogischen Ziel der Wissensvermittlung und Geschmacksbildung aus.[165]

---

161 Vgl. Montana 1990, S. 12–15. Newhouse 1998, S. 171–176. – Hartung 2010, S. 32.
162 Vgl. Montana 1990, S. 15–18.
163 Zu musealisierten Häusern und Ateliers vgl. Kat. Stuttgart 2012. –Volmer 2016. – Wipfer 2021.
164 Vgl. Ridler 2012, S. 27. Siehe zu weiteren Privatsammlungen und Bemühungen eigener Museumsgründungen in Deutschland. Ridler 2012, S. 35–45. Ottomar Domnick schwebte ein öffentliches Museum vor, allerdings lud er vornehmlich ausgewählte Gäste zu sich ein.
165 Vgl. Ridler 2012, S. 28 u. 34 f. Bei der Sammlung von Lindenau handelt es sich um die größte Sammlung früher italienischer Malerei außerhalb Italiens. Einzig die Alte Galerie in Berlin mit der Sammlung des englischen Kaufmanns Edward Solly (1776–1848) kann hiermit konkurrieren.

Das Isabella Steward Gardner (1840–1924) Museum in Bosten (1903) beherbergte ursprünglich in einer vierflügeligen Anlage um einen überglasten Innenhof die überwiegend aus Europa stammende Kunst der Sammlerin. Heute umfasst die Ausstellung ein beeindruckendes internationales Spektrum. Die Frick Collection in New York (1935) ging zurück auf Richard Wallace, der in London sein Wohnhaus mit seiner Kunstsammlung zu einem öffentlich zugänglichen Museum zusammenführte. Henry Clay Frick (1849–1919) bestimmte, dass seine ursprüngliche Sammlung dieses Gebäude niemals verlassen dürfte. Andere Privatgalerien wurden erst nach dem Ableben ihrer Besitzer einem großen Publikum gezeigt.[166] Ein Beispiel ist die Stiftung der Sammlung Emil G. Bührle in Zürich (1960 gegründet). Der Industrielle und Kunstmäzen Emil Bührle (1890–1956) sammelte seit den 1940er Jahren Kunstwerke vom Mittelalter bis zur frühen Moderne mit Schwerpunkt auf französischer, impressionistischer Kunst. In einem nahegelegenen Wohnhaus zu seiner Villa am Ufer des Zürichsees beherbergte er seine stattliche Gemäldesammlung. Zu dieser Privatgalerie lud er nur wenige Freunde ein. Nach seinem Tod wurde das Wohnhaus von seinen Erben zu einem öffentlichen Museum umgewandelt. Nach einem Raubüberfall 2008 befinden sich die rund 180 Gemälde seit 2015 im Erweiterungsbau, entworfen von dem britischen Architekten David Chipperfield.[167] Folglich dienten die bis dahin vorgestellten Sammlungen dem Sammler selbst als Repräsentationsobjekt oder einem Museum als Grundstein. Gelegentlich wurden Wohnhäuser verstorbener Sammler zu Museen umgebaut.

Eine Möglichkeit, die Geschlossenheit einer Privatsammlung zu bewahren, ist eine im Nachlass mit konkreten Bestimmungen beurkundete Stiftung an ein Museum. Jedoch war eine solche Übergabe in der Regel mit Auflagen verbunden, die insbesondere in Europa oft den Charakter der Sammlung in den Museumsbestand auflösten, während sich in den USA eine andere Sammlungskultur etabliert hat. Otto Sprengel kommentierte seine Schenkung an das Sprengel Museum in Hannover:

> „Ich gebe die Sammlung ausdrücklich nicht als Stiftung mit der einschränkenden Bestimmung, dass alles für die Ewigkeit auch zusammengehalten bleiben müsse; denn ich habe in den langen Jahren des freundschaftlichen Verkehrs mit Museumsleuten die Erfahrung gemacht, dass eine solche Bestimmung eher hemmend als fördernd wirkt […]"[168]

Eine solche Haltung teilen viele andere Spender von Sammlungen nicht. So war Ottomar Domnick weniger kompromissbereit, weshalb sämtliche Verhandlungen mit Museen, wie vor allem der Stuttgarter Staatsgalerie, zur Übergabe seiner Sammlung missglückten und seine Vorstellungen letztlich in der Konsequenz im Bau des eigenen Museums mündeten. Für die architektonische Umsetzung des Privatmuseums und der Präsentation der Gemälde ließen sich Domnick und Stohrer von diversen Kunstmuseen und Galerien wie dem Kröller-Müller-Museum, dem Louisiana-Museum, dem Mannheimer Kunstverein oder der Bielefelder Kunsthalle inspirieren. Für die harmonische Symbiose von Kunst und Architektur war es von Vorteil, dass Stohrer mit der Sammlung bereits vertraut war.

Eine weitere öfters vertretende Möglichkeit ist die Errichtung eines Gebäudes, das von Beginn an einen musealen Charakter verfolgt und der Öffentlichkeit zugänglich ist. Im Unterschied zum Haus Domnick beanspruchen die Sammler nicht den Anspruch des Wohnens innerhalb der Bauwerke. Die Philip Johnson Painting Gallery in New Canaan, Connecticut (1965), ist ein modernes Privatmuseum, das der Architekt Philip Johnson für seine eigene Sammlung zeitgenössischer Kunst entwarf.[169] Der „Kunstbunker" liegt in einem Erdhügel. Über eine rechteckige Eingangshalle wird der Besucher zu vier Tangentialrotunden mit unterschiedlichen Durchmessern geführt. In drei der kreisförmigen Räume befinden sich drehbare Wandkonstruktionen mit einer hellen Teppichbespannung, so können am passiven Betrachter die Gemälde vorbeigleiten. Das Prinzip dieser drehbaren Galerie dürfte von der runden Architektur des Guggenheim Museums in New York von Frank Lloyd Wright beeinflusst sein. Hier bewegen sich die Betrachter im Raum, nicht die Gemälde. Problematisch an dieser Präsentation ist die Sicherheit, der enorme Flächenbedarf[170] und die Eingrenzung, was die ausgestellten Gemäldeformate anbelangt.

Ein weiteres Privatmuseum dieser Zeit ist die Fondation Maeght in St. Paul-de-Vence in Frankreich (1961/64).[171]

---

166 Vgl. Newhouse 1998, S. 15 f. – Hopkins 2021, S. 123–129.
167 Vgl. Ridler 2012, S. 54–57.
168 Sprengel 1979, S. 24, zit. nach Ridler 2012, S. 38.
169 Zur Gemäldegalerie vgl. Newhouse 1998, S. 18. – Blake 1996, S. 106 f.
170 Die Ausstellungsfläche des Guggenheim-Museums in New York umfasst immerhin 278m² auf einer 293m² großen Gesamtfläche.
171 Vgl. Brawne 1965, S. 99–102. – Gaspari 1974. – Ridler 2012.

Das Gründerehepaar Marguerite und Aimé Maeght führten in Paris eine Kunstgalerie und waren leidenschaftliche Kunstsammler von Miró, Picasso, Chagall oder Kandinsky. Darüber hinaus riefen sie 1946 die Zeitschrift „Derrière le Miroir" ins Leben. Zur Trauerbewältigung nach dem Tod eines ihrer Söhne startete das Ehepaar das Projekt, eine Stätte für moderne Kunst zu errichten. Sie beauftragten die Architekten Sert, Jackson und Gourley eine dorfähnliche Museumsanlage auf einem Berg gegenüber St. Paul-de-Vence zu erbauen. Die Anlage in der idyllischen Parklandschaft an der Côte d'Azur umfasst zwei Ausstellungsgebäude und die ihrem Sohn gewidmete Kapelle „St. Bernard". Abseits vom Museum wurde ein Direktorenhaus errichtet. Das Museum integriert im Untergeschoss einen separaten Anlieferungseingang, Lagerräume, Werkstätten, Büros und Technikräume für Heizung, Ventilation und Feuchtigkeitskontrolle. Zudem verfügt es über einen Filmvorführraum, Versammlungsraum, eine Bibliothek und ein Café mit Blick auf den Hof. Künstler oder Bildhauer wie Miró oder Braque verfügen über separate Ausstellungsflächen.

Das Louisiana Museum (1958) in Dänemark war von den Architekten Vilhelm Wohlert und Jørgen Bo entworfen worden. Die private Kunstsammlung stammt von dem dänischen Verein „Kunst am Arbeitsplatz", dessen Leiter und späterer Museumsgründer und Direktor Knud W. Jensen (1916–2000) wurde.[172] Jensen war Eigentümer der größten Exportfirma für Käse und Molkereiprodukte Dänemarks und ließ nach dem Verkauf der Firma 1956 das Museum errichten.

Die Motivationen hinter den Sammlermuseen, die offenbar erst in den 1960er Jahren in nennenswertem Umfang aufkamen, waren genauso unterschiedlich wie die Gründe für ihre Kunstbegeisterung und Sammelleidenschaft und reichten von der Leidenschaft für schöne Dinge über den Wunsch nach einem besonderes kulturellem Wohnambiente bis hin zu Kapitalanlagen. Museen, die exklusiv für eine Privatsammlung errichtet werden, bestätigen dem Kunstliebhaber den Wert und die bleibende Bedeutung seiner Kunstwerke, vor allem aber auch die Verfügungsgewalt über die Sammlung über die gesamte Zeit seines Lebens. Eine ganz andere Position nahm beispielsweise Josef Haubrich (1889–1961) ein, der auf den ausschließlichen privaten Zugriff seiner Privatsammlung zugunsten der Öffentlichkeit verzichtete und sie nach dem Zweiten Weltkrieg der Stadt Köln stiftete: „Meine Sammlung sprengt die Grenzen einer privaten Sammlung. Sie gehört aus sozialen Gründen der Öffentlichkeit. Eine besondere Verpflichtung empfinde ich gegenüber der Jugend".[173]

Das Wohn- und Sammlungshaus Domnick entspricht dem Typ eines Privatmuseums, bei dem der Sammler eine besonders enge Verbindung zwischen dem Sammlermuseum und der Wohnnutzung suchte. Inwiefern er andere Sammlermuseen gekannt hat, ist nicht mehr nachvollziehbar. Jedoch hat er das Louisiana Museum bei Kopenhagen besucht und war somit über das Phänomen solcher Museen, die aus einer privaten Sammlung entstanden sind, unterrichtet. Die Wahl der besonders engen Verschränkung der Museums- und Wohnräume scheinen seiner eigenen Konzeption zu entstammen, zumindest gibt es keine vergleichbaren Bauten in seiner Zeit.

Im Allgemeinen ist das Wohn- und Sammlungshaus ein Konstrukt der verschiedenen architektonischen Strömungen und den veränderten museologischen Ansprüchen und Bedingungen (Platz, Raumaufteilung, Licht). Die Museumsarchitektur entwickelt sich im 20. Jahrhundert zu einem Indikator architektonischer Entwicklungen und soll zum eigenständigen kritischen Denken anregen. Bemerkenswert ist die vielfältige Museumslandschaft, wie wir sie heute vorfinden. Das Haus Domnick kann aufgrund der ausgestellten Kunst und den für die Sammlung zugeschnittenen Räumen als ein privates kleines Kunst- und Kulturhaus angesehen werden.

6.4 EINORDNUNG IN DIE MUSEUMSARCHITEKTUR

> „Das Problem neuzeitlicher Museumsarchitektur besteht vorrangig darin, eine Synthese zwischen der Flexibilität des Ganzen, der organischen Gliederung der Teile und der individuellen Darbietung der Schaustücke zu schaffen. [...] Der Museumsbau unserer Zeit hat sich das Ziel gesteckt, Architektur und Inhalt zu integrieren, Erlebniswert und Informationswert durch Bau und Einrichtung

---

172 Das Louisiana Museum wird ausführlicher vorgestellt. Vgl. Jensen 1982. – Jensen 1991. – Tøjner 2008. – Sheridan 2017.

173 Verhandlungen der Stadtverordneten-Versammlung in Köln, 6. Sitzung, 2. Mai 1946, Annahme von Stiftungen: Bau, Lindgens und Dr. Haubrich, S. 77/78 WRF Archiv, zit. nach Ridler 2012, S. 37.

zu steigern, kurzum, das offene, das einladende, das anziehende, das fesselnde Museum zu verwirklichen."[174]

Seit dem 19. Jahrhundert gibt es in der Museumslandschaft prominente Bauten, die den Stil der jeweiligen Architekten repräsentieren. Charakteristisch für die moderne Architektur sind zweckmäßige Gebäude auf streng gegliederten Grundrissen mit speziellen Raumtypen und Erschließungskonzepten.[175]

„Eine Typologie des Museums ist nicht ohne weiteres möglich, denn die Bauaufgabe wird stets sowohl aus architektonischer bzw. städtebaulicher Perspektive als auch aus der Perspektive der Kunst diskutiert und definiert."[176]

Die Klassifizierung eines Museums ist bestimmt durch die Architektur des Gebäudes und die Innenraumgestaltung. Die Integration in eine bestimmte städtebauliche Umgebung ist abhängig von der Relevanz des Gebäudes und der Ausstellung für die Gesellschaft. Von Bedeutung sind auch die Popularität der Kunstwerke sowie die zur Verfügung stehenden finanziellen Mittel.

Ein Museum verfügt über primär und sekundär bediente Bereiche. Zu den primären Räumen zählen die öffentlichen Ausstellungssäle, Vortragsräume, Bibliotheken. Dazu gehören ergänzend der Eintrittskarten-, Garderoben- und Souvenirbereiche sowie Restauration und Toiletten. In sekundären Räumen sind Verwaltung, Technik, Werkstätten und Magazine untergebracht.[177] Früher galten Gastronomie, Eingangsbereich und Sitzgelegenheiten als nebensächlich. In der modernen Museumsarchitektur sind die gesellschaftlichen Räumlichkeiten Bereicherungen, die den kommunikativen Aspekt eines Museums hervorheben. Klub- und Versammlungsräume sowie Restaurants oder Cafés bieten dem Publikum die Möglichkeit, sich über die individuellen Eindrücke einer Ausstellung auszutauschen. Die moderne Museumspädagogik erweitert die reine visuelle Präsentation der Kunstwerke mit medialen Beiträgen und praktischen Übungen, besonders für Kinder. Magazine und Werkstätten bieten einen Einblick in die Museumspraxis. Kunstklassen beispielsweise im Kunstmuseum in Sao Paolo oder das Malzimmer für Kinder im Louisiana Museum sowie viele vergleichbare Einrichtungen in nahezu allen großen Kunstmuseen Europas und der USA ergänzen die Ausstellungen auf spielerische Weise. Wechselausstellungen, Seminare, Filme, Vorträge und Diskussionsrunden ermöglichen die dynamische Kombination von betrachten und verstehen.[178]

Mit dem wirtschaftlichen, sozialen und technischen Aufschwung der 1920er Jahre haben sich auch die Voraussetzungen für Museen geändert. Die Reproduktion in der Kunst, insbesondere die Fotografie, hat die Innenraumgestaltung und die Zusammenstellung einer Ausstellung verändert. Der Standort und die Architektur eines Museums sind von soziologischen Aspekten abhängig. Das Museum of Modern Art und das Solomon R. Guggenheim Museum, beide in New York, von Philip L. Goodwin und Edward Durell Stone und Frank Lloyd Wright, erfüllen repräsentativ die neuen kulturellen Paradigmen. Namenhafte Architekten wie Le Corbusier oder Mies van der Rohe setzen in der Nachkriegszeit diese Entwicklung fort und bleiben die führenden Wegweiser.[179]

Seit den 1950er Jahren gelten folgende Aspekte als Leitlinien der Museumsarchitektur: Raumkonzeption wie Transparenz, Niederschwelligkeit, Offenheit, Flexibilität, Zweckmäßigkeit und Abstraktion. Mit Niederschwelligkeit ist der leichte, demokratische Zugang eines jeden Besuchers zur Kunst gemeint. Das Prinzip der Flexibilität bezieht sich auf die museale Nutzung und das Raumprogramm. Sie unterstützt die präsentierten Werke unmerklich und ermöglicht unterschiedliche Raumsituationen zu schaffen. Die Einrichtung eines Museums soll dem Zweck dienen und danach ausgelegt sein. Abstraktion der Architektur meint die Reduktion auf das Wesentliche.[180]

„Ich wollte sehen, inwieweit Architektur in der Lage ist, abstrakt zu sein. [...] Deshalb gibt es am Haus ohne Eigenschaften kein Ornament, keine Details, kein Oben und kein Unten. [...] Alles wurde subtrahiert auf den absoluten Kern der Abstraktion. Weiter geht es nicht mehr."[181]

---

174 Nagel/Linke 1971, S. 33.
175 Vgl. Lechtreck 2020, S. 47.
176 Lechtreck 2020, S. 47.
177 Vgl. Brawne 1965, S. 24.
178 Vgl. Brawne 1965, S. 25. – Lechtreck 2020, S. 48 f.
179 Vgl. Hopkins 2021, S. 32.
180 Vgl. hierzu die Literatur zur Museumskonzeption wie Mielke 1959. – Brawne 1965. – Nagel/Linke 1971. – Newhouse 1998. – Naredi-Rainer 2004. – Hopkins 2021
181 Das Zitat bezieht sich auf die allgemeine Abstraktion in der Architektur und im Speziellen auf das „Haus ohne Eigenschaften" in Köln von 1994. Ungers 2006, zit. nach Noell 2014, S, 67.

Erdgeschoß
1. Haupteingang
2. Vorhalle
3. Garderobe
4. Ausstellungsräume
5. Brunnen
6. Gartenhof
7. Ruheraum
8. Musikhof
9. Saal
10. Bühne
11. Parkplatz

Kellergeschoß
1. Vorraum
2. Umformer
3. Assistent
4. Verwaltung
5. Aktenraum
6. Sekretariat
7. Direktor
8. Fachbücherei
9. Graphische Sammlung
10. Garderobe
11. Leseraum
12. Angestellten-Bücherei
13. Luftschutzraum
14. Keller
15. Hauskeller
16. Restaurator
17. Magazin
18. Luftkammer
19. Kunstgewerbemuseum
20. Vorkeller
21. Kistenkeller
22. Werkstatt
23. Kokskeller
24. Heizung
25. Pumpenraum
26. Nicht unterkellert

Grundrisse, Maßstab 1 : 750

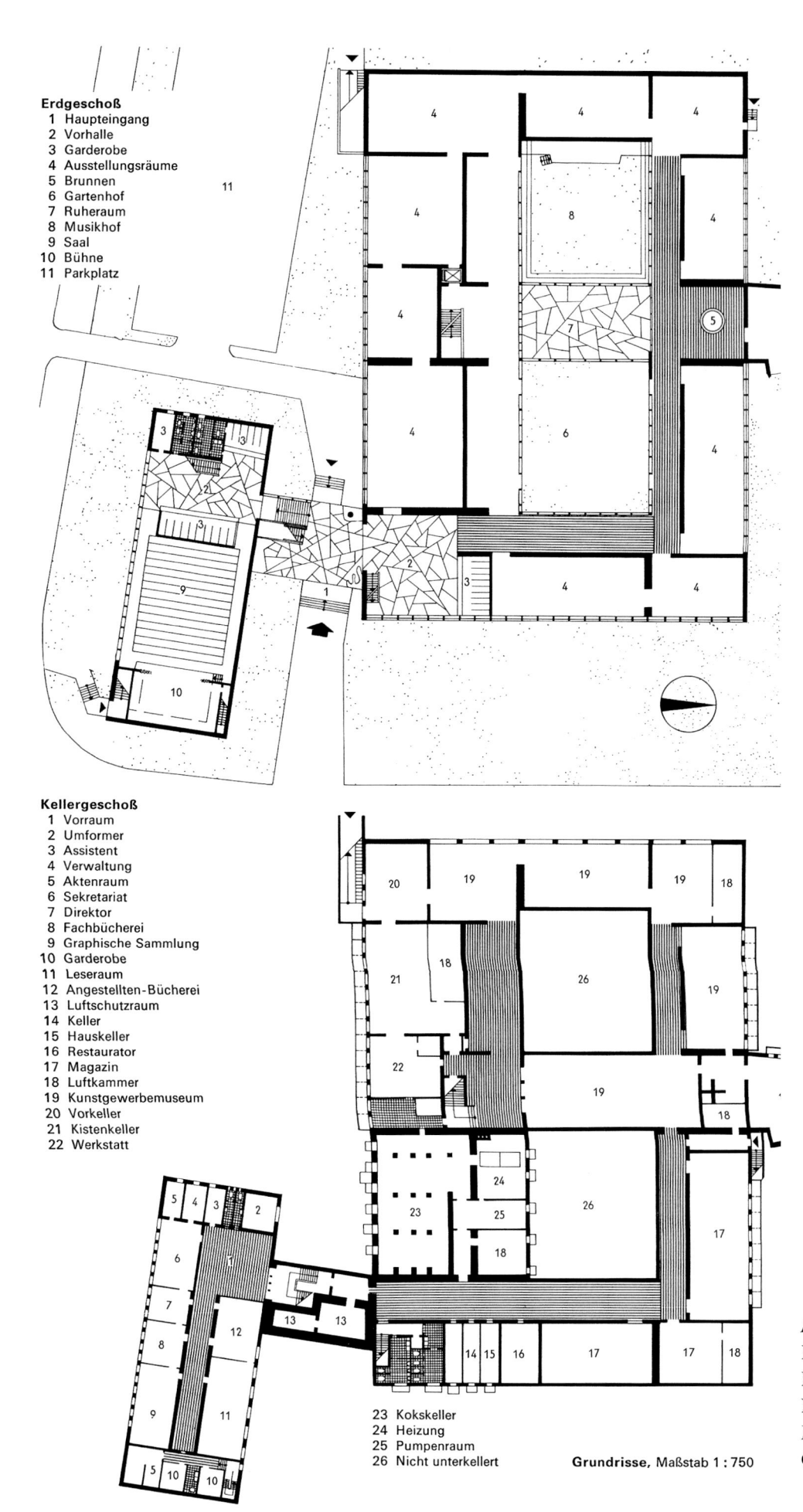

Abb. 77a Werner Kreutzberger/Erich Hösterey/Horst Ley, Neubau des Folkwang-Museums, Essen, 1957; Grundriss.

88 Bautypologische und museologische Kontextualisierung

Abb. 77b Werner Kreutzberger/Erich Hösterey/Horst Ley, Neubau des Folkwang-Museums, Essen, 1957; Ostansicht mit Eingang innerhalb des Verbindungstraktes.

Das erste nach diesen neuen architektonischen Prämissen errichtete Museum in Deutschland ist der Neubau des Folkwang-Museums in Essen (1957) nach Plänen von Werner Kreutzberger, Erich Hösterey und Horst Loy.[182] Die Museologie fordert eine Trennung des allgemein öffentlichen Bereichs von den nicht öffentlichen Bereichen. Administration, Depots und Werkstätten werden ausgelagert. Die Ausstellung befindet sich in einem flachen Doppelatrium und die nicht öffentlichen Räume in einem gegenüberliegenden doppelgeschossigen Gebäudetrakt (Abb. 77a, b). Ein verglaster Eingangsbau verbindet beide Bereiche und erfüllt die modernen Kriterien von Transparenz und Offenheit. Die getrennten, aber optisch durch den verglasten Zwischentrakt verbundenen Innenhöfe gewähren natürlichen Lichteinfall und bieten ein Ambiente für Veranstaltungen und Ruhezonen unter freiem Himmel. Das Folkwang-Museum am Rande des Essener Stadtkerns stand schon bald nach seiner Fertigstellung aufgrund der schwierigen klimatischen Verhältnisse aus konservatorischer Sicht in Kritik. Aufgrund dessen sind in der Museumslandschaft „Oberlichtsäle die Regel, großflächig verglaste Seitenlichtsäle die Ausnahme".[183]

Während der Tagung zum Thema „Die Öffentlichkeitsarbeit der Museen" im Jahre 1963 wurden wegweisende Forderungen für die Museumsarchitektur der 1960/70er Jahre festgelegt.[184] Zukünftig sollen neue Zielgruppen angesprochen, Schwellenängste aufgehoben und Ausstellungen und Veranstaltungen besucherfreundlicher konzipiert werden.

Domnick war es ein Anliegen, das Gebäude in Nürtingen nach den Kriterien „außen schlicht, streng, abweisend, schmale Fensterschlitze, kühle Fassade, klarer Sichtbeton, wenig einladend für Fremde oder für Einbre-

---

182 Vgl. Gierschner 1989, S. 15. Zum Folkwang-Museum vgl. Vogt 1965. – Nagel/Linke 1971, S. 71–76. – Geipel/Richters 2010. – Pizonka 2020a, S. 104–117. – Pizonka 2020b. – Lechtreck 2020, S. 51 f.
183 Lechtreck 2020, S. 52.
184 Deutsche UNESCO-Kommission: Die Öffentlichkeitsarbeit der Museen. Bericht über ein Seminar, veranstaltet von der deutschen UNESCO-Kommission und dem deutschen Nationalkomitee des ICOM in Essen, 4.-7. September 1963, Köln 1964.

cher"¹⁸⁵ zu gestalten. Der Besucher sollte sich erst im Innenraum von einer hellen, lichten Atmosphäre eingeladen fühlen, die von Leben mit Kunst erfüllt ist (Abb. 31, 33). Die wenigen Ausblickmöglichkeiten verhindern die Ablenkung von der ausgestellten Kunst. Die Abschottung zur Straße und die nahezu vollständig geschlossene Westwand schützen das Gebäude vor Blicken neugieriger Passanten sowie die Privatsphäre des Ehepaares. Die teilweise freie Sicht in die südliche Landschaft unterstützt den Vergleich mit einer Festung. Ähnliche Grundformen gibt es in der Wohnhausarchitektur. Das zweite Jacobs House in Wisconsin (1949) von Frank Lloyd Wright ist zur Wetterseite geschlossen und mit einer Glaswand zur Landschaftsseite windgeschützt geöffnet.

Für Domnick war es essenziell, in seinem Wohn- und Sammlungshaus neben der Ausstellung seiner Kunstwerke, Räumlichkeiten für Vorträge und Diskussionen sowie Filmvorführungen und Konzerte bereitzustellen. Er wollte kein monotones Museum, sondern ein lebendiges Haus mit ausreichend Platz und Raum für alle Kunstgattungen und interessanten Konversationsrunden schaffen. Die Kunst sollte dabei immer im Mittelpunkt stehen.

Im Folgenden werden grundlegende Standortfaktoren erläutert und verschiedene Vermittlungsansätze vorgestellt. Es folgt eine Gegenüberstellung architektonischer Merkmale des Wohn- und Sammlungshauses Domnick mit Museen aus den 1950er und 1960er Jahren. Die Auswahl der Museumsbauten richtet sich nach dem Erbauungsjahr sowie architektonischen Parallelen oder Abweichungen zum Haus Domnick, sodass einerseits die Gemeinsamkeiten zum Ausdruck gebracht werden und andererseits die bautypologische Besonderheit des Nürtinger Bauwerks hervorgehoben und unterstrichen wird.

6.4.1 Zur Lage eines Museums

Das Haus Domnick liegt als Solitärbau auf einer Anhöhe oberhalb der Stadt Nürtingen in einem Landschaftsschutzgebiet mit Blick auf die Schwäbische Alb. Die geographische Lage eines Museums beeinflusst seinen Charakter wesentlich. Früher lagen die museal genutzten städtischen oder privaten Paläste außerhalb des städtischen Trubels und waren monumentale Bauwerke. Die Errichtung einer Museumsanlage auf einem Anwesen in freier Natur unterstützte die Idee der Symbiose von Kunst und Natur. Die grundsätzliche Anforderung unabhängig vom Standort an ein Museum ist es Aufmerksamkeit zu erhalten. Dabei kann die Architektur beispielsweise mit den umliegenden Gebäuden kontrastieren. Wichtig ist, dass die inneren Werte nach außen getragen werden, auf diese Weise kann ein Museum auf fast jedem Bauplatz errichtet werden.¹⁸⁶

Die Ehrfurcht gebietende, unnahbare Ausstrahlung einer Ausstellung verschwand zugunsten einer lebendigen Präsentation. Imposante Eingangsbereiche mit großzügigen Treppenaufgängen in einem Vestibül verschwanden. Die neue Eingangssituation begünstigt durch Offenheit und Transparenz den Abbau von Schwellenängsten des Publikums.¹⁸⁷

Standortwechsel aus der Innenstadt hinaus in die freie Natur ermöglichten einen Ort der Freizeit und Erholung zu schaffen. Das von Domnick besuchte Louisiana Museum in Humlebæk, an der Küste Dänemarks am Rand der Stadt Kopenhagen, steht inmitten eines Erholungsgebietes. Einen konträren Schwerpunkt erfüllt das berühmte Modern Art Museum in New York unweit der Fifth-Avenue als ein beliebter Treffpunkt in der Arbeitspause mit anschließendem Ausstellungsbesuch. Solche innerstädtischen Lagen, die schon im 19. Jahrhundert gesucht wurden, bringen die Kunst zur Bevölkerung, während die Stadtrandlagen oder die Anordnung in Landschaftsräumen die Besucher aus der Stadt in den Erholungsbereich ziehen und dort mit Kunst eine Freizeitbeschäftigung etablieren. Beide Typen bleiben auch in den 1950/60er Jahren beliebt, wie beispielsweise die neue Kunstgalerie in Lund in Schweden (1957) von Klas Anshelm oder das Wilhelm-Morgner-Haus in Soest (1962–63) zeigen, die sich direkt am Marktplatz befinden und sich sorgfältig in die bestehenden Baugruppen einordnen.¹⁸⁸

Die architektonische Planung eines Museums ist abhängig von der geographischen Lage und der geologischen Beschaffenheit des Geländes sowie von den erforderlichen Lärmschutzmaßnahmen. Eine günstige Verkehrsanbindung, ausreichende Parkmöglichkeiten, Freiflächen und Parkanlagen und barrierefreie Zugänge sind Kriterien, die für die Standortwahl zu beachten sind. Stadthallen und Kulturzentren sind herausragende Gebäude, meistens in zentraler Lage, gut sichtbar und leicht erreichbar. Sie besitzen großzügige Räumlichkeiten für Ausstellungen und Vorführungen jeder Art für ein breites

---

185 Domnick ²1989, S. 310.
186 Vgl. Schittich 2016, S. 46.
187 Vgl. Brawne 1965, S. 18. – Gierschner 1989, S. 15 f.

188 Vgl. Brawne 1965, S. 76–78 u. 116–119. Vgl. zum Wilhelm Morgener Haus Wex 2002. – Kretzschmar 2017.

Publikum. Die Architektur ist auf die Funktion einzelner Räume abgestimmt, wobei das Gebäude selbst in den Hintergrund treten kann.[189]

Museen außerhalb von Stadtzentren können unabhängiger von städtebaulichen Verordnungen geplant werden und die Struktur der Landschaft kann sich in der Architektur widerspiegeln. Der Einsatz natürlicher lokaler Baustoffe oder eine Oberflächenbegrünung können die Gebäude symbiotisch in die Umgebung einfügen. Der Standort eines Museums kann für den Publikumsverkehr eine physische Herausforderung darstellen, denn ein mühsamer Fußweg kann den Besucher abschrecken oder aber auch mit den Worten von Domnique de Menil ermuntern: „Großartig ist das, was man selbst entdeckt."[190]

Zusammenfassend bedeutet es, dass Museen im städtischen Bereich eine Begegnungsstätte für Menschen, Kunst und Kultur darstellen. Sie sind einerseits fester Bestandteil des wirtschaftlich geprägten kulturellen Stadtlebens und andererseits Orte der Bildung und Erholung. Dafür gilt es ein repräsentatives und einladendes Gebäude zu entwerfen und den Innenbereich flexibel in sich geschlossen zu gestalten.[191] Museen im Außenraum der Städte haben hingegen eine andere Besucheranbindung und damit auch andere Besuchererwartung, können durch eine Konfrontation mit der Natur andere Thematiken aufzeigen.

Im Fall von Ottomar Domnick ist eine Entwicklung seiner Vorstellungen zu erkennen: Suchte er in den späten 1940er Jahren noch einen Museumsneubau am Stuttgarter Schlosspark in innerstädtischer Lage durchzusetzen, übergab er danach seine Sammlung an die Staatsgalerie in Stuttgart, die ebenfalls in der Stadtmitte liegt, so änderte sich dies in den späteren 1950er Jahren. Ein Grund dafür dürfte die jetzt getroffene Entscheidung gewesen sein, eine Verbindung von Wohnung und Museum zu suchen. Offenbar wünschten die Domnicks ihre Wohnlage in dem stark durchgrünten Stadtgebiet Gänsheide oberhalb der Stuttgarter Innenstadt nicht durch eine innerstädtische Wohnung aufzugeben und suchten einen landschaftlich reizvollen Bauort. Dabei stießen Domnick und Stohrer zunächst auf das Grundstück in Kirchheim an der Teck, das von der Größe, dem Schnitt und der ruhigen Lage inmitten eines Vogelschutzgebiets durchaus geeignet schien. Allerdings ließ die direkte Nähe zum Flugplatz eine Lärmbelästigung erwarten. Das Grundstück in Nürtingen erwies sich als wesentlich geeigneter für das Wohn- und Sammlungshaus. Die parkähnliche Umgebung erfüllte die Anforderungen des Bauherrn an Abgeschiedenheit, obwohl die Stadt Nürtingen fußläufig erreichbar war. Der beschwerliche Anstieg auf die exponierte Lage wurde mit einem grandiosen Ausblick über die Schwäbische Alb belohnt. In der ruhigen Idylle war das Sammlungshaus ein wahrer Erholungsort.

In seiner Biografie schilderte Domnick den Wandel der Museumsarchitektur innerhalb der Stadtzentren mit lautem, angestrengtem Publikumsverkehr. Seine Prämissen waren Ruhe, Besinnung und Abschirmung. Der ruhige, malerische Standort und das Konzept der Synthese von Architektur und Natur beflügelten sein Anliegen[192] und zeugten gleichzeitig von der Form der Rezeption, die sich Domnick bei der Betrachtung seiner Sammlung wünschte: eine besinnliche, mystische Ruhe statt einer städtischen Betriebsamkeit, die für schnelle visuelle Effekte empfänglich war. Die Architektur des ebenerdigen Bungalowbaus zeigte diese Naturverbundenheit, da er sich flach in die Landschaft einfügte und unscheinbar im Verborgenen lag, was durch den Bewuchs mit Wein noch gesteigert wurde. Dieser Eindruck begünstigte und bestätigte Domnicks Absicht, kein öffentliches Museum mit dauerhaft regem Publikumsverkehr haben zu wollen, sondern ein Privatmuseum mit exklusiv geladenen Gästen.

6.4.2 Die Wechselwirkung zwischen Architektur und Kunst

> „Wie das Objekt präsentiert wird und wie die Architektur dabei mitwirkt, hängt in starkem Maße von den architektonischen und sozialen Vorstellungen des Architekten und seines Auftraggebers ab."[193]

Die Funktion und die bauliche Form eines Museums stehen in einer Wechselbeziehung.

> „Die architektonische Anatomie eines Museums wird von zwei wichtigen funktionellen Gesichtspunkten bestimmt: der allgemeinen Rolle, die das betreffende Museum spielt, und der entscheidenden Relation zwischen Objekt und Betrachter. Vom ersten Punkt hängt die Aufgliederung der zur Verfügung stehenden Räume ab, vom zweiten Charakter und Auffassung des Raumes schlechthin. Dieser zwei-

---

189 Wittig 1978, S. 1, Baukunstarchiv NRW.
190 Papademetriou 1978, S. 87–96, zit. nach Newhouse 1998, S. 16.
191 Vgl. Pizonka 2020b, S. 202–221.
192 Vgl. Domnick ²1989, S. 309.
193 Brawne 1965, S. 26.

te Aspekt bildet überdies das Charakteristikum, das die wichtigsten – und nur dem Museum eigenen – Teile des Gebäudes bestimmt. Von hier aus ergibt sich die Zellstruktur, aus der sich die Anatomie aufbaut."[194]

Die architektonische Organisation eines Museums wird im Gegensatz zu anderen Bauten von der Begegnung und der Kommunikation zwischen dem Betrachter und dem Objekt bestimmt. Der Ausdruck und die Wirkung von Kunst sind immer abhängig von ihrer jeweiligen Präsentation. Der Charakter und die Atmosphäre eines Museums haben einen Einfluss auf die ganze Ausstellung sowie die einzelnen Werke. In der Konsequenz soll eine Verbindung zwischen Architektur und Kunst bestehen, sodass sie nicht miteinander konkurrieren. Gleichzeitig gilt es die Kunst im Inneren nach außen zu tragen. Um eine fakultative Flexibilität und Variation einer Ausstellung zu bilden, können bewegliche Stellwände, Tafeln, Vitrinen oder Exponatträger eingesetzt werden.[195]

Räumliche Flexibilität, das heißt in Größe und Einrichtung frei gestaltbare Räume, ermöglichen individuelle Präsentationsmöglichkeiten. Je variabler die Raumgestaltung ist, umso besser kann auf die Anforderungen der ausgestellten Werke und die Ausstellungskonzeption reagiert werden. Zudem zeichnen sich die 1960er Jahre mit einer Rücknahme der architektonischen Inszenierung der Werke im Innenraum aus, indem die Räume – auch jenseits des White Cube – neutraler gestaltet, farblich zurückgenommen und oft mit ephemer erscheinenden Zwischenwänden versehen wurden.

Die aneinandergereihten Sammlungsräume des Nürtinger Hauses sind frei und offen und können verschieden genutzt werden. Verschiedene Bodenniveaus, geschickt inszenierte Wandaufbauten, eine kurvige Wegführung und die Möblierung beeinflussen die Sicht des Besuchers und lassen die Räumlichkeiten flexibel und lebendig wirken. Die scheinbar intuitiv gesetzten Trennwände besitzen keine konstruktiven Funktionen, da sie meist nicht bis zur Raumdecke hinaufgeführt werden. Sie zeigen sich damit immer als eingestellte Strukturen im Gesamtraum. Allerdings können sie nicht verstellt werden, um die Raumstruktur zu verändern. Dies müssen sie auch nicht, da Domnick eine feste Hängung seiner Exponate plante, die keine Veränderungen vorsah. Auf diese Weise konnte Stohrer die Architektur des Gebäudes explizit auf die Kunstsammlung Domnicks abstimmen und unterlag nicht dem Zwang, flexible Räume entwerfen zu müssen. In jedem Ausstellungsraum steht die Präsentation im Vordergrund, aber dennoch kann das Ambiente mit unterschiedlichen Wohnaccessoires bedarfsgerecht eingerichtet werden. Der Gartensaal in der Südwestecke, der einst als „Plastik-Hof" geplant wurde, könnte beispielsweise zur Aufstellung von Skulpturen genutzt werden. Für die Architektur des Wohn- und Sammlungshauses war es von Vorteil, dass es sich um eine feststehende Sammlung handelte, die den Anspruch der Flexibilität nicht forderte.

Bekannte Beispiele belegen aus der ersten Hälfte des 20. Jahrhunderts die internationale Tendenz zu offenen und freien Raumkonzepten, die sich der ausgestellten modernen Kunst anpassen und jederzeit auf wechselnde Ausstellungen oder alternativen Raumbedarf reagieren können. Dazu zählen die Cullinan Hall, das Kunsthaus in Zürich, das Kunstmuseum in Sao Paolo und der Helena-Rubinstein-Pavillon in Tel Aviv. Hinsichtlich ihrer flexiblen Ausstellungsfläche stehen die Museen zwar dem Haus Domnick entgegen, allerdings werden die hier verschieden ausgeführten Raumaufteilungen und Belichtungspläne Stohrer inspiriert haben, auf welche Weise er die Sammlungsräume wirkungsvoll für ihre jeweils notwendigen Funktionen separieren musste, sodass sie verschieden genutzt werden und keine Eintönigkeit einkehren konnte. Die Flügelanbauten der Cullinan Hall von Mies van der Rohe (1954) bildeten bis zum Anbau des Brown Pavillons (1974) die Außenfassade des Museums (Abb. 78a, b). Die Stahlrahmenkonstruktion wies eine fächerförmige Struktur auf und schmiegte sich dem Straßenverlauf an.[196] Die geschwungene Nordwand wurde mittels weißer Stahlsäulen in fünf Buchten unterteilt. Die mittleren drei Segmente wurden mit grau getöntem Glas verkleidet. Auf der freien Rasenfläche vor dem Gebäude standen Skulpturen. Auf diese Weise wurde die ausgestellte Kunst nach außen getragen. Mithilfe der neuen Techniken konnte ein freier Innenraum gebildet werden. Offene Ausstellungsplateaus auf unterschiedlichen Höhen, flexible Wände und Beleuchtungssysteme erzeugten diagonale Blickachsen durch den Bau.

Im Zuge der Recherche bereisten Domnick und Stohrer ebenfalls die Schweiz, wo sie das Kunsthaus in Zürich besichtigten. Dieses erfuhr seit seiner Errichtung 1910 viele Erneuerungen.[197] Zur Vergrößerung der Ausstel-

---

194 Brawne 1965, S. 20.
195 Vgl. Brawne 1965, S. 20 f.
196 Vgl. Brawne 1965, S. 134–137. – Fox 2001.

197 Vgl. Bühler 1959. – Rotzler 1959. – Brawne 1965, S. 124 f.

lungsfläche entwarfen die Architektenbrüder Pfister 1955 einen Anbau. Das neue Gebäude erstreckt sich orthogonal zum Altbau. Zwischen massiven Betonpfeilern befinden sich im Erdgeschoss ein Vortragssaal, ein großzügiges Foyer und zur Straße hin ein Restaurant. Der große Ausstellungssaal in der oberen Etage kann mittels flexibler Stellwände für die unterschiedlichen Nutzungen variiert werden. Oberlichter und Seitenlichter erhellen die Räume und erzielen eine möglichst einheitliche Lichtverteilung.

Das jüngere Kunstmuseum in Sao Paolo ist ein Gebäude des beton brút, das zwischen zwei roten Stahlbügeln acht Meter über dem Boden schwebt (1968). Es zeigt exemplarisch wie eine vollständige Rundumverglasung den Blick in die Stadt und die umliegende Natur gewährt und ermöglicht. Die Ausstellungsräume sind an den Längsseiten angeordnet. Unsichtbare Halterungen für die Bilder ermöglichen einen ungehinderten Blick durch die gesamte Ausstellung. In Israel im Helena-Rubinstein-Pavillon (1959) ist der Ausstellungssaal beliebig unterteilbar und nur die notwendigsten Räume sind fest installiert worden.

Alternativ zu dem variablen Raumkonzept kann das traditionelle Raumsystem ebenfalls lebendig wirken. Im Kunstmuseum in Lund (1956/57) von Klas Anselm ordnen sich die Räume um einen zentralen Innenhof. Unterschiedliche Deckenhöhen und die individuelle Gestaltung der einzelnen Sammlungsräume stehen der Dogmatik der Architektur entgegen. Asymmetrische Schrägdächer sind zum Hof hin vollständig verglast, wodurch eine hervorragende Belichtung erzeugt wird.

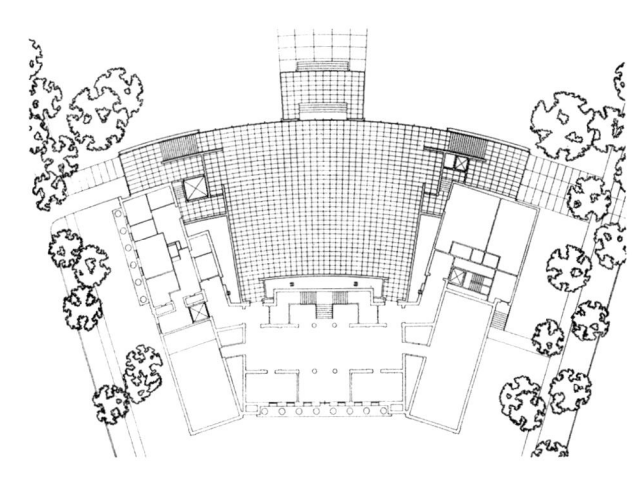

Abb. 78a Mies van der Rohe, Cullinan Hall, 1954; Grundriss.

Darüber hinaus kann die Möblierung die Raumeindrücke im Inneren verstärken. Die Einrichtung eines Museums ist fester Bestandteil der Planung, da sie die Atmosphäre beeinflusst. Die aufgeführten Vergleichsbeispiele demonstrieren, wie eine museale Möblierung erfolgreich gelingen kann. Die Positionierung der Sitzgelegenheiten darf allerdings den Raumüberblick nicht beeinträchtigen.[198] Im Haus Domnick konzentriert sich die Möblierung bewusst in den Raumecken. Kleine Oasen, die die Möglichkeit bieten, den Blick über die Sammlung schweifen zu lassen und gleichzeitig ein Gespräch erlauben. Die nach museumskonformen Vorgaben geschnittenen Sammlungsräume werden optisch durch die Höhenversprünge und Stellwände verkleinert. Sie erwecken einen heimeligen Eindruck und werden zu einem vergrößerten Wohnzimmer Domnicks. Auf

Abb. 78b Mies van der Rohe, Cullinan Hall, 1954; Ansicht.

---

198 Vgl. Brawne 1965, S. 202 f.

Einordnung in die Museumsarchitektur

diese Weise steht die Architektur des Wohn- und Sammlungshauses in Verbindung mit der ausgestellten Kunst. Dem gegenüber sei auf eine Sitzgruppe vor einem Kamin im letzten Raum vom Louisiana Museum und die Außenbestuhlung vor dem Museum of Modern Art in New York verwiesen, die ein gemütliches Ambiente unter Einbezug der ausgestellten Kunst ermöglichen.

6.4.3 Lichtplanung

Die Lichtplanung in Museen stellt eine besondere Herausforderung für die Architekten dar, da eine Abwägung zwischen Tageslicht oder einer Kunstlichtausleuchtung getroffen werden muss. Das menschliche Auge nimmt die Intensität des Lichts als Helligkeit wahr und die spektrale Zusammensetzung als Farbe. Während die Intensität von Tageslicht von Sonnenaufgang bis Sonnenuntergang wechselhaft ist, kann Kunstlicht manuell gesteuert werden, wodurch es konstant ist und zielgerichtet veränderbar ist. Grundsätzlich ist zu beachten, dass einerseits weder die Belichtung durch Sonnenstrahlen und UV-Licht noch Beleuchtungskörper die Exponate beschädigen und andererseits für das Publikum eine angenehme Atmosphäre geschaffen wird, die den Exponaten entspricht.[199] Der Übergangsbereich von außen nach innen und umgekehrt dient allgemein zur Akklimatisierung und Gewöhnung an die veränderten Lichtverhältnisse. Der Eingangsbereich, der in seiner praktischen Funktion als Kasse, Garderobe, Sicherheitskontrolle, Souvenirshop, Sammelpunkt etc. genutzt wird, kann für einen harmonischen Übergang der Lichtverhältnisse sorgen. Als erster und letzter Raum, den ein Museumsbesucher erlebt, prägt die Ausstrahlung dieses Bereiches den Gesamteindruck eines Museums.

Architekten haben die Aufgabe, eine bestmögliche Konstellation zwischen Betrachter, Objekt und Lichtquelle herzustellen. Modellversuche für eine adäquate Belichtung fanden bereits am Fitzwilliam Museums in Cambridge (nach 1845), der National Gallery in London (1850), dem Boymans-van Beuningen Museum in Rotterdam (1931/35), dem Solomon R. Guggenheim Museum in New York (1956/59), der Gallery of Modern Art in Turin (1954/59) und den New Galleries in Birmingham (1957) statt, bei denen die Ausstellungsräume durch gefiltertes Oberlicht in der Decke belichtet wurden. Es gibt jedoch kein universales Schema für ein reproduzierbares Ideal. „Ein Ideal, sofern es überhaupt eins gibt, ist deshalb eine in Raumgestaltung und Lichtführung variierte architektonische Situation."[200] In der Galleria d'Arte Moderne in Mailand und dem Louisiana Museum in Humlebæk wurden jeweils verschiedene Raum- und Lichtkonzepte umgesetzt. Die Gestaltung der Räume ist in beiden Museen jeweils nach den ausgestellten Objekten konzipiert worden. Die verschieden geschnittenen Räume erhalten unterschiedliche Lichtquellen. Seitenlicht, Oberlicht und Kunstlicht werden für unterschiedliche Zwecke genutzt. Für Skulpturen, deren Dreidimensionalität betont werden soll, erweist sich Seitenlicht als angemessen.[201] Lichtwechsel sind erforderlich, um einerseits den ausgestellten Objekten einen Mehrwert zu geben und andererseits den Betrachter zu animieren.

Die dunklen Sammlungsräume im Haus Domnick kontrastieren zu den herkömmlichen Belichtungsmethoden (Abb. 79). Aufgrund der nicht geforderten Variabilität durch die konstante Kunstsammlung, werden ein flexibles Lichtkonzept oder veränderbare räumliche Atmosphären nicht benötigt. Dabei erzeugen verschiedene Beleuchtungssysteme eine lebendige Raumatmosphäre. Die moderne Technik im Bereich der künstlichen Beleuchtung verlangt danach, eine Beleuchtung in einem Museum experimentell auszuloten und zu optimieren. Eine Möglichkeit ist die Installation von Leuchtstoffröhren und Lampen mit unterschiedlichen Farbwerten. Es kann eine „gleichmäßig ausleuchtende Lichtquelle in der Ebene der Decke oder der Wand; ein örtlich streng begrenzter Lichtstrahl [...], der nur das Objekt punktförmig erhellt; oder das kalte Licht einer abgeschirmten Kathodenröhre in einer Vitrine oder einem Raum mit ausgestellten Gegenständen" installiert werden.[202] Die Umstellung von Glühbirnen und Strahlern auf Halogen und danach auf LED-Leuchtkörper in den letzten Jahren haben die konservatorischen und gestalterischen Möglichkeiten der Beleuchtung grundlegend verändert. Sie standen in den 1960er Jahren aber noch nicht zur Verfügung, wo bei einer künstlichen Beleuchtung im Museum insbesondere zwischen Leuchtstoffröhren und Spots mit Glühbirnen wählen konnte.

Beim Eintritt in das Wohn- und Sammlungshaus in Nürtingen ist der Wechsel der Lichtverhältnisse fließend. Durch die Pergola wird die Lichtintensität von außen

---

199 Vgl. Brunnert 2016, S. 228 f.
200 Brawne 1965, S. 20.
201 Die Räume der beiden Museen sind verschiedenartig geschnitten und belichtet, wodurch unterschiedliche Raumfunktionen für Malerei und Skulptur geschaffen werden. Die Vorstellung der Museumsbauten erfolgt in den Kapiteln 6.4.5 und 6.4.7.
202 Brawne 1965, S. 22. – Stach 2021, S. 112–123.

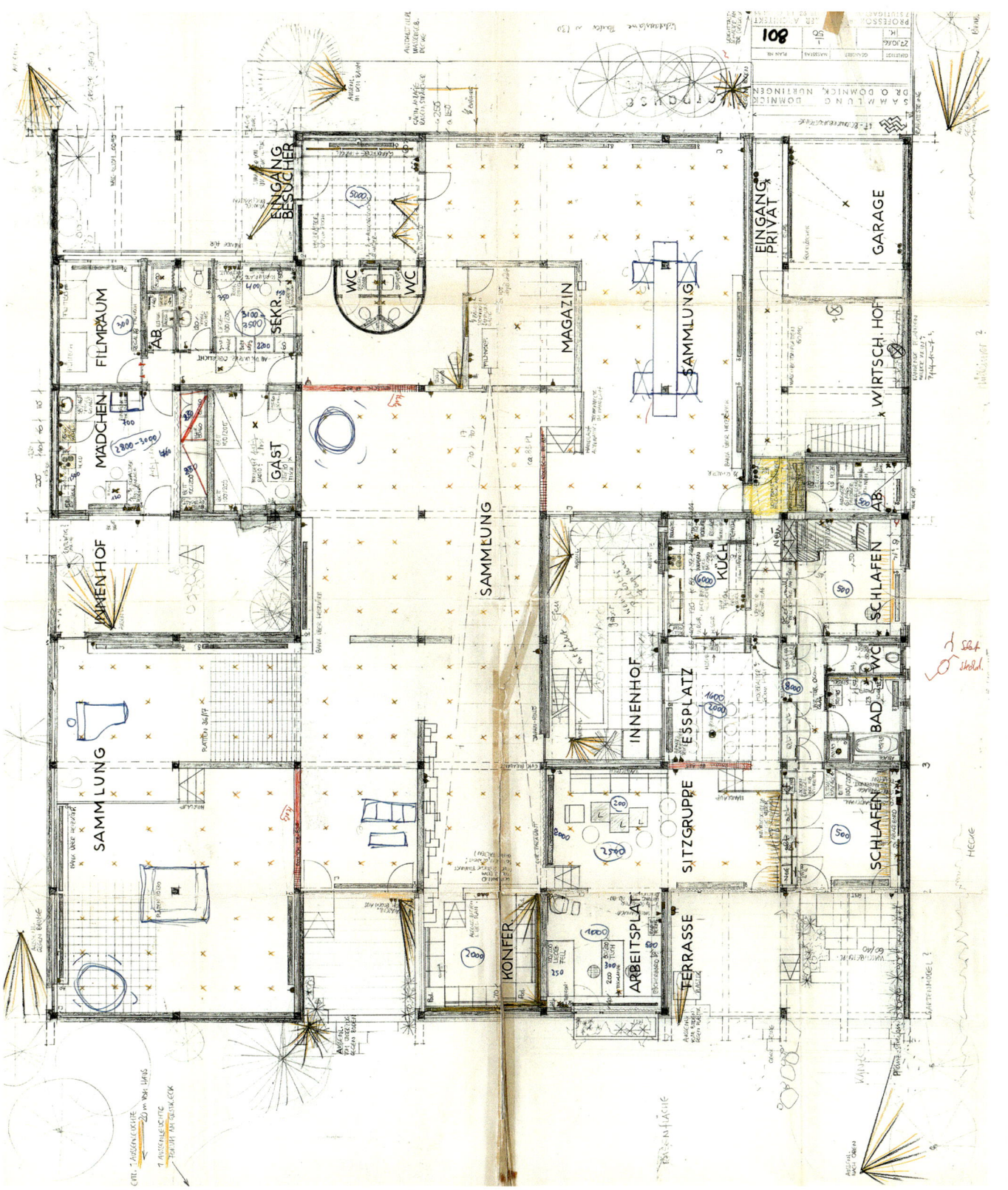

Abb. 79 Paul Strohrer, Haus Domnick, Nürtingen, 1967; Belichtungsplan.

nach innen verringert. Im Garderobenbereich wird dieser Effekt durch Milchglasfenster und die dunkle Einrichtung verstärkt. Sofort fällt die Umkehrung der Farbwerte von Decke und Boden auf. Entgegen der üblichen Farbgebung sind hier Betondecken schwarz und die Stützen sowie Unterzüge grau gehalten. Im Kontrast dazu setzen sich weiß gestrichene Wände und der mit weißen Marmorplatten in Waschbetonoptik ausgelegte Boden ab. Sowohl die farbigen als auch die dunkeltonigen Bilder zeichnen sich deutlich vor den Wänden ab und rücken in den Vordergrund. Für gewöhnlich sind die Decken in Museen hell gehalten, sodass sich der Raum optisch erweitert. Im Sammlungshaus wirken die Räume aufgrund der dunklen Decken gedrungen, was einen wohnlichen Charakter vermittelt und an die Hell-Dunkel-Verteilung von Theatern und Kinoräumen erinnert. Der Blick verliert sich weniger in die weiten Ausstellungsräume, sondern richtet sich auf die Kunstobjekte.

Die Lichtplanung erwies sich für Domnick als besondere Herausforderung. Nach zahlreichen Museumsbesuchen konnte er diverse Beleuchtungsmodelle vergleichen und erkannte die Schwierigkeit einer effizienten Lichtführung.

> „Fenster, die doch nicht stimmten: entweder Sonne: dann Vorhang oder Jalousien. Oder Wolken: dann dunkel. Immer empfiehlt die Museumsleitung günstigere Besuchszeiten wegen der guten oder schlechten Lichtverhältnisse, immer diskutierte man über künstliches oder Tageslicht."[203]

Um unabhängiger vom wechselhaften Tageslicht zu sein, sind im Sammlungshaus nur wenige schmale, bodentiefe Fensteröffnungen eingefügt, die entweder (wie im Süden) in den Landschaftsraum oder (wie im Essbereich) in Lichtschächte öffnen. Die gezielt positionierten Fensterschlitze streuen Licht in den Innenraum und erlauben bemerkenswerte Ausblicke in die Landschaft. Der schwache Lichteinfall belebt die Räume und verschafft ihnen eine natürliche Atmosphäre.

Der große Sammlungssaal zwei erhält aus der Nordostecke und der gegenüberliegenden Südwestecke natürliches Tageslicht. Beim Betreten der Sammlungsräume wird die Laufrichtung unmittelbar auf den einfallenden Lichtschein gelenkt. Früher wie heute steht dort eine kleine Sitzecke. Der natürliche Lichteinfall aus der Nordostecke erhellt das große Gemälde an der östlichen Wand. Das schräg gegenüberliegende Fenster in der Südwestecke gibt die weitere Blickrichtung in den Innenhof des Esszimmers vor. Ein schmales Fenster am Übergang vom Salon zum Wohnzimmer ist ebenfalls zu diesem Lichthof geöffnet. In Raum fünf ist rechtsseitig in der Ecke ein bodentiefes schmales Fenster zum Innenhof des Dienstmädchens. Der Lichteinfall gibt dem schlauchartigen Raum Ruhe und führt den Weg zum Gartensaal. Hier befindet sich in der Südwestecke ein schmales Fenster, wodurch der sonst dunkle große Raum heller und freundlicher wird. Die großen Terrassentüren zum Süden hin entkräften das Gefühl des Eingeschlossen-Seins. Die eingestellten Trennwände verhindern einen raumdurchflutenden Lichteinfall. Die Stellung wurde bewusst gesetzt, sodass das Tageslicht nicht bis in Raum drei strahlt und der Bereich vor dem Wohnzimmer und der Höhle verdunkelt ist. Die Trennung von öffentlichem und privatem Raum wird dadurch intensiviert. Die Höhle selbst wird durch ein schmales waagerechtes Fensterband am oberen Wandabschnitt erhellt. Die minimalistische Ausleuchtung verstärkt zugleich den höhlenartigen Charakter des Raumes.

Gezielt positionierte Spots in den Raumecken waren auf die Bilder gerichtet, die durchgängig vor allem durch künstliches Licht erhellt wurden. Somit war jedes Bild individuell direkt beleuchtet. Domnick machte sich den Hell-Dunkel-Effekt der Raumgestaltung und Farbgebung zu Nutze. Das von den dunklen Decken abstrahlende, diffuse Licht sollte sich in dem hellen Carrara Marmor am Boden spiegeln und reflektieren.[204] Die Gesamtkomposition des umgekehrten Farbkonzepts, die wenigen strategisch eingesetzten Fensteröffnungen und die Spotbeleuchtung verleihen den Sammlungsräumen einen entspannten und melancholischen Eindruck und lenken die ganze Konzentration auf die ausgestellten Werke.

Die aktuelle Lichtinstallation in den Ausstellungsräumen entspricht nicht mehr der ursprünglichen Lichtgestaltung. Seit der Neuhängung der Bilder nach der Jahrtausendwende stimmten die Lichtquellen nicht mehr mit der ursprünglichen Konzeption von Ottomar Domnick überein und es wurden teilweise neue Lichtleisten sowie andere Leuchtmittel eingebracht, um eine gleichmäßigere Ausleuchtung der verändert gehängten Werke zu erzielen. Die punktuelle Inszenierung bestimmter Hauptwerke der Sammlung und bestimmter Partien innerhalb

---

203 Domnick ²1989, S. 308.

204 Der gewünschte Effekt ist auf alten Fotos nicht zu erkennen, wodurch nicht bestimmt werden kann, ob Domnicks Vorstellung aufging.

Abb. 80a–e Paul Stohrer, Haus Domnick, Nürtingen, 1967; alte Belichtungsverhältnisse.

der Bilder, wie sie Stohrer und Domnick umgesetzt hatten, ist dadurch nur noch auf historischen Fotografien nachvollziehbar (Abb. 80a–e). Insgesamt wirken die Räumlichkeiten heute viel heller.

Es ist im Detail kaum nachvollziehbar, woher Domnick und Stohrer bei ihren vielen Reise-Eindrücken schließlich das Lichtkonzept ableiteten. Während der Bauphase des Sammlungshauses war der beherrschende Trend, transparente Ausstellungsräume über Seiten- und Oberlichter auszuleuchten oder fensterlose Räume mit permanent gleichmäßig leuchtenden Kunstoberlichtern auszustatten. Bei dem Entwurf für Kirchheim/Teck waren überall Oberlichter vorgesehen, die in Nürtingen dann aber wegfielen und durch eine künstliche Belichtung mit Spots ersetzt wurden. Diese Idee könnte von Stohrer gestammt haben, der seine Kenntnisse zur Lichtführung und Raumgestaltung im gastronomischen Bereich und vor allem im Theater- und Kinobau entwickelt hatte, wo er indirekte Lichtquellen einsetzte, die stimmungsvolle Raumeindrücke schafften und helle Lichtpunkte mit künstlichen Beleuchtungskörpern Akzente setzten.[205] Für den Nürtinger Entwurf übertrug er diese Lichtwirkung auch in einen Museumsbau, denn eine Belichtung durch Oberlichtbänder war im Haus Domnick nicht möglich, da im Osten die Wohnräume die Museumsräume von den Außenwänden trennten, im Norden der

---

205 Vgl. Grammel 2012, S. 274.

Eingangsbereich vorgeschaltet lag und im Süden die Räume bereits durch große Fenster geöffnet waren. Nur im Westen wären Fensterbänder anzubringen gewesen, die aber den tiefen Raum kaum befriedigend hätten belichten können. Somit zogen Stohrer und Domnick aus dem tiefen Raumgefüge die Konsequenz und setzten das gesamte Belichtungskonzept auf künstliche, punktuelle Belichtung um, mit der auch die Einzelbilder besonders inszeniert werden konnten.

Neben der eigenwilligen Lichtgestaltung in den Räumen ist die umgekehrte Farbgebung von Decke und Boden zu beachten. Auch diese Gestaltung scheint singulär zu sein. Die dunkle Stahlkassettendecke in der Nationalgalerie in Berlin von Mies van der Rohe erzeugt durch den freien Blick in die Ferne einen freischwebenden Eindruck. Ihre heroische Abgrenzung unterstützt den Effekt und zerlegt das Bauwerk in seine Einzelteile: Boden, Decke, Wände, Mauer. Ein inspirierender Einfluss auf die Architektur des Wohn- und Sammlungshauses liegt aufgrund der zeitlichen Nähe, dem Besuch der Nationalgalerie und Stohrers persönlicher Vorliebe für die Bauten Mies van der Rohes nahe.[206]

6.4.4 Der Grundriss und die Raumordnung

„Aus dem Grundriss entsteht alles.
Ohne Grundriss ist Unordnung, Willkür.
Der Grundriss bedingt bereits die Wirkung auf die Sinne.
Die großen Probleme von morgen, die von den Bedürfnissen der Gesamtheit diktiert werden, werfen die Frage des Grundrisses erneut auf.
Das moderne Leben verlangt, ja fordert für das Haus und die Stadt einen neuen Grundriss."[207]

Der Grundriss eines Bauwerks hängt von der geographischen Lage und der geologischen Beschaffenheit eines Grundstücks ab. Er bestimmt die Ausrichtung, Größe und Form des Gebäudes, die Anzahl der Geschosse und die Raumaufteilung. Barrierefreie, eingeschossige Museumsbauten sind aufgrund des Umfangs einer Sammlung oft nicht realisierbar. Bei der Grundrissplanung und der Raumanordnung sind hinsichtlich des natürlichen Lichteinfalls zudem die Himmelsrichtungen zu beachten. Vorteilhaft sind Räume mit Oberlicht von Ost nach West und mit Seitenlicht in Richtung Norden.

Für kleine Privatsammlungen sind eingeschossige Gebäude ideal, die oft eine einreihige oder zweireihige Raumanordnung aufweisen. Für größere Sammlungen werden dreireihige oder geschlossene rechteckige Anlagen mit einem Innenhof errichtet.[208] Bei der Sammlung Domnick handelt es sich um eine überschaubare Privatsammlung von etwa 400 Bildern und Grafiken. Durch den beschränkten Bauplatz und der Anforderung die Höhe der Hecke nicht zu überschreiten, musste Stohrer ein neues Konzept entwickeln. Im Inneren des ebenerdigen Hauses, das von Stohrer optimal an die Größe des Grundstücks angepasst war, verlaufen die Ausstellungsräume in einer diagonalen Reihe durch das Museum. Das Raumprogramm ist funktional gemischt und gestattet dem Besucher Einblicke in Verwaltungs- und Privatbereiche. Auf diese Weise werden diese Räumlichkeiten Bestandteil der Ausstellung.[209] Durch die Lichthöfe und die zusätzlichen Punktbelichtung war die Raumausrichtung für die Sammlung beliebig, nur die Wohnräume des Ehepaares waren abhängig vom Tageslicht.

Die Anzahl, Größe und Anordnung der Räume eines Museums hängt von der Ausstellung und der Nutzung für Verwaltungs- und Privatbereiche ab. Ab dem 20. Jahrhundert wird eine räumliche Flexibilität und Großzügigkeit bevorzugt. Der Besichtigungskurs kann wie in den Palazzi der Renaissance als Enfilade, also einer themenspezifischen Aufreihung oder in einem geschlossenen Kreislauf, seltener auch in einer ungerichteten Raumanordnung mit variabler Wegeführung erfolgen. Zur Richtungsweisung oder Akzentuierung einzelner Exponate dienen Stellwände und Markierungen zwischen verschiedenen Zonen. Einzelne Abteilungen können mittels Galerien, die einen Blick in tieferliegende Räume ermöglichen oder Glaswänden sichtbar voneinander getrennt werden und trotzdem den Bezug der Exponate zueinander bewahren. Schnittpunkte wie zentrale Treppenhäuser, Wegkreuzungen oder Knotenpunkte wie Treppen, die zu neuen Raumgruppen führen, dienen als Schwelle zwischen den Bezirken.[210] Das museale Gebäude sollte in Beziehung zur Außenanlage stehen.

Stohrer passte die Räumlichkeiten des Sammlungshauses an das Gefälle des Berghanges an. Die Höhenversprünge der drei Ebenen und die eingestellten Wände gliedern die Ausstellungssäle in verschiedene Zonen. Die Bodenversprünge im Haus Domnick unterscheiden sich von den Galeriesituationen diverser Museen. Sie können eine

---

206 Weiter zur Architektur und Raumgestaltung der Nationalgalerie in Berlin vgl. Kap. 6.4.6.
207 Le Corbusier 2001, S. 48.
208 Vgl. Schmitt 1893, S. 200–222.
209 Vgl. Schittich 2016, S. 47.
210 Vgl. Brawne 1965, S. 23 f.

Beziehung zwischen den Werken erstellen, einzelne Exponate auf Podesten akzentuieren oder Raumhierarchien wie im Wilhelm-Morgner-Haus in Soest erzeugen. Im Haus Domnick bestimmen die Raumhöhen nur bedingt eine räumliche Hierarchie, sie heben kein Kunstwerk hervor. Vielmehr resultieren die verschiedenen Raumhöhen in erster Linie aus der Hanglage und bewirken im Inneren eine Gliederung der Räume, weshalb sie vielmehr aus der Wohnhausarchitektur hergeleitet werden können.[211] In der nachfolgenden Gegenüberstellung der Museen werden einzelne Beispiele erläutert. Die Verkettung der Räume und die gezielte Belichtung im Haus Domnick bestimmen die Wegführung durch die Sammlung. Die Raumfolge ist vom Typ jedoch eine offene. Verschiedene Museumsbauten werden bezüglich des Grundrisses, der Raumanordnung und dem Wechselspiel von Innen- und Außenbereich vorgestellt und mit dem Haus Domnick verglichen.

6.4.5 Vergleichende Pavillonmuseen

Für das Wohn- und Sammlungshaus ließ Domnick zunächst auf dem Grundstück in Kirchheim an der Teck ein pavillonartiges Gebäude planen. Zuvor entwarf er für den Stuttgarter Weißenburgpark ein Museumspavillon, dessen dominante Struktur mit den großen gegeneinander versetzten Horizontalplatten auf markanten Betonträgern und eine oberhalb des Hauptgebäudes angedeutete pergolaartige Bedeckung aus Beton an das Haus Berg erinnern. Die Konstruktion ist auf Le Corbusier zurückzuführen.

Der freie und offene Grundriss des Kirchheim/Teck-Modells besteht aus einer Aneinanderreihung einzelner rechteckiger Gebäudekomplexe (Abb. 7). Diese sind im Vergleich zum vorherigen Weißenburgpark-Entwurf stärker auf die Horizontale ausgerichtet. Nur das Eingangsquadrat und der Privatbereich im hinteren Gebäudeabschnitt haben abweichende Raumgrößen. Im großen Ausstellungssaal sind Trennwände eingezogen. Das Konstruktionsprinzip eines freien Grundrisses mit tragenden Außenwänden und inneren Stützen gestattet das Raumprinzip eines offenen Grundrisses mit fließenden Raumübergängen. Diese Systeme sind auf Le Corbusier und Mies van der Rohe zurückzuführen. In den 1920er Jahren formulierte Le Corbusier seine „Fünf Punkte zu einer neuen Architektur".[212] Darin postuliert er einen Rastergrundriss mit tragenden Stützen, die tragende Wände ersetzen. Die flexible Raumaufteilung richtet sich nach der Nutzung und ist in jedem Geschoss voneinander unabhängig variabel. Zudem kann die Fassade beliebig gestaltet werden. Fensterbänder sollen die Räumlichkeiten gleichmäßig belichten. Dachgärten auf dem Flachdach regulieren die Temperatur in dem statisch aus Beton gefertigten Haus.

Das erste Projekt dieser Art ist das Dom-Ino Experiment von Le Corbusier, das er während dem Ersten Weltkrieg entwickelte. Dieses Konstruktionssystem basiert auf einem standardisierten Betonrahmen und gestattet einen kostengünstigen Wiederaufbau der Wohnbauten. Die tragenden vertikalen Stützen bilden ein inneres Raster, wodurch die Außenwände von allen konstruktiven Zwängen befreit sind. Die individuelle Innenaufteilung kann unabhängig von der Rasterung arrangiert werden.[213] Exemplarisch sind die Doppelhausanlage in der Stuttgarter Weißenhofsiedlung und die Villa Savoye bei Paris. Beispiele Mies van der Rohes sind das Landhaus aus Backstein und der Barcelona Pavillon.

Als Domnick die Lage des Grundstücks in Kirchheim an der Teck als ungeeignet empfand und in Nürtingen ein neues Areal entdeckte, versuchte Stohrer die bereits konzipierten Baupläne zu übernehmen. Der Leitgedanke, eines aus mehreren Bauvolumen zusammengesetzten Gebäudes wurde anfangs aufrechterhalten. Die Ansicht aus westlicher Perspektive zeigt, dass das zweigeschossige Gebäude gen Südwesten mit großflächigen Glaswänden geöffnet war. Über die Fassadengestaltung in die anderen Himmelsrichtungen lässt sich nur spekulieren. Mit Blick auf die Kirchheim/Teck-Pläne ist der Einbau von Oberlichtern in den Ausstellungsräumen plausibel. Die Privaträume im südlichen vierten Quadrat sollten wahrscheinlich gen Südosten mit großen Fensterfronten ausgestattet werden.[214]

> „Das ideale Museum [...] wäre eine Reihe von Gebäuden, die miteinander durch überdachte Gänge verbunden sind, verglast, wenn es erforderlich ist, um vor den Elementen Schutz zu bieten, mit einer offenen Plaza für Skulpturen und andere Kunstwerke. An dieses Gebiet könnten ein großes freies Gelände oder ein Park und ein großes Gebäude, ähnlich einem Flugzeughangar, angrenzen, wo Ausstellungen zeitgenössischer Kunst in aufgelockerter Form gezeigt werden könnten."[215]

---

211 Vgl. hierzu das Kapitel 7. Im Speziellen die Wohnhausarchitektur Frank Lloyd Wrights.
212 Vgl. Le Corbusier/Jeanneret 2001.
213 Vgl. Curtis 1987, S. 45–49.
214 Vgl. Grammel 2012, S. 135–138.
215 Cunningham 1970, S. 37.

Die aneinandergereihten Pavillons des Hauses Domnick und der Grundsatz der fließenden Räume folgen diesem Konzept. Die nachfolgende Vorstellung einzelner Pavillon-Museen belegt die vielfache Vertretung des Bautypus während der 1950er und 1960er Jahre sowohl in ländlichen als auch in städtischen Gebieten. Darüber hinaus werden Gemeinsamkeiten und Unterschiede zum Haus Domnick sowie die verschiedenen Bedingungen und Voraussetzungen veranschaulicht.

Das von Domnick nachweislich besuchte Louisiana Museum in Dänemark dürfte ein bedeutendes Vorbild für Stohrers Entwurf gewesen sein (Abb. 81). Dafür sprechen unter anderem die achtsame Einbindung und Angleichung des Gebäudes in die naturgegebene Landschaft. Die verantwortlichen Architekten Jørgen Bo und Vilhelm Wohlert und der Bauherr Knud W. Jensen holten sich architektonische und gestalterische Inspirationen aus der Schweiz und Norditalien. Während ihres Aufenthalts in Kalifornien erwarben die beiden Architekten darüber hinaus Impressionen für die kreative Gestaltung des Louisiana-Museums. Die Verwendung lokaler, natürlicher Baumaterialien und große Fensterfronten zur Integration des Gebäudes in die Umgebung folgt der Architektur des Ludekens Haus von Jack Hillmer auf Belvedere Island (1948/50). Die Idee der Harmonie von Bauwerk und Natur basiert auf Frank Lloyd Wrights und Louis Sullivans Konzept der „organischen Architektur". Viele Wohnhäuser renommierter Architekten wie Richard Neutra oder Rudolph Schindler, insbesondere in der Kombination von Backsteinbauten mit einem tragenden Skelett aus Säulen und Balken, waren zusätzliche inspirierende Muster.

Die Einbindung des Louisiana Museums in die dänische Parkanlage unterlag gesetzlichen Auflagen. Darüber hinaus wurde Rücksicht auf einen schonungsvollen Umgang mit der Natur genommen und entsprechend der Himmelrichtung die Anordnung der Fensterfronten festgelegt.[216] Unter Berücksichtigung der Grundstücksform steht der erste Pavillon im rechten Winkel zum Humlebæk See, die folgenden aneinandergereihten Pavillons sind parallel dazu angeordnet.[217] Es wurde eine harmonische Verbindung zwischen dem alten Haus als Eingang und den Neubauten gefunden. Über einen langen gläsernen Verbindungspfad folgen ein zweigeschossiger Ausstellungsraum, zwei Ausstellungsanbauten mit Oberlicht und eine Bibliothek. Die durch Pavillons verbundenen Ausstellungsräume sind individuell nach ihrer Funktion offen oder geschlossen gestaltet. Die dreieckige Grundstücksfläche ist optimal genutzt und die Ausstellungsräume erhalten durch die Öffnung zur Landschaft ausreichend Tageslicht. Architektonisch sollte das Museum dezent wirken, eine harmonische Verbindung des Außen- und Innenbereichs zulassen und eine labyrinthartige Wegführung durch die Ausstellung offerieren. Das Museum sollte gleichzeitig ein Forum für Kommunikation, Konzerte, Theateraufführungen, Lesungen und Kinderbetreuung werden.

Die Architektur des Louisiana Museums diente Stohrer zunächst als Modell für das Wohn- und Sammlungshaus von Domnick in Kirchheim/Teck und später für den ersten Entwurf für das Grundstück in Nürtingen. Domnick beabsichtigte, wie Knud Jensen, ein Museum inmitten der Natur als Erholungsort und kulturellen Treffpunkt zu schaffen. Vergleichbar zum Louisiana-Museumsbau sind die in gestaffelter Reihenbauweise voneinander versetzten, Bungalowbauten des Kirchheim/Teck-Plans, sodass die labyrinthartige Raumfolge von außen sichtbar ist. Die Aneinanderreihung der Ausstellungsräume wurde beim Bau in Nürtingen innerhalb des quadratischen Gebäudes beibehalten. Der streng gerasterte Grundriss nutzt die gesamte Baufläche und verbindet Architektur mit Natur.[218]

Zur Planungs- und Bauzeit des Nürtinger Hauses war die Moderne Galerie des Saarlandmuseums in Saarbrücken ein vielbeachteter Neubau, der zwischen 1964 und 1976 errichtet wurde (Abb. 82a, b).[219] Aufgrund der zeitlichen Nähe wird dieser Bau Domnick und Stohrer bekannt gewesen sein. Die Interessen und das Anliegen des Kunsthistorikers und Direktors des Saarlandmuseums, Rudolf Bornschein (1912–1988), zeigen Parallelen zu der Sammlungsgeschichte von Domnick. Bornschein engagierte sich seit Beginn der 1950er Jahre für zeitgenössische Kunst und war bereit, seine Sammlung in Kooperation mit anderen Ausstellungen öffentlich zu präsentieren. 1962 wurde für den Bau eines Museums ein Architekturwettbewerb ausgeschrieben. Trotz der Zweitplatzierung wurde der Entwurf Hanns Schöneckers (1928–2005), aufgrund der an die finanzielle Situation

---

216 Um Natur und Architektur möglichst harmonisch zu verbinden, war es den Architekten ein besonderes Anliegen, die Natur zu schonen. vgl. Jensen 1982. – Jensen 1991, S. 24–26. – Tøjner 2008, S. 27.
217 Vgl. Sheridan 2017, S. 74–94.
218 Vgl. Sheridan 2017, S. 44 f.
219 Zum Saarland Museum vgl. Jesberg 1964, S. 62–65. – Nagel/Linke 1971, S. 60–63. – Schönecker 2016. – Dittmann 2017.

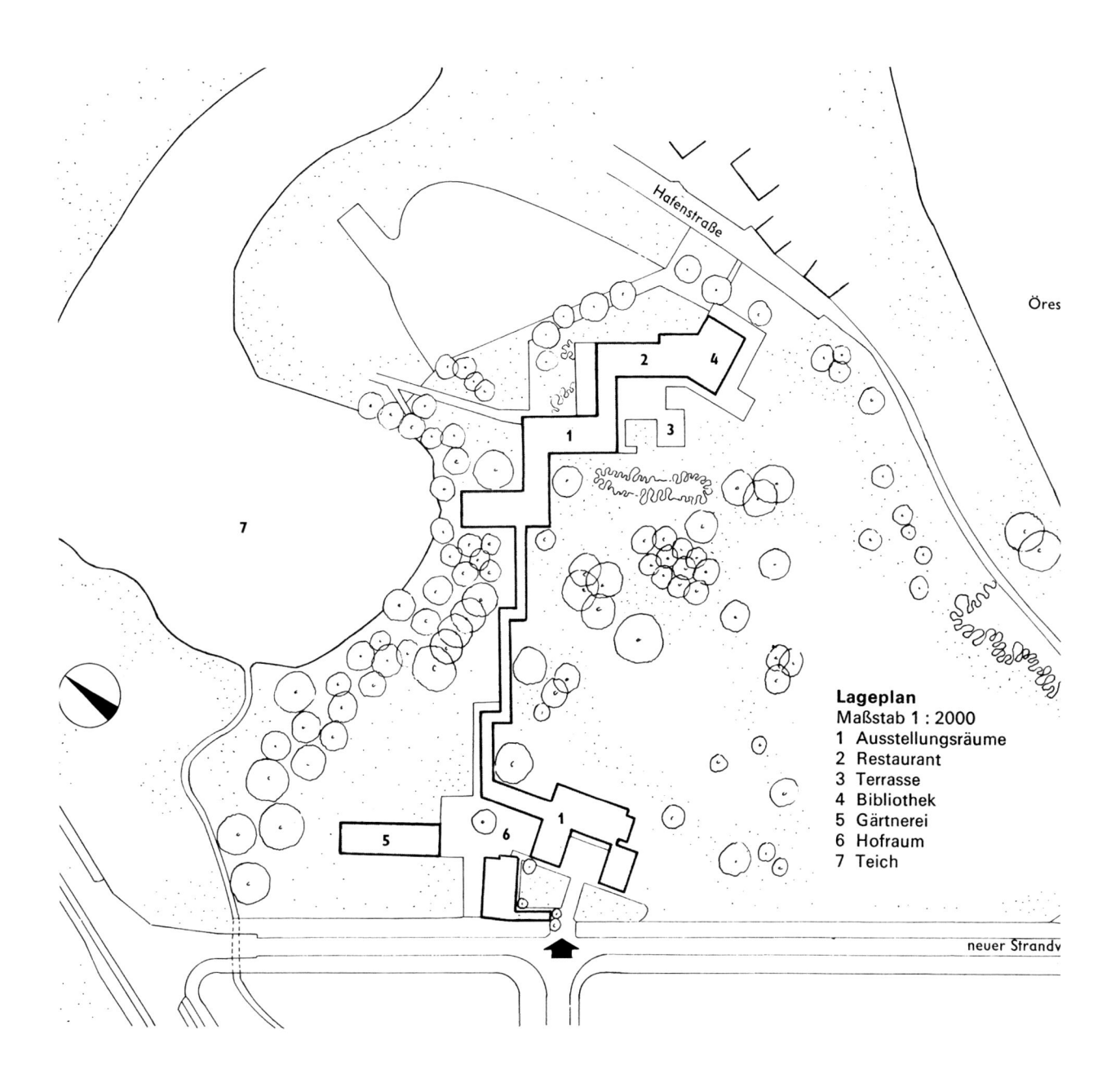

Lageplan
Maßstab 1 : 2000
1 Ausstellungsräume
2 Restaurant
3 Terrasse
4 Bibliothek
5 Gärtnerei
6 Hofraum
7 Teich

Abb. 81 Jørgen Bo, Vilhelm Wohlert; Louisiana Museum of Modern Art, Kopenhagen in Humlebæk, 1958; Grundriss, Ansicht von Nordosten

Schnitt

Schnitt

Obergeschoß
1 Ausstellung

Erdgeschoß
1 Ausstellung
2 Halle
3 Cafeteria
4 Bibliothek
5 Graph. Kabinett
6 Lager
7 Direktor
8 Assistent
9 Buchhaltung
10 Leseraum

Grundrisse und Schnitte
Maßstab 1:1000

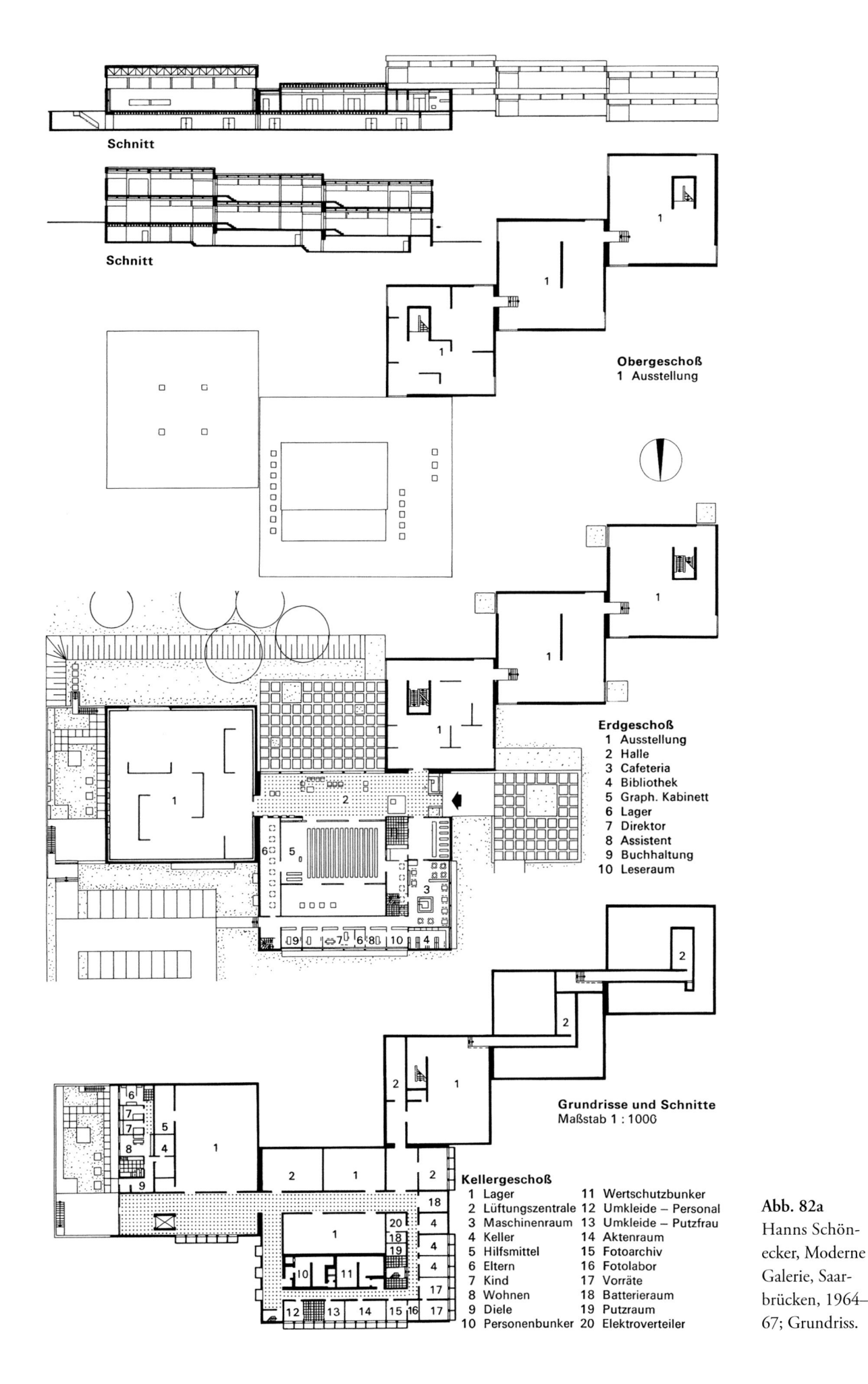

Kellergeschoß
1 Lager
2 Lüftungszentrale
3 Maschinenraum
4 Keller
5 Hilfsmittel
6 Eltern
7 Kind
8 Wohnen
9 Diele
10 Personenbunker
11 Wertschutzbunker
12 Umkleide – Personal
13 Umkleide – Putzfrau
14 Aktenraum
15 Fotoarchiv
16 Fotolabor
17 Vorräte
18 Batterieraum
19 Putzraum
20 Elektroverteiler

Abb. 82a
Hanns Schönecker, Moderne Galerie, Saarbrücken, 1964–67; Grundriss.

102 Bautypologische und museologische Kontextualisierung

Abb. 82b Hanns Schönecker, Moderne Galerie, Saarbrücken, 1964–67; Gesamtansicht von Norden.

angepassten, modularen Bauweise, angenommen. Impressionen vom Folkwang-Museum in Essen und vom Louisiana Museum flossen in die Baupläne des Architekten mit ein. Der Entwurf Schöneckers zeigte ein Konzept mehrerer gestaffelter und in ihrer Fläche verschiedener Bauwerke. Das Museum steht in der Innenstadt von Saarbrücken auf einer zum Saarufer hin abfallenden Parkanlage von 12.000 Quadratmetern. Ein Skulpturenpark ist fester Bestandteil des Museumsareals. Städtebaulich wurde es an die angrenzenden Bauwerke des Stadttheaters und die Musikhochschule angepasst. 1968 wurde der erste Bauabschnitt, der die zentrale Eingangshalle mit Verwaltungsbau und Museumscafé sowie zwei daran anschließende Pavillons für die Dauer- und Wechselausstellung umfasste, zeitgleich mit der Bielefelder Kunsthalle und der Berliner Nationalgalerie eröffnet.[220]
Über die zentrale Eingangshalle werden die Ausstellungsräume, der Veranstaltungssaal, die Pavillons für die Wechselausstellungen und die Cafeteria erschlossen. Der seitliche Haupteingang liegt im südlichen Teil des Gebäudes. Die 24 Meter lange Eingangshalle gestattet einen freien Ausblick auf die Südterrasse, was den Raum in die Natur erweitert. Der Veranstaltungssaal lässt sich über seine gesamte Länge mittels Schiebetüren zur Eingangshalle für größere Veranstaltungen oder Ausstellungen öffnen.
Die Deckenhöhe des Vortragssaals ist erhöht, sodass über ein umlaufendes Oberlicht Tageslicht hineinfällt. Tageslicht gelangt außerdem durch die in Richtung Innenhof vollverglaste Längsseite des Saals. Hinter dem Innenhof liegen im hinteren Gebäudeteil die Verwaltungsräume, eine Bibliothek und eine Cafeteria. Ein durchgängiges Fensterband an der Nordwand sorgt für den nötigen Lichteinfall.
Der im Osten angefügte quadratische Pavillon für die Wechselausstellung hat eine Seitenlänge von 27 Meter. Mobile Wände ermöglichen eine flexible Raumnutzung. Durch ein umlaufendes Oberlicht fällt Tageslicht ein. Im Kellergeschoss ist eine Hausmeisterwohnung mit einem östlich gelegenen „Hausmeisterhof" eingerichtet. Die drei zweigeschossigen Pavillons liegen parallel zum Saarufer und sind durch ein umlaufendes Fensterband getrennt. Für weiteren Lichteinfall und den Blick in die Natur sind in der Nordwest- und Südostecke bodentiefe Fenster eingelassen. Im letzten Pavillon gibt es noch ein zusätzliches Fenster in Südrichtung. Die aneinandergereihten Pavillons demonstrieren nach außen ihre verschiedenen Funktionen.
Das Museumsgebäude genießt eine gute Reputation aufgrund seiner Funktionalität und seiner diskreten Architektur gegenüber der ausgestellten Kunst. Der Einfluss des Baustils von Frank Lloyd Wright und Mies van der Rohe ist in der stimmigen Konstruktion, dem geometrisch proportionierten Grundriss, den natürlichen Baustoffen und der Beziehung von Innen- und Außenraum klar erkennbar. Das Konzept des gestaffelten Pavillonensembles gleicht den Entwürfen für das Sammlungshaus in Kirchheim/Teck und dem modifizierten Plan in Nür-

---

220 Der zweite und dritte Bauabschnitt folgte 1972 und 1976. Es wurde jeweils ein weiterer Pavillon für die Dauerausstellung errichtet. Aufgrund der zeitgleichen Errichtung wurde das Museum mit den Bauwerken Mies van der Rohes und Philip Johnsons verglichen und als ein zweckmäßiges Bauwerk, das den Betrachter einfängt und zum Gegenstand der Betrachtung leitet, gelobt. Vgl. Schönecker 2016, S. 23.

tingen. Das Gebäude sollte sich in das Gelände einfügen und über Lichtbänder unterhalb der Decke erhellt werden. Anders als im Saarland verschmelzen die Pavillonbauten im Sammlungshaus zu einer Einheit, um den Zusammenhang von Ausstellung und Wohnen zu betonen.

Das collageartig erbaute Reuchlinhaus in Pforzheim entspricht in seiner Formsprache dem „Internationalen Stil" und bedient sich den Theorien und ästhetischen Konzepten zeitgenössischer Ausstellungsarchitektur (Abb. 76a, b). Der Architekt Manfred Lehmbruck (1913–1992) war durch seine Dissertation über Museumsbauten und seine langjährige Erfahrung in diesem Baumilieu ein anerkannter Experte. Das Reuchlinhaus wird als erster Museumsbau in der Nachkriegszeit in Deutschland betrachtet und ist daher ein renommiertes Bauwerk, das ihm Prominenz verlieh.[221] Seine Architektur ist von Lehmbrucks Lehrjahren am Bauhaus Berlin geprägt, das nach der Auflösung des Dessauer Bauhauses 1932 von Mies van der Rohe als Privatinstitut gegründet wurde. 1953 gewann Lehmbruck den Wettbewerb für die Planung des Reuchlinhauses (1957/61).[222] Heute werden in den pavillonähnlichen Gebäuden das Schmuckmuseum, das Heimatmuseum, die stadtgeschichtliche Sammlung, die Stadtbücherei und das Stadtarchiv beherbergt. Weitere Räumlichkeiten stehen dem Kunst- und Kunstgewerbsverein und Werkstätten zur Verfügung.[223] Das Museum gehört zu den Klassikern der Architekturmoderne. Die Bauwerke Lehmbrucks aus den 1960er Jahren verkörpern seine zeitlose Architektursprache.

Die vornehmliche Lage des Reuchlinhauses inmitten des Stadtgartens bereitet den Besucher auf ein Freizeitparadies vor. Die Architektur, das künstlerische Angebot und der Betrachter sollen in Einklang sein. Mittels der Metapher „Die Kunst ist der Wein – die Architektur das Glas."[224] beschreibt Lehmbruck diese unmittelbare Zusammengehörigkeit. Individuelle, kubische, mehrgeschossige miteinander verbundene Pavillonbauten gruppieren sich um eine imposante Eingangshalle mit einer mittigen Wendeltreppe. Die Bibliothek verfügt über einen eigenen Eingang. Die flügelartige Anordnung um einen zentralen Kern erinnert an die traditionelle Museumsarchitektur. Der Entwurf des klassischen Museumstyps von Durand sowie der Bauplan des Alten Museums in Berlin von Karl Friedrich Schinkel zeigen diese Bauweise. Die einzelnen Trakte des Reuchlinhauses wirken aufgrund ihrer unterschiedlichen Innen- und Außengestaltung unabhängig voneinander. Der Einsatz von Naturstein mit einer Kombination aus Stahl und Glas sowie die uneinheitliche Rauminszenierung akzentuieren die verschiedenen Funktionen der Kuben. Die geplanten Pavillonbauten des Sammlungshauses Domnick waren dagegen einheitlich konstruiert, sodass eine Differenzierung der Nutzung von außen nicht erkennbar gewesen wäre. Eine solche Funktionstrennung wäre beim Haus Domnick nur zwischen Wohn- und Sammlungsteil möglich gewesen. Eine Zweiteilung entsprach allerdings nicht den Vorstellungen des Bauherrn.

Lehmbruck nutzte im Innenbereich die modernste Ausstellungstechnik der Zeit. Ohne Stützsäulen und Stellwände ist der freie Grundriss uneingeschränkt nutzbar, was sich bis heute aufgrund zahlreicher Umstrukturierungen bewährt hat. Das Gesamtkonzept erinnert an Mies van der Rohes offenen Grundriss. 1923 entwarf van der Rohe ein Landhaus aus Backstein: „ein Bauwerk, dessen Raumgefüge aus freien Dispositionen gliedernder Wandscheiden entstand, mit dem bezwingenden Ergebnis, dass der entwickelte offene Grundriss das herkömmliche Prinzip der allseitig umschlossenen Raumeinheiten überwand."[225] Der Entwurf entblößt den subtilen Einfluss Frank Lloyd Wrights, dessen Ideen Mies van der Rohe seit 1910 interessierten. Erst 1937 begegneten sich die Architekten persönlich. In der organischen Architektur Wrights „ist es völlig unmöglich, das Gebäude als eine Sache zu betrachten, die Einrichtung als eine andere und Standort und Umgebung als wieder eine andere. Der Geist, in dem diese Bauten konzipiert sind, sieht all dies gemeinsam als ein Ding."[226] Ein Wohnhaus muss sich also harmonisch in die Umgebung einfügen, individuelle Bedürfnisse befriedigen und eine adäquate Inneneinrichtung bieten. Die Verbindung zur Natur sichert

---

221 Manfred Lehmbrucks Meisterwerke entstanden vorwiegend während der 1960er Jahre. Dazu gehört auch das Wilhelm-Lehmbruck-Museum in Duisburg.

222 Zu Manfred Lehmbruck und dem Reuchlinmuseum vgl. O.N. 1964. – O.N. 1965b. – Kirsch 2005. – Wagner 2006. – Timm 2011a. – Timm ²2011b. – Kat. Duisburg 2014.

223 Vgl. Wagner 2006, S. 31 f.

224 Manfred Lehmbruck, Duisburg am 27.09.1986, zit. nach Wagner 2006, S. 28. – Escher 2009.

225 Müller 2004, S. 78–80. Mies van der Rohes Konzept des fließenden Raumes lehnt sich an Le Corbusiers freie Grundrissgestaltung an. Durch tragende Außenwände können die Innenwände frei eingestellt werden.

226 Wright 1986, Vorwort.

die Verwendung lokaler und natürlicher Baumaterialien.[227] Im Verlauf seiner Tätigkeit vervollkommnete er das Konzept mit dem Ergebnis seines Prärie-Hauses. Er verzichtete auf Trennwände und kreierte offene, lichtdurchflutete Einheitsräume. Mit dem R. Guggenheim Museum in New York (1949/59) erreichte Wright den Höhepunkt seiner organischen Architektur. Bei dem Bauwerk an der Fifth Avenue fließen erstmals die Geschosse spiralförmig ineinander, wodurch ein vertikaler Raumfluss entsteht.

Die ersten Entwürfe für das Wohn- und Sammlungshaus Domnick in Kirchheim/Teck greifen den Grundgedanken der Pavillonbauten auf. Das Gebäudeensemble sollte sich bestmöglich in den Standort und die Umgebung einfügen. Dieser Anforderung wird auch der spätere Entwurf des quadratischen Bauwerks in Nürtingen gerecht. Der flache Kubus verbindet sich mit der umliegenden Natur. Werden nur die aneinandergereihten Sammlungsräume betrachtet, fällt auf, dass diese sich wie die Pavillonbauten aneinanderreihen. Die fließende Verbindung der Räume entspricht dem organischen Denken Frank Lloyd Wrights und den Postulaten Mies van der Rohes. Die architektonische Form des gesamten Bauwerks ergab sich aus der Prämisse einer Präsentation von Domnicks Sammlung und entwickelte sich daher von innen nach außen.

Grundsätzlich unterscheiden sich die Vorentwürfe und das realisierte Wohn- und Sammlungshaus Domnick in Nürtingen jedoch von den vorgestellten Museen. Domnick beabsichtigte einen Pavillon für seine Sammlung zu bauen, dessen Architektur der modernen Kunst entsprechen sollte. Er wollte kein großartiges Museum, sondern ein überschaubares Domizil für sich und seine Kunst. Die Pavillonmuseen sind meistens aufgrund einer verbindlichen Integration in die Umgebung, einer klaren Funktions- und Nutzungstrennung und flexibler Erweiterungsmöglichkeiten entstanden. Domnick suchte hingegen eine labyrinthische Verzahnung, um intime Raumeindrücke und eine lockere, offene Wegführung zu schaffen. Die offenen Räume wurden deshalb durch Zwischenwände in Einheiten unterteilt, die mit ihrer nicht bis zur Decke reichenden Höhe das Raumkontinuum erkennbar ließen, und so einerseits Hängeflächen boten, andererseits aber eine Intimität der Betrachtung ermöglichten, auf die auch die tendenziell niedrige, aus dem Wohnbau abgeleitete Raumhöhe und die Formgestaltung zielten. Eine Verschränkung von Außen- und Innenraum, wie sie das Louisiana-Museum kennzeichnet, ist in Nürtingen kaum zu erkennen und beschränkt sich auf wenige Ausblicke. Darüber hinaus wurde den Pavillons der aufgeführten Museen jeweils eine bestimmte Gattung zugeordnet, sodass die verschiedenen kleinen Bauwerke speziell für ihre jeweiligen Ausstellungszwecke gestaltet wurden. Dieser Anspruch war beim Haus Domnick irrelevant, da Domnick im Gebäude ausschließlich die Ausstellung von Malerei beabsichtigte.[228]

6.4.6 Vergleichsbauten in Deutschland

Der verschlossene introvertierte Baukörper des Wohn- und Sammlungshauses in Nürtingen lässt nach außen hin keinen Hinweis auf die innere Gliederung zu. Lediglich die quadratische Grundform des Gebäudes und die Betonträger verweisen auf einen geometrisch klar definierten Grundriss (Abb. 21). Im Innenraum markieren die Stützen die Rasterung von sieben mal sieben Quadraten. Die sieben Ausstellungsräume liegen auf der Diagonalen des Grundquadrats und bilden im Ganzen drei gestaffelte Rechtecke, deren Kanten sich überlappen. Die Anordnung erinnert an den Kirchheim/Teck-Plan und an die Übertragung der Pavillonbauten auf den ersten Entwurf auf dem Baugrundstück in Nürtingen. Innerhalb des geschlossenen Baukörpers wurde der Leitgedanke der fließenden und organisch verzahnten Raumübergänge beibehalten. Unterschiedliche Raumhöhen und frei eingezogene Innenwände gliedern die einzelnen Abschnitte. Licht dringt vorwiegend durch die Terrassenöffnungen im Südwesten ein. Die asymmetrisch angelegten Innenhöfe dienen hauptsächlich den Privaträumen als Lichtquelle.

Ein Musterbeispiel des fließenden Raumprinzips ist die Kunsthalle in Bielefeld (1966/68) von Philip Johnson (Abb. 83a, b).[229] Dieser war Architekt, Architekturtheoretiker und ehemaliger Kurator des MoMa. Er befasste sich intensiv mit der baulichen Gestaltung von Museen und prägte den Begriff des „International Style" der 1920/30er Jahre. Domnick und Stohrer besichtigten während ihrer Recherchereisen die Kunsthalle. Trotz der Mehrgeschossigkeit sind Parallelen zum Wohn- und Sammlungshaus festzustellen.

---

227 Vgl. Joedicke 1972. – Spaeth 1986, S. 25–27. – Schultz 1999, S. 80–93. – Pehnt 1983, S. 8 f.

228 Die ersten Entwürfe belegen zwar die Einbindung eines Plastikhofs, diese Pläne wurden allerdings verworfen und erst 1976 mit dem Erwerb des Nachbargrundstücks im Außenbereich realisiert. Vgl. Beuckers 2023b, S. 175–176.

229 Zur Kunsthalle Bielefeld vgl. Syamken 1970. – Hitchcock 1974. – Blake 1996, S. 114 f. – Naredi-Rainer 2004, S. 148 f.

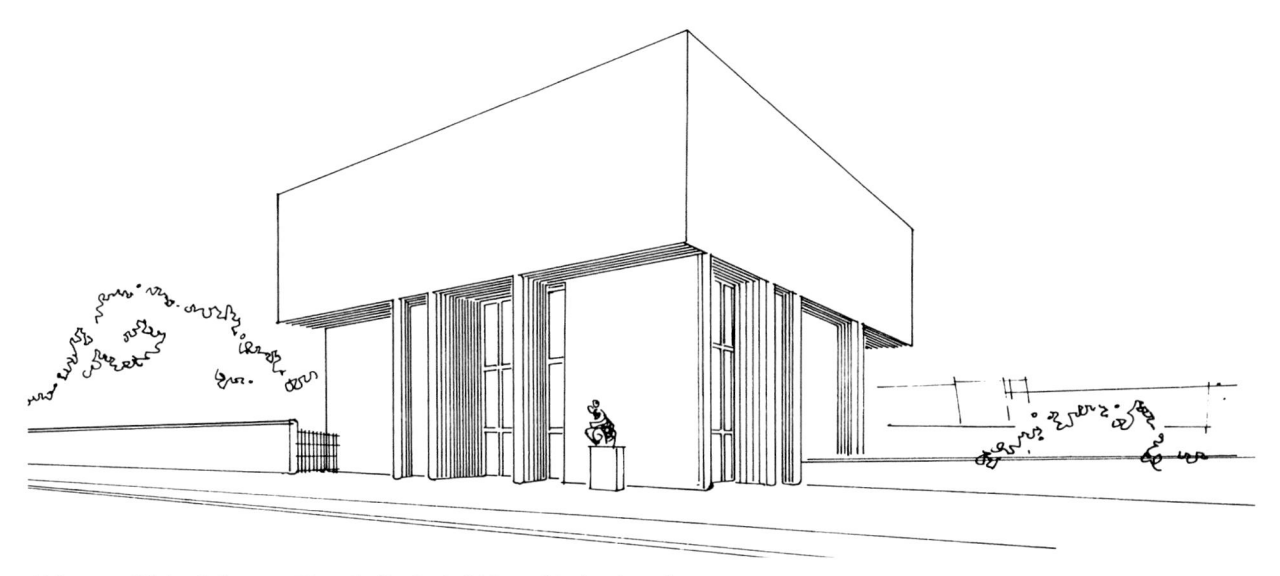

Abb. 83a Philip Johnson, Kunsthalle, Bielefeld, 1966–68; Ansicht.

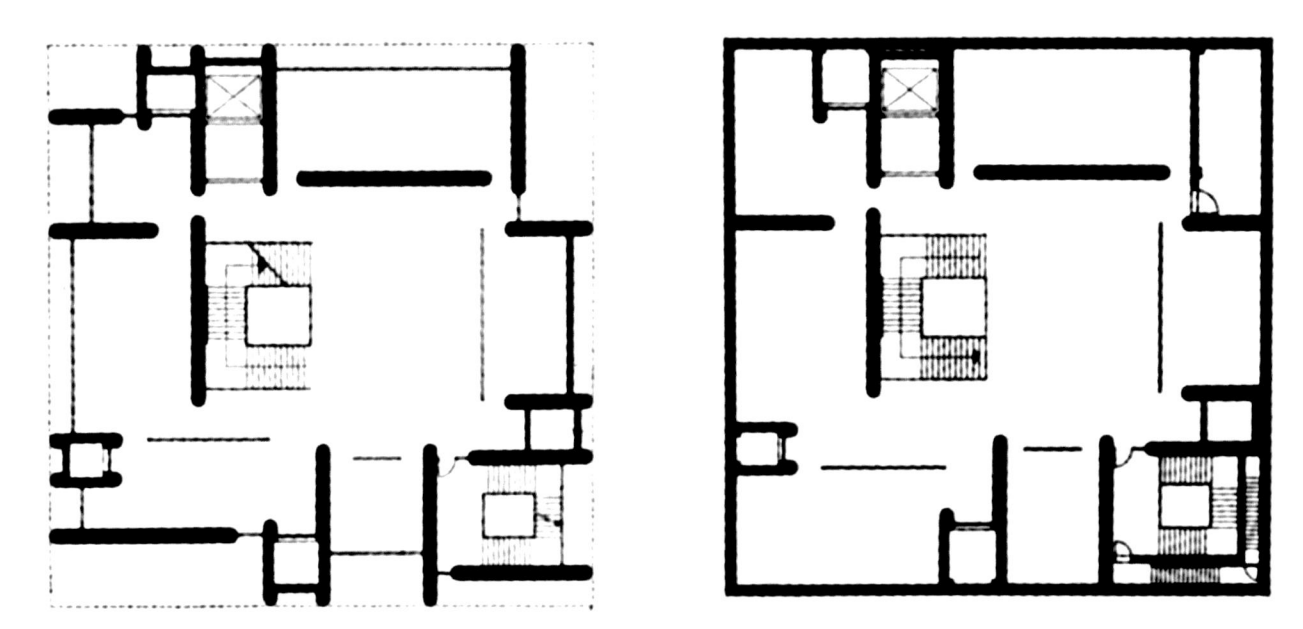

Abb. 83b Philip Johnson, Kunsthalle, Bielefeld, 1966–68; Grundriss.

Das Baugrundstück in Bielefeld liegt an der Artur-Ladebeck-Straße, einer Hauptverkehrsader am südwestlichen Rand des Stadtkerns. An der Nordseite schließt eine parkähnliche Umgebung an. Obgleich das Gelände im Stadtgebiet liegt, wird das Bauwerk in die Landschaft eingebunden. Der massive Gebäudekomplex mit einer rötlichen Sandsteinverkleidung ist auf einer Art Pilotis errichtet worden, die auf den Einfluss Le Corbusiers schließen lassen. Der Überstand des geschlossenen Obergeschosses verleiht dem Bauwerk einen monumentalen Charakter. Das Museum erstreckt sich über einen quadratischen Grundriss von dreißig mal dreißig Metern über insgesamt fünf Geschosse, zwei davon unterirdisch für Büroräume, Vortragssaal, Bibliothek, Magazin und Werkstätten. Die quadratische Grundform und Rasterung sowie die rohe und massive Bauweise gestatten die Fokussierung auf pure Funktionalität und sind avantgardistisch und vorbildlich für Domnick und Stohrer. Der barrierefreie Eingang führt in eine große Eingangshalle mit einem imposanten Treppenaufgang. Um das Zentrum herum reihen sich im Erdgeschoss die Garderobe, die Kinderecke und das Café mit Ausblick in den Park. Eine zweite Treppe befindet sich in der Südwestecke. Die drei Obergeschosse nehmen die Ausstellungsräume auf. Der darunter liegende Baukörper wird von halbrunden, asymmetrisch angeordneten Pfeilern und geschlossenen Wandflächen auf allen vier Außenfassaden unterschiedlich gegliedert. Große Fensterfronten zur Stadt und zum Park stellen die Verbindung von Außen- und Innenraum her und erinnern an die Architektur

Frank Lloyd Wrights. Der fließende Übergang von der Eingangshalle zu den Ausstellungsräumen sowie der offene Grundriss und die frei aufgestellten Wände ermöglichen eine hohe Flexibilität der Einrichtung. Diese Gestaltungsweise, insbesondere die freie Blickführung, die Erweiterung der Ausstellungsräume durch Terrassen und die Integration eines Skulpturengartens erinnern an die Gestaltung in Nürtingen.

An der nüchtern und massiv wirkenden Fassade der Kunsthalle ist die ähnlich offene Raumgestaltung erkennbar. Das Obergeschoss wird mittels Oberlichter über eine Rasterdecke beleuchtet. Der Verzicht auf Fenster im obersten Stockwerk gestattet viel Platz für Exponate. In den anderen Etagen definiert eine ausgewogene Balance zwischen Tages- und Kunstlicht die Belichtung. Johnson bevorzugte Kunstlicht, da es sich gezielter einsetzen lässt. Speziell die Aufmachung des geschlossenen Obergeschosses wird Domnick und Stohrer zu einer gegenteiligen Auffassung inspiriert haben. Das Kunstlicht in den Sammlungsräumen ist dunkel gehalten, sodass die gedrungene Raumwirkung beibehalten wird.

Abweichend zur Kunsthalle sind die Innen- und Außenverbindung und die Lesbarkeit der Rasterung beim Sammlungshaus, die hauptsächlich durch die Pergolen bestimmt wird. Der eingeschränkte Ausblick in die Landschaft verhindert eine fließende Grenze zwischen Innen- und Außenbereich. Außerdem orientiert sich die Raumaufteilung nicht durchgängig an das Grundraster.

Die Kunsthalle in Düsseldorf ist Ende der 1960er Jahre gebaut worden und erinnert aufgrund ihres wehrhaften Aussehens an die Bielefelder Kunsthalle.[230] Der Entwurf von Friedrich Tamms (1904–1980), einem Kollegen des nationalsozialistischen Architekten Albert Speer (1905–1981), stand aufgrund seiner brutalistischen Architektur schon während der Fertigstellung in Kritik. Auf der Homepage der Kunsthalle werden allein die Architekten Konrad Beckmann und Christoph Brockes genannt, die ebenfalls einen Entwurf einreichten. Nach einer langen Verhandlungsphase über die Errichtung einer neuen Kunsthalle anstelle des im Zweiten Weltkrieg zerstörten Vorgängerbaus kam es 1960 zu einer Wettbewerbsausschreibung. Das Museum sollte die Baulücke am Grabbeplatz füllen und sich in die städtebauliche Umgebung einfügen. Außerdem sollte der Bau aufgrund der bereits geplanten Tiefgarage auf Stützen errichtet werden. 1.200 Quadratmeter waren als Ausstellungsfläche für die Kunsthalle und 500 Quadratmeter für den Kunstverein vorgesehen. Hinzu kommen Büros, Lagerräume sowie Garderobe und Toiletten, die von beiden Institutionen genutzt werden sollten. Die Ausstellungsräume sollten für jegliche Kunstobjekte nutzbar sein und über Seitenlicht belichtet werden. Die Entwürfe der drei Architekten zeigten diverse Parallelen wie die Wahl eines quadratischen Grundrisses. Wirklich überzeugend war keiner der Vorschläge. 1961 reichte Tamms einen neuen Entwurf ein, der sich an dem Plan von Brockes und Beckmann orientierte. Zwischen 1964 und 1967 kam es zur Errichtung der Kunsthalle.

Der quaderförmige Bau ruht auf einem eingezogenen Sockel. Das in sich geschlossene Gebäude besitzt eingangsseitig eine größere Fensterfront und seitlich in Beton eingeschnittene Fenster in den Büroräumen. Die Belichtung erfolgt über eine Sheddachkonstruktion sowie Kunstlicht. Oben schließt das Gebäude mit einem Zinnenkranz aus Beton ab, der den wehrhaften Charakter des Bauwerks betont. Die bauliche Geschlossenheit soll den nach innen gerichteten Aufgaben entsprechen und grenzt sich auf diese Weise von der Stahl-Glas-Architektur der Bürohäuser ab und setzt einen eigenen architektonischen Akzent.

Domnick und Stohrer besichtigten Kunstvereine im Rheinland, wozu auch die Kunsthalle in Düsseldorf zählt. Die Verwendung von Beton, die hermetische Abriegelung nach außen sowie die sichtbare Konstruktion und die skulpturale Formgebung an der Fassade erinnern an das Wohn- und Sammlungshaus. Die Kunsthalle steht an prominenter Stelle am Rheinufer und sticht durch ihre eindrucksvolle Größe und ihr brutalistisches Erscheinungsbild hervor. Hinter der abweisenden Gestalt verbergen sich ungeahnte Räume mit heller Belichtung durch Dachfenster. In Nürtingen fällt der graue, in den Hang gebaute Betonkörper kaum auf. Die Eingeschossigkeit und die damalige dicht mit Wein bewachsene Fassade lassen das Gebäude mit der Natur eins werden. Durch das wehrhafte Aussehen und der Verschmelzung mit der Natur wird die Sammlung im Inneren kaschiert. Ob das Bauwerk in Düsseldorf mit seiner hermetischen Verschlossenheit auf die Architektur des Wohn- und Sammlungshauses gewirkt hat, ist zu entscheiden, da es auch andere Bauten mit solcher Geschlossenheit wie das Römisch-Germanische Museum in Köln oder der bereits erwähnte Bielefelder Museumsbau gegeben hat.

Ganz anders gestaltet wurde das Wilhelm-Lehmbruck-Museum in Duisburg (1959–64, erster und zweiter Bau-

---

230 Zur Kunsthalle in Düsseldorf vgl. Hüwe 2021.

abschnitt) von Manfred Lehmbruck. Seine Architektur gehört zu den wichtigsten Museumsbauten der Nachkriegszeit und zu den ersten, deren Architektursprache vom traditionellen Ausstellungsgebäude des 19. Jahrhunderts abwich (Abb. 84).[231] Dieser Bau wird Domnick und Stohrer bekannt gewesen sein und ihnen Impulse gegeben haben. Obgleich beide Gebäude absolut gegensätzlich wirken, weisen sie im Detail einige Analogien auf.

Das Lehmbruck-Museum zeigt die wesentlichen Stilmerkmale – Transparenz, Offenheit und Flexibilität – des Internationalen Stils. Die Lage innerhalb des Immanuel-Kant-Parks im Zentrum der Stadt inspirierte den Architekten, einen Ort der Ruhe für Kunst in der Natur zu gestalten. Insbesondere die skulpturale Kunst des 20. Jahrhunderts spielt für die Gestaltung des Museums eine zentrale Rolle. Wie beim Reuchlinhaus in Pforzheim ist der Bau mit der großzügigen Verglasung, der außenliegenden Tragkonstruktion und der fließenden Innenraumgestaltung an Mies van der Rohe angelehnt. Die erzeugten Ausblicke, Durchblicke und Bezüge zwischen den Räumen sowie der Wechsel des Fußbodenniveaus, die Raumhöhen und Proportionen sind wegweisend für die weitere Entwicklung der Architektur.[232]

Das Museum ist nach unterschiedlichen Kriterien in drei Bauabschnitten errichtet worden. Der erste Gebäudekomplex besteht aus einer gläsernen, von Norden betretbaren Eingangshalle, die die monumentale gläserne Museumshalle für die allgemeine Kunstsammlung und Wechselausstellungen mit dem Lehmbruck-Flügel, einem Baukörper aus Beton, verbindet. Der erhöhte Skulpturenhof mit Öffnung in Richtung Kant-Park verbindet die beiden Bauteile.[233]

Die rechteckige Glashalle hängt an fünf außenstehenden Stahlträgern. Durch die großen Glasfronten mit Vertikalsprossen ist der vitrinenartige Raum lichtdurchflutet. In der gerasterten, transparenten Dachkonstruktion können zur Lichtstimulierung opake Platten unterhalb der Decke beliebig durch Plexiglasplatten ausgetauscht werden. Zur Regulierung des seitlichen Lichteinfalls sind horizontale und vertikale Lamellenstores angebracht. Jalousien, die von unten nach oben gesteuert werden, unterbrechen nicht den fließenden Übergang der Wände ins Dach.

Im Innenraum wird durch die stützenfreie Konstruktion eine hohe Flexibilität ermöglicht. Die Raumhöhen und -proportionen sind frei gestaltbar. Variabel einsetzbare Aluminiumstäbe für Trennwände können in ein Rastersystem im Fußboden eingelassen werden. Drei Halbgeschosse unterteilen die Halle. Eine erhöhte Galerie für Malerei ist mit einer fensterlosen Sichtbetonwand in Richtung Düsseldorfer Straße geschlossen. Eine Abteilung im Kellergeschoss ist für die Ausstellung von Graphiken bestimmt.

Der zweite Bauteil, der Lehmbruck-Flügel wird als „eine Gebäudeskulptur aus Sichtbeton und Glas, der die sel-

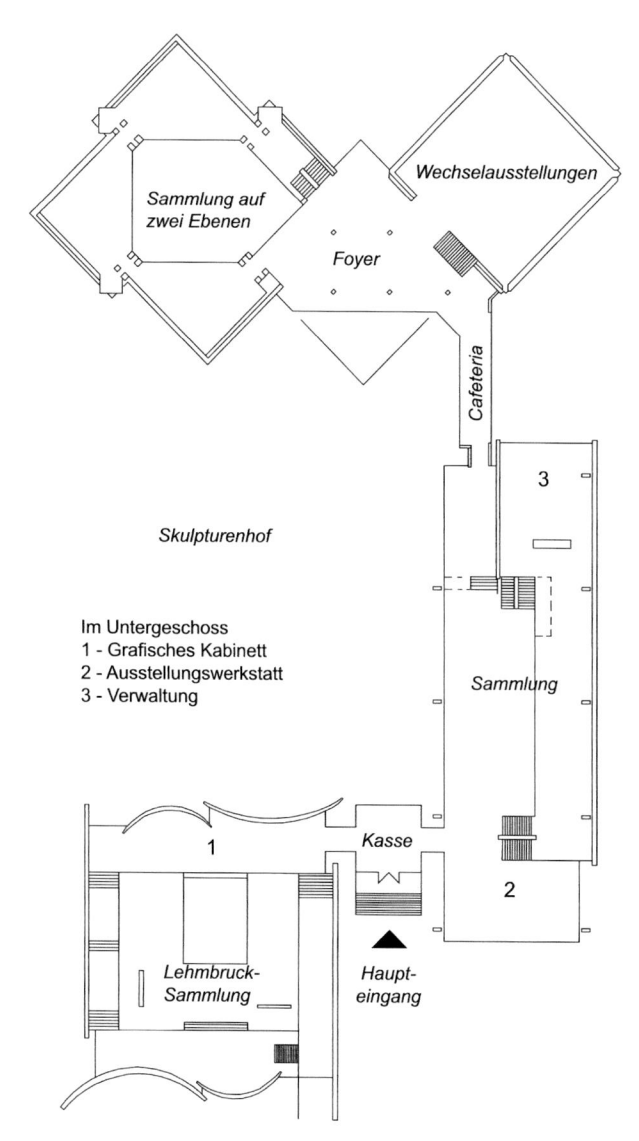

Abb. 84 Manfred Lehmbruck, Wilhelm-Lehmbruck Museum, Duisburg, 1959–64; Grundriss.

---

231 Zum Wilhelm-Lehmbruck Museum in Duisburg vgl. Lehmbruck 1964. – Händler 1965. – O.N. 1965a. – Gierschner 1989. – Naredi-Rainer 2004, S. 190 f. – Wagner 2006, S. 45–54. – Kat. Duisburg 2014, insb. zur Planungs- und Baugeschichte vgl. Stoppioni 2014, S. 110–115. – Esper 2014, S. 116–119. Zum Architekten vgl. Barg 2014, S. 120–125.
232 Vgl. Dinkla 2014, S. 29 f.
233 Heute schließt ein weiterer Trakt im Süden an.

tene Verbindung von Wucht und Eleganz, kraftvoller Raumbegrenzung und raffinierter Raumöffnung gelingt", beschrieben.[234] Der plastisch gegliederte Bau steht im Kontrast zur Glashalle. Auf mehreren Galerieebenen, die in die Tiefe gehen, werden die Skulpturen seines Vaters Wilhelm Lehmbruck präsentiert. Die unterschiedlichen Ebenen ermöglichen einen Rundumblick auf die Skulpturen, der für den Architekten unerlässlich ist.

Der quadratische Grundriss ist gen Norden und Süden mit je einer konvex und konkav schwingenden Betonschale begrenzt. Diese wirken durch rahmenlose Glasbänder völlig frei. Durch einen tiefer gelegenen, offenen Innenhof fällt Licht ein. Weitere Oberlichter und kreisrunde und eckige Öffnungen im Dach sorgen für zusätzliche Belichtung. Darüber hinaus dringt Tageslicht durch Glasstreifen zwischen den Wänden und der Decke ein. Der Umgang mit Belichtung und die plastische Ausgestaltung der Sichtbetonwände im Lehmbruck-Flügel weist deutlich auf die Architektur Le Corbusiers hin.[235] Die rohe Betonbauweise vermittelt eine kühle Atmosphäre in der Halle, aber gleichzeitig erhält sie durch die Ausblicke in die Natur eine warmherzige Umgebung. Der Innenraum vereinigt sich mit dem Außenraum.

Das innige Verhältnis Manfred Lehmbrucks zu seinem Vater und dessen Kunst befähigte ihn, die Architektur und die Plastiken seines Vaters harmonisch zu einem Gesamtkunstwerk zu verschmelzen. Eine enge Verbindung zwischen Architektur, Plastik und Natur erzeugt Lehmbruck durch großflächige Verglasungen, die Innen- und Außenraum vereinigen, die Geländemodellierung des Außenbereichs und die von innen nach außen fortlaufenden Wände, „die die Transzendenz dieses quadratischen, in sich ruhenden Raumes auch in das räumlich Fassbare übersetzen".[236] Die sich nicht berührenden Wände mit immer wiederkehrenden Ausblicken nach draußen sowie die freistehenden und -schwingenden Wände ersticken das Gefühl des Eingeschlossenseins. Die Art und Weise der Auflösung von Natur und Architektur ist richtungsweisend.

Zusammengefasst demonstriert die Architektur des Lehmbruck-Museums Transparenz, Flexibilität und Verbindung von Innen- und Außenraum sowie die umgesetzte Abgrenzung zur Natur. Die Glashalle und der Lehmbruck-Flügel zeigen hinsichtlich ihrer Raumordnung und Raumtrennung Parallelen zum Sammlungshaus in Nürtingen. Die strenge Beibehaltung des Rasters sowie die räumliche Trennung durch unterschiedliche Ebenen können Domnicks Wunsch nach einem labyrinthischen Wegführung unterstützt haben. Die bodentiefen Fensteröffnungen in der Architektur des Betonflügels sind eventuell vorbildlich für die gezielt eingesetzten Fensteröffnungen in Richtung Landschaft oder in die Lichthöfe im Haus Domnick, auch wenn der Gesamtcharakter in Nürtingen deutlich geschlossener ist. Eine Raumerweiterung nach draußen wird andeutungsweise im südlichen Wohnzimmer mit dem Ausblick in die weite Landschaft und durch die kleine Terrasse vor dem Flügelzimmer realisiert. Dabei handelt es sich um Räume im Wohnbereich, während der Sammlungsbereich fast durchgängig hermetisch nach außen abgeschottet erscheint.

Ein weiteres Museum im Rhein-Main-Gebiet ist die Kunsthalle in Darmstadt. Die 1884 von Hermann Müller (1841–1934) errichtete Kunsthalle wurde im Krieg zerstört.[237] Übrig blieben die Außenmauern und der in den Neubau miteinbezogene Portikus. Durch eine Mischfinanzierung seitens der Stadt und gesammelter Spenden konnte 1954 ein Wettbewerb für den Neubau ausgeschrieben werden. Der lichtdurchflutete Neubau des Museums steht aufgrund seiner Transparenz im völligen Kontrast zum Wohn- und Sammlungshaus Domnick. Gemeinsam haben sie lediglich die klare Gliederung sowie die schlichte äußere Erscheinung. Ein offener Ausstellungssaal innerhalb eines transparenten Baukörpers entsprach nicht Domnicks Wünschen. Die eingeschränkte Privatsphäre und die Abhängigkeit der Ausstellung vom Tageslicht waren Argumente, die aus Domnicks Sicht gegen eine solche Architektur für sein Bauprojekt sprachen. Für die Entwicklung des Museumsbaus der 1950/60er Jahre war die Darmstädter Kunsthalle jedoch von weitreichender Bedeutung, weshalb Domnick und Stohrer sie auch im Zuge ihrer Besichtigungsreisen besuchten.

Bei der Planung des Neubaus wurden in Darmstadt zwei Ausstellungshallen mit einer Empfangshalle und Vorhof sowie Hinweise zur Belichtung vorgegeben. Darüber hinaus wurde eine Außenanlage für Plastiken und Skulpturen, ggf. eine Empore und eine Hausmeisterwohnung gewünscht. Der Architekt Theo Pabst (1905–1979) konnte mit seinem Entwurf die Jury überzeugen.[238]

---

234 Schreiber 1986, S, 76.
235 Vgl. Wagner 2006, S. 51.
236 Wagner 2006, S. 52.
237 Zur Darmstädter Kunsthalle vgl. Brawne 1965, S. 103–105. – Stephan 2008b. – Ricker 2017. – Stephan 2021.
238 Zu Theo Pabst vgl. Stephan 2008a.

„Die Städtebauliche Lösung ist überzeugend. [...] Der gesamte architektonische Aufbau, insbesondere der Südseite ist charaktervoll und einer Kunsthalle entsprechend. Besonders schön ist das Einbeziehen der Bodenbeläge vor der Halle und in der Halle, die bis zum Portikus herausgehen und den Zusammenhang der Anlage deutlich machen. Dadurch wird eine sympathische Beziehung geschaffen vom alten Portikus zur modernen Anlage der Kunsthalle."[239]

Das Erscheinungsbild der heutigen Kunsthalle ist durch Erweiterungen und Umgestaltungen in den Jahren 1958, 1963/64 und 1987 deutlich verändert worden. Zur Eröffnung 1957 war die Kunsthalle ein schlichter weißer Kubus mit einer opaken Glasdecke unter einem Glassatteldach, verglaster Südseite und einem Lamellenvordach als Sonnenschutz, tragenden Wandscheiben und klaren, einfachen Details. Aufgrund der geringen Finanzmittel wurde auf die Hausmeisterwohnung und Räumlichkeiten für den Kunstverein verzichtet. An der nördlichen Rückseite wurden spätere Anbauten für die Verwaltung, den Vortragssaal und im Obergeschoss weitere Ausstellungsräume lediglich vorbereitet. Der rechteckige Grundriss ist in vier mal sechs Quadratraster gegliedert. Mittig liegt der zweigeschossige Hauptausstellungsraum.[240] Entlang der Südseite verläuft, die verglaste, über zwei Etagen reichende Eingangshalle. Sie wird als Raum für Sonderausstellungen genutzt. Es entsteht der Eindruck eines Schaufensters für Kunst. Die „einladende Offenheit" erzeugt Pabst durch das beibehaltende Achsraster der Glasfassade im Quadratraster aus hellen Natursteinbodenplatten. Transparenz und Raumkontinuum werden durch Lamellen, die innen wie außen montiert wurden, verstärkt. Sie geben nicht nur Schatten, sondern erzeugen gleichzeitig ein Schattenspiel. Hervorzuheben ist der Verzicht auf Monumentalität, wodurch Schwellenängste seitens des Publikums gemindert werden. Das Bauwerk ist eines der seltenen Architekturbeispiele im Rhein-Main-Gebiet für den Internationalen Stil.

Ein anderes Bauwerk des Architekten Pabst ist das Domizil des Mannheimer Kunstvereins, das 1966 eröffnet wurde.[241] Die Kunsthalle in Darmstadt und das Gebäude für den Mannheimer Kunstverein demonstrieren eindrucksvoll seinen Baustil. Mit seinen klaren geometrischen Formen folgt er der Handschrift des Bauhauses und nutzt den funktional auftretenden Modernismus. Die Ausstellungshalle in Mannheim repräsentiert die geometrisch-rationale Architekturströmung der 1960er Jahre (Abb. 85a, b). Die Entwürfe und Bauarbeiten konnten aufgrund der zeitlichen Nähe von Stohrer und Domnick verfolgt werden. Das Gebäude in Mannheim besteht aus zwei aufeinander liegenden rechteckigen Baukörpern, die in Form, Material und Farbe in Kontrast zueinanderstehen. Der untere, niedrige, langgestreckte Kubus ist mit hellem Waschbeton verkleidet. Darüber liegt auf dem linken Drittel der mit dunklen rechteckigen Kupferplatten versehene Aufbau. Die vertikale Verkleidung verleiht dem Bau trotz seiner Massivität Leichtigkeit. Zur Abgrenzung und den schwebenden Eindruck

Abb. 85b Theo Pabst, Kunstverein, Mannheim, 1966; Südansicht.

---

239 Zit. nach Stephan 2008b, S. 82.
240 1957 liegt der Raum noch nicht mittig. Erst mit der Fertigstellung der Nordseite rückt er in den Mittelpunkt.
241 Zum Ausstellungshaus des Mannheimer Kunstvereins vgl. Nagel/Linke 1971, S. 57–59. – Lippold 1983. – Stephan 2008a.

Detailschnitt, Maßstab 1 : 20

Lageplan, Maßstab 1 : 5000

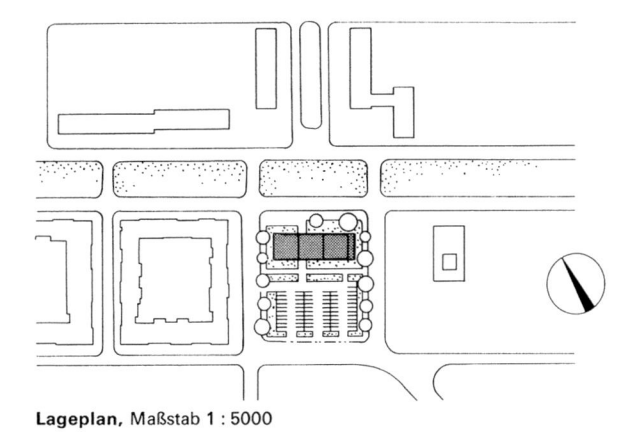

Schnitt

Grundrisse und Schnitt, Maßstab 1 : 500

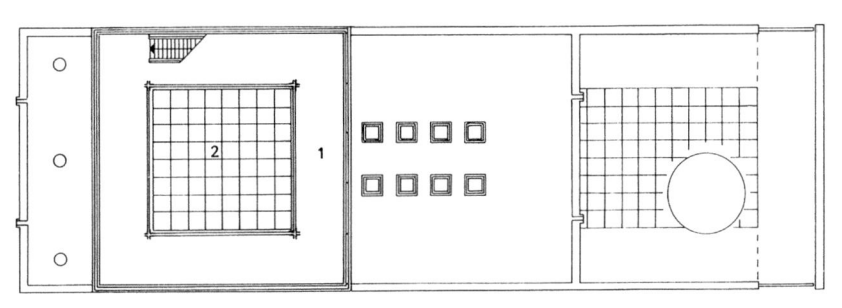

Obergeschoß
1 Galerie
2 Luftraum Halle

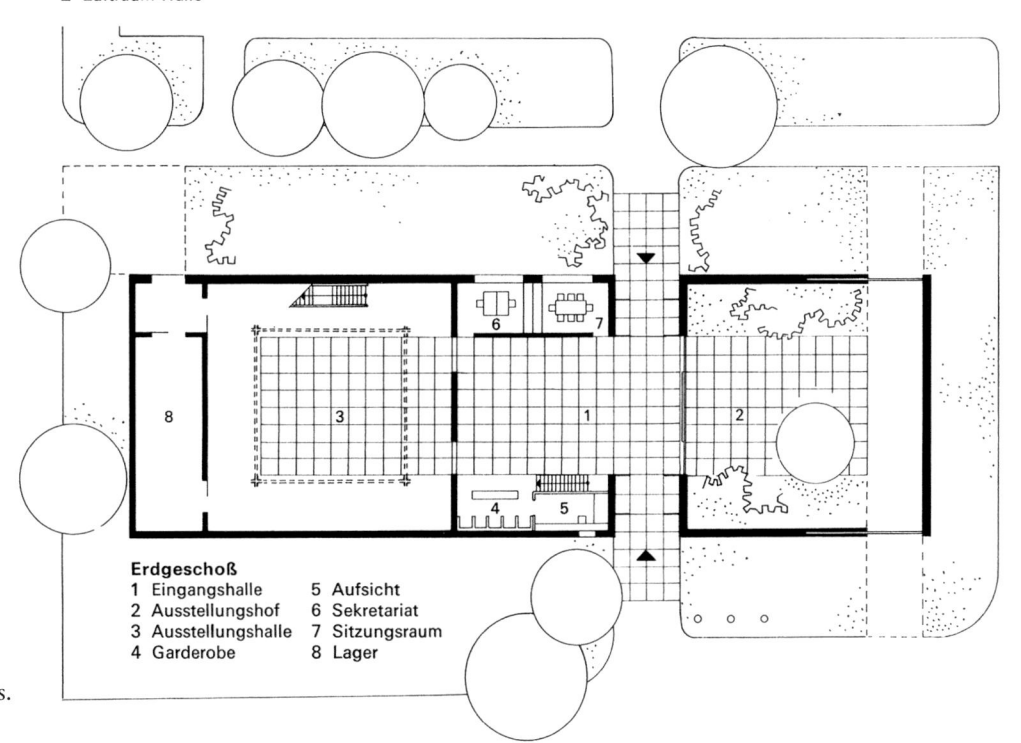

Erdgeschoß
1 Eingangshalle
2 Ausstellungshof
3 Ausstellungshalle
4 Garderobe
5 Aufsicht
6 Sekretariat
7 Sitzungsraum
8 Lager

Abb. 85a Theo Pabst, Kunstverein, Mannheim, 1966; Grundriss.

Einordnung in die Museumsarchitektur

betonend, sind beide Gebäudeteile durch einen Glasgürtel voneinander getrennt. Aus der Fernsicht korrespondieren die drei Fahnenmasten vor dem rechten Gebäudeteil des Plastikhofes mit dem linken Ausstellungskubus.

Der untere Bau ist in drei quadratische Haupträume geteilt. Die Eingangshalle im mittleren Quadrat ist durch Glastüren von der Nord- und Südseite aus zugänglich. Nach Westen ist der Blick durch eine Glaswand frei in den ummauerten Ausstellungshof. Durch den zweifachen Einsatz von Glas bei den Eingangstüren und der Westwand werden der Innen- und Außenbereich optisch und technisch miteinander verbunden. Auf der gegenüberliegenden Seite befindet sich die zweigeschossige Ausstellungshalle, an deren oberes Drittel als Galerie genutzt wird. Die quadratisch strukturierte Glasdecke wird von vier freistehenden Eisenpfeilern getragen. Belichtet wird der Raum durch ein Sheddach, das Tageslicht suggeriert und über ein umlaufendes Fensterband mit Stoffjalousien. Die Quadratrasterung gleicht der Wandverkleidung und den Bodenbelägen.

In Bezug zum Wohn- und Sammlungshaus in Nürtingen ist die architektonische Präferenz für ein grundlegendes erkennbares Raster nachvollziehbar. Daneben sind zu der Zeit dieser Museumsarchitektur Geometrie, Kompaktheit und insbesondere Absicherung durch Geschlossenheit nicht unkonventionell und für Domnick ein wichtiges Kriterium. Die gedrungene und unauffällige Architektur des Unterbaus kontrastiert mit dem kupfernen Oberbau. Insbesondere die Gestaltung des Unterbaus gab Stohrer und Domnick einen Impuls, wie ein eingeschossiges Gebäude mit schlichten Gestaltungsmitteln kunstvoll in Szene gesetzt werden kann. Da sie die Höhe der Hecke nicht überschreiten durften, musste Stohrer eine andersartige Gestaltung erstellen, durch die das Haus Domnick bestach.

Die Neue Nationalgalerie in Berlin (1965/68) von Mies van der Rohe ist neben dem Museum of Fine Arts in Houston eines von zwei musealen Bauwerken des Architekten, das die Architektur des 20. Jahrhunderts maßgeblich beeinflusste (Abb. 86).[242] Die Nationalgalerie präsentiert in komprimierter Form seine architektonischen Ideen: Fließende Räume, Reduktion auf strukturelle Rahmen, verschwimmende Grenzen zwischen Innen- und Außenraum und die Vereinigung von Kunst und Architektur.

Im Kulturforum Berlin auf dem nach Osten zum Landwehrkanal leicht abfallenden Gelände steht ein quadratischer Pavillon als Glas- Stahlkonstruktion. Die nahezu 2.500 Quadratmeter große Halle ist mit einer weitläufigen, quadratisch gepflasterten Terrasse umgeben. Die Bodenplatten sind innen wie auf der umlaufenden Terrasse in Material, Form und Farbe identisch, was die Dimension des Raumes erweitert. Das gewaltige quadratische Stahldach mit einer Kantenlänge von fast 65 Metern wird von acht kreuzförmigen Stahlstützen getragen und ist in 18 mal 18 Quadrate kassettiert. Die Glaswände sind rundherum um vier Quadrate, 7,20 Meter von der Außenkante des Daches zurückgestellt.

Zwei Drehtüren an der Ostseite führen in eine stützenfreie, rundum verglaste Ausstellungshalle, die für Wechselausstellungen vorgesehen ist. Links der Eingangstüren steht eine große Sitzgruppe mit Möbeln aus der Barcelona-Kollektion. An der dunklen Kassettendecke ist eine Lichtinstallation mit Leuchtbändern angebracht. Gen Westen stehen zwei mit grünem Marmor verkleidete Installationsschächte. Zwei symmetrisch angelegte Treppen führen ins Sockelgeschoss mit der permanenten Sammlung sowie in die Garderoben, in eine Bibliothek, einen Technikraum und in ein Restaurant.

Das Sockelgeschoss entspricht der Größe des Daches. Die Rasterfläche hat einen Stützenabstand von 7,20 Meter, Wände und Stützen sind weiß gestrichen. Die Lichtinstallation in den weißen quadratischen Deckenplatten kann beliebig variiert werden. Zentral liegt der kleine Ausstellungsraum mit 400 Quadratmetern. Die Exponate werden an mobilen weißen Holzwänden gezeigt. Richtung Westen ist die Halle mit einer durchgehenden Glaswand zum Skulpturenhof geöffnet. Graue Stoffvorhänge schützen die Ausstellungsobjekte vor Sonneneinstrahlung. Weitere kleine Räume sind für Büros, Depots und Werkstätten vorgesehen.

Der bereits mehrfach benannte Einfluss der Architektur von Mies van der Rohe auf das Wohn- und Sammlungshaus ist klar zu erkennen. So entspricht die Rasterung, die zur Schaustellung des strukturellen Rahmens sowie die dominierende Dachgestaltung dem Vorbild der Neuen Nationalgalerie. An der Dachkante sind die Segmente des Rasters sichtbar. Diese Optik kann die Konstruktion der Pergolen in Nürtingen angeregt haben, ebenso wie die Betonung der abgesetzten Dachplatte mit den herausragenden, das Raster aufnehmenden Betonträgern.

---

242 Zur Nationalgalerie in Berlin vgl. Nagel/Linke 1971, S. 35–39. – Spaeth 1986, S. 151–171. – Lepik 2001. – Hopkins 2021, S. 206–209. – Jäger/Marlin 2021.

Ausstellungshalle
1. Eingang
2. Ausstellungshalle
3. Garderobe
4. Putzraum
5. Aufzug

Grundrisse,
Maßstab 1 : 750

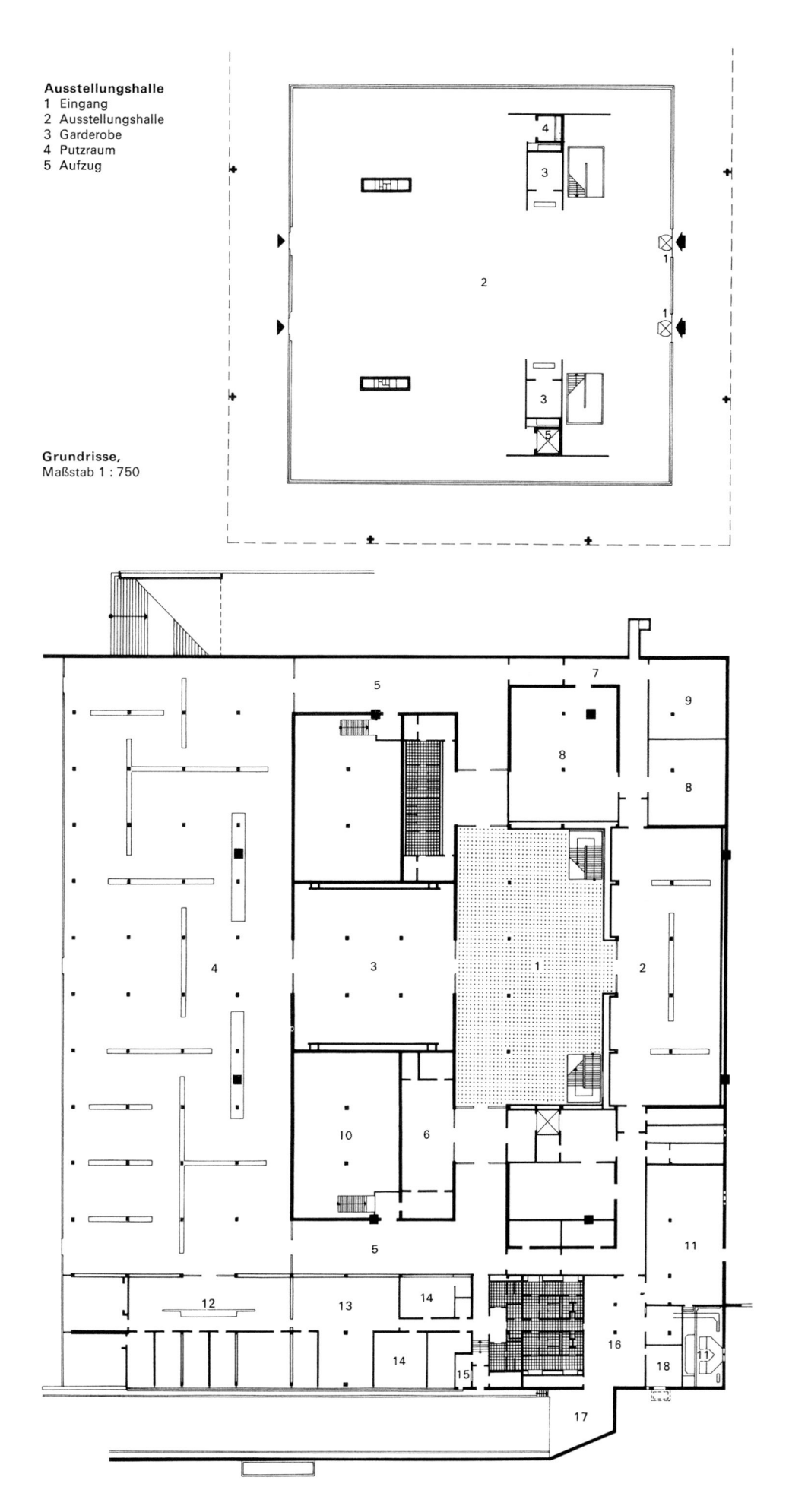

Abb. 86 Mies van der Rohe, Neue Nationalgalerie, Berlin, 1965–68; Grundriss.

Einordnung in die Museumsarchitektur 113

Die Struktur der Nationalgalerie ist durch die Transparenz allgegenwärtig. Vor allem aber ist die Gestaltung des Innenraums mit dunklen Decken und einem hellen Bodenbelag die wohl impulsgebende Anregung für die Konzeption in Nürtingen.

Mies van der Rohe sah sich dazu verpflichtet, ein klares und strenges Gebäude zu planen, das in der Schinkelschen Tradition Berlins steht. Dazu gehört eine Stützenreihe mit Dachüberstand für ein gleichgeartetes Innen- und Außengefühl und die Erhöhung auf einen Sockel. Klassische Monumentalität wird ohne überflüssige Masse oder formale Komponenten erstellt. Sie erhält ihre Daseinsberechtigung nur mithilfe von Transparenz und Offenheit. Die Flexibilität, räumliche Freiheit, der offene Grundriss und die Transparenz lehnen an seinen 1943 gefertigten Entwurf „Museum für eine kleine Stadt" an. Für die Realisierung eines solch transparenten Gebäudes ist eine Stahl-Glas-Konstruktion unerlässlich. Der quadratische Grundriss, das Dachraster, das von Stützen getragen wird, die großen Räume und die Erhöhung durch eine Plattform erinnern an das Barcardi-Verwaltungsgebäude in Santiago de Cuba (1957).

> „Die Struktur ist nun vollkommen deckungsgleich mit dem Grundraster; anders gesagt: der Grundraster ist als Struktur ausgebildet, als in zwei Richtungen unterstützendes Dach, wobei nur zwei Stahlsäulen an jeder Seite die Stützfunktion übernehmen. Aus solcher Struktur folgt zwangsläufig die Ablösung der Asymmetrie [Barcelona] durch eine ganz ungebrochene strenge Symmetrie."[243]

Die Nationalgalerie steht aufgrund ihrer absoluten Transparenz im völligen Kontrast zum Sammlungshaus. Allerdings kann das Berliner Gebäude als Umsetzung aller Anforderungen an einen modernen Museumsbau gelten und ist ein Konglomerat der Architektursprache Mies van der Rohes, die Stohrer wesentliche Eingebungen gab, die am Haus Domnick in Erscheinung treten. Darunter gehören die Innenraumgestaltung mit dunklen Decken, die eingezogenen halbhohen Trennwände, Durchblicke und fließende Raumgefüge.

Neben den hier aufgeführten Museumsbauten entstanden, während der 1950er und 1960er Jahre weitere nennenswerte Bauwerke in Deutschland, die allerdings nicht detailliert besprochen werden müssen. Erwähnenswert sind die Bauwerke Rainer Schells (1917–2000), der neben dem Wilhelm-Morgner-Haus in Soest (1961/62) einen flachen Betonskelettbau, dessen Fassade abwechselnd mit Back- und Feldsteinen verkleidet ist[244], das Gutenberg-Museum in Mainz (1962) entwarf. Beide Museen vereinen mehrere Nutzungsräume wie Theater- und Vortragssäle in sich. Sie haben eine Rastergliederung und eine offene Eingangssituation. Darüber hinaus sind das um einen Innenhof orientierte Ernst-Barlach-Haus in Hamburg von Wilhelm Kallmorgen (1962), der Gebäudekomplex des Brücke Museums in Berlin (1967) von Werner Düttmann, die Betonummantelung des Kestnermuseums in Hannover (1961) von Werner Dierschke, die ehemalige Kölner Josef-Haubrich-Kunsthalle (1967) von Franz Lammersen und Heinz Stiel mit der reliefierten Betonfassade (Abb. 87) sowie das Studio des Kunstkreises Hameln

Abb. 87 Franz Lammersen und Heinz Stiel, ehem. Josef-Haubrich-Kunsthalle, Köln, 1967; Ansicht von Nordosten.

---

243 Conrads 1968, S. 1210

244 Vgl. Kerber 1999.

(1957) von Diester Oesterlen, das l-förmig an einen Innenhof angrenzt (Abb. 88) beispielhaft. Die aufgeführten Museen wurden von Domnick und Stohrer besichtigt und repräsentieren die typische Museumsarchitektur der Zeit.

Für die Planung des Wohn- und Sammlungshauses sammelten Domnick und Stohrer diverse Eindrücke, um zu sortieren, was gefiel, was nicht und was notwendig war. Domnick war begeistert und überzeugt von der Pavillonstruktur. Diese konnte in Nürtingen allerdings aufgrund der abfallenden Topografie nicht ohne Weiteres umgesetzt werden. Die im Vergleich vorgestellten Museen in Deutschland der 1950er und 60er Jahre sind oft rechteckige oder quadratische Kuben auf einem ordnungsgebenden Raster mit einer schmucklosen Fassade. Diese Konstruktionsweise wurde für das Haus Domnick übernommen. Die Verkettung der Räume, die sich bei mehreren Museumsbauten in den 1960er Jahren finden, wurde aufgegriffen und setzt sich so von einer festen Wegeführung mit Aneinanderreihung von Kabinetten genauso wie von einem ungegliederten Großraum in der Art des White Cube ab. Fasziniert haben Domnick offenbar die hermetisch geschlossenen Betonbauten mit sehr punktuellen, wie zufällig wirkenden Ausblicken in die Natur sowie die Verwendung von Kunstlicht statt Tageslicht. Dazu muss betont werden, dass das Haus Domnick aufgrund der beschränkten Möglichkeiten durch die Größe des Bauplatzes und der Anforderung einen eingeschossigen Bau zu errichten, mit weniger Platz auskommen musste, wodurch eine großflächige Verglasung nicht realisierbar war. Insgesamt ist damit der Entwurf für Nürtingen deutlich seiner Zeit und anderen Museumsbauten verpflichtet, brach deren architektonische Lösungen jedoch auf das Sammlungsformat zurück und suchte hier im kleineren Format eine durchaus eigenständige Raumwirkung, für die das Louisiana Museum und die Berliner Nationalgalerie sicherlich die wichtigsten Impulsgeber waren.

6.4.7 Internationaler Vergleich

Domnick und Stohrer ließen sich auch über Deutschlands Grenzen hinaus von Museumsbauten inspirieren. Sie reisten unter anderem in die Niederlande, Dänemark, Belgien und Frankreich und recherchierten in Baufachzeitschriften über die neusten Entwicklungen

Abb. 88 Diester Oesterlen, Studio des Kunstkreises, Hameln, 1957; Eingang.

der Architektur auch über Europa hinaus. Das sogenannte 20er Haus in Wien wurde 1958 auf der Weltausstellung in Brüssel (Expo 1958) als temporäres Ausstellungsgebäude vorgestellt (Abb. 89a, b).[245] Das Bauwerk sowie die später veränderte Neuerrichtung in Wien haben einen Nachhall in der Architektur bewirkt, der sich auch auf die Architektur des Wohn- und Sammlungshauses auswirkte. Sogenannte Glaspaläste mit Atrien im Zentrum werden in den 1950er und 1960er Jahren populär. Domnick und Stohrer waren von der Idee, Lichthöfe als Verbindung von Natur und Architektur sowie als Raumerweiterung einzusetzen, begeistert. Die Lichthöfe und Gebäudeeinschnitte im Wohn- und Sammlungshaus haben ansatzweise diesen Effekt. Von einer vollständig geöffneten Gestaltung der Lichthöfe waren sie wohl nicht überzeugt.

Der Architekt Karl Schwanzer (1918–1975) entwarf mit dem Expo-Museum eines der fortschrittlichsten Werke der österreichischen Nachkriegsarchitektur im Internationalen Stil. Thomas Trummer, der Kurator für moderne und zeitgenössische Kunst an der österreichischen Galerie Belvedere in Wien beschrieb das Museum 2005 wie folgt:

> „Ich glaube, dass es das einzige Zeugnis der österreichischen Architekturgeschichte ist, in dem die Idee der Transparenz dermaßen weit getrieben wurde. Mit dem 20er Haus schließt sich daher eine große Lücke, denn nichts braucht so viel Luft rundherum wie zeitgenössische Kunst."[246]

---

245 Zum 20er Haus vgl. Schwanzer 1964. – Kat. Wien 1975. – Kat. Wien 2006. – Krischanitz 2012. – Salcher 2012.

246 Trummer 2005, zit. nach Kat. Wien 2006, S. 78. – Schwanzer/Pogoreutz 2021.

Grundrisse, Maßstab 1 : 1000

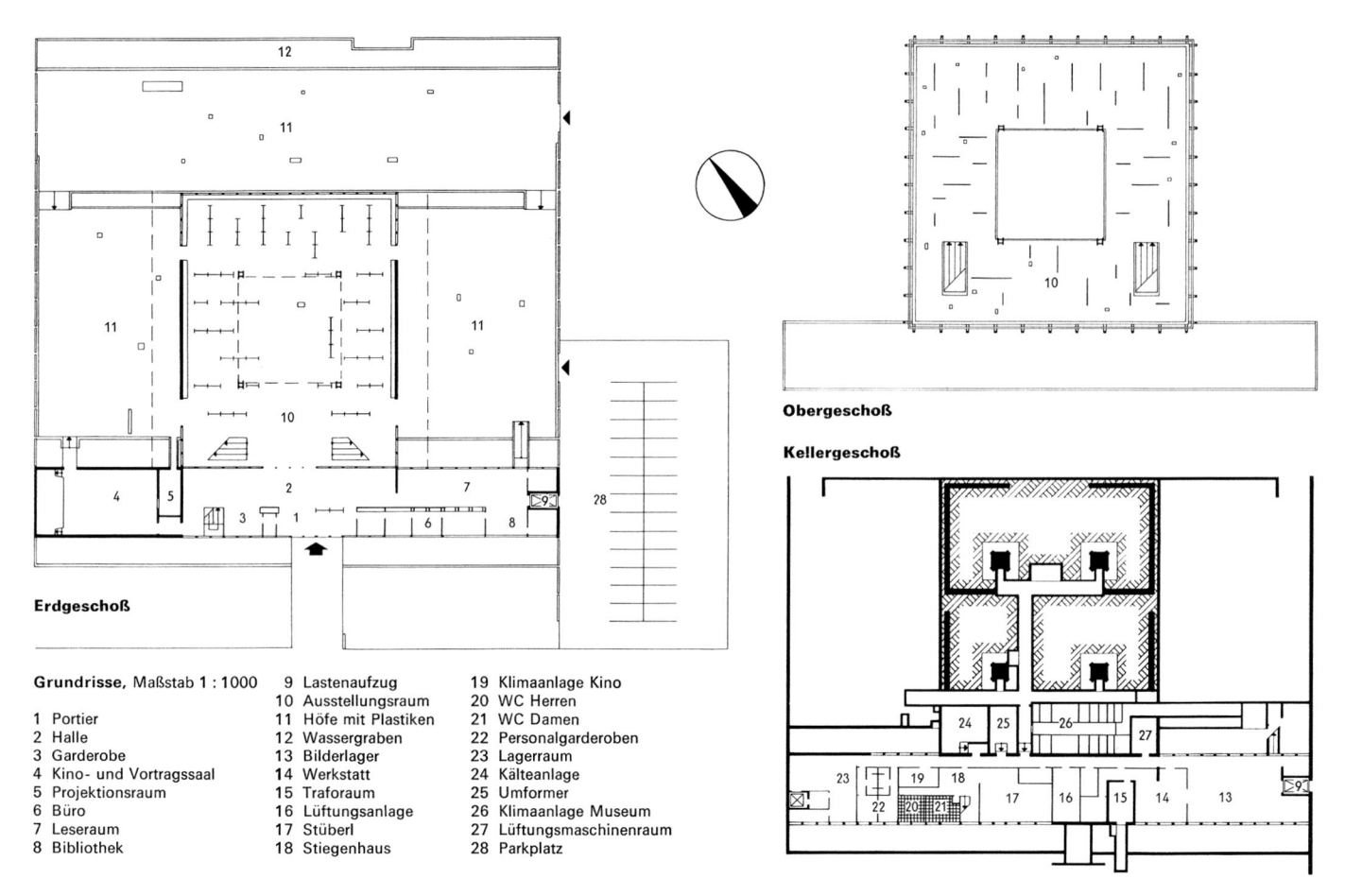

1 Portier
2 Halle
3 Garderobe
4 Kino- und Vortragssaal
5 Projektionsraum
6 Büro
7 Leseraum
8 Bibliothek
9 Lastenaufzug
10 Ausstellungsraum
11 Höfe mit Plastiken
12 Wassergraben
13 Bilderlager
14 Werkstatt
15 Traforaum
16 Lüftungsanlage
17 Stüberl
18 Stiegenhaus
19 Klimaanlage Kino
20 WC Herren
21 WC Damen
22 Personalgarderoben
23 Lagerraum
24 Kälteanlage
25 Umformer
26 Klimaanlage Museum
27 Lüftungsmaschinenraum
28 Parkplatz

Abb. 89a Karl Schwanzer, 20er Haus, Wien, 1958; Grundriss.

Heinrich Drimmel, dem ehemaligen Unterrichtsminister Österreichs[247], ist die Erhaltung des Pavillons zu verdanken. Im Gegensatz zum 20er Haus wurden alle Ausstellungsstücke anderer Länder auf der Weltausstellung entsorgt. 1962 wurde ein Standortwechsel des Baus mit einigen Veränderungen in Wien im Schweizer Garten an der Arsenalstraße beschlossen. Hierbei wurde die Architektur an die ideale Bauweise eines Museums des 20. Jahrhunderts angepasst.[248] Aufgrund des umfangreichen Wiederaufbaus und der Prominenz in Fachkreisen ist

Abb. 89b Karl Schwanzer, 20er Haus, Wien, 1958; Südwestansicht mit Haupteingang.

---

247 Der Unterrichtsminister ist der heutige Bildungsminister in Österreich. Dem Ressort waren auch Kunst, Kultur und Wissenschaft zugeordnet.
248 Bis 2001 wurde das Gebäude in Wien als Museum des 20. Jahrhunderts genutzt. Nach einem Jahr Leerstand ging das Bauwerk 2002 in den Besitz der Österreichischen Galerie Belvedere über und wurde 2018 in Belvedere 21 umbenannt. Von 2007 bis 2011 fanden Renovierungsarbeiten unter Adolf Krischanitz, einem ehemaligen Schüler von Karl Schwanzer, statt.

das Gebäude Domnick und Stohrer durchaus geläufig gewesen.

Das Museum ist als Stahlkonstruktion auf vier Stützen konzipiert worden. Auf dem einst offenen Untergeschoss steht ein vierzigmal vierzig Meter großes mit Mattglas verkleidetes Obergeschoss. Beim Wiederaufbau in Wien wurde das Untergeschoss mit Fenstern verschlossen und der zentrale Innenhof, in dessen vier Ecken die Stützen stehen, überdacht. Im Erdgeschoss sind ein Shop, ein Café und der Kinosaal spiegelsymmetrisch angeordnet. Alle Bereiche sind von hier aus über kurze Wege erreichbar. Garderobe, Sanitärräume, Bibliothek und Büros befinden sich im Untergeschoss. Im Obergeschoss sind die Ausstellungsräume zum zentralen Innenhof geöffnet. Es entsteht der Eindruck eines zweigeschossigen „Einraummuseums".

Die modulare Bauweise und Möglichkeit der Demontage ist an den geschweißten und geschraubten Stahlelementen und Montageverbindungen sichtbar. Die Wandflächen bestehen aus Heraklith, Kunststoff, Glas und Holz. Sichtbeton und Klinker werden für den Querriegel und opake Glasfassaden in versetzten Rastern am Obergeschoss eingesetzt. Baumaterialien, Transparenz und freie Grundrissgestaltung erinnern an die Neue Nationalgalerie in Berlin.

Im benachbarten Frankreich in Le Havre, in der Normandie befindet sich ein weiteres transparentes Bauwerk, das als erstes Museum seit 1937 vom französischen Staat erbaut wurde. Architektonisch weist es wenige Gemeinsamkeiten mit dem Haus Domnick auf. Allerdings verfügt das Kulturzentrum über eine internationale Prominenz und veranschaulicht die vielfältige Museumsarchitektur. Die Architekten Guy Lagneau, Michel Weill, Jean Dimitrijevic und R. Audigier entwarfen 1961 das Musée-Maison de la Culture (Abb. 90a–c), das international bekannt ist.[249] Das schlichte Gebäude aus einer Glas-, Stahl- und Aluminiumkonstruktion misst auf drei Etagen 4.840 Quadratmeter auf einem Grundriss von fünf mal neun Quadraten. Licht kann von allen Seiten in die Innenräume dringen. Bemerkenswert sind die Brise-Soleis in horizontaler Ausrichtung oberhalb des Sheddaches und die Reduzierung des Baumaterials auf Glas, Aluminium und Stahl analog zu den architektonischen Stilmitteln Mies van der Rohes und Le Corbusiers. Eine Fußgängerbrücke an der Südseite führt durch den Haupteingang in einen Windfang. Dahinter öffnet sich

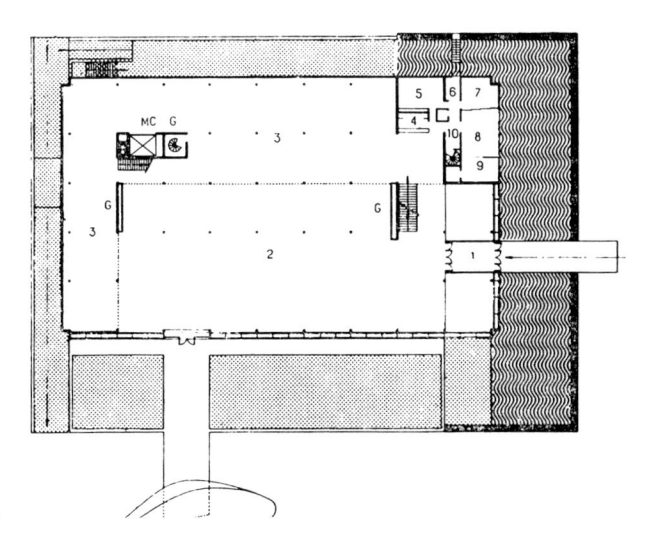

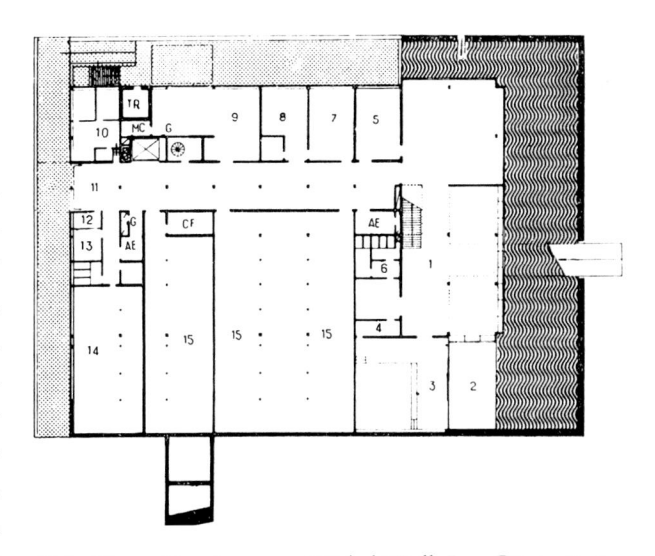

Abb. 90a–c Guy Lagneau, Michel Weill, Jean Dimitrijevic, R. Audigier, Musée-Maison de la Culture, Le Havre, 1961; Grundrisse.

---

249 Zum Museum für moderne Kunst in Le Havre vgl. Joly 1961. – Brawne 1965, S. 95–97. – Jesberg 1964, S. 58–60.

Erdgeschoß 1:400 / Rez-de-chaussée / Ground floor

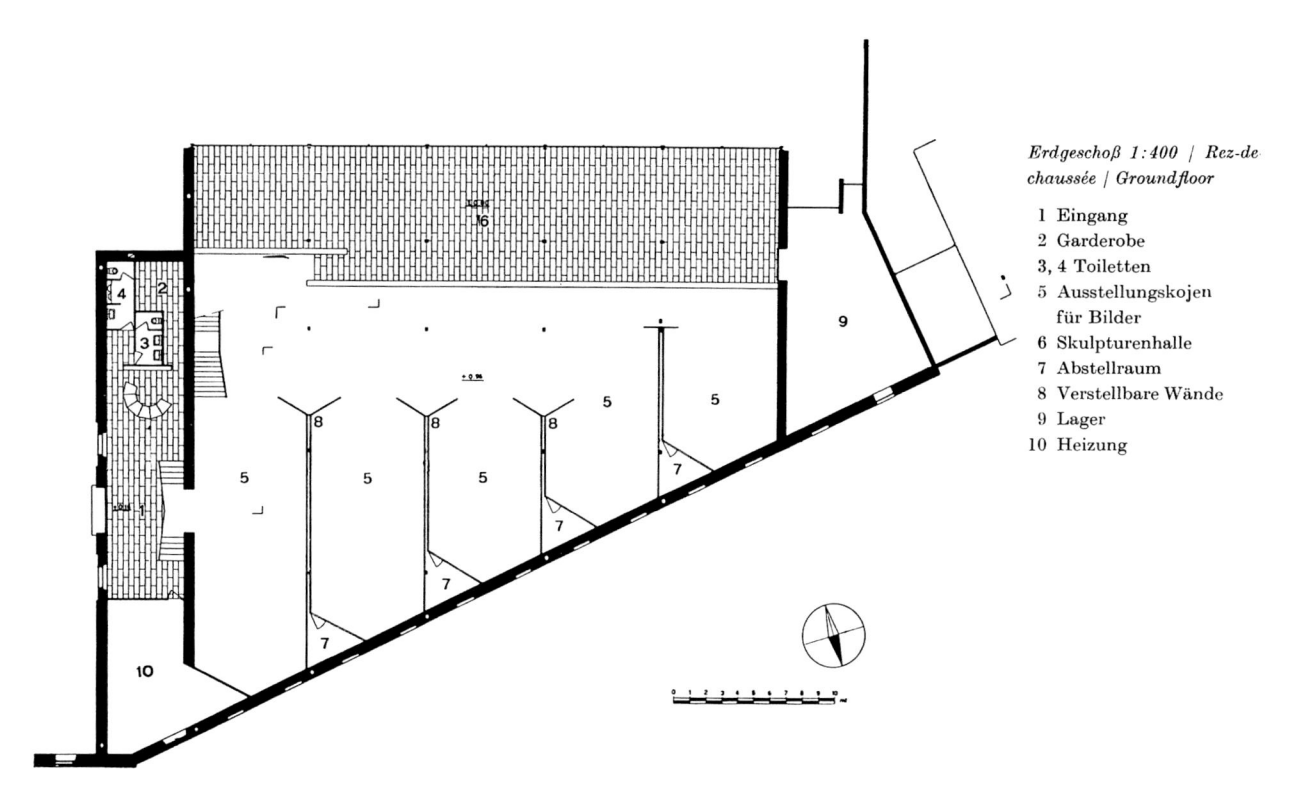

1 Eingang
2 Garderobe
3, 4 Toiletten
5 Ausstellungskojen für Bilder
6 Skulpturenhalle
7 Abstellraum
8 Verstellbare Wände
9 Lager
10 Heizung

Abb. 91a Iganzio Gardella, Galleria d'Arte Moderna, Mailand, 1954; Grundriss EG.

die zentrale Ausstellungshalle mit einer Rasterung von drei mal sieben Quadraten. Die Ausstellungsfläche ist mit regelmäßig angeordneten hängenden und stehenden Trennelementen gegliedert. Im Obergeschoss verläuft eine l-förmige Galerie. Die offene Raumgestaltung durch die mobilen Trennwände schafft Flexibilität. Im Untergeschoss sind Magazin, Fotoatelier, Büroräume, Werkstätten, und Garderobe untergebracht. Die gläserne Architektur erinnert an die Nationalgalerie in Berlin oder auch an das 20er Haus in Wien. Innovativ für das Sammlungshaus in Nürtingen kann die Rasterung für eine klare Raumgliederung sowie die flexible und offene Raumgestaltung für die Durchsichtigkeit gewesen sein. Entgegen der lichtdurchfluteten Glas-Stahlkonstruktion ist das Wohn- und Sammlungshaus nach außen verschlossen und innen mit wenigen Lichtakzenten dunkel gehalten.

Italienische Architekten wie Carlo Scarpa oder Ignazio Gardella haben die Museumsarchitektur der Nachkriegszeit mit revolutioniert. Zahlreiche Umbauten und Neubauten zeugen von qualitativen und quantitativen Innovationen.[250]

„Wir waren an Museen gewöhnt, deren Architektur monumental konzipiert war, Gehäuse, in denen die Kunstwerke nachträglich nach der Planung des Bauwerks, untergebracht wurden. Diese Vorstellung ist heute umgekehrt worden: Die Kunstwerke schaffen ihrerseits die Architektur, bestimmen die Räume und schreiben die Abmessungen der Wände vor. Jedes Bild und jede Skulptur werden darauf überprüft, wie sie sich am besten darbieten: Erst dann erhalten sie den Raum, den sie benötigen."[251]

Stohrer verfolgte die italienische Architektur, weshalb ihm die dortigen Museumsbauten vertraut waren. Ein Beispiel ist der trapezförmige Pavillon für zeitgenössische Kunst für die Galleria d'Arte Moderna in Mailand (1954) von Ignazio Gardella (Abb. 91a, b).[252] Bezogen auf das Haus Domnick dienen hier die drei verschiedenen, gegeneinander abgesetzten Raumtypen jeweils einer bestimmten Funktion. Der Rastergrundriss des Pavillons strukturiert das Gebäude. Betreten wird das Museum über einen seitlichen Eingang. An der schmalen Empfangshalle liegen die Garderobe und der Heizungsraum. Daran schließen die Ausstellungsräume an. Innerhalb des Pavillons werden die verschiedenen Kunstgattungen auf drei Raumtypen mit unterschiedlichen Bodenniveaus

---

250 Vgl. Brawne 1965, S. 30. – Hoh-Slodczyk 1987.
251 Zevi 1958, zit. nach Brawne 1965, S. 30.
252 Zur Galerie der Moderne in Mailand vgl. Brawne 1965, S. 36 f. – O.N. 1955.

Obergeschoß 1:400 / Etage / Upper floor

1 Öffnung über Eingang
2 Balkon
3 Abstellraum
4 Laboratorium
5 Gemäldekojen
6 Ausstellungsgalerie
7 Abstellraum
8 Verstellbare Wände

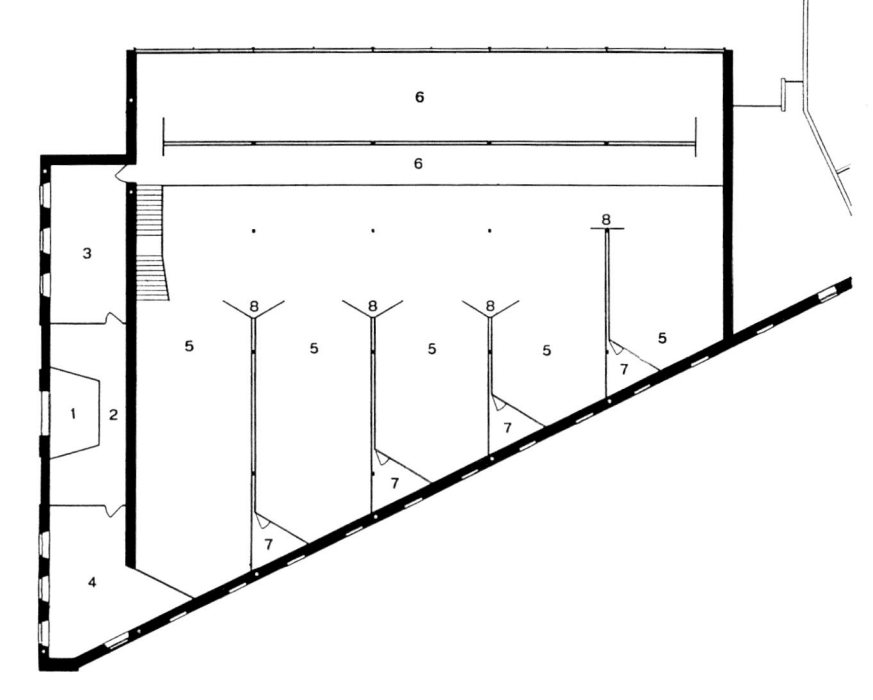

Abb. 91b Iganzio Gardella, Galleria d'Arte Moderna, Mailand, 1954; Grundriss OG.

und Deckenhöhen separiert. Der niedrigste Raum für Plastiken und Skulpturen grenzt Richtung Süden an den Park und wird durch eine große Glasfront belichtet. Der 65 Zentimeter höher liegende Hauptraum für die Gemäldeausstellung ist in fünf Bereiche geteilt und mit beweglichen Trennwänden frei veränderbar. Oberlichter erhellen den Raum. Eine Treppe führt auf das balkonartige Obergeschoss über dem Skulpturenraum. Hier sind Zeichnungen, Druckgraphiken und Fayencen ausgestellt. Die unterschiedlich dimensionierten Ausstellungsbereiche gehen fließend ineinander über und ermöglichen eine große Flexibilität der Anordnung. „Bezeichnend für die Raumkonzeption dieser Kunstgalerie sind die ineinanderfließenden Räume verschiedener Größe und auf verschiedener Höhe, verbunden mit großer Flexibilität in der Benützung."[253] Domnick und Stohrer waren von den Raumverbindungen und den thematischen Raumdifferenzierungen inspiriert (Abb. 32, 36, 40). Vergleichbare Motive wie die Bodenniveau-Unterschiede, Balustraden und halbhohe Trennwände sind im Sammlungshaus eingebaut worden. Die Sammlungsräume könnten durch die verschachtelte Architektur, die räumliche Abstufung und Einteilung teilweise nach

Objekttypen organisiert werden. Beispielsweise war der Gartensaal zunächst als „Plastikhof" geplant und wäre durch die Durchblicke der benachbarten Räume als solcher nutzbar. Allerdings entspringt diese Version der Struktur nicht der Idee, den Räumen verschiedene Funktionen zuzuweisen, sondern der einer Raumgliederung, die sowohl Ausstellungszwecke und wohnliche Anforderungen erfüllt.

Im Norden Europas wirkte der skandinavische Architekt, Alvar Aalto (1898–1976), der entscheidend Einfluss auf die Architektur Paul Stohrers hatte.[254] Seine Formensprache zeigt den Wandel vom Neoklassizismus hin zum International Style. Ein bekanntes Werk seiner Architektur ist der mit Holz verkleidete Pavillon auf der Pariser Weltausstellung 1937. 1945 begann seine große Schaffensphase. Zu seinen Stilmerkmalen zählen freie Kurven, fließende Umrisslinien, großzügig gestaltete Fassaden, kontrastreiche Materialien und die Liebe zum Detail. Museen entwarf der finnische Architekt mit besonderer Hingabe. Beim Planen folgte er einer zwanglosen Wegführung durch ein Museum und entwickelte eine spezielle Oberlichtbeleuchtung. Tageslicht wird über Punktreflektoren gleichmäßig im Raum verteilt. Aalto vertrat

---

253 O.N. 1955, S. 273.

254 Zum Architekten und Kunsten Museum in Aalborg vgl. Cresti 1975. – Kat. Essen 1979. – Schildt 1994, insb. S. 119 f. – Fiedler 2008, S. 96 u. 149–169.

die Ansicht, jedes Kunstwerk benötige eine individuelle Beleuchtung. Zwar wurden die meisten seiner Entwürfe für Museumsbauten nicht umgesetzt, aber ein Einfluss auf Stohrers Vorstellung von Museumsbauten dürften die Entwürfe sicher gehabt haben, zumal das Sammlerhaus in Nürtingen sowohl die offene Wegeführung als auch die künstliche, punktuelle Belichtung aufweist.

1958 gewann Alvar Aalto den Planungswettbewerb für den Museumsneubau in Aalborg (Abb. 92a, b).[255] Erst 1968 war Baubeginn des Kunsten Museums. Das Bauwerk besteht aus mehreren aufeinander gelagerten Kuben ähnlich einer Pyramide. Die gestufte Architektur integriert sich in die natürliche Umgebung und erinnert an die organische Architektur Frank Lloyd Wrights.[256] Von außen ist das Museum mit Marmor, Holz und Kupferblech verkleidet. Der graue Baukörper setzt sich von der umliegenden Landschaft ab. Im Inneren ist das Vestibül der Dreh- und Angelpunkt des Museums, auf dem sich die Pyramide in Form eines quadratischen Kubus erhöht. Alle Ausstellungssäle befinden sich auf einer Etage. Zu beiden Seiten der zentralen Halle liegen kleine Galerien. Verschiedene Rundgänge mit unterschiedlichen Ausstellungen liegen rückwärtig von der Eingangshalle. Das Raumsystem mit mobilen Trennwänden ermöglicht eine regelmäßige Umgestaltung der Ausstellung und eine völlig zwanglose Wegführung. Die Auswahl der Wand- und Deckenmaterialien beeinflusst die Akustik bei veränderbaren größeren räumlichen Konstellationen. Im Untergeschoss befinden sich Lagerräume. Tageslicht kombiniert mit Oberlicht erhellt die Räumlichkeiten aus unterschiedlichen Himmelsrichtungen. Aufgrund Aaltos Lichtkonzept, das sich an Tageszeiten anpassen kann, wird das Gebäude auch „Lichtmaschine" genannt. Das Museum ist im Inneren verputzt und weiß gestrichen. Der Carrara Marmor auf dem Boden reflektiert das Licht wie es im Haus Domnick vorgesehen war. Im Kunsten Museum od Modern Art strahlen die hellen, offenen Räume eine Weitläufigkeit aus. Die Kunstwerke setzen sich von den Wänden ab. Im Wohn- und Sammlungshaus Domnick setzt die direkte Punktbeleuchtung Akzente auf die Bilder, aber die Räume wirken durch die dunklen Betondecken gedrungen (Abb. 80a–e).

Eine konträre Bauweise zum Glasmuseum zeigt das von Philip Johnson konzipierte Munson-Williams-Proctor-Institut in Utica, New York, als Teil eines Kunstzentrums (1957/60) (Abb. 93a–c).[257] Das Museum legt Johnsons Auffassung von der Notwendigkeit eines Mittelpunktes im Museum als Orientierung dar. „Ein Blick zurück auf den Eingang, eine Öffnung zu einem Hof oder Garten können für den Museumsdirektor mehr funktionellen Wert haben als zwei weitere Säle."[258] Seine Vorstellung von einer Anordnung um einen zentralen Raum lehnt sich an die klassischen Museumsbauten des 19. Jahrhunderts an. Der Bau in Utica steht auf einem verglasten zurückgesetzten Sockel, der vom umlaufenden Graben verdeckt wird. Eine monumentale Treppe führt durch das rechteckige Eingangsportal in die große stützenfreie zweigeschossige Eingangshalle. Eine symmetrische Treppenanlage führt auf die umlaufende Galerie. Tagsüber ist die Eingangshalle durch Oberlicht erhellt. Bei Dunkelheit simulieren in die Deckenkassette eingelassene Leuchtkörper Tageslicht. Die Nebenräume unterhalb und auf der Galerie sind ausschließlich künstlich beleuchtet. Die variablen Stellwände sind an Deckenschienen befestigt und können individuell belichtet werden. Im Untergeschoss reihen sich um das zentrale Auditorium Büros und die Bibliothek. Die im Innenraum stützenfreie Konstruktion erinnert an die Crown Hal am

Abb. 92a Alvar Aalto, Kunsten Museum, Aalborg, 1968; Projektskizze.

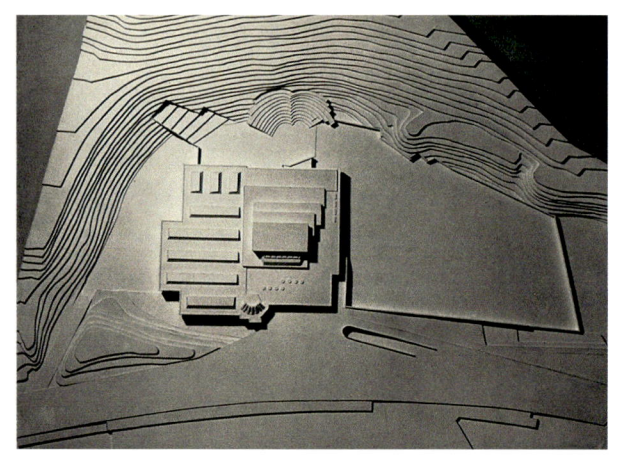

Abb. 92b Alvar Aalto, Kunsten Museum, Aalborg, 1968; Modell.

---

255 Zum Kunstmuseum in Aalborg vgl. den Sammelband Aalto/Barüel 1999.
256 Vgl. Muzurova 2014.
257 Vgl. Brawne 1965, S. 138–141. – Nagel/Linke 1971, S. 97–99. – Blake 1996, S. 78–79.
258 Johnson 1960, zit. nach Brawne 1965, S. 138.

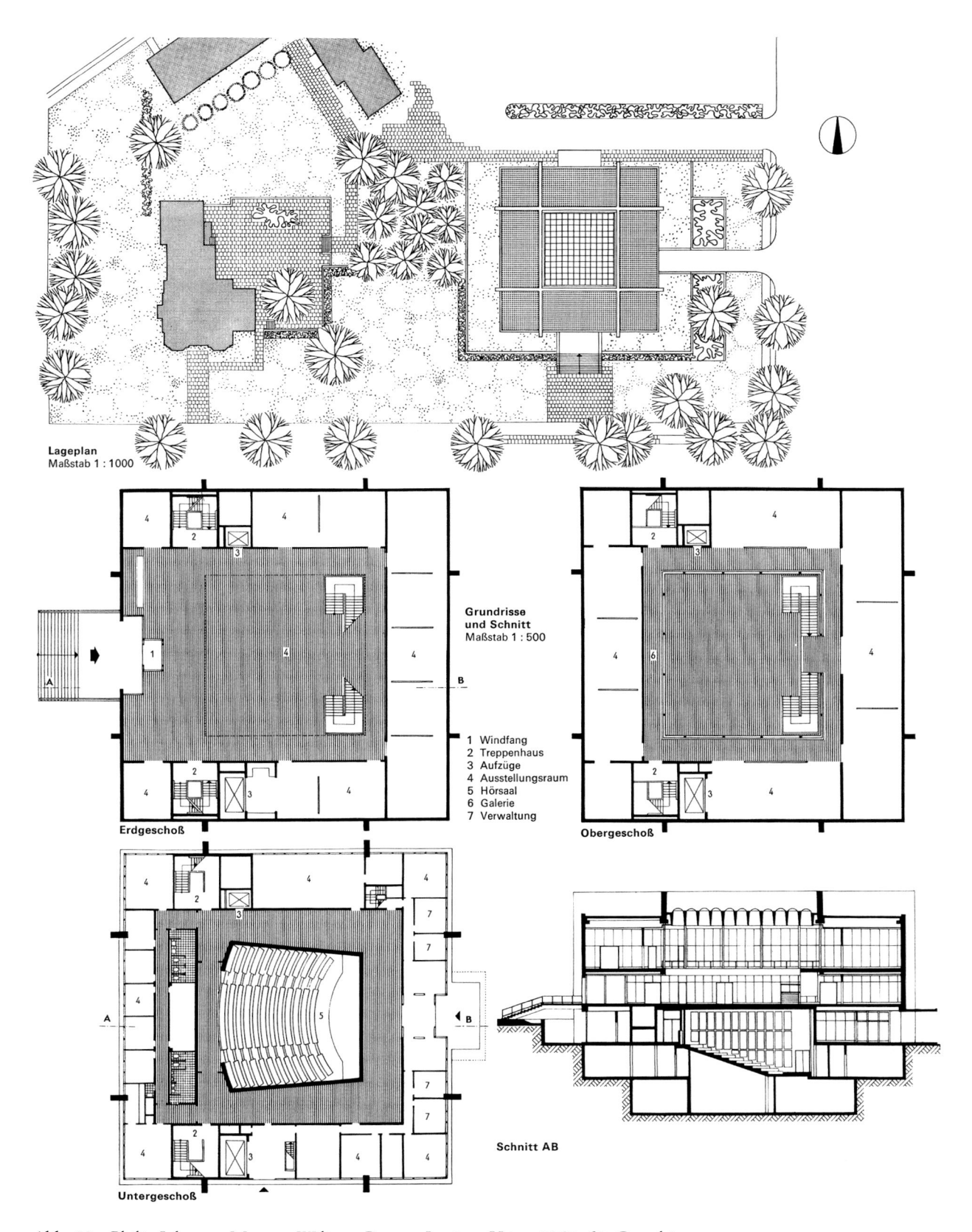

Abb. 93a Philip Johnson, Munson-Wiliams-Proctor-Institut, Utica, 1957–60; Grundriss.

IIT (1956) von Mies van der Rohe. Dagegen bilden die Ausstellungsräume im Wohn- und Sammlungshaus in Nürtingen eine diagonale Achse im Gebäude an der die untergeordneten Räume an den Randbereichen liegen. Die offene Struktur ermöglicht einen Blick in jede Richtung, nimmt jedoch nicht das Zentrum des Bauwerks ein.

Die äußere Architektur des Williams-Proctor-Instituts zeigt einen großen, zu allen Seiten geschlossenen Granitkubus auf acht Stahlbetonstützen, der von sich kreu-

Einordnung in die Museumsarchitektur **121**

Abb. 93b Philip Johnson, Munson-Wiliams-Proctor-Institut, Utica, 1957–60; Außenansicht.

Abb. 93c Philip Johnson, Munson-Wiliams-Proctor-Institut, Utica, 1957–60; Innenansicht.

zenden Querträgern gehalten wird. Das Erscheinungsbild klingt an die bereits vorgestellten hermetischen Museumsbauten in Deutschland an. Die fensterlose Fassadengestaltung und die Nicht-Lesbarkeit der inneren Raumordnung sind auch am Wohn- und Sammlungshaus in Nürtingen nur bedingt realisiert worden. Durch die vorstehenden Betonträger lässt sich zumindest die Rasterung des Grundrisses erahnen. Dennoch sind außer den Wohnräumen keine inneren Funktionen am Außenbau zu erkennen.

Das nachfolgende Beispiel präsentiert eine Varianz der Verbindung eines klassischen Grundrisses mit der zeitgemäßen Geschlossenheit. Die Architektur des Hauses Domnick grenzt sich weitestgehend davon ab.

Im fernen Osten befindet sich ein Museumsbau, der insbesondere durch das Mitwirken Le Corbusiers Relevanz für die Architekturgeschichte hat. In Tokio errichtete dieser mit Unterstützung der Architekten Maekawa Kunio, Sakakura Junzō und Yoshizaka Takamasa 1957–59 das Nationalmuseum für abendländische Kunst (Abb. 94).[259] Das Museum ist beispielhaft für Le Corbusiers Schrift „Fünf Punkte zu einer Architektur". Es steht im Ueno Park in Nachbarschaft zum ältesten Nationalmuseum Japans, zum Tokio Metropolitan Museum und zum Nationalmuseum der Naturwissenschaften. 1979 und 1997 folgten zwei Erweiterungsbauten.

Der Grundriss des auf Pilotis stehenden Museums hat ein Raster von sechs mal sechs Quadraten. Das Gebäude ist eine mit Betonelementen verkleidete Stahlbetonkonstruktion mit zwei Ausstellungsebenen zwischen den tragenden Säulen im Erdgeschoss und der Dachterrasse. Die Stahlstützen innerhalb des Gebäudes strukturieren die Raumaufteilung. Das betonierte Flachdach des quadratischen Gebäudes zeigt vier Galerien, die eine zentrale Halle mit pyramidenförmigem Oberlicht umgeben, was sich auf die Dauer nicht bewährte, weshalb die Räume heute mit Kunstlicht beleuchtet sind.

Der Haupteingang befindet sich im Erdgeschoss zwischen den Pilotis. Im Zentrum liegt der geschossübergreifende Lichthof, um den sich die Servicezone, die Bibliothek und die Verwaltungsräume gruppieren. Eine Rampe führt in die oberen Etagen. Ein zweiter Eingang an der Südwestseite ist über eine Freitreppe mit Balkon erreichbar, symbolisch für den Aufstieg in die Welt der Kultur. Hier ist ein Langfenster mit der Breite des Stützenabstands ebenso wie auf der Nordwestseite eingebaut.

Beide stellen die Verbindung zu dem umliegenden Park her. In der Ost- und Westfassade ist jeweils ein großes Fenster mit Betonrahmen eingebaut. Die beiden oberen Geschosse sind über seitliche Rampen an der Nordseite erreichbar. Die normale Raumhöhe beträgt fünf Meter. In den Ausstellungsräumen der Galerien misst die Deckenhöhe zum Teil nur 2,26 Metern, was offene und komprimierte Raumeindrücke schafft. Diese korridorähnlichen Lichtgalerien reichen über das Dach hinaus und bilden die Form einer Swastika.[260] Das traditionelle Farbkonzept mit dunklen Böden und hellen Wänden und Decken ist in den Ausstellungsräumen in Tokio angewandt. Die Räume machen einen lichten, weiten Eindruck. Die Kunstwerke an den Wänden werden mit einzelnen Strahlern ausgeleuchtet. Ins Zentrum gerichtete Balkone gestatten einen Überblick in die Ausstellung. Das japanische Museum veranschaulicht ebenfalls den Trend, Ausstellungsräume, um einen zentralen Kern zu gruppieren. Das Konzept des Gebäudes folgt der Idee des wachsenden Museums. Der quadratische Kubus mit der Abschottung nach außen verstärkt durch die Rauigkeit der ausgewaschenen Betonplatten an der Fassade erinnert an das Wohn- und Sammlungshaus. Architektonische Besonderheiten stellen einen Bezug zur Umgebung her. Die farbliche Gestaltung und Belichtung der Innenräume in Tokio wird Domnick und Stohrer vielleicht dazu veranlasst haben, diese architektonischen Stilmittel entgegengesetzt anzuwenden.

Weitere erwähnenswerte internationale Museen sind das Whitney-Museum in New York von Marcel Breuer, das Museum in Jannina (Griechenland) von Aris Konstantinidis und das Museum für gallisch-römische Grabsteinfunde in Belgien.

Der Blick auf internationale Museumsbauten bestätigt eine weitgehend identische Entwicklung der Architektur, wie sie auch in Deutschland erkennbar ist. Kuben, Materialität, räumliche Flexibilität, Wechsel der Raumhöhen und verschiedene Lichtkonzepte waren unabdingbare Kriterien auch für die Architektur des Sammlungshauses. Der Vergleich verschiedener Grundrisse, Raumordnungen und Wegführungen zeigt ebenfalls Gemeinsamkeiten und lässt auf mögliche Vorlagen und Beispielbauten für das Sammlungshaus rückschließen, zumal auch Details wie Niveauunterschiede, Durchfensterungen und Belichtungen vergleichbar sind. Insgesamt scheint über das Louisiana Museum bei Kopenhagen hinaus jedoch keiner

---

259 Zum Nationalmuseum in Tokio vgl. O.N. 1961. – Brawne 1965, S. 165–167. – Matsukata 1989. – Reynolds 2001. – Hüwe 2021, S. 56–60.

260 Eine Swastika ist ein altindisches Glückssymbol in Form eines Sonnenrads.

Mezzanin

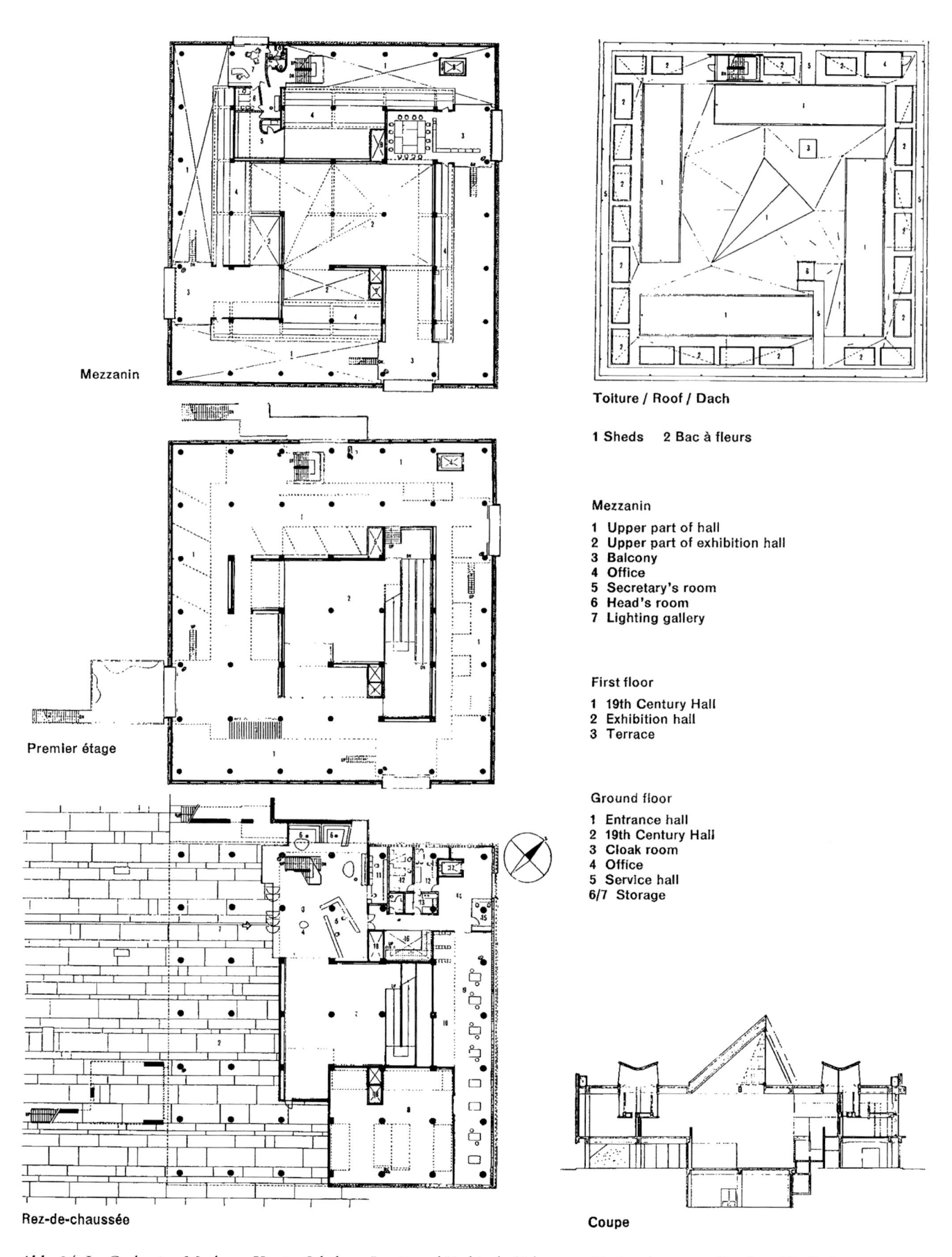

Toiture / Roof / Dach

1 Sheds 2 Bac à fleurs

Mezzanin

1 Upper part of hall
2 Upper part of exhibition hall
3 Balcony
4 Office
5 Secretary's room
6 Head's room
7 Lighting gallery

First floor

1 19th Century Hall
2 Exhibition hall
3 Terrace

Premier étage

Ground floor

1 Entrance hall
2 19th Century Hall
3 Cloak room
4 Office
5 Service hall
6/7 Storage

Rez-de-chaussée

Coupe

Abb. 94 Le Corbusier, Maekawa Kunio, Sakakura Junzō und Yoshizaka Takamasa, Nationalmuseum für abendländische Kunst, Tokio, 1957–59; Grundrisse Dach, Galeriegeschoss, 1. OG, EG.

124 Bautypologische und museologische Kontextualisierung

der internationalen Museumsbauten als konkretes Vorbild für Nürtingen gedient zu haben. Da offenbar weder Stohrer noch Domnick jemals in den USA gewesen sind und der Kreis der in Domnicks Autobiografie genannten Museumsbauten, die er im Vorfeld besucht hatte, überschaubar war, kannten sie die dortigen Entwicklungen bestenfalls aus Veröffentlichungen. Einflüsse dürften somit weniger aus den konkreten Museumsbauten als über die Prägung von Stohrer durch die Museumskonzeptionen von Alvar Aalto in das Nürtinger Projekt gegeben haben.

6.4.8 Einzelformen

Architektonische Besonderheiten am Wohn- und Sammlungshaus sind die sichtbaren Betonträger, die die Konstruktion offenlegen und eine Pergola an den Terrassen ausbilden sowie die halbrunde Ausformung um den Sanitärbereich.

Das Pergola-Motiv dient nicht zuletzt der Markierung des quadratischen und in einem Raster angelegten Grundrisses. Vergleichbare Elemente finden sich auch an anderen Museen. Die Decken von Museumsbauten der 1960er Jahre sind häufig durch die Sichtbarkeit der Betonträger strukturiert. Insbesondere Kassettendecken aus Stahlbeton sind beliebt, da sie die Rasterung des Grundrisses und die Gliederung der Fassaden aufgreifen können. Vordächer, Dachüberstände und überdachte Laufgänge eignen sich für die Verbindung von Innen- und Außenraum. Lamellen sind zur Licht- und Schattenregulierung im Außen- und Innenbereich einsetzbar. Beim Louisiana Museum in Dänemark sind unterhalb der Dachvorstände der Galerien herausstehende, horizontale Schichtholzbalken verbaut, die in den Innenräumen fortlaufen. Die Architekten betonen damit die Konstruktion des Bauwerks. Die offene an die Natur angepasste Architektur soll dem Besucher das Gefühl vermitteln, sowohl drinnen als auch draußen zu sein. Geeignete Bauelemente für diesen Effekt sind verglaste Wände, Flachdächer oder vertikale Stützsäulen. Die Außenterrasse im Südwesten liegt im Schatten einer hölzernen engmaschigen Pergola.

Beim Museum für moderne Kunst in Rio de Janeiro strukturieren 14 mächtige Stahlbeton-Rahmenträger die Fassade (Abb. 95a–c).[261] Durch ihre Schrägstellung und einen Dachüberstand strahlt ein blendfreies Seitenlicht in die Ausstellungshalle. Das monumental gestaltete Motiv des Dachüberstands dient als Lichtregulierung. Das

Abb. 95a Oscar Niemeyer, Museum für Moderne Kunst, Rio de Janeiro, 1953; Vogelschau von Südwesten.

Abb. 95b Oscar Niemeyer, Museum für Moderne Kunst, Rio de Janeiro, 1953; Pergola und Dachgarten Richtung Südosten.

Abb. 95c Oscar Niemeyer, Museum für Moderne Kunst, Rio de Janeiro, 1953; Blick nach Westen auf Restaurant.

1955 unter Affonso Eduardo Reidy unter dem Einfluss von Le Corbusier und der École de Paris fertiggestellte, zweigeschossige Hauptgebäude des Museums ist ein rechteckiger Kubus. An der Westseite schließt sich ein weiteres Gebäude an, das im Erdgeschoss Funktionsräume und im Obergeschoss ein Restaurant mit einer Dach-

---

261 Vgl. Brawne 1965, S. 79–83.

terrasse hat. Diese ist zum Teil mit einer Pergola bedeckt mit der Funktion als schattengebendes Element und als Verbindung von Innen- mit Außenraum. Der ungestörte Übergang der Konstruktion in den Innenraum und die Glaswand erinnern an die Raumerweiterung bei den Terrassen in Nürtingen. Der Außenbereich wird in den Innenraum mit einbezogen. Möglich ist, dass Domnick und Stohrer bei ihren Recherchen auf dieses Museum aufmerksam geworden sind. Entschieden different ist jedoch die Unterbrechung der Betonträger durch den quer verlaufenden Träger ins Innere des Hauses Domnick und die nicht wandhohen Fenster, wodurch der fließende Übergang unterbrochen wird.

Bei der Darmstädter Kunsthalle wurden vor der Glasfront sowohl an der Innen- als auch an der Außenseite vertikale Lamellen ebenfalls in Anlehnung an die Brise-Solei von Le Corbusier angebracht, auch um einen notwendigen Sonnenschutz zu erzeugen, ohne die Harmonie von Innen- und Außenraum zu stören. Denselben Zweck erfüllen die Dachüberstände an der italienischen Galleria d'Arte Moderna in Mailand. Das Sheddach des Museums für Moderne Kunst in Le Havre wird von einem horizontalen Sonnenschutz aus Aluminium bedeckt mit einem kleinen Dachvorsprung, um den Lichteinfall zu dämmen. Die Pergolen am Wohn- und Sammlungshaus mindern geringfügig die Sonneneinstrahlung. Hauptsächlich sind sie ein architektonisches und ästhetisches Mittel und in ihrer Funktion somit different zu denen an den vorgestellten Museen.

Oswald Mathias Unger entwarf für das Römisch-Germanische Museum in Köln (1963) einen aufgeständerten Kubus mit vier Lichthöfen für die Belichtung.[262] Die Höfe unterscheiden sich in Form und Größe, einer sollte zudem mit durchgehenden Trägern beschattet werden.[263]

Das Studio des Kunstkreises Hameln ist wie das Wohn- und Sammlungshaus Domnick ein nach außen geschlossener, ebenerdiger Kubus (Abb. 96a, b). Auf dem rechteckigen Grundriss steht ein l-förmiges Gebäude mit einem ummauerten Innenhof. Im Inneren wird Tageslicht gleichmäßig über eine weiß gestrichene Holzlamellenkonstruktion verteilt. Über dem Eingangsvorplatz ist eine Pergola mit parallel zur Wand verlaufenden Holzbalken. Die großen Fenster mit Blick in den Garten gegen die begrenzende Grundstückswand erzeugen eine Verbindung des Innen- und Außenbereichs. Beim Wohn- und Sammlungshaus wird dieser Effekt durch das Pergola-Motiv erreicht. Die halboffene Dachkonstruktion vervollständigt die quadratische Grundform des Wohn- und Sammlungshauses. Die Terrasse wird zu einem Innenhof, der zum Garten offen ist. Bei den hervorstehenden Betonträgern beim Haus Domnick geht es um die Präsentation der architektonischen Konstruktion, der Vervollständigung der quadratischen Grundfläche, der Betonung der Fassade sowie der Lichtregulierung im Innenraum. Die Art der Umset-

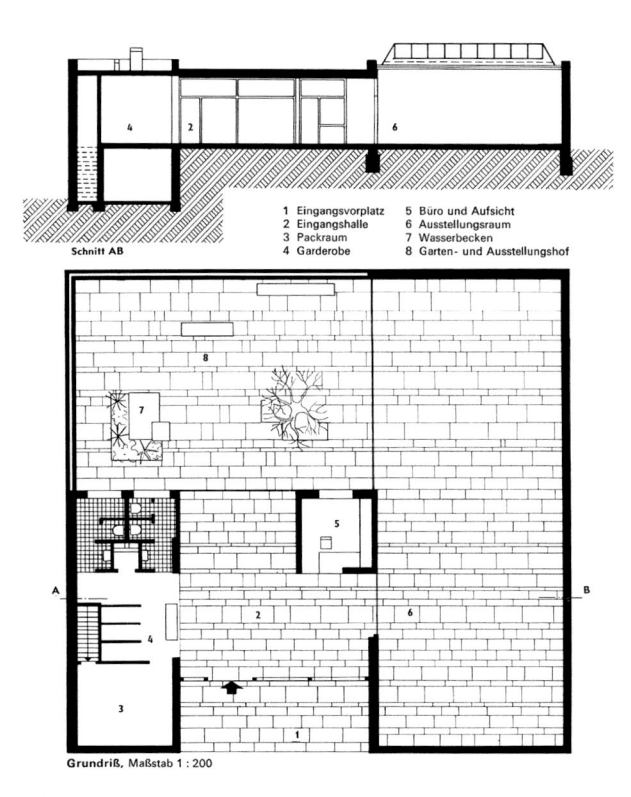

Abb. 96a Diester Oesterlen, Studio des Kunstkreises, Hameln, 1957; Grundriss.

Abb. 96b Diester Oesterlen, Studio des Kunstkreises, Hameln, 1957; Ausstellungshof mit Durchblick zum Eingang.

---

262   Zum Entwurf von Oswald Mathias Ungers vgl. Jesberg 1964, S. 90 f. Zum römisch-germanischen Museum in Köln vgl. Jesberg 1964, S. 84–96.

263   Der Plan wurde aufgrund der vielen Höhendifferenzen, die den Transport der Ausstellungsgegenstände unnötig erschweren, abgelehnt.

zung ist in dieser Form jedoch bei keinem Museum zu finden.

Die Entscheidung, den Toilettenbereich in einen halbzylindrischen Raum zu verändern, wurde für das Haus in Nürtingen erst später während des Bauprozesses getroffen. Dieser Kontrast im quadratischen Gesamtkonzept ist eine Inspiration von Le Corbusier.[264] Durch die plastische Profilierung wird ein Wechselspiel von Licht und Schatten erzeugt. Gleichzeitig soll die runde Form die Ausbreitung der Schallwellen in den fließenden Raumfolgen regulieren.

In anderen Museen sind vergleichbare Formen sichtbar. In der Eingangshalle des Reuchlinhauses in Pforzheim vermittelt eine kreisförmig laufende freischwingende Treppe wie eine Drehscheibe die Beziehung zwischen den Pavillons, den Ausstellungsräumen und Freiflächen (Abb. 76b). Im Lehmbruck Museum in Duisburg lösen beim Skulpturenpavillon konvex-konkave Außenmauern das strenge Quadrat um den zentralen Innenhof auf (Abb. 84). Diese beiden Bauwerke gehören zu den seltenen Entwürfen, die eine gewölbte Form innerhalb der geradlinigen Geometrie besitzen und Entwürfe von Le Corbusier als Vorlagen benennen. Das Ziel war es hier, die starre Rasterung der Architektur aufzulockern und Spannung herzustellen.

Vergleichbare Museumsbauten von Le Corbusier gibt es nicht, jedoch sind runde Formen auf dem Sektor seiner Villen, u.a. die Villa Savoye oder Schwob zu sehen und in seinem Spätwerk, dem Parlamentsbau in Chandigarh.

6.5 ZUSAMMENFASSUNG

Zu Beginn dieses Kapitels wurde ein Überblick über die allgemeine Entstehung, Entwicklung, Funktion und Bedeutung von Museen für die Gesellschaft gegeben. Daraus lässt sich schließen, dass für ein Museum keine allgemein gültige Definition aufgrund der Vielfalt der Typen formuliert werden kann. Das Sammlungshaus in Nürtingen markiert aufgrund seiner Doppelnutzung als Ausstellungs- und Wohngebäude einen Sondertypus innerhalb der Kunst- oder Privatmuseen. Das Gebäude sollte zudem nicht nur als Sammlungspräsentation und Wohnhaus, sondern darüber hinaus für ein Weiterbildungsangebot und vor allem als Veranstaltungsraum für Konzerte etc. genutzt werden, was ihm einen semi-öffentlichen Charakter verleiht.

Über die Jahrhunderte hinweg erfuhren Museen diverse Funktionswandel, wodurch sich unter anderem die verschiedenen Museumstypen entwickelten und sich die Architektur einerseits zum Zweck der Repräsentation, andererseits zur verbesserten Objektpräsentation veränderte. Bereits um 1900 ist eine Tendenz zur Reduktion der Monumentalität der Bauwerke zugunsten der Gegenstände zu erkennen und insbesondere im Inneren das Bemühen um eine moderne, reduzierte Architektursprache zugunsten der Wirkung der ausgestellten Objekte. Sie übernehmen sowohl architektonisch als auch städtebaulich eine wichtige Rolle als Freizeitziele und Kommunikationszentren. Dieser Bedeutungswandel nahm außerdem Einfluss auf die Lage der Museen. Die anfangs noch vermehrt am Stadtrand und außerhalb des sozialen Lebens befindlichen Gebäude werden in Landschaften und Städte integriert, sodass sie Teil des Alltags werden. Domnick bevorzugte für sein Sammlungshaus – nach ersten Aktivitäten für ein innerstädtisches Museum – ein abseitsliegendes Grundstück, wodurch es seinen gewünschten intimen und privaten Charakter erhielt, der aufgrund der primären Wohnnutzung gewünscht war. Verstärkt wird dieser Eindruck durch die wohnliche Einrichtung und die diffuse Belichtung im Innenraum.

Beim Vergleich der verschiedenen Museumsbauten aus den 1950er und 1960er Jahren wird deutlich, dass die architektonische Organisation eines Museums mittels eines geometrischen Rasters bevorzugt angewandt wird. Speziell Pavillonbauten eignen sich dazu, verschiedene Nutzungsräume voneinander zu scheiden und offene oder labyrinthische Wegführungen zu erzeugen. Sie ermöglichen dadurch Individualität und Flexibilität. Nach außen hin sind die aufgrund der versetzten Kuben organischen Raumfolgen ablesbar. Oberlichter, Fensterbänder oder fußbodentiefe Fenster scheinen die Fassaden zu durchbrechen. Mittels Beibehaltung der Rasterung, der Materialien sowie der Dachüberstände können Innen- und Außenraum optisch verbunden werden. Hinsichtlich der Beleuchtung fällt auf, dass die Museen zumeist großzügig mit Tageslicht beleuchtet wurden, was die Wahl von Pavillonstrukturen zusätzlich begünstigt haben könnte, da diese die Öffnung für große Fensterflächen ermöglichen. Die Pavillonstruktur war innerhalb

---

[264] Die genaue Entstehung dieses Raumdetails wird thematisiert.

der Museumsarchitektur zumindest bei eingeschossigen Bauten im Landschaftsraum üblich.

Generell bestätigen die aufgeführten Museumsbauten der 1950er und 1960er Jahre eine Entwicklung der Architektur. Auf der Grundlage der Klassischen Moderne entstand ein individuell ausführbarer International Style, der spätestens mit Anfang der 1960er Jahre in Deutschland etabliert war und den Standard bildete. Beim Vergleich ist deutlich geworden, dass es verschiedene Varianten der Anordnung der Raumfolgen und Wegführungen gibt. Die traditionellen Wegführungen, die durch Wände kontrolliert und kanalisiert werden können, geben einen Durchgang vor und bestimmen die Reihenfolge der Kunstwerke. Dies war zunehmend weniger gewollt, weshalb auf solche linearen Elemente zunehmend verzichtet wurde, um so eine freie, zwanglose Wegführung zu ermöglichen. Hier reiht sich das Konzept der Sammlungsräume Domnicks in die zeittypischen Entwicklungen ein.

Die für den Nürtinger Bau gestalterisch so prägende Form der Pergola aus den durchstoßenden Betonträgern hat innerhalb der Museumsarchitektur offenbar keine direkten Vorbilder oder Parallelen. Zwar gibt es an einigen Bauwerken Träger unterhalb des Daches zur Rhythmisierung oder Pergolen als Schattenspender unterhalb von Terrassen, zudem werden häufiger Lamellen an den Fenstern als Sonnenschutz und zur Lichtregulierung eingesetzt, allerdings sind die am Sammlungshaus genutzten Betonträger als Verbindung des Innen- und Außenbereichs und an der Südseite als zusätzlicher Sonnenschutz nicht aus der Museumsarchitektur abzuleiten.

Die Vergleichsbauten verdeutlichen die Sonderstellung des Hauses Domnick im Kontext der Museumsarchitektur der 1950er und 1960er Jahre. Trotz der gleichartigen musealen Ansprüche und der Übernahmen von Gestaltungsmitteln aus dem Musemsbau unterscheidet sich das Bauwerk von den gängigen Museumsbauten seiner Zeit erheblich. Dies liegt nicht zuletzt an einer Mischnutzung und seinem Gesamttypus des Bungalows, der der Wohnarchitektur entlehnt wurde.

7 Das Haus Domnick im Kontext der Wohnhausarchitektur

Die Einordnung des Wohn- und Sammlungshauses der Domnicks ist aufgrund der Doppelnutzung als Sammlungs- und Wohnhaus und der besonderen baulichen Gestaltung komplex. Die zwei unterschiedlich genutzten Bereiche bilden äußerlich eine Einheit. Im Inneren ist eine Trennung trotz des fließenden und offenen Übergangs vom Ausstellungsbereich in den Wohnbereich erkennbar (Abb. 21).[265] Die unterschiedlichen Bodenniveaus konkretisieren die funktionale Trennung der Räume. Durch den Höhenunterschied werden die Wohnräume einerseits separiert, aber andererseits durch die offene Raumgestaltung mit der Ausstellung in Verbindung gebracht. Die wohnliche Gestaltung der Sammlungsräume und die fließenden Raumverbindungen erlauben die These: Das Haus Domnick vereint die Funktion eines Museums und den Bautypus eines Wohnhauses.

Anfang des 20. Jahrhunderts war der Begriff „Einfamilienhaus" in Deutschland noch nicht etabliert. Es bestanden große Unterschiede zwischen der Architektur von Villen, Landhäusern einerseits sowie von Klein- und Siedlungshäusern andererseits.[266] Nach Wolfgang Pehnt sind Villen und Landhäuser bezüglich ihrer vertikalen oder horizontalen Ausrichtung sowie bezüglich ihrer freien oder gebundenen Anordnung der Räume und der Verbindung von Architektur und Natur zu kategorisieren.[267] Exemplarische Villen aus den 1920er Jahren sind das Haus Sommerfeld von Walter Gropius (1920/21), Haus Sternefeld von Erich Mendelsohns (1923) und Haus Lange und Esters von Mies van der Rohe (1928/1930). Die großzügigen, meistens zweigeschossigen Privathäuser liegen naturverbunden außerhalb am Stadtrand.

Allgemein lassen sich Wohnhäuser in verschiedene Typen kategorisieren. Kennzeichnende Parameter sind die Lage des Grundstücks, die Größe des Gebäudes entsprechend der Anzahl der Bewohner und der Baustil. Es wird zwischen einem Ein-, Zwei- und Mehrfamilienhaus differenziert, das freistehend oder als Doppelhaus oder Reihenhaus konzipiert ist. Die Fülle der Besonderheiten erschwert eine eindeutige Typenbestimmung. In der Regel entspricht ein Wohnhaus einer Kombination mehrerer Haustypen. Ein ebenerdiges, freistehendes Einfamilienhaus kann der Form eines Bungalows, eines Atriumhauses oder auch eines Pavillons entsprechen. Das Architektenhaus Domnick ist ein ebenerdiges, freistehendes Einfamilienhaus mit einem Flachdach aus Fertigteilen.[268]

---

265 Museale Ausstellungen sind immer räumliche Konstruktionen einer Auseinandersetzung mit Geschichte, Kultur und Gesellschaft. Diese Konstruktionen basieren auf Forschungen innerhalb der Sammlung und der Wissenschaften sowie auf Vorstellungen und Vorgängen innerhalb einer Gesellschaft. Vgl. Scholze 2004, S. 35 f.

266 Vgl. Ebert 2016, S. 50–57.

267 Vgl. Pehnt 2005, S. 38 f.

268 Ein Architektenhaus wurde individuell von einem Architekten nach den Wünschen des Bauherrn geplant. Bei Selbstbau- oder auch Bausatzhäusern ist der Bauherr weitgehend eigenverantwortlich.

Im Folgenden wird ein Einblick in die Geschichte des Wohnens und die allgemeinen Ansprüche an die Wohnkultur ausgehend von der Weimarer Republik bis 1945 gegeben. Die daraus gewonnenen Erkenntnisse erklären die Reformbewegungen und ihre nachhaltigen Auswirkungen auf die Wohnhausarchitektur. Eine differenzierte Untersuchung der Unterschiede und Gemeinsamkeiten von Bungalow- und Pavillonbauten ist notwendig, um den ebenerdigen Wohnhaustypus des Sammlungshauses ausführlich analysieren zu können. Dazu erfolgen eine detaillierte Beschreibung der Grundrisse und die Herleitung der Rasterung. Grundriss und Raumprogramm des Wohnbereichs vom Sammlungshaus werden separat sowie im Gesamtzusammenhang des Gebäudes mit Beispielen verglichen. Schließlich wird die Herkunft und Funktion architektonisch auffälliger Besonderheiten untersucht.

Mit der Gründung des Deutschen Werkbunds 1907 von Architekten wie Peter Behrens, Theodor Fischer, Wilhelm Kreis, Hermann Muthesius und Fritz Schumacher taten sich erste architektonische Reformbestrebungen auf, die sich vom Historismus entfernten und nach neuen, sachlichen Formen suchten.[269] Das Neue Bauen, der Internationale Style sowie Randströmungen wie Expressionismus und Organisches Bauen finden ihren Anfang und erfahren mit dem Ende des NS-Regimes neues Interesse. Dabei veranschaulichen die zwischen den Kriegen errichteten Wohnhäuser der dominierenden Architekten den Zeitgeist der strengen geometrischen und ornamentlosen Architektur. Ihre Bauwerke sind repräsentativ für den modernen Baustil.

Stohrer befolgte als Schüler der Stuttgarter Schule, die für ihre klassisch konservative Bauweise bekannt war und die Architektur des Bauhauses ablehnte, zunächst deren Leitlinien. Insbesondere an seinen frühen Werken zeichnet sich der traditionelle Baustil ab. Nach dem Zweiten Weltkrieg sind im Stuttgarter Raum vor allem die neuen Dozenten der Stuttgarter Schule wie Hans Volkart, Rolf Gutbier und Rolf Gutbrod wesentlich für die Entwicklung der Nachkriegsarchitektur, die eine Zweite Moderne einläuten.[270] Die Architektursprache der jeweiligen Baumeister, darunter auch Stohrers, öffnete sich nun äußeren Einflüssen und entwickelte sich individuell. Die Aufgeschlossenheit gegenüber neuen Formen und Baumaterialien lässt sich an Stohrers Werk ablesen.

Im Kapitel über den Zeitgeist der Wohnhäuser sollen parallele Entwicklungen, Gemeinsamkeiten und Abweichungen in Bezug auf das Haus Domnick erläutert werden.

7.1 DIE GESCHICHTE DES WOHNENS IM ZUSAMMENHANG MIT DER VILLA DOMNICK

Das Wohnhaus „fungierte als Laboratorium für neue Bauideen, als Versuchsplatz für die Ergebnisse und Hypothesen praktischer Wohnforschung."[271] Die Ansprüche an das moderne Wohnen sind in jeder Art von Wohnraum, Villen, Einfamilienhäusern, Klein- und Großsiedlungshäusern oder Wohnungen und Appartements identisch. In allen Epochen erfüllt Wohnraum den Zweck, wesentliche Zeit seines Lebens an einem bestimmten, geschützten Ort verbringen zu können.

Zu Beginn des 20. Jahrhunderts zeichnete sich verstärkt eine Tendenz zur Suburbanisierung ab.[272] In den Städten herrschte aufgrund der ansteigenden Bevölkerungsdichte eine ungesunde Wohnsituation, die eine räumliche Trennung von Arbeit, Wohnen und Erholung immer dringlicher machte. Wohnungsbaureformen und Strukturveränderung sollten eine Verbesserung der Wohnqualität herbeiführen.[273]

Bereits die Industrialisierung, die neue Bautechniken und -materialien hervorbrachte und die politischen und sozialen Umbrüche evozierten eine Entprivatisierung des Privaten.[274] Die Wohnungsnot nach dem Ersten Weltkrieg und der Bruch mit dem monarchischen System beschleunigte die Entwicklung neuer Konstruktionen. Die Gründung der CIAM (Congrès Internationaux d'Architecture Moderne) unter anderem unter Le Corbusier, Walter Gropius und Ernst May 1928 im schwei-

---

269 Mit dem politischen Wandel und dem nahenden Ende der Weimarer Republik kam es zu einem Architektenstreit zwischen Traditionalisten und den „Modernen". Insbesondere durch die Ausstellung des Deutschen Werkbundes 1927 wurde Stuttgart neben Berlin zum Brennpunkt des Architektenstreits und die Stuttgarter Schule speziell seit den 1920er Jahren zu einer der angesehensten Hochschulen.

270 Lupfer 1997, S. 23–69.
271 Pehnt 2005, S. 140.
272 Zum Städtebau in Deutschland vgl. Durth 1987. – Durth 1998a. – Durth 1998b. – Harlander 2001. – Kuhn 2001.
273 Vgl. May 1957, S. 117–119. – Schweizer/Selg 1957, S. 244 f.
274 Vgl. Pisani 2014, S. 15–18.

zerischen La Sarraz war maßgeblich für die internationale Entwicklung des „Neuen Bauens" verantwortlich. Schwerpunkt lag auf der städtebaulichen Organisation einer rationellen und funktionalen Bebauung.[275]

Nach dem Zweiten Weltkrieg waren viele deutsche Städte zerstört. Für Millionen Ausgebombte und Flüchtlinge musste in beiden Teilen Deutschlands neuer Wohnraum geschaffen werden. Es entstanden massenweise neue eintönige Wohnsiedlungen und schlecht an die vorhandene Infrastruktur angebundene Stadtviertel.

Der Wunsch des „Nur-Wohnens"[276] trat verstärkt auf. Allerdings war die Umsetzung des Traums von einem freistehenden Einfamilienhaus zwischen den Jahren 1945 und 1950 kaum realisierbar. Um dem Wohnraumbedarf kostengünstig zu decken, wurden Volkswohnungsbauten errichtet: gigantische Wohnhochhäuser oder Wohnblöcke über mehrere Etagen als Zwei- oder Dreispänner mit Kleinwohnungen oder Doppelgeschosswohnungen. Das Projekt der Unité d'Habitation in Marseille (1946/52) von Le Corbusier war programmatisch.[277]

„Das Einfamilienhaus ist der Wunschtraum der deutschen Familie [...], ihre Sehnsucht ist auf diese Form des Wohnens gerichtet, und zwar auf das freistehende Einfamilienhaus im eigenen Garten [...]."[278] Die programmatische Aussage stammt aus dem ersten Heft des „Baumeisters" von 1947 und beruft sich auf die Erfahrungen, dass während der Kriegsjahre weniger Einfamilienhaus-Siedlungen als innerstätische Wohnquartiere errichtet wurden. Mit der Phase des Wiederaufbaus, dem Städtewachstum und dem zunehmenden Wohlstand veränderte sich der gesellschaftliche Lebensstil. Der Wunsch nach Komfort, Luxus und geräumigem Wohnambiente wuchs. Wohnhausbau wurde zur neuen Aufgabe der Architektur, zahlreiche Baustile wurden zur Findung des Vollkommenen diskutiert.[279]

„Es kann keinem Zweifel unterliegen, dass das Wohnen im Einzelhaus in jeder Beziehung die höhere Lebensform darstellt."[280] Der Besitz eines Eigenheims als kleines Reich der Freiheit war zu einem Grundbedürfnis zur Findung und Festigung der eigenen Identität, der wirtschaftlichen Unabhängigkeit und Freiheit geworden.[281] Insbesondere Eigentumswohnungen sowie Ein- und Zweifamilienhäuser waren gefragt. Luxuriöse Villen, moderne Siedlungsreihenhäuser sowie Musterhäuser und fiktive Wohnhausprojekte waren Vorbilder für das moderne Nachkriegs-Einfamilienhaus.[282] Die Architektur des Eigenheims avancierte zu einem gesellschaftlichen Statussymbol.[283]

Zu dieser Zeit fokussierte Domnick seinen Wunsch, ein Refugium für seine Bilder, einen Ort der Ruhe und Besinnung, abgeschirmt von der Außenwelt, intim wie seine kleine Klinik zu besitzen.[284] Sein Ziel war es, ein kleines unabhängiges Museum autonom zu betreiben, in dem er gleichzeitig wohnen konnte. Mit der Errichtung des Wohn- und Sammlungshauses in völliger Ruhe und im Einklang mit der Natur erfüllte er seinen Traum von einem Ort der Erholung in völliger Freiheit.

Während der gesamten Planungsphase von Domnicks Domizil wurde innerhalb der Wohnhausarchitektur verstärkt Wert auf die Qualität der Baumaterialien gelegt. Eine grundlegende Veränderung war die Abkehr von den Baustoffen Holz und Stein hin zu Stahl, Stahlbeton und Glas. Die Außenfassaden erhielten eine neue Optik und die Grundrisse gestatteten eine flexible Raumeinteilung. Motive des Jugendstils und qualitätvolles Gestalten des Deutschen Werkbunds initiierten die Abkehr von historischen Formzwängen.[285]

Die verschiedenen Stilrichtungen der 1920er Jahre wie das Bauhaus, der Konstruktivismus und Funktionalismus als auch Einflüsse des Expressionismus prägten die Architektur nachhaltig. Führende Architekten wie Walter Gropius, Richard Neutra, Mies van der Rohe und Frank Lloyd Wright brachten internationale Einflüsse, insbesondere die Suggestion des ostasiatischen Baustils, mit der europäischen Baukunst in Einklang. Für die Architektur eines Gebäudes trat die Gestaltung der Fenster-

---

275 Die CIAM und ihr städtebaulicher Einfluss werden im achten Kapitel zur stilistischen Einordnung erläutert. Die auf den Kongressen entwickelten Konzepte werden aufgrund des Umfangs nicht beschrieben.

276 Das bedeutet die Trennung von Arbeit und Wohnen.

277 Le Corbusier sah in seinem Entwurf eine ideale Lösung zur Reproduktion der Gebäude an vielen unterschiedlichen Orten. Durch standardisierte Bauformen wollte er ein hohes Maß an Wirtschaftlichkeit erreichen und einer breiten Masse einen erhöhten Wohnkomfort bieten.

278 Baumeister 1 (1947), S. 2, zit. nach Lupfer 1997, S. 339.

279 Vgl. Stabenow 2000, S. 10 f. – Philipp 2011a.

280 Muthesius 1909, zit. nach Meyer-Bohe 1982, S. 7.

281 Vgl. Zapf 1999, S. 581–585. – Andritzky 1999, S. 617–620.

282 Vgl. Schweizer/Selg 1957, S. 246 f. – Fiorito 1999, S. 44 f. – Ebert 2016, S. 76–79.

283 Vgl. Schweizer/Selg 1957, S. 244 f. – Schmidt-Voges 2015, S. 2 f.

284 Vgl. Domnick ²1989, S. 307 f.

285 Vgl. Meyer-Bohe 1982, S. 17 f.

fronten in Bezug auf den Blick in die Natur, Sonneneinstrahlung und Belüftung in den Vordergrund. Gerade das Leben in der Natur wurde in den Nachkriegsjahren favorisiert.

Die Innenräume wurden von keiner festgelegten Raumaufteilung mehr beherrscht, sondern sie wurden durch Schiebewände, versenkbare Glaswände und Klappmöbel individuell gestaltbar. Die Entwicklung des „fließenden Grundrisses" war für den sozialen Wohnungsbau weniger geeignet, wurde jedoch in Form offener Flure oder offener Küchen und großzügiger Wohn- Essbereiche realisiert.[286]

Grundlagen der modernen Architektur sind die Vereinigung mit der Natur, organische Grundrisse und die Auflösung des Wand-Stützen-Systems zugunsten von Stahl-Glas-Konstruktionen. Mit der nationalsozialistischen Machtüberahme und der Vertreibung intellektueller Eliten haben sich drei Entwicklungslinien etabliert: Neutras[287] naturverbundene rechtwinklige und streng geometrische Bauweise, Mies van der Rohes experimentelle Glas-Stahl-Konstruktionen und Gropius exklusive Konzentration auf das Wohnproblem ohne Einschränkung von Material und Form. Alle folgen sie der klaren Geometrie des linearen Grundgerüsts. Die modernen Einfamilienhäuser und damit auch das Haus Domnick offenbaren das, was die Technik alles möglich macht.[288] Insofern fällt der Bau der Villa Domnick in einen Zeitraum, in dem der allgemeine Wunsch nach einem Eigenheim vermehrt auftrat und durch die Entwicklung der neuen Konstruktionen für große Teile der Bevölkerung auch umsetzbar geworden ist. Das Ehepaar Domnick gehörte jedoch zur gesellschaftlichen Elite, wodurch sie unabhängig von den Sehnsüchten der Bevölkerungsmassen ihren Traum vom Eigenheim erfüllen konnten.

Daneben spiegelt die Architektur des Hauses Domnick die in den 1960er Jahren aufkommenden neue Anforderungen wider, die eine humane Wohnsituation schaffen sollten:

> „Menschliches Maß, Überschaubarkeit, erlebnisreiche Innenraum-Außenraum-Beziehungen, ein erfassbares [sic!], Geborgenheit vermittelndes Verständnis von Baukörpern und den von ihnen gebildeten Zwischenräumen in Form von Gassen, Höfen, kleinen Plätzen und verschobenen Blickachsen, Übergänge für Distanz oder Begegnung, zwischen Privatheit und Öffentlichkeit (Arkaden), vernünftige Wohnungsgrundrisse [...]; zugleich Möglichkeiten des Rückzugs und der Anteilnahme, [...], natürliche Materialien, Möglichkeiten zum Selbstausbau oder eigenen Weiterbau; [...]."[289]

Obgleich sich das Zitat auf den Städtebau bezieht, sind die angegebenen Forderungen an die Wohnqualität auf das Haus Domnick übertragbar. In Domnicks eigener Beschreibung über sein Haus für die Kunst werden eben diese städtebaulichen Ansprüche zum Ausdruck gebracht. Nach der erfolgreichen Suche nach einem geeigneten Baugelände und der Einhaltung der baulichen Anordnung einigten sich Bauherr und Architekt auf ein eingeschossiges quadratisches Bauwerk, dessen Raumaufteilung und Einrichtung sich nach funktionalen Ansprüchen, die das Sammlungshaus bieten musste, richtet. Stohrers Auflage war, möglichst schnell und kostengünstig ein ansprechendes Haus zu errichten, das architektonisch im Einklang mit der ausgestellten Kunst stehen sollte. Dabei ist das Wohn- und Sammlungshaus in seiner schmucklosen Schlichtheit dennoch frei und individuell gestaltet, sodass ein vielseitiges Baugebilde nach den Anforderungen und Zielsetzungen eines modernen Einfamilienhauses entstand.

7.2 DAS EBENERDIGE EINFAMILIENHAUS

> „Von einem guten Haus verlangt man mehr, als daß es nur Schutz gegen die Gewalten der Natur gibt, daß es mehr ist als eine bergende Höhle für die Familie, der ein Blick auf die Annehmlichkeiten der Natur allenfalls noch durch eine Fenstertüre vergönnt wird. Das gute moderne Haus sollte so sein, daß wir den Zauber der Natur jederzeit nahe erleben und daß unsere Kinder naturverbunden aufwachsen können. [...] Es erscheint uns des-

---

286 Vgl. Zapf 1999, S. 576–580. Andere namenhafte Wohnsiedlungsprojekte wie die Weißenhofsiedlung oder die Bewobau-Siedlung in Quickborn von Richard Neutra werden in den Kapiteln 7.2.2 und 7.5.2 aufgeführt.

287 Richard Neutra war kein Exilant, sondern entschied sich bewusst für seine Auswanderung nach Amerika, um von Architekten wie Louis Sullivan und Frank Lloyd Wright zu lernen und mit ihnen zusammen die Entwicklung einer neuen modernen Architektur voranzutreiben.

288 Vgl. Kluthe 2009.

289 Nestler/Bode 1976, S. 12.

halb auch das ebenerdige Einfamilienhaus als eine ideale Wohnform, weil es den Menschen dem Garten am nächsten verbindet und ihm das Wachsen und Blühen in der Natur unmittelbar mitzuerleben ermöglicht. Eine Außenwand aus Glas trennt uns nicht mehr von der Natur, sondern schützt uns nur noch vor Kälte und Nässe. Das Auge empfindet das Draußen als einen erweiterten Wohnraum."[290]

Die Industrialisierung führte bereits im 19. Jahrhundert die Entwicklung neuer Baumethoden und -techniken herbei. Die Wohnungsnot in Deutschland nach den beiden Weltkriegen beschleunigte die experimentellen modernen Konstruktionen und revolutionierte die Bauweise. Neue Formen und die ausgeprägte Vorliebe für ebenerdige Wohnhäuser veränderten das Bauwesen. Die Verminderung der Traglast des Stützwerks begünstigte den Einsatz kostengünstiger Materialien und eine einfache Dachkonstruktion oder ein Flachdach. Die modernen Wohnhäuser sollten sich an die wechselnden Bedürfnisse ihrer Bewohner anpassen lassen. Der eingeschossige Bau ist barrierefrei, auch für behinderte und ältere Bewohner geeignet.[291] Der schlichte und bescheidene Wohnhaustypus war aufgrund seiner Modifikations- und Ausbaumöglichkeiten äußerst begehrt.

Das Flachdach stellt ein Hauptmerkmal der modernen Architektur dar und im Einklang mit einer glatten schmucklosen Fassade an kubischen Baukörpern wurde die Formensprache des Neuen Bauens entwickelt. Flachdächer sind konstruktionsbedingt kostengünstig. Sie bieten Fläche für Dachgärten oder -terrassen und ermöglichen flexible Grundrisse und Erweiterungen.[292] Die Auflage der Stadt Nürtingen verlangte die Errichtung eines eingeschossigen Gebäudes. Stohrer vereinte die Anordnung der Räume mit den Wünschen des Bauherrn und glich die bereits vorhandenen Baupläne von Kirchheim/Teck für das Baugelände in Nürtingen an. Entsprechend wurde ein Haus nach den Vorgaben und Möglichkeiten der neu entwickelten Wohnhäuser errichtet. Mit dem allgemeinen Wunsch nach einem Eigenheim war der Bedarf nach einem unmittelbar an eine Terrasse angrenzenden Garten verbunden. Diese Naturverbundenheit ist bei ebenerdigen Häusern problemlos zu gestalten. Beispielhaft für eine Wechselbeziehung zwischen Landschaft und Architektur ist Le Corbusiers Haus am

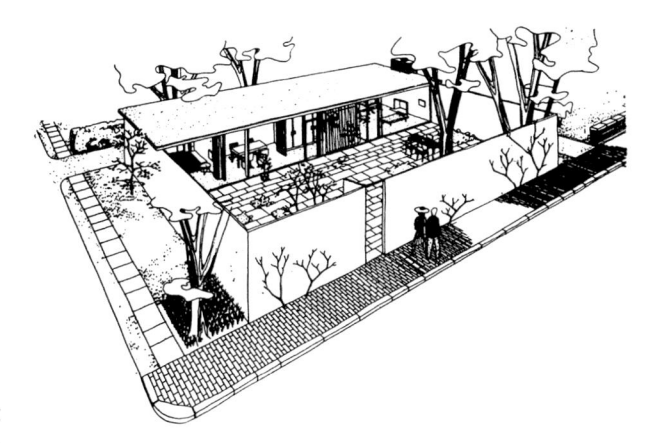

Abb. 97 Philip Johnson, Haus in Massachusetts, 1942; Ansicht.

Genfer See (1925). Das langgestreckte Bauwerk entlang des Seeufers war für zwei Personen ausgelegt. Die funktionell angeordneten Räume mit mobilen Zwischenwänden und Einbaumöbeln ermöglichen eine individuelle Anpassung an die Bedürfnisse der Bewohner. Ein elf Meter langes Fensterband offenbart ein Panorama zur Seelandschaft und erzeugt den Eindruck von Weiträumigkeit.

Fließende Grenzen durch Glaswände oder integrierte Innenhöfe intensivieren die Harmonie von Architektur und Natur. Das Haus in Massachusetts von Philip Johnson (1942) ist dafür mustergültig (Abb. 97). Das Wohnhaus nimmt den hinteren Teil eines von einer Mauer umsäumten rechteckigen Grundstücks ein. Die Räumlichkeiten sind funktional angelegt und teilweise offen gestaltet. Die vollständig verglaste Hauswand zum Garten vergrößert optisch den Wohnraum bis zur abschließenden Gartenmauer.[293] Die Innenhöfe im Haus Domnick erlauben nur wenige kleine Ausblicke in die Natur, wodurch die Integration des Außenraums in den Innenraum lediglich minimal hergestellt wird.

Aufgrund ihrer Wirkung sind die Bauwerke Frank Lloyd Wrights und Richard Neutras bedeutend für die Entwicklung des flachgedeckten Einfamilienhauses. Während die Wohnhäuser Wrights sich als komplex, verschachtelte Gebilde mit betonter Horizontalität mit raumhohen Verglasungen präsentieren, zeigen die Wohnhäuser Neutras in Kalifornien facettenreiche Möglichkeiten der Raumgestaltung auf ebenerdigen Grundrissen. In klimatisch günstigen Regionen wie in Kalifornien können Pflanzen in die Häuser hineinwachsen, um eine

---

290 Maurer 1957, S. 73.
291 Vgl. Rainer 1948, S. 1–8. – Maurer 1957, S. 73. – Trost 1961, S. 7 f.
292 Vgl. Ebert 2016, S. 59.
293 Vgl. Blake 1996, S. 26 f.

Symbiose von Wohnraum und Natur herzustellen.[294] Die kalifornischen Bungalows beeinflussten die Vorstellung des Wohnens in der Bundesrepublik und dienten oft als Vorlage. Gegen Ende der 1950er Jahre wurde der Bungalow im Stuttgarter Raum als erstklassiges Statussymbol angesehen.[295]

Beim ebenerdigen Haus Domnick bewirkte der starke Weinbewuchs einen zusätzlichen symbiotischen Effekt. Allerdings stand das Bauwerk relativ kontrastarm hinter der gleichhohen Hainbuchenhecke (Abb. 28). Bemerkenswert ist, dass die charakteristischen Betonträger dennoch gut sichtbar waren. Ein Vorteil der begrünten Fassade war der natürliche Schall- und Wärmeschutz und der harmonische Übergang in den umgebenden Naturraum. Seit der Freilegung des Gebäudes 2006 ist das Erscheinungsbild des in der Landschaft geduckten Betonbaus verändert und ein Kontrast zwischen dem Bau und seinem Umraum entstand, der in der ursprünglichen Planung so nicht vorgesehen war.

Im Folgenden werden Bungalow und Pavillon als Vertreter des modernen, eingeschossigen Wohnhauses und ihre architektonische Nähe zum Haus Domnick untersucht. Darüber hinaus sollen die Rahmenbedingungen innerhalb der Architekturmoderne nach 1945 unter Berücksichtigung internationaler Einflüsse betrachtet werden. Anschließend werden exemplarische Bauwerke vorgestellt und mit der Architektur des Sammlungshauses in Zusammenhang gebracht.

7.2.1 Geschichte des Begriffs und die Bauform des Bungalows

> „Was ist eigentlich ein Bungalow? […] Das Wort ‚Bungalow‘ kommt aus dem Hindi […] und bedeutet ‚Landhaus‘. Im europäischen Raum bezeichnet es genau genommen ein frei stehendes eingeschossiges Wohnhaus. Obwohl die Definition über die Dachform keine Aussage trifft, wird ein Bungalow häufig mit einem Flachdach assoziiert. Dies dürfte auf die in den 1960er und 1970er Jahren beliebten Flachdach-Bungalows zurückzuführen sein und geht heute so weit, dass der Begriff Bungalow teilweise allgemein für Einfamilienhäuser mit Flachdach verwendet wird, auch wenn sie über mehr als ein Wohngeschoss verfügen. Daneben werden auch Ferien- und Wochenendhäuser gern als Bungalows bezeichnet, wobei hier häufig der Aspekt der Eingeschossigkeit zutrifft."[296]

Der Bungalow ist eine Unterkategorie des ebenerdigen Wohnhauses. Definitionen für diesen Bautypus sind allgemein und uneinheitlich. Der Ursprung dieses Terminus liegt in Indien, wo sich der Begriff vom Adjektiv „bangla" – Hindu für ‚bengalisch' ‚aus Bengalen' oder ‚zu Bengalen gehörend' ableitet. Im 17. Jahrhundert wurden damit notdürftige Unterkünfte wie zeltartige Pavillons aus Bambus benannt, im 18. Jahrhundert entwickelten sich daraus die Begriffe banggolo, bungelo(w) oder bungalo. Mit der britischen Kolonisation Indiens wurden der Begriff und auch der Bautyp als Zweckbau oder Ferienhaus nach Großbritannien überführt.

Den Beginn der Etablierung des Bungalowbegriffs in Amerika markieren beispielsweise Neutras Wohnhäuser des kalifornischen Case Study House-Programms.[297] 1932 stellte er in Österreich auf der Bauausstellung des Werkbunds in Wien-Lainz den Entwurf eines kleinen eingeschossigen Wohnhauses aus, das er als „Bungalow" bezeichnete. Mit diesem Wohnhaus leitete er die Verwendung des Begriffs in der modernen Architektursprache ein.

Im deutschsprachigen Raum gilt der Bungalow als „leichtes, eingeschossiges Sommerhaus mit Veranda, heute allgemein ein eingeschossiges Einfamilienhaus mit Flachdach oder ausgebautem Dachgeschoss".[298] Nachdem der Terminus während der Weimarer Republik noch nicht etabliert war, nahmen nach dem Zweiten Weltkrieg Zeitschriften wie „Bauen und Wohnen", die „Deutsche Bauzeitschrift" und die „Bauwelt" den Begriff auf.

Die Entwicklung des Bungalows erfolgte international unterschiedlich. In den USA erlebte der Bungalow als Sommerdomizil von 1880 bis 1920 einen Bauboom. Den „American Bungalow" oder auch „California Bungalow" charakterisiert ein dominantes Dach über einer funktionalen Grundrissorganisation mit großem Wohn-

---

294 Vgl. Rainer 1948, S. 12–14.
295 Vgl. Lupfer 1997, S. 165–171.
296 Kottjé 2009, S. 6. Eine detaillierte Entwicklungsgeschichte des Bungalowbautyps und eine Differenzierung zwischen dem amerikanischen Vorbild und dem deutschen Bungalow werden aufgrund des begrenzten Umfangs dieser Arbeit nicht erfolgen. Weiterführende Literatur ist u.a. Betting/Vriend 1958. – King 1984. – Ebert 2016.
297 Case Study Houses sind ein Versuch, möglichst kostengünstige, moderne Häuser zu entwerfen. Insgesamt entstanden 35 Häuser dieses Typs in den USA. Vgl. O.N. 1948a. – O.N. 1948b. – Ebert 2016, S. 98 f.
298 Koepf/Binding ⁴2005, S. 91.

raum und einer Veranda, wobei die Räume meist um ein zentrales Wohnzimmer angeordnet sind. Einfachheit in Stil und Farbe, Gradlinigkeit, Dynamik der Raumgestaltung und die Beziehung zwischen innen und außen waren maßgebliche Prinzipien. Ein amerikanischer Bungalow muss nicht zwingend eingeschossig sein, sondern kann sich auch über eineinhalb oder zwei Wohnebenen erstrecken.[299] Insbesondere in den 1930er Jahren galten die eingeschossigen Wohnhäuser mit flachem Dach als idealer Bautyp qualitativen Wohnens.[300]

In Deutschland wurden erst ab den 1950er Jahren moderne, eingeschossige, plangedeckte Wohnhäuser mit Flachdach fertiggestellt, deren Beschreibung sich zunächst auf die innere Organisation und funktionale Anordnung beschränkte.

Der eingeschossige Flachdachbungalow wurde zum führenden Bautyp der Nachkriegsmoderne und zum Symbol eines neuen, modern gestalteten Baustils und ist eine stets wiederkehrende Wohnhausform. Insbesondere im Kontext mit Ausstellungen wurde dieser Typus realisiert. Mit seiner Popularisierung in den 1960er Jahren nahmen kommerzielle Bauträger Bungalowbauten in ihr Programm auf und errichteten ganze Siedlungen in diesem Stil.[301] Bis heute prägen zahlreiche Bauprojekte aus den 1970er Jahren nachhaltig die Stadtbilder. Bungalows sind sowohl in dicht bewohnten Stadtteilen als auch auf dem Land als Ferien- und Landhäuser anzutreffen. Kennzeichnend sind oft große Glasfronten mit markanten Flachdächern.

In anderen Ländern besitzen Bungalows ein geneigtes Dach. Ihre äußere Gestaltung zeigt wenige Gemeinsamkeiten mit dem deutschen Bungalowstil, der sich an den „Neutra-Bungalows" orientiert.[302]

Domnick und Stohrer stießen bei ihren Recherchen auf diverse Bungalowbauten. Aufgrund der immensen Einflussnahme auf die Wohnhausarchitektur und der ebenerdigen Bauweise mit einem markanten Flachdach kann die Architektur des Wohn- und Sammlungshauses als Bungalow interpretiert werden. Die Popularität und Funktionalität dieses Bautyps werden Domnick und Stohrer bewegt haben, auf diesen Bautyp zurückzugreifen. Die Begeisterung für den Bungalow, der eine enge Beziehung zur Landschaft ermögliche, teilten zahlreiche Bauherren aus der gesellschaftlichen Mittelschicht, die sich ein Domizil in der Natur wünschten.[303]

Als Prototyp der Bungalowbauten in Deutschland gilt das Haus Hufheide (1952) von Hans Plum in Hennef, südlich von Köln.[304] Der Bauherr und Bankinhaber Walter Kaminsky wünschte sich ein Haus auf dem Land für Familie und Freunde. Entstanden sind zwei eingeschossige, rechteckige, flachgedeckte Bauteile in Holzkonstruktion mit engem Bezug zur umliegenden Landschaftsidylle. Über einen Verbindungsgang sind die beiden flachgedeckten Baukörper V-förmig miteinander verbunden. Der verglaste Wohnpavillon lässt sich nach Süden und Osten über die gesamte Breite öffnen. Der Wohnraum und die Terrasse mit einer geschwungenen Pergola bilden einen fließenden Übergang in die Natur (Abb. 26, 27). Bei geöffneten Türen „wirkt das Wohnzimmer wie eine überdachte Terrasse oder ein offener Pavillon"[305]. Dieser Effekt wird durch die im Innenraum weitergeführten Dachlatten des Dachüberstandes unterstützt. Der Schlafpavillon ist überwiegend geschlossen. Das Wohnhaus ist exemplarisch für einen zweiteiligen Bungalow mit einer typischen Dachkonstruktion, der sich pavillonartig zur Natur hin öffnet.

Die ebenerdigen, freistehenden und naturverbundenen Bungalows haben häufig den Wechsel von verglasten Öffnungen und geschlossenen Mauerflächen sowie dem vorspringenden Flachdach gemein. Hinsichtlich ihres Grundrisses, ihrer Funktion und Größe können sie allerdings stark variieren. International ist eine Vielfalt an architektonischen Möglichkeiten festzustellen, was auf die Anpassbarkeit dieses Bautyps an individuelle Bedürfnisse zurückzuführen ist. Grundlage ist eine Vertrautheit zwischen Architekten und Bauherr.

> „Der Bauherr und seine Familie müssen sich in erster Linie selbst kennen und um das ihnen Gemässe wissen. Der Architekt soll Arzt und Psychologe sein, um sich in die Welt seiner Auftraggeber einfühlen zu können. Er soll Künstler und Techniker sein, um das Werk gestalten zu können."[306]

Die meisten deutschen Bungalowbauten erfüllen die Kombination aus offen-verglaster Gartenseite und geschlossener Eingangsfront wie das Haus Hielscher von

---

299 Zum amerikanischen Bungalow vgl. Ebert 2016, S. 21–27.
300 Vgl. Ebert 2016, S. 82 f. u. 94.
301 Vgl. Ebert 2016, S. 100 f.
302 Vgl. Ebert 2016, S. 6 f. Entgegen der Annahme galten die Wohnhäuser Richard Neutras in den USA nicht als Bungalows, sondern wurden erst in Deutschland mit diesem Begriff verknüpft.
303 Vgl. Ebert 2016, S. 18.
304 Vgl. Heyken 1955. – Ebert 2016, S. 113–115.
305 Ebert 2016, S. 114.
306 Betting/Vriend 1958, Vorwort.

Stohrer, das sich zur Gartenseite öffnet und zur Straßenseite hin verschlossen ist. Die zimmerübergreifende Architektur mit dem Einbezug des Außenraumes kennzeichnet das Haus als Bungalow. Einzig das Walmsatteldach weicht von der traditionellen Bungalowform ab. Haus Sulzberg verfügt über ein Flachdach, das vereinzelt herausragt. Der Stahlbetonbau öffnet sich über großflächige Fenster zum Atrium, was für einen Bungalow kennzeichnend ist.

Das Haus Domnick ist hinsichtlich seiner architektonischen Gestaltung ein Unikat innerhalb der Bungalowbauten. Der flache Bau ohne vorspringende Dachplatte ist nahezu allseitig verschlossen (Abb. 24a–c). Die äußere Gestaltung mit den auskragenden Betonträgern als skulpturale Ausformulierung sowie die Öffnungen zu den Lichthöfen und Terrassen stellen Bezüge zum Außenraum her. Im Inneren sind die fließenden Raumfolgen ein Indiz für die Architektur eines Bungalows.

Entsprechend der Grundrissform werden Bungalowbauten in kompakt-kubische Rechteck-Bungalows, Winkelbungalows und Wohnhofbungalows differenziert.[307] Der quadratische Grundriss des Gebäudes in Nürtingen entspricht aufgrund der kleinen Innenhöfe am ehesten einem Wohnhofbungalow. Die kleinen dezentralen Atrien sind geschützte Freiflächen zwischen Innen- und Außenraum. Sie dienen als wegweisende Lichtquelle und erstellen einen marginalen Bezug zum Innenraum.

7.2.2 Der pavillonisierte Bungalow

„Mit der Moderne wurde der Pavillon zu einer Art Nullpunkt der Architektur."[308] Aufgrund der unterschiedlichen Gestaltung gibt es keine einheitliche Definition für diesen Typus. Als Pavillon wird ein freistehendes, einfaches Haus oder Zelt bezeichnet oder auch ein Anbau an ein bestehendes Gebäude. Ein Pavillon ist oft ein temporär für einen bestimmten Zweck genutzter Raum, wie beispielsweise bei Schulen oder Ausstellungen. Architektonische Merkmale sind einfache Konstruktionen mit großen Glasflächen, offene Wohnbereiche mit fließenden Raumprogrammen, auskragende Dächer und eine allseitig gleichwertige Ansicht. Die formenreiche Vielfalt, Leichtigkeit und Mobilität sowie die kostengünstige Fertigstellung erlauben es, den Pavillon funktional in vielen Bereichen einzusetzen.[309]

Im Bereich der Bungalowbauten kann zwischen zwei konträren Kategorien unterschieden werden: dem verglasten transparenten Pavillon und dem einfachen weißen, verschlossenen Kubus mit dunkel abgesetztem Dachgesims. Der offene Typ integriert sich in die Landschaft, der kompakte Typ hingegen kontrastiert mit der Landschaft. Nach Carola Ebert sind die zwei Erscheinungsformen – der gläserne Pavillon und der verschlossene Baukörper – keineswegs unterschiedliche Gebäudetypen, da beide Motive vielfach an verschiedenen Seiten eines Bauwerks anzutreffen sind.[310] Demnach wäre das Haus Domnick zunächst als ein geschlossener Pavillon bzw. Bungalow zu betrachten.

Die Pavillonisierung des Bungalows bedeutet, den Bautypus Bungalow unter den Gesichtspunkten eines Pavillons zu betrachten. Charakteristische Architekturkonzepte des Pavillons wie der offene Wohnbereich mit den fließenden Räumen, die großen Glasfronten und die leichte Konstruktion werden auf den Bungalow projiziert. Typisch für den Bungalow bleibt die Doppelgesichtigkeit zur Garten- und Straßenseite, sein duales Raumkonzept mit fließenden Raumsequenzen und funktional angeordneten kleinen Funktionsbereichen. Es handelt sich bei der Pavillonisierung des Bungalows um eine mediale Konstruktion, die die Doppelgesichtigkeit des Bungalowtypus in hohen Maße zeigt. Gleichzeitig demonstriert diese Entwicklung mit einer privaten Gartenseite einen Repräsentationsmodus.[311] Diese gegensätzlichen Ansichten der Hausfronten sowie die zweckmäßige Anordnung der verschiedenen Raumtypen sind am Wohn- und Sammlungshaus partiell interpretierbar.

Das weiß verputzte Haus Gessler in Stuttgart (1953) ist beispielhaft für einen zur Straßenseite im Nordosten geschlossenen und zur Gartenseite geöffneten pavillonisierten Bungalow.[312] Zwei versetzte Baukörper sind über einen verdeckten Vorplatz miteinander verbunden. Im Hauptgebäude an der Nordostwand befindet sich rechts vom Eingang die Küche und links ein Bad mit jeweils einem Fenster. Gen Süden schließen sich zwei Schlafzimmer mit großen Fenstern Richtung Süden und ein

---

307 Weitere Unterscheidungskriterien werden aufgrund ihres Umfangs nicht ausgeführt. Vgl. Ebert 2016, S. 146–160.
308 Ebert 2016, S. 189.
309 Vgl. Jodidio 2016, S. 6–17.
310 Vgl. Ebert 2016, S. 125 f.

311 Zur Pavillonisierung vgl. Ebert 2014. – Ebert 2016.
312 Vgl. O.N. 1954. Der Begriff des Bungalows war zunächst eine mediale Erscheinung, die eine unkonventionelle und innovative Lebensform verkörperte. Die architektonische Realität unterschied sich teilweise deutlich von der Vorstellung.

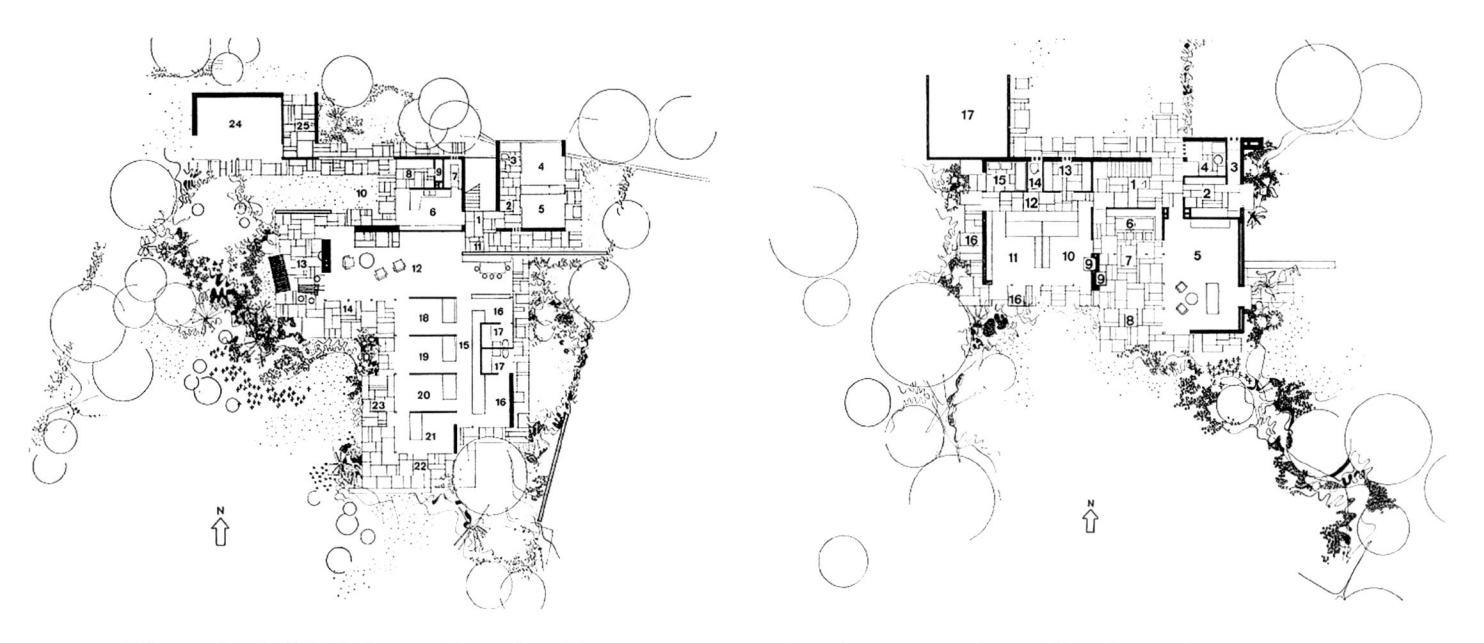

Abb. 98 Sep Ruf, Wohnhäuser, Gmund am Tegernsee, 1952–55; Grundrisse Haus A (Sep Ruf) und B (Ludwig Erhard).

Ankleideraum an. Das Wohnzimmer verläuft von der Nordostecke l-förmig entlang der Südwand. Zugunsten eines großen flexiblen Wohnbereiches sind die Nebenräume auf das notwendige Maß beschränkt. Die Verbindung zur Natur wird über die Glasfront, das weit auskragende Dach über der Terrasse sowie die rahmenden Bauteile erzeugt. Die Motive markieren den Übergang vom Wohnraum in den Garten. Der im Südwesten anschließende Studiobau ist nur zur nordöstlichen Terrasse hin geöffnet.

Exemplarisch sind die beiden Wohnhäuser von Franz Joseph „Sep" Ruf, der die deutsche Nachkriegsarchitektur prägte. 1952/55 entwarf er für sich selbst und den damaligen Wirtschaftsminister und späteren Bundeskanzler, Ludwig Erhard, zwei Wohnhäuser in Gmund am Tegernsee.[313] Beide Wohnhäuser haben unregelmäßige Grundrissformen (Abb. 98a). Das Haus des Architekten liegt auf einem nach Norden abfallenden Gelände. Die nördliche Eingangsseite ist nahezu vollends geschlossen. Wirtschaftsräume und Dienstzimmer sind hier angesiedelt. Der nach Süden gerichtete Gebäudeteil beherbergt die privaten Räume. Große Glastüren zum Garten öffnen den Wohnraum. Das Wohnhaus für Erhard ist ebenfalls nach Norden geschlossen. Die Schlaf- und Wohnräume sind zur Landschaft geöffnet. Die Doppelgesichtigkeit der beiden Bauten ist bezeichnend für den Bungalowstil.

Ein weniger bekanntes Beispiel ist das Wohnhaus K. in Köln (1957) von Bernhard Pfau (Abb. 99).[314] Das eingeschossige Bauwerk auf einem unregelmäßigen Grundriss ist zur Straße nahezu vollständig geschlossen, nur das Gästezimmer und das Bad haben Fensteröffnungen. Zur Gartenseite öffnen sich Wohn- und Arbeitszimmer mittels bodentiefer Schiebefenster. Es entsteht der Eindruck einer endlosen Weite nach draußen. Die Fenster des Elternschlafzimmers reichen bis etwa ein Drittel über dem Boden. Durch die weißen Fensterrahmen wirken sie dezent in der weiß gemauerten Fassade. Eine schmale graue Verkleidung betont den bündigen Abschluss der Flachdachplatte mit dem Bau. Das Raumprogramm ist konventionell. Wohnraum, Arbeitszimmer und Küche haben ein fließendes Raumgefüge. Die Präsentation des Hauses in der Zeitschrift „Bauen + Wohnen" zeigt bezeichnenderweise lediglich die Gartenansicht mit der überdachten Terrasse und darüber hinaus zwei Innenraumfotografien, die die großzügigen verglasten Öffnungen demonstrieren.[315] Trotz des Wegfalls einer überstehenden Dachplatte entspricht der Typus einem (pavillonisierten) Bungalow.

Das Einfamilienhaus in München-Obermenzing vom Architektenpaar Hans und Traudl Maurer ist ein eingeschossiger pavillonisierter Bungalow. Unterhalb der quadratischen Dachplatte, liegt ein l-förmiger Baukörper mit einem parabelförmigen Anbau für das Wohnzimmer.

---

313 Zu den beiden Wohnhäusern vgl. Eckstein 1956. – Ebert 2016, S. 116–122.

314 Vgl. Zietzschmann 1957, S. 87–89.

315 Vgl. Zietzschmann 1957.

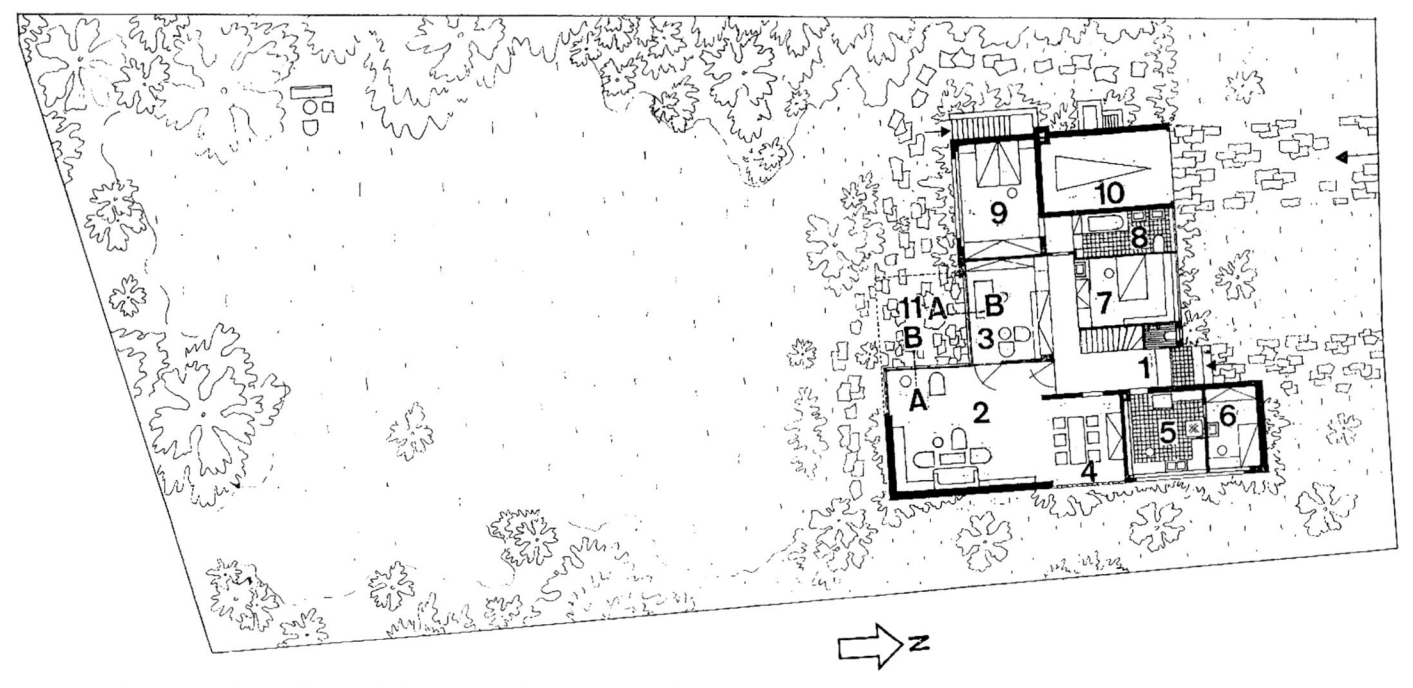

Abb. 99 Bernhard Pfau, Wohnhaus K., Köln, 1957; Grundriss.

1. Eingang mit WC und Kellertreppe
2. Wohnraum
3. Arbeitsraum
4. Essnische
5. Küche
6. Dienstmädchenzimmer
7. Kinderzimmer
8. Bad
9. Elternzimmer
10. Garage
11. Gartenterrasse

Die Schlafzimmer liegen an der Süd- und Ostseite. Gen Norden reihen sich Büroräume. Ein überdachter Freiraum verbindet das Haus mit dem nördlichen Garagenkomplex. Im rechten Winkel schließt sich mit einem dazwischenliegenden Patio der zweite Baukörper mit einer höheren Decke an. Das markante Flachdach ist mit einem Aluminiumrahmen verkleidet.[316] Die Fenster sind weiß gerahmt und die Glaswände mit Stahlsprossen gefasst, wodurch sie unscheinbar sind. Aufgrund der verglasten und verschlossenen Fassaden sowie einer Öffnung zur Landschaftsseite und dem fließenden Raumkonzept handelt es sich hier um einen Winkelbungalow.

Die genannten Beispiele belegen das Vorkommen und die Popularität dieses Bautyps im süddeutschen Raum.[317]

Die geschlossene Architektur des Wohn- und Sammlungshauses Domnick entspricht nicht dem Erscheinungsbild des pavillonisierten Bungalowbautyps. Das Gebäude wirkt durch die nahezu fensterlosen Außenmauern gen Norden und Westen sowie die wenigen Fenster an der Ostwand von der Außenwelt isoliert. Bezüge zum Außenraum werden ansatzweise durch die Innenhöfe und Terrassen erstellt. Die unterhalb des massiven Sturzes liegenden Fenster geben jedoch nur wenig Offenheit und Verbindung zur Natur. Lediglich die offene Pergolastruktur über den Terrassen vereint den Innenhof als definierten Außenraum mit dem Innenraum. Jedoch ist dieser Effekt aufgrund der kleinen Glasflächen bei der Sichtweise von außen nach innen weniger wahrzunehmen. Aufgrund der kompakten und geschlossen Bauweise sowie der Gewichtung der Dachplatte durch die Betonträger ist das Haus Domnick vielmehr als geschlossener Bungalow zu betrachten ohne wechselseitige Innen- und Außenraumverbindung.

Im Folgenden werden Beispiele für die Pavillon-Architektur und eingeschossige Wohnhäuser von Mies van der Rohe sowie das wohl bekannteste Referenzobjekt des deutschen Bungalowtyps, der Kanzlerbungalow von Sep Ruf in Bonn, und ein weniger bekanntes Wohnhaus, Haus Riedel, von Paul Schneider-Esleben vorgestellt. Sie veranschaulichen die Gemeinsamkeiten und Unterschiede der Bautypen: Pavillon, Bungalow und

---

316 Vgl. Eckstein 1957.

317 Der Bautyp ist darüber hinaus in weiteren Regionen Deutschlands und international vertreten.

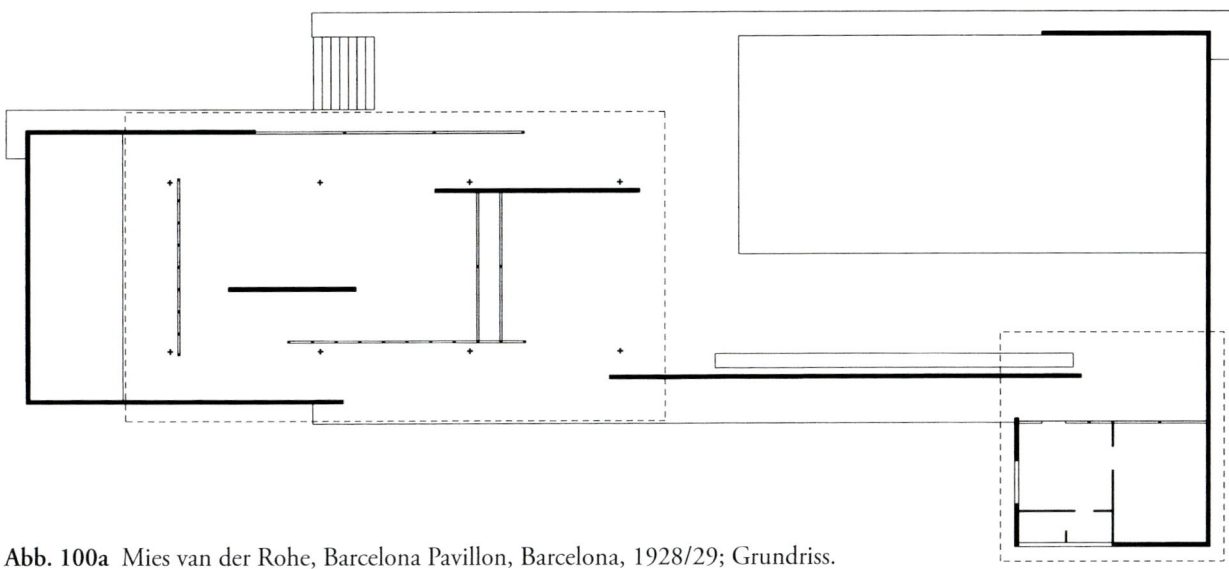

Abb. 100a Mies van der Rohe, Barcelona Pavillon, Barcelona, 1928/29; Grundriss.

eingeschossiges Wohnhaus. Es wird erläutert, inwiefern sich die Bungalowarchitektur des Hauses Domnick von den konventionellen Lösungen abgrenzt und warum eine Typenzuordnung nicht eindeutig erfolgen kann.

7.2.2.1 Der Barcelona-Pavillon und seine Nachfolger

Als Leitbau der Pavillon-Architektur in der Moderne gilt der Barcelona-Pavillon (1928/29) von Mies van der Rohe (Abb. 100a, b).[318] Die „neue Raumqualität [...], die Kostbarkeit der Materialien, seine edlen Proportionen und sein Bezug zu Kubismus und De Stijl, der Bezug zur jungen Demokratie Deutschlands und schließlich das zunehmende Lob der Kritiker"[319] zeichnen dieses Bauwerk aus. Obwohl der Bau konträr zum Wohn- und Sammlungshaus erscheint, nahm er Einfluss auf die Architektur des Nürtinger Gebäudes.

Der Entwurf des Barcelona-Pavillons mit den fließenden Raumfolgen beruht auf zahlreichen architektonischen Vorbildern. Im Vergleich zu den Konzepten seiner Kollegen hatte Mies van der Rohe bei diesem Projekt den Außenbereich in seine Planung mit einbezogen. Jeder Innenraum setzt sich in einem anschließenden Außenraum fort. Auf dem nördlichen Teil des Grundstücks steht das Gebäude, in dem südlichen ist ein reflektierendes Wasserbecken eingelassen. Durch eine freistehende Wand sind die Elemente miteinander verbunden. Im Inneren werden die Einfachheit der Konstruktion, die Klarheit der tektonischen Mittel und die Reinheit des Materials präsentiert.[320] Mies van der Rohe entdeckte das Prinzip des freien Grundrisses, indem er die Wände von ihrer tragenden Funktion befreite und damit die moderne Architektur nachhaltig veränderte. Der Pavillon ist ein Ausdruck des industriellen technischen Könnens des 20. Jahrhunderts. Er lebt durch die Kontraste zwischen den Glasflächen und dem Marmor. Das herauskragende Dach erzeugt ein Licht-Schatten-Spiel.

Die progressive Konstruktion des Pavillons von Mies van der Rohe wurde maßgeblich von der Architektur Frank Lloyd Wrights inspiriert. Architekten wie Richard Neutra griffen diese Form auf und entwickelten sie weiter. Die Bedeutung der neuen Raumkonzeption wird jedoch erst lange Zeit später erkannt, da Kritiker nicht glaubten, dass die Ästhetik eines „funktionslosen" Rau-

Abb. 100b Mies van der Rohe, Barcelona Pavillon, Barcelona, 1928/29; Ansicht Terrasse.

---

318 Zum Barcelona Pavillon vgl. Neumeyer 1986. – Cohen 1995, S. 52–56. – Plüm/Meincke 2013. – Neumann 2020a. – Neumann 2020b.

319 Neumann 2020a, S. 10 f.

320 Rohe 1986, S. 378.

mes auf die Wohnhausarchitektur übertragen werden könne.³²¹ Die freie Grundrisskonzeption wurde von Stohrer und Domnick in den Sammlungsräumen realisiert. Das fließende Raumprogramm in Kombination mit der Hierarchisierung und den halbhohen Trennwänden erzeugt verschiedene räumliche Zusammenhänge. Eine ausnahmslos offene Organisation wurde jedoch für die Wohnräume des Ehepaares als unzweckmäßig empfunden. Mies van der Rohe versuchte durch verschiedene Oberflächen auf unterschiedliche Raumsituationen zu verweisen, die Tragkonstruktion der Stützen und Wände zu differenzieren, Klarheit und Labyrinth gleichzeitig zu erstellen und eine Symmetrie in einer Asymmetrie vorzugeben. Bezogen auf das Haus Domnick treffen die gleichen Bestrebungen zu, ausgenommen der verschiedenen Oberflächen. Die Räumlichkeiten wirken einerseits labyrinthisch und zugleich strukturiert geordnet. Ebenso wird versucht die strenge Symmetrie des Rasters durch eingestellte feststehende Wände und Raumhierarchien zu verhüllen. Hinsichtlich des äußeren Erscheinungsbildes ist der Effekt der weitausragenden Dachplatte am Barcelona-Pavillon vergleichbar mit den massiven Dachplatten am Sammlungshaus.

Die in etwa zeitgleich entstandene Villa Tugendhat (1930) zeigt einzelne formale Elemente des Barcelona Pavillons. Der Bau belegt die Bewohnbarkeit des fließenden Grundrisses. Seine abweichende Bauweise ermöglicht Analogien zum Haus Domnick anschaulicher zu übertragen. Trotz anfänglicher Skepsis des Bauherrn, Fritz Tugendhat, setzte Mies van der Rohe erneut das Konzept des fließenden Raumes, die Verbindung mit dem Außenraum, die Onyxwand, die Stützen mit Kreuzquerschnitt und die großen Glaswände ein.³²² Zur Straßenseite erscheint das abgeschottete Haus als einstöckiger Quader. Zum Garten öffnet es sich als dreigeschossige Anlage. Das obere Eingangsgeschoss setzt sich aus drei pavillonartigen Baukörpern zusammen, die über ein Dach miteinander verbunden sind. Hier sind die Schlafzimmer und Bäder zellenartig angeordnet. Der Hauptraum liegt ein Stockwerk tiefer. Der Wohnraum ist frei und offen gestaltet und öffnet sich über raumhohe Glasscheiben zum Außenraum. Lediglich diverse Nutzräume und die Schlafräume des Hauspersonals sind autonome abgetrennte Raumeinheiten. Im Untergeschoss sind Hauswirtschafts- und Lagerräume untergebracht. Geschwungene und gerade Flächen akzentuieren das regelmäßige Raster der freistehenden Stützen. Die Architektur der Villa zeigt eine fundamental neue Gestaltung des freien Grundrisses und eine fragmentarische Variation des Barcelona-Pavillons Die räumlich differenzierte Aufteilung für Gesellschafts- und Privatzimmer ist auf das Raumkonzept im Wohn- und Sammlungshaus übertragbar. Die Sammlungsräume sowie das Wohnzimmer mit angrenzendem Büro und Esszimmer fließen offen ineinander. Private Zimmer und Wirtschaftsräume sind abgeschottet.

Eine Kombination des Pavillonstils und der Villa Tugendhat ist das eingeschossige Musterobjekt für die Berliner Bauausstellung 1931.³²³ Mies van der Rohe und andere Architekten wie Walter Gropius, die Gebrüder Wassili, Hans Luckhardt und Lilly Reich waren für die Abteilung „Die Wohnung unserer Zeit" verantwortlich. Hierfür entwarfen sie Musterhäuser.³²⁴ Mies van der Rohe wollte jegliche Zweifel an der Bewohnbarkeit des freien Grundrisses mit seinem Entwurf ausräumen. Das flachgedeckte Wohnhaus für ein kinderloses Ehepaar steht auf einem regelmäßigen Raster mit fünfzehn runden Stahlstützen. Die in den Außenbereich weitergeführten Betonwände und die eingestellten Holzwände strukturieren den Raum unterhalb der Dachfläche und darüber hinaus. Der Wirtschaftsbereich inklusive eines Dienstmädchenzimmers ist in einer Ecke angesiedelt. Wohnbereich und Schlafzone sind durch einen abgerundeten Badezimmerblock voneinander getrennt. Zusätzliche Glaswände ermöglichen einen freien Blick durch die Wohnung.

„[...] eine konsequente Zusammenfassung jenes Konzeptes, das Mies van der Rohe zum ersten Mal beim Barcelona-Pavillon realisierte und beim Haus Tugendhat und dem Haus auf der Berliner Bauausstellung weiterentwickelte"³²⁵, ist das Farnsworth House in Illinois (1945/51). Inmitten eines abgelegenen, bewaldeten Geländes befindet sich das rundherum verglaste Wohnhaus.³²⁶ Acht freiliegende H-Stützen tragen die Dachplatte. Lediglich die Sanitäranlagen im Kern des rechteckigen Grundrisses begrenzen die Bereiche zum Wohnen, Schlafen und Essen. Philip Johnson entwarf zur

---

321 Vgl. Spaeth 1986, S. 57–61.
322 Zur Villa Tugendhat vgl. Spaeth 1986, S. 61–69. – Cohen 1995, S. 56–63. – Hammer-Tugendhat 1998. – Hnídková 2013.
323 Vgl. Meyer 1931. – Spaeth 1986, S. 69–71. – Cohen 1995, S. 69 f.
324 Zu den Bauten der Brüder Luckhardts vgl. Kulturmann 1959b.
325 Spaeth 1986, S. 111.
326 Zum Farnsworth House vgl. Spaeth 1986, S. 109–114. – Cohen 1995, S. 88–95. – Fischer 2013.

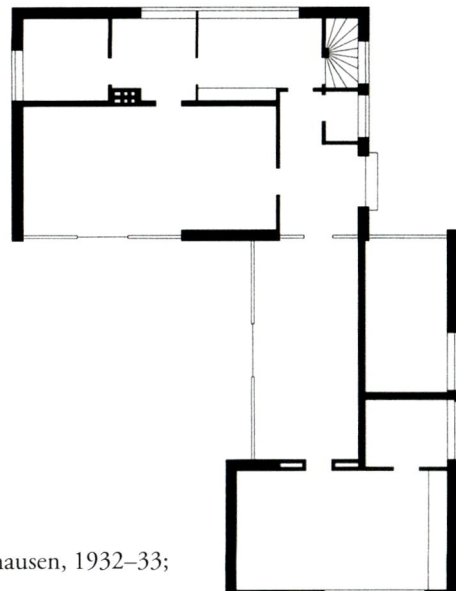

Abb. 101a Mies van der Rohe, Haus Lemke, Berlin-Hohenschönhausen, 1932–33; Grundriss.

gleichen Zeit einen transparenten Pavillon, das Glass House in Connecticut (1945/49). Die nahezu identischen Bauten unterscheiden sich jedoch in ihrer Konstruktion. Bei Johnson stehen die Stützen direkt hinter der Glasfassade, was eine optische Begrenzung des Wohnhauses hervorruft. Eine solche Transparenz ist für das Wohn- und Sammlungshaus höchst ungeeignet. Die Einstrahlung des Tageslichts sowie die fehlende Sicherheit und Privatsphäre erfüllen nicht Domnicks Erwartungen. Jedoch sind die Raumprogramme Mies van der Rohes als Leitlinien für das Haus Domnick erkennbar.

Mies van der Rohes Pavillonbauten variieren hinsichtlich ihres Materials, ihrer Durchsichtigkeit und Leichtigkeit sowie ihrer Öffnung zur Landschaft. Die Wohnhausarchitektur des Bungalows orientiert sich an dem Konzept des Pavillons. Farbigkeit spielt eine zentrale Rolle in seiner Architektursprache. Das Verhältnis des Hauses Domnick zur Pavillon-Architektur von Mies van der Rohe ist schwierig zu charakterisieren, da der Pavillon auf die Museumsarchitektur wie die Berliner Nationalgalerie einwirkte, von der der Sammlungsbau deutlich bezüglich seiner offenen Raumstruktur beeinflusst ist. Der fließende Grundriss der Sammlungsräume kann deshalb mittelbar auf den Pavillon von Barcelona zurückgeführt werden. In Nürtingen fehlt jedoch die explizite Öffnung zur Landschaft oder eine Integration in die Natur durch eine Transparenz der baubegrenzenden Wände, die bei Mies van der Rohe zumindest weitgehend durch raumhohe Fensterflächen gebildet werden. Dem steht in Nürtingen ein stark geschlossener Baukörper gegenüber. Neben diesen spektakulären lichten Bauwerken errichtete Mies van der Rohe auch unscheinbare Wohnhäuser wie das Haus Lemke (1932–33) in Berlin-Hohenschönhausen (Abb. 101a, b), das im Hinblick auf die Innen-Außen-Verbindung am Haus Domnick mustergültiger wirkt.[327] Das auf den ersten Blick wenig repräsentativ

Abb. 101b Mies van der Rohe, Haus Lemke, Berlin-Hohenschönhausen, 1932–33; Ansicht.

---

327 Vgl. Krohn 2014, S. 96–101.

Abb. 102a Mies van der Rohe, Haus McCromick, Elmhurst in Illinois, 1951–52; Grundriss.

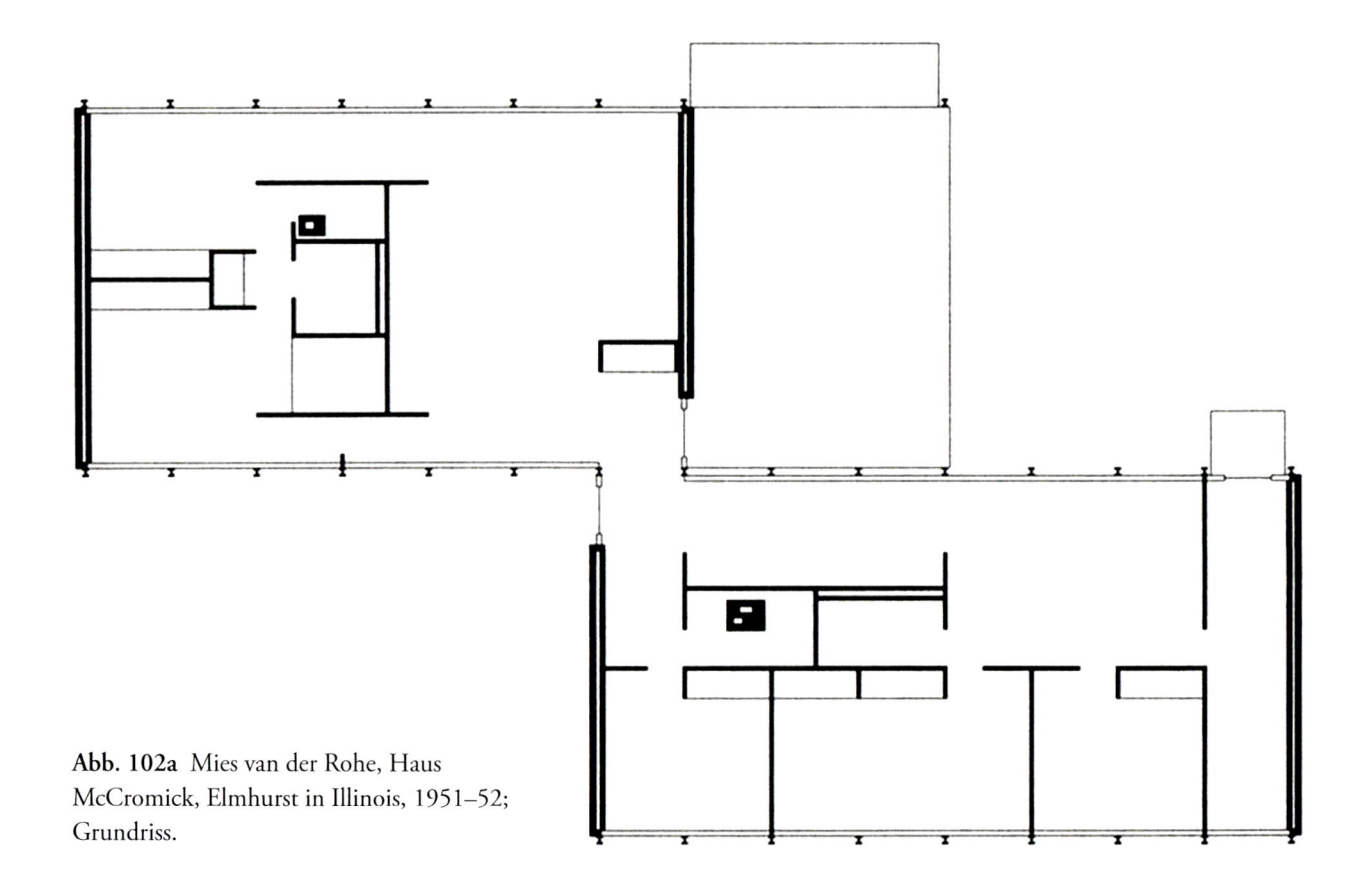

Abb. 102b Mies van der Rohe, Haus McCromick, Elmhurst in Illinois, 1951–52; Ansicht.

dentiefen Fenster erlauben einen freien Blick in den kleinen privaten Hof. Im Gegensatz zu den Bauwerken Neutras sind die Fensterrahmen abgesetzt, wodurch die räumliche Weite und der fließende Übergang reduziert werden. Das Raumprogramm selbst ist konventionell. Statt der üblichen freistehenden Wände und hochwertigen Materialien drückt beim Haus Lemke die Naturverbundenheit die Behaglichkeit aus. Durch den Versprung des Gebäudes und die einheitliche Bodenpflasterung im Innen- und Außenbereich mit demselben Material wird der Platz vor der Haustür räumlich integriert. Diese Form der Anbindung des Außenbereichs wird häufig verwendet. Auf den Terrassen am Haus Domnick sind graue Betonplatten verlegt. Der Außenbereich wirkt auf diese Weise wie ein geschlossener Außenraum.

Ein weiteres Beispiel ist das Haus McCormick in Elmhurst in Illinois (1951/52), das aus zwei versetzten rechteckigen Bauteilen besteht (Abb. 102a, b).[328] Die vorgefertigte weiße Stahlrahmenkonstruktion mit weißem Flachdach und Sockel kontrastiert mit den dazwischen gelb gemauerten Backsteinwänden. An beiden Längsseiten der Rechtecke gibt es bodentiefe Fenster mit einer weiß abgesetzten Rahmung. Die Glasfassaden werden

wirkende Backsteingebäude, das er während seines Aufenthalts in Berlin baute, ist das einzige mit einem farblich hervorgehobenen Flachdach. Das l-förmige Wohnhaus ist einerseits durch seine Geschlossenheit und andererseits durch die Offenheit gen Süden und Westen als freistehender Winkelbungalow-Pavillon einzuordnen. Die bo-

---

328   Vgl. Krohn 2014, S. 159.

mit markanten Stahlstützen rhythmisiert. Der Eingang im Winkel der beiden Bauteile führt unmittelbar ins Wohn- und Esszimmer. Im hinteren Bereich des Baukörpers liegen das Arbeitszimmer und das Schlafzimmer der Eltern. Links vom Eingang wird der zweite rechteckige Gebäudeteil erschlossen. Hinter der Küche und dem Spielzimmer liegen die Kinderzimmer und ein Personalzimmer. Die Verteilung der Räume auf zwei verbundenen Baukörpern ist eine geläufige Bauweise. Sie ermöglicht vielseitige Raumprogramme.

Das fließende Raumprogramm ist ein charakteristisches Merkmal für die Formensprache Mies van der Rohes, das er bereits 1923 in Entwürfen für zwei Landhäuser aus Backstein und Eisenbeton einsetzte.[329] Insbesondere die Trennung der funktionalen Bauelemente im Haus Lemke und Haus McCormick erinnert an die Baupläne Stohrers für das Bauwerk in Kirchheim/Teck. Er beabsichtigte eine Aufteilung der Sammlungs- und Wohnräume auf zwei Baukörper. Die bauliche Separierung ermöglicht eine freiere Gestaltung der verschiedenen Raumfunktionen. Eingangspavillon und Wohnpavillon sind in kleine Zimmer gegliedert, während der groß dimensionierte Sammlungsraum dazwischen liegen sollte. Das labyrinthartige Raumprogramm des quadratischen Gebäudes in Nürtingen basiert auf dem Entwurf von Kirchheim/Teck. Die Sammlungsräume folgen dem fließenden Grundrissmotiv Mies van der Rohes, die Privaträume hingegen halten sich an ein konventionelles Raumkonzept. Daraus lässt sich schließen, dass der Bauherr und der Architekt offene Räume für Wohnzwecke als ungeeignet ablehnten.

Anders als die Bauwerke Mies van der Rohes besitzt das Haus Domnick keine großflächige Verglasung zum Garten hin, die den Blick in eine grenzenlose Weite erlaubt. Die Terrassentüren und -fenster zur Gartenseite setzen unterhalb des Sturzes an. Lediglich die Tür mit dem Fenster zur kleinen Terrasse füllt die volle Breite des Quadrates. Die kleinen Öffnungen an der Ostwand sind einzeln unmittelbar unter dem Betonträger ins Mauerwerk geschnitten. Charakteristisch für einen pavillonisierten Bungalow wäre beispielsweise eine lange einheitliche Fensterfront an der Südseite gewesen oder bodentiefe Fenster ohne betonte Rahmen. Die Fenster an den Bungalowbauten Neutras sind eingefasste Scheiben in filigranen Stahlrahmen. Auf diese Weise wird der Übergang von innen nach außen nicht gestört, sondern läuft in einem weiter. Allerdings wird der Außenraum unterhalb der Pergola beim Haus Domnick als Innenhof bzw. Innenraum wahrgenommen, wodurch letztendlich das Außen doch mit einbezogen wird.

7.2.2.2 Der Kanzlerbungalow in Bonn (Sep Ruf)

Ludwig Erhard, der zweite Bundeskanzler der Bundesrepublik Deutschland, erteilte dem Architekten Sep Ruf den Auftrag für den Kanzlerbungalow (1962/63) inmitten des weitläufigen Parks des Palais Schaumburg in Bonn (Abb. 103).[330] Zu den renommiertesten Projekten des Architekten zählen zahlreiche Einfamilienhäuser mit überwiegend weiß verputzten Baukörpern mit Sattel- und Walmdächern. Öffnungen werden nicht nach den Regeln der Symmetrie, sondern der inneren Raumordnung, vorzugsweise als Fensterbänder, eingeschnitten. Des Weiteren entwarf Ruf Wohn- und Geschäftshäuser, Siedlungsanlagen, Bank- und Verwaltungskomplexe, Universitätsgebäude, Kaufhäuser und Kirchenbauten. Insbesondere mit dem Deutschen Pavillon, den er in Zusammenarbeit mit Egon Eiermann 1958 bei der Brüsseler Weltausstellung präsentierte, erntete er Lob und Anerkennung.[331] Bungalowbauten sind im Gesamtwerk des Architekten favorisierte Projekte. Neben den bereits genannten sind sein privates Ateliergebäude in München (1967/69) und die Nürnberger Akademie der Bildenden Künste (1952/54) für seinen Stil repräsentative Objekte. Für den Kanzlerbau übernahm Ruf Motive wie die Horizontalität, die ausladenden farbig abgesetzten Flachdächer, stockwerkhohe Fensterfronten, fließende Raumfolgen und identische Materialien im Innen- und Außenbereich von den beiden Bungalowbauten am Tegernsee. Die klare Raumanordnung separiert deutlich den Wirtschaftsbereich vom Privatbereich.[332]

Der Kanzlerbungalow ist gleichzeitig repräsentatives Empfangsgebäude für Staatsgäste und Privatwohnung der Kanzlerfamilie. Seine Funktion steht in der Tradition von Regierungssitzen wie dem Weißen Haus in Washington DC oder dem Élysée-Palast in Paris. Um diese Doppelfunktion voneinander zu trennen, plante Ruf eine Stahlskelettkonstruktion mit Flachdach. Den Grundriss bilden zwei gegeneinander versetzte unterschiedlich gro-

---

329 Neumann 2020b, S. 43.
330 Zum Kanzlerbungalow vgl. Riese 1968, S. 73–75. – Pehnt 2009. – Wefing 2009. – Ebert 2016, S. 176–186.
331 Zu Sep Rufs Biographie vgl. Ruf/Warmburg/Swiridoff 2009. – Meissner 2013. Der Pavillon steht in würdiger Nachfolge zu Mies van der Rohes 1929 entworfenen Barcelona Pavillons.
332 Vgl. Eckstein 1956. – Pehnt 2009, S. 23 f.

ße Quadrate mit jeweils einem Atriumhof. Der größere Baukörper nimmt die Empfangsräume, ein Arbeitszimmer, die Küche sowie ein privates Zimmer als Übergang zum Wohn- und Schlaftrakt im kleineren Gebäudeteil auf. Die Raumgröße und jeweilige Nutzung war bis zur Umbauphase während der Ära Helmut Kohls (1982–1998) durch Schiebe- und versenkbare Wände flexibel gestaltbar. Im kleineren Gebäude ordnen sich um das private Atrium mit Pool links die Personalzimmer und rechts die Gästezimmer. Der Schlafbereich und das Ankleidezimmer des Hausherrn und seiner Gattin liegen im hinteren Gebäudeteil. Die fließenden Raumfolgen in der lichtdurchfluteten Konstruktionsweise sowie die Verbindung von Natur und Architektur sind Kennzeichen der modernen Architektur. In der Literatur des 20. Jahrhunderts wird die Architektursprache des Kanzlerbungalows vielfach auf den Barcelona-Pavillon zurückgeführt, obwohl die Raumkonzepte grundverschieden sind. Beim Pavillon ordnen sich die Räume parallel zur Glasfassade, beim Kanzlerbungalow reihen sie sich um ein Atrium.[333]

Carola Ebert betrachtet den Wohnhofbungalow aufgrund der nahezu vollständigen Verglasung als ein „idealisierte[s] Bild des Bungalows als Pavillon".[334] Im Gegensatz zum herkömmlichen Atriumhaus, das überwiegend nach außen hin verschlossen ist und die Innenhöfe als Lichtquelle nutzt, wird der Kanzlerbungalow im Wesentlichen durch die verglasten Außenwände belichtet. Signifikant sind das farbig abgesetzte Flachdach, die farbig abgesetzte Terrasse und der umlaufende Rundgang. Vergleichbar zum Wohn- und Sammlungshaus ist die Zusammenfügung von Repräsentationsräumen und Privatzone innerhalb eines Gebäudes. Während beim Kanzlerbungalow die beiden Bereiche bewusst und sichtbar architektonisch getrennt sind und den Privatgemächern

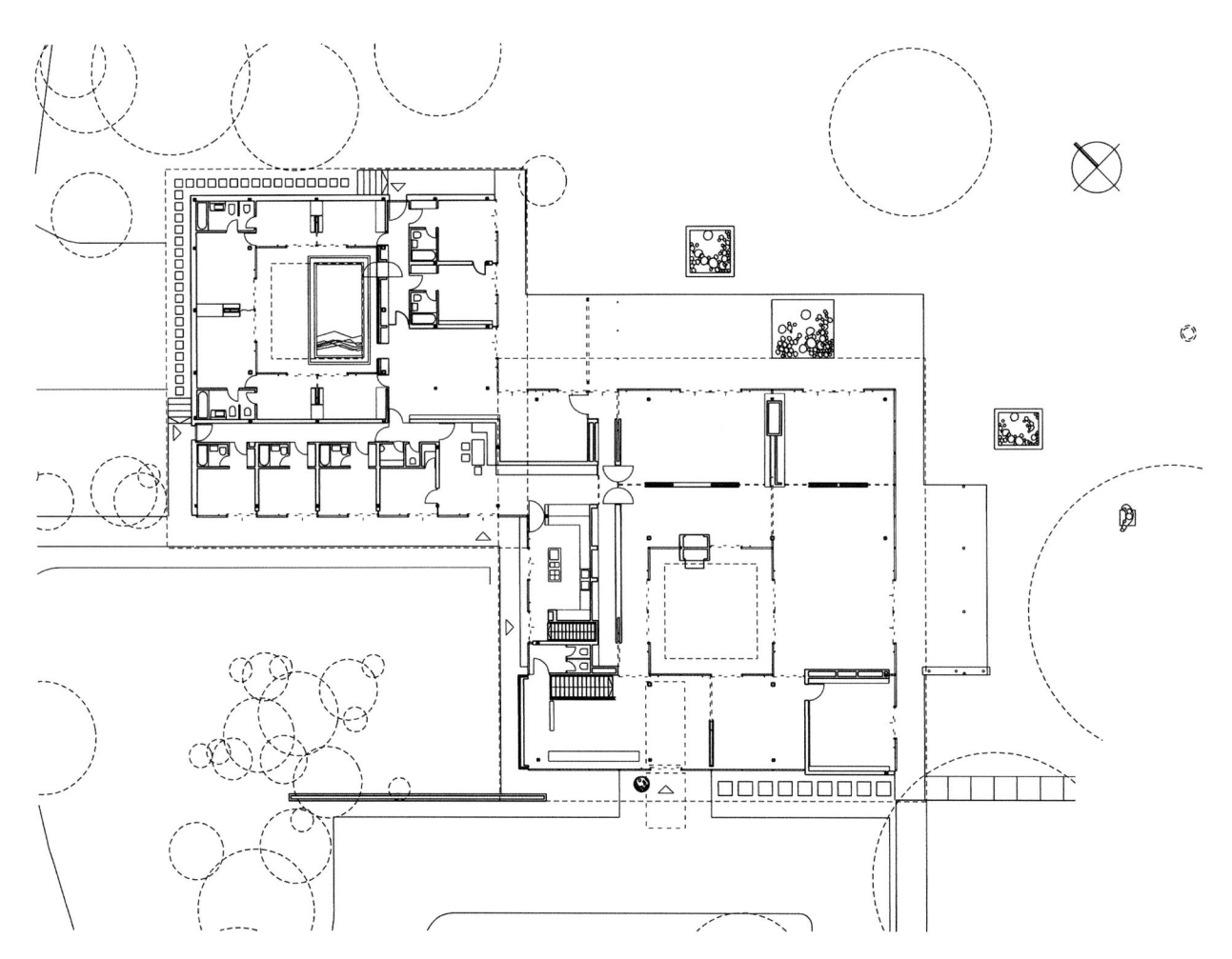

Abb. 103 Sep Ruf, Kanzlerbungalow, Bonn, 1962–63; Grundriss.

---

333 Carola Ebert gibt in ihrer Dissertation einen Überblick über die Genealogien und Wesensverwandtschaften in der Fachliteratur. Vgl. Ebert 2016, S. 176–186. Eine erste detaillierte Vergleichsanalyse ist von Joaquín Medina Warmburg. Vgl. Warmburg 2009.

334 Ebert 2016, S. 177.

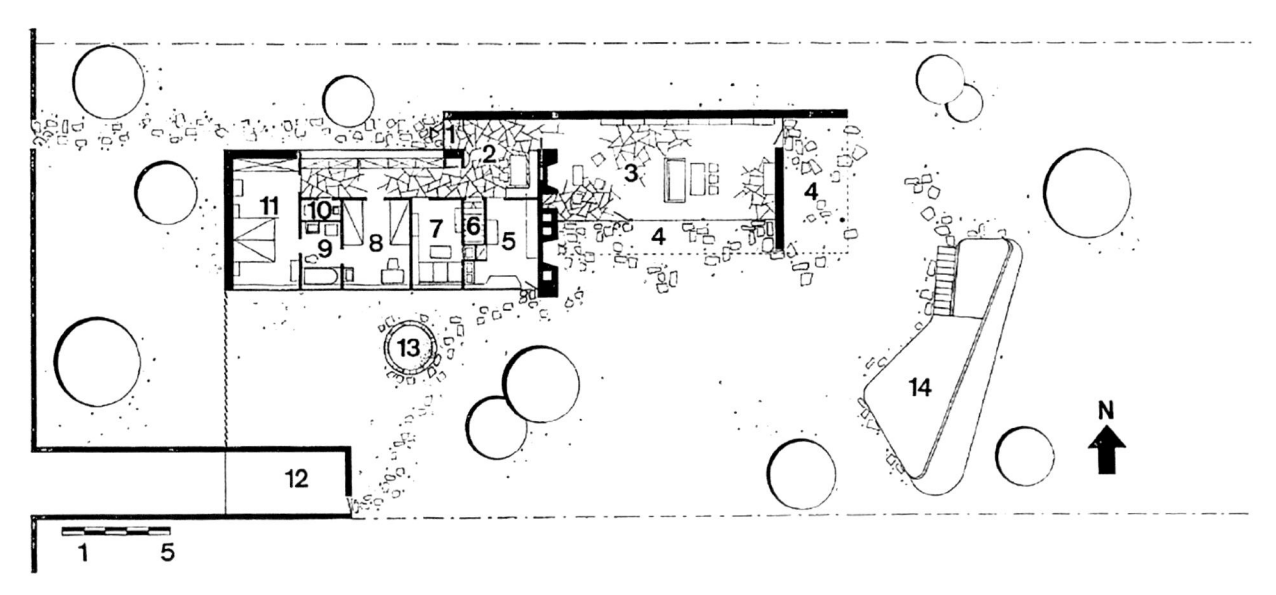

Abb. 104 Paul Schneider-Esleben, Haus Riedel, Gruiten, 1953; Grundriss.

verhältnismäßig viel Platz eingeräumt wird, ist die Aufteilung beim Haus Domnick weder innen noch außen wahrnehmbar. Die Bereiche sind different aufgeteilt. Der größte Teil der Fläche wird für die Sammlung bereitgestellt. Die Struktur dieser Räumlichkeiten erlaubt allerdings auch eine private Nutzung, sodass sie als vergrößertes Wohnareal angesehen werden können.
Die Architektur des Kanzlerbungalows wird Domnick und Stohrer animiert haben, kleine Lichthöfe einzufügen. Aber beide Gebäude erfüllen die Anforderungen an einen Wohnhofbungalow auf andere Art. Ein wesentlicher Unterschied ist die Offenheit des Kanzlerbungalows gegenüber der Geschlossenheit des Hauses Domnick. Das lichtdurchflutete Kanzlerdomizil wird sowohl über die Fensterfronten als auch über die unsymmetrisch angelegten Atrien belichtet, dagegen erhält das Haus Domnick nahezu gar kein natürliches Tageslicht. Die Fensterschlitze zu den Innenhöfen und die geschützten Terrassen bewirken nur einen geminderten Lichteinfall und einen eingeschränkten Bezug zwischen Innen- und Außenraum. Die Terrassen können aufgrund der randseitigen Überdachung mit der Pergola als Atrien angesehen werden.[335]
Bemerkenswert ist die gleichartige Vorstellung der Bauherren Kanzler Erhard und Domnick, von der Architektur und Inneneinrichtung ihrer Immobilien. Sowohl Erhard als auch Domnick waren tatkräftig an der Planung beteiligt und brachten ihre eigenen Ideen und ihren Geschmack mit ein. Sie wollten jeweils eine Stätte zur Begegnung und Besinnung und erreichten dieses Ziel auf eigene Art und Weise. Trotz der architektonischen Unterschiede sind beide Bauwerke als in der Landschaft liegende, geschützte, unzugängliche und unsichtbare Bungalows zu kategorisieren.
Der Vergleich der beiden Wohnhäuser belegt die variantenreiche und vielschichtige Konstruktion von Bungalowbauten und deren Möglichkeit einer freien Gestaltung.

7.2.2.3 Haus Riedel in Gruiten (Paul Schneider-Esleben)
Paul Schneider-Esleben war ein anerkannter Architekt der Nachkriegszeit. Seine Formensprache lässt Einflüsse Mies van der Rohes und der expressionistischen Ästhetik erkennen. Er war ein Verehrer von Le Corbusiers béton brut und Alvar Aaltos Architektur.[336] Allerdings entwickelte er keine ausgeprägte Handschrift, die seine Bauten berühmt machten. Zu seinen vielseitigen Projekten zählten Einfamilienhäuser, Kirchen, Flughäfen, Schulen und Verwaltungsgebäude. Des Weiteren entwarf er Möbel.
Das Haus Riedel in Gruiten im Bergischen Land bei Köln, das erste Wohnhaus des Architekten mit einem Flachdach, wurde 1953 für den Direktor einer Stahlbaufirma fertiggestellt (Abb. 104).[337] Das langgestreckte

---

335 Heutzutage werden Innenhöfe häufig als Terrassen ausgeführt, die sich zum Garten hin öffnen. Aus der Vogelperspektive gleicht das Bild einer Teppichbebauung. Vgl. Kottjé 2014, S. 7.

336 Vgl. Kat. München 2015, S. 27 (Ursula Ringleben im Gespräch mit Ursula Mulscher).

337 Zum Haus Riedel vgl. Schneider-Esleben 1954, S. 369 f. – Kat. München 2015. – Schneider/Klotz 1987. – Schneider/Klotz 1996, S. 31–33. – Ebert 2016, S. 167–171.

schmale Grundstück erforderte einen rechteckigen Grundriss. Ein heller ebenerdiger Bungalow aus zwei leicht gegeneinander versetzten Baukörpern wurde gewählt. Zur westlichen Straßenseite schirmt eine weiß geschlämmte Ziegelwand das Haus ab. Drei massive Wände sowie Glas- und Holzwände gliedern die Raumstrukturen. Die Gebäudeteile werden von einer naturbelassenen Ziegelwand mit einem Kaminblock getrennt. Außen und innen kennzeichnet sie die klare Aufteilung der Bereiche. Die privat genutzten Räume liegen im oberen Gebäudeteil an der Straße. Küche, Arbeitsraum, Schlaf- und Kinderzimmer reihen sich kabinenartig entlang der Südseite und sind auf ihrer gesamten Raumbreite durchfenstert. Auf der gegenüberliegenden Seite verläuft der Flur mit Einbauschränken. Gegenüber der Haustür im Westen ist eine schmale Terrassentür am Ende des Wohnzimmers. Wie bei Neutras Bauten entsteht der Eindruck von Weite. Bodentiefe Fenster mit hellblau gestrichenen Stahlrahmen erhellen den offenen Ess- und Wohnraum gen Süden. Die überkragende Dachplatte bietet auf der Süd- und Ostterrasse einen Sonnenschutz. Die Pflasterung der Böden verläuft von innen nach außen fließend.

Das Haus, aufgeteilt auf zwei Baukörper, verfügt über typische Merkmale der Bungalowarchitektur: der obere geschlossene und der untere offene Gebäudeteil. Der fließende Wohnraumbereich ist mittels frei eingestellter Wände und Stützen strukturiert. Der Schlaftrakt ist in kleinere Räume gegliedert. Heinrich Klotz beschrieb das Wohnhaus als eine noch zaghafte Modernitätsbewältigung, an dem sich das Vorbild Mies van der Rohes erkennen ließe.[338] Die Motive der drei sich nicht berührenden Begrenzungsmauern, des Wechsels von Wand- und Glasflächen und der vorstoßenden Wände erinnern an die Grundrisse des Barcelona-Pavillons und der Landhausprojekte. In seiner Komplexität entspricht das Wohnhaus jedoch der Architektur eines kompakten Einfamilienhauses mit der bungalowtypischen Doppelgesichtigkeit und der dualen Raumstruktur. Architektonische Besonderheiten wie die geschützten Ecken, die statisch notwendige weit auskragende Nordwand und die freie Blickführung in die Weite vom Eingang aus, erinnern an Neutras Bungalowbauten.[339]

Ein direkter Bezug zum Haus Domnick ist nicht erkennbar. Die differenzierte räumliche Struktur und die funktionstrennenden Elemente sind ähnlich. Allgemein sind Bungalowbauten ein beliebter Bautypus, der sich unter anderem durch seine leichte Bewirtschaftung, die sparsame Bauart und die funktionalen Grundrisse auszeichnet. Die architektonische Erscheinungsform ist variabel und untersteht keinen prinzipiellen Regeln, sodass die Wohnhäuser individuell gestaltbar sind. Die aufgeführten Beispiele und Erläuterungen belegen die Tendenz der Bevölkerung in einer landschaftlich reizvollen Umgebung zu wohnen und mit der Natur in Verbindung zu sein. Dabei ist die Bezeichnung „Bungalow" unverbindlich und impliziert diverse ebenerdige Wohnhäuser.

Es wird deutlich, dass die Architektur des Wohn- und Sammlungshauses von der eines pavillonisierten Bungalows mit offener Gartenseite des 20. Jahrhunderts abweicht. Wobei die Terrassen als ambivalent zu betrachten sind. Sie sind einerseits Außen- andererseits Innenraum. Jedoch wird das Haus Domnick als ein geschlossener Wohnhofbungalow kategorisiert.

Die Analyse zeigt die Vielseitigkeit der Bungalowbauten und die individuelle Erscheinungsform dieses Bautyps. Es galt das Haus Domnick innerhalb des vorherrschenden Musters einzuordnen, woraus sich ergibt, dass die geschlossene Bauform vereinzelt anzutreffen ist. Eine intensive Recherche nach Einzelhäusern und Sichtbetonbauten der 1960er Jahre, ausgehend vom Haus Domnick, wäre zur Ausdehnung des Bungalowtypus eine wichtige Forschungsfrage, der an dieser Stelle nicht weiter nachgegangen werden kann.

7.3 DER WOHNHAUSGRUNDRISS UND DAS RAUMPROGRAMM

In den vorigen Kapiteln wurden unterschiedliche Konzepte der Raumstrukturen verglichen. Der typische Grundriss eines Einfamilienhauses mit einem zentralen Wohnraum, um den sich alle Räume anordnen, wurde im Verlauf des 20. Jahrhunderts unpopulär. Mit den 1920er Jahren begann in Europa die Architektur des modernen Wohnhauses. Ein außen schlichtes Bauwerk mit glatten, unverzierten Wänden und großen Glasflächen löste sich im Inneren von der statischen Anordnung der Räume und bildete eine organisch zusammenhängende Wohnfläche.

---

338 Schneider-Esleben/Klotz 1987, S. 10. In dem Gebäudeteil mit Küche und Schlafzimmern ist das Mies van der Rohe-System nicht durchgeführt worden.

339 Vgl. Ebert 2016, S. 170 f.

1 Fassade

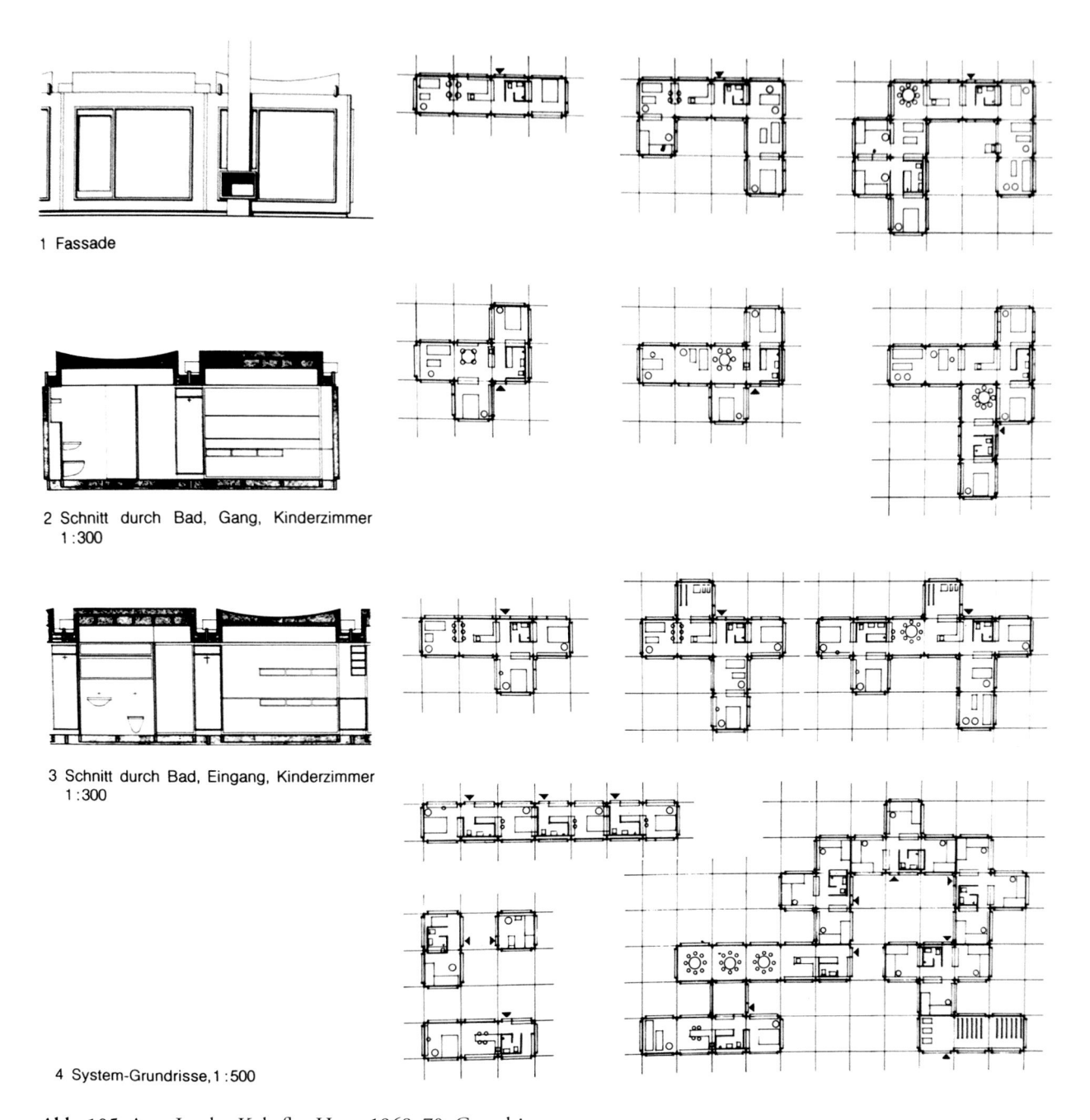

2 Schnitt durch Bad, Gang, Kinderzimmer
1 : 300

3 Schnitt durch Bad, Eingang, Kinderzimmer
1 : 300

4 System-Grundrisse, 1 : 500

Abb. 105 Arne Jacobs, Kubeflex Haus, 1968–70; Grundriss.

Das Raumprogramm bestimmte die Gestaltung des Grundrisses, die Größe sowie die Zuordnung der Räume. Prinzipiell konnte ein Architekt seine Entwürfe frei gestalten. Seitens des Bauherrn und der Nutzung waren einige Kriterien zu beachten. Die Haushaltsgröße bestimmte Anzahl und Größe der Räume. Die Himmelsausrichtung der Zimmer und ihre Verbindung untereinander entschieden über Fenster- und Türöffnungen. Ferner waren die Einrichtung sowie die Stromkabelverlegung für Lampen und technische Anlagen bei der Planung von Trennwänden zu berücksichtigen. Für eine möglichst große Wohnfläche waren raumtrennende Einbaumöbel und Durchgangszimmer zur Vermeidung von leeren Fluren vorteilhaft.[340] Markant waren die „neuen Wesenszüge wie die Einordnung in die Natur, organische Grundrisslösungen, konsequente Auflösung der Wand

---

340 Vgl. Schwarz 1947–49. – May 1957, S. 133–138. – Meyer-Bohe 1982, S. 21 f.

in Stützen und Glasfeldern usw."³⁴¹ Offene Grundrisse ermöglichten Variabilität, Mobilität, Erweiterung und Ausbau. Ein Beispiel für große Flexibilität ist das Kubeflex Haus (1969/70) von dem dänischen Architekten Arne Jacobsen (Abb. 105).³⁴² Das sogenannte Modulhaus ist ein System aus mehreren würfelförmigen Baukörpern, die individuell miteinander kombinierbar sind. Auf diese Weise lassen sich verschiedenartige Gebäudeformen entwickeln. Der Architekt setzte hauptsächlich Glaselemente ein, um eine Verbindung der Landschaft mit der Wohnwelt zu schaffen. Auf standardisierten Grundrissen können alle Bereiche für ein familiäres Wohnen individuell gestaltet werden, mit großem Wohnbereich, bedarfsgerecht aufgeteilten Schlafzimmern und kleinen Küchen.³⁴³ Der Architekt A. Weber entwarf sein Eigenheim in Saarbrücken (1955) auf einem traditionellen Grundriss (Abb. 106).³⁴⁴ Um das zentrale große Wohn- und Esszimmer gruppieren sich die kleinbemessenen Schlaf- und Wirtschaftsräume. Der aufgestelzte Bungalow verfügt über große bodentiefe Fensteröffnungen, die bündig mit der Außenhaut abschließen. Dachplatte und Sockel sind farbig hervorgehoben. Mittels einer kompletten Verglasung ist es nach Süden geöffnet.

In den 1950er Jahren orientierte sich der Einrichtungsstil überwiegend an den Formen der Vorkriegszeit. „Dinge des Alltags sollten tüchtig sein, ohne Eitelkeit, ohne Betrug und Täuschung [...] Geläutert und geprüft durch die Not, muss jedes Ding sich darauf beschränken, zu sein, was es soll: Ein Bett, ein Tisch, ein Topf."³⁴⁵ In den 1960er Jahren, der Blütezeit des Wirtschaftswunders, änderte sich das Bewusstsein und mit wachsendem Wohlstand nahm die Lust auf kreative, individuelle Einrichtungsgegenstände hauptsächlich bei der jüngeren Generation zu.³⁴⁶

Auf Grundlage dieser Entwicklung wird der private Wohnbereich des Ehepaares Domnick betrachtet, der sich in der Südostecke des Sammlungshauses über etwa dreißig Prozent der Gesamtfläche erstreckt. Der Gästebereich in der gegenüberliegenden Ecke ist eine eigenständige Einliegerwohnung, die im Folgenden nicht weiter berücksichtigt wird. Im Gegensatz zu der offenen Grundrissgestaltung im Ausstellungsbereich ist der Privatbereich kleinteilig geschnitten. Größe und Form der einzelnen Räume richten sich nach dem Raster. Durch den nördlichen Eingang führt ein überdachter Laufgang zur Wohnung. Entlang der Westseite liegen auf drei Ras-

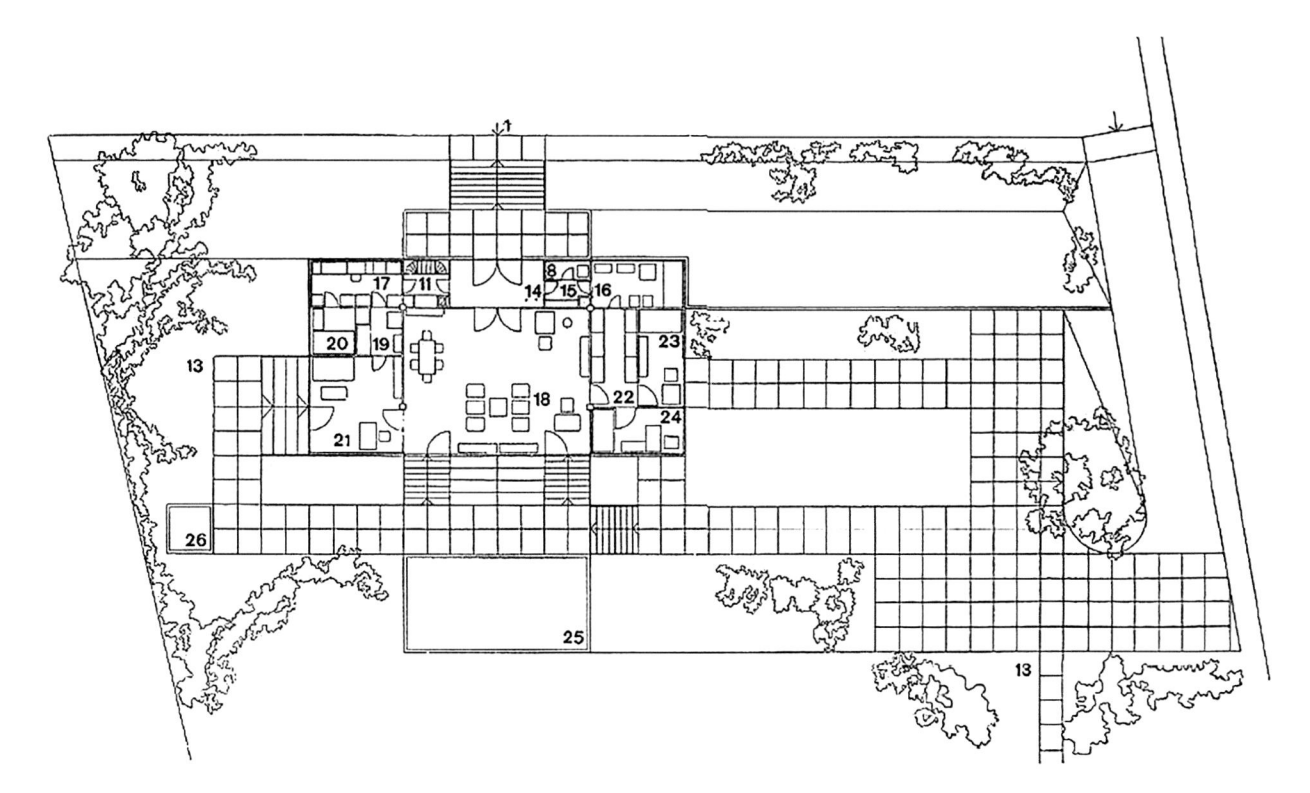

Abb. 106 A. Weber, Wohnhaus, Saarbrücken, 1955; Grundriss.

---

341 Schweizer/Selg 1957, S. 244.
342 Vgl. Meyer-Bohe 1982, S. 27.
343 Vgl. May 1957, S. 117–121. – Zapf 1999, S. 589–591.
344 Vgl. Zietzschmann 1955.
345 Borngräber 1985, S. 250.
346 Vgl. Andritzky 1999, S. 631–637.

terquadraten die separierte Garage und ein Wirtschaftsinnenhof. Die tatsächliche Wohnfläche liegt auf einem rechteckigen Grundriss. Diese geläufige Organisationsvariante ermöglicht eine effiziente Raumverteilung.

In einem kleinen Eingangsraum befindet sich hinter der Garderobe eine Abstellkammer. Der Flur verläuft mit einem Niveauabfall gen Süden mit gleichbleibender Deckenhöhe bis zum Esszimmer. Der erste Raum im Flur rechts öffnet sich zur Küche. Eine Verbindung von Küche und Esszimmer besteht mittels einer Durchreiche. Tageslicht scheint aus dem Innenhof über ein Oberlicht in die Küche und über eine Terrassentür mit Fenster ins Esszimmer.

Die Schlafbereiche und Badezimmer auf der gegenüberliegenden Seite des Flurs sind auf die nötigste Fläche reduziert. Für mehr Ruhe und Privatatmosphäre sind die Schlaf- und Wohngruppe über einen zusätzlichen Flur mit einer Schrankwand separiert.[347] Allgemein konzentriert sich die Platzierung der Möbel wandnah, wodurch der Schattenschlag auf dem Fußboden minimiert und die Durchgänge sowie die Bewegungsflächen optimal genutzt sind. Die Einbauschränke in den Fluren bieten reichlich seitlichen Stauraum.

Das Ess- und Wohnzimmer ist optisch durch eine Brüstung und baulich über einige Stufen und die Absenkung der Decke getrennt.

Eine Hierarchisierung der Räume durch verschiedene Deckenhöhen und Bodenniveaus ist ein beliebtes Motiv der modernen Architektur. Das geometrische Gefüge des Wohnraums durch verschiedene Ebenen ist bei Wohnhäusern Frank Lloyd Wrights vielfach zu sehen. Im Winkler-Goetsch-Haus in Okemus (Michigan) von 1939 trennte Wright eine kleine Sitzecke auf diese Weise vom großen Atelier. Wrights Architektursprache ist für Stohrer und dem Erscheinungsbild des Hauses Domnick von Bedeutung. Die Bauwerke Wrights vereinen unterschiedliche Einflüsse wie den amerikanischen „Schindelstil"[348], Friedrich Fröbels Pädagogik, die Einflussnahme seines Mentors Louis Sullivan und die Architektur Japans. Charakteristische Motive der japanischen Architektur sind u.a. die horizontale Ausrichtung der Häuser, die weit ausladenden Flachdächer sowie die Verbindung der Räume untereinander und mit dem Außenraum.

Speziell seine Wohnhausarchitektur zeichnet sich durch Raumkonzepte aus, die das Verhältnis zwischen raumbegrenzenden Elementen und dem Raum neu definiert. Mittels Raum- und Flächenschichtungen entwickelt er neue Grundrissformen und fließende Übergänge zwischen unterschiedlichen Bereichen. Im Folgenden werden Beispiele Wrights hervorgehoben, die mit den baulichen Motiven am Haus Domnick in Verbindung gebracht werden können, sich von anderen unterscheiden oder Gemeinsamkeiten aufzeigen. Ein frühes Beispiel ist das Haus William H. Winslow in River Forest (1893), das trotz der Beibehaltung traditioneller Formen wohl das erste Zeugnis seiner reduzierten Bauweise ist. Dem gegenüber steht das Haus Frederick C. Robie in Chicago (1906/09). Das Präriehaus mit fließenden Räumen und einem weitauskragenden Dach über der Terrasse vermittelt den Eindruck einer offenen und dynamischen Verbindung. Dabei sind die Wohnräume offen und die Privaträume kleinteilig gegliedert.[349] Die Architektur Frank Lloyd Wrights war für das Wohn- und Sammlungshaus Domnick zumindest mittelbar ein einflussgebender Faktor, der sich im gesamten Bauwerk in den Raumkonzepten zeigt.

Bei der Planung des Wohnungsgrundrisses im Haus Domnick richtete sich Stohrer nach den neuen Anforderungen an die Raumorganisation: beispielsweise die Komposition von großzügigen Wohnräumen mit kleinen Schlafräumen. Eine flexible Umnutzung der Räume ist nicht ohne weiteres möglich.[350] Der doppelt angelegte Flur mindert die nutzbare Fläche, aber hinsichtlich der gewünschten Abtrennung der Privaträume ist diese Konstruktion notwendig.

Innerhalb Stohrers Wohnhausarchitektur werden die allgemeingültigen Standards der klaren Raumgliederung und -folgen sowie der radikalen Separierung von Wohn- und Schlafbereichen befolgt. Im Haus Hielscher werden die Privaträume durch den l-förmigen Grundriss vom Wohnbereich getrennt. Das Esszimmer ist zugleich ein offenes Durchgangszimmer. Der Übergang zum Wohnzimmer wird über wenige Stufen verstärkt. Im Haus Sulzberg sind der offiziell zugängliche Westteil und der östliche Schlafflügel durch den dazwischen liegenden Wirtschaftshof und Garten separiert.

---

347 Zur Raumaufteilung einer Wohnung vgl. Klein 1928.
348 „Schindelstil" ist die bevorzugte Verwendung von Schindeln als Baumaterial. Die zumeist horizontalen Baukörper sollen ein schweres Volumen haben. Ein Beispiel ist Wrights Wohnhaus im Oak Park (1889). Vgl. Larkin/Brooks 1993, S. 15–25.

349 Vgl. Joedicke 1972. – Schultz 1999. Zum Haus Winslow vgl. Larkin/Brooks 1993, S. 26–33. Zum Haus Robie vgl. Larkin/Brooks 1993, S. 98–103.
350 Eine Raumvergrößerung könnte durch das Entfernen der Einbauschränke entlang des Hauptflures oder den Abriss von gezogenen Wänden realisiert werden.

Die Bungalowbauten Stohrers basieren auf räumlicher Ordnung und Geometrie. Durch ihre offene Gestaltung und freie Blickführung nach draußen sowie die Integration von Außenräumen in den Innenraum verbinden sie Landschaft mit Architektur. Analog zum Wohn- und Sammlungshaus treffen jedoch nur die Kriterien der Verteilung und Ausrichtung der Wohn- und Schlafräume gen Osten oder Süden sowie die Verwendung von Durchgangszimmern und Treppen als trennende Elemente zu. Die Hierarchisierung der Räume durch Höhendifferenzen ist in seiner Architektursprache ein wiederkehrendes Element.

Allgemein richten sich die Raumprogramme nach den individuellen Vorschriften der Bewohner. Dabei entstehen jedoch häufig ähnliche Ergebnisse. Die Wirtschaftsräume liegen meistens an der Nordseite, kleine Flure mit Einbauschränken werden bevorzugt und Wohnräume richten sich zur Sonne und Gartenanlage.

Wird der komplette Grundriss des Wohn- und Sammlungshauses betrachtet, übernehmen die offen gestalteten Sammlungsräume die Funktion des Wohnbereichs eines Einfamilienhauses, in denen Gäste empfangen werden. Die fließende Raumstruktur hebt sich von den kleinteilig gegliederten Privaträumen im Südosten und den Wirtschaftsräumen im Nordwesten ab. Die Gliederung ist geläufig. Beim Haus Robie von Wright sind die verschiedenen Funktionsräume zusätzlich durch die Geschosse getrennt. Wohn- Ess- und Spielraum fließen offen ineinander über, die Schlafzimmer dagegen liegen rund um einen Flur isoliert. Diese Differenzierung und Bestimmung der Funktionsbereiche sind, wie sich bei genannten Beispielen zeigt, für Einfamilienhäuser zeitgemäß.[351]

Ein Wohnhaus soll prinzipiell nach den individuellen Bedürfnissen der Bewohner entworfen werden. „Die wesentlichen Tendenzen sind jene zur Einfachheit aller Wohn- und Schlafräume, zur inneren Offenheit der Grundrisse und zur Gestaltung in allen drei Dimensionen".[352] Unterschiedlich und dennoch ähnlich sind die offenen Grundrisse Mies van der Rohes in der Weißenhofsiedlung in Stuttgart. Hier wird völlige Freiheit beim Einsetzen von Wänden ermöglicht (Abb. 107). Nur die Position, Form und Größe von Badezimmer und Küche sind nicht veränderbar. Auf diese Weise können die Räume ganz nach ihren individuellen Funktionen unterteilt und an etwaige Veränderungen angepasst werden.

Ein Wegbereiter für die moderne Wohnhausarchitektur war der Wiener Architekt Adolf Loos (1870–1933).[353] Seine Formsprache ist geprägt von kubischen Formen, offenen Innenraumgestaltungen, unterschiedlichen Raumhöhen und Einbaumöbeln. Er entwarf 1930 das Haus Müller in Prag (Abb. 108).[354] Dieses einfache und zweckmäßige Bauwerk wird von vier Stahlbetonstützen mit Unterzügen getragen. Die Innenraumgestaltung des nach außen streng funktionalistisch wirkenden Kubus gleicht einem Labyrinth auf verschiedenen Ebenen. Um die zentrale Treppe gruppieren sich unterschiedlich proportionierte Räume. Loos Raumplanung verlangte, dass jeder leere Kubus mit Räumen verschiedenen Volumens und Zuschnitts zu füllen sei. Innenraumansichten zeigen eine Verschachtelung der Räume mittels Höhenunterschieden und halbhohen Wänden sowie eingezogenen Treppen und erinnern an die Räumlichkeiten im Haus Domnick.[355] Vor diesem Hintergrund wird deutlich, dass die Struktur des Grundrisses, ihren Ursprung nicht aus der Museumsarchitektur sondern aus der Wohnhausarchitektur hat.

Allerdings hatten sich der „offene Grundriss" und Wrights Verständnis, ein Haus als Raumkontinuum zu definieren, bereits in den 1920er Jahren als festes Merkmal etabliert. Als Initialbau gilt das Haus Schröder in Utrecht von Gerrit Rietveld (1924). Das Gebäude birgt in seinem Inneren zwei verschiedenartige Grundrisse auf zwei Etagen. Im Erdgeschoss sind die Räume konventionell angeordnet. Das Obergeschoss dagegen kennzeichnet eine völlige Offenheit. Verschiebbare Trennwände ermöglichen jederzeit eine Anpassung der Räume an die Bedürfnisse. Von außen wird das Haus vielfach als bewohnbare Version eines Kunstwerkes von Mondrian gedeutet. Daran knüpft Le Corbusiers „Fünf Punkte zu einer Neuen Architektur" und sein Dom-Ino-Experiment (1914/15) an, bei dem die lastragenden Mauern durch eine Stahlbetonkonstruktion ersetzt werden. Auf

---

351 Vgl. Rainer 1948, S. 21–40.
352 Schwarz 1947–49, S. 3.
353 Adolf Loos entwickelte auf Grundlage seiner intensiven Beschäftigung mit der innovativen amerikanischen Stahlbetonkonstruktionsweise und Architektur neue stilistische Formen und freie Raumdispositionen. Er begeisterte seinen Schüler, Richard Neutra, für den amerikanischen Architekten Louis Sullivan und dessen Auffassung „form follows function". Vgl. Wandel-Hoefer 1989, S. 23. – Hines 2005, S. 34. – Loos 2009, S. 13–19 u. 42–57. – Campe 2022, S. 42 f.
354 Zum Haus Müller vgl. Kühn 2001. – Weston 2002, S. 38–40. – Hines 2005, S. 34. – Loos 2009, S. 13–19 u. 42–57. – Campe 2022, S. 42 f.
355 Vgl. Weston 2002, S. 38.

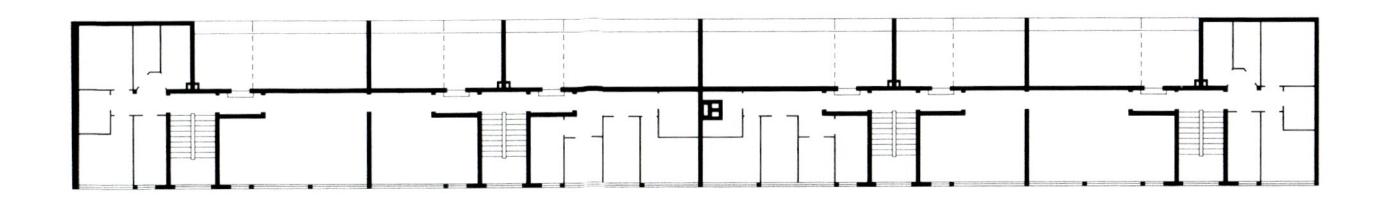

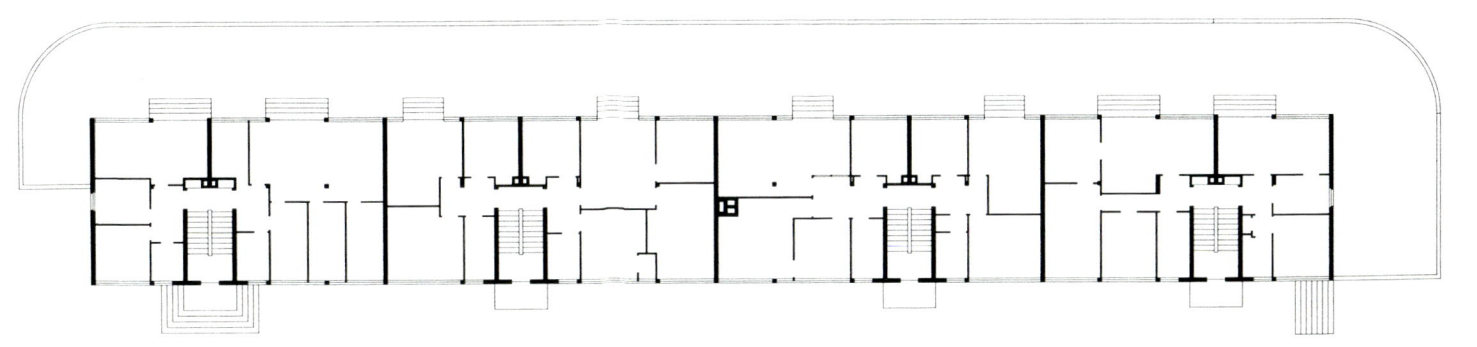

Abb. 107 Mies van der Rohe, Weißenhofsiedlung, Stuttgart, 1927; Grundriss OG, EG.

Abb. 108 Adolf Loos, Haus Müller, Prag, 1930; Ansicht.

Der Wohnhausgrundriss und das Raumprogramm

diese Weise sind die Hülle und die Innenaufteilung des Bauwerks von allen konstruktiven Zwängen befreit.

In dem Entwurf des Wohn- und Sammlungshauses vermischte Stohrer konventionelle Raumstrukturen mit der freien und offenen Raumgestaltung. Werden der dritte, vierte und siebte Sammlungsraum als ein Raum betrachtet, können sie nach Wrights Wohnhauskonzeption als Herdstelle definiert werden, um die sich die Funktionsräume, die eine Gliederung verlangen, anordnen.

Grundsätzlich ermöglicht die Fertigteilkonstruktion mit dem Raster eine individuelle Behandlung des Innenraumes. Das Ordnungsprinzip des Rasters kann als geometrisches Gestaltungsprinzip in der Architektur bis in die Antike zurückverfolgt werden. Bis zur Renaissance bildete das metrische System eine Entwurfshilfe. Es beruht auf dem Wunsch des „Ordnen-Wollens", der Gleichheit und der freien Erweiterbarkeit. Neben einzelnen Bauwerken lässt sich das Prinzip auf ganze städtebauliche Planungen anwenden. Für die neue Konstruktion des Skelettbaus des ausgehenden 19. Jahrhunderts war das Raster eine notwendige Voraussetzung. Bahnhofshallen, Ausstellungsgebäude und Geschäftshäuser wurden zu Vorreitern. Ein Initialbau, der den Beginn der gerasterten Grundrisse innerhalb der Wohnhausarchitektur markiert, kann nicht definiert werden. Die Entscheidung für eine regelmäßige Anordnung ist eine Frage der Bauweise, Konstruktion und des Stils.[356] Raster sind zunächst ein System sich kreuzender Linien, die Ordnung erzeugen und Variabilität ermöglichen. Im Wohn- und Sammlungshaus orientiert sich die Raumaufteilung an dem auf dem Grundriss festgelegten Raster. Eine Anregung können die Bauhaus-Häuser der 1920er Jahre sowie das Bausystem und die Entwürfe Le Corbusiers für das Dom-Ino Haus gewesen sein. Das Typenhaus Citrohan (1922) übernimmt eine Pionierfunktion für diese Konstruktion (Abb. 109). Das kubische und schlichte Haus mit einem Flachdach bildet die Grundlage für Le Corbusiers Apartmenthäuser.

Parallel zu den Entwürfen Le Corbusiers entwickelten Mitbewerber stilistisch ähnliche Konstruktionen. Mies van der Rohe faszinierten Le Corbusiers Ideen und die Konstruktionsweise auf Betonstützen. Er beschäftigte sich eingängig mit der Skelettbauweise. Dabei standen das originelle Raumkonzept und die Anordnung von tragenden und nichttragenden Elementen stets im Vordergrund. Inspiriert von Wrights schachtelartiger Raumordnung entwarf Mies van der Rohe die Pläne für die Landhäuser aus Backstein und aus Eisenbeton (1923/24).[357] Beim Barcelona Pavillon löste er die Verbindung von Trag- und Trennelementen komplett auf. Nur die nach dem Grundraster geordneten Stahlstützen übernahmen die Traglast. Zeitgleich entstand die Villa Tugendhat (1930) nach dem Vorbild des Pavillons. Dieser Luxusbau beweist Mies van der Rohes exzellenten Umgang mit der Gestaltung des freien Grundrisses. Gekurvte und gerade Flächen stehen beziehungslos im Gebäude und betonen teilweise das Stützenraster.

Drei Jahre zuvor begann das Projekt der Stuttgarter Weißenhofsiedlung (1927), für die Mies van der Rohe als leitender Architekt neben anderen Architekten einen Wohnbau errichtete. Das Mehrfamilienhaus mit der offenen Rasterstruktur und versetzbaren Trennwänden brachte wohl am deutlichsten die Vorstellung der modernen, flexiblen und individuellen Wohnhausarchitektur zum Ausdruck.

Die Raster der Grundrisse mit der Stahlbetonstützen-Konstruktion stehen also in einem Zusammenhang. Allerdings kann zwischen streng nach dem Raster geordneten, frei gestaltet-unregelmäßigen und organisch-gewachsenen Raumaufteilungen unterschieden werden. Beim Haus Domnick erfolgte auf der Grundlage eines festgefügten Rasters für den Gesamtbau eine Einsetzung der Räume, die zur Grundlage nur teilweise die Rastergrenzen nahm. So wurden insbesondere im Wohnbereich Räume dimensioniert, die das Raster teilweise drittelten oder halbierten, sich in ihrer Ausrichtung jedoch immer an ihm orientierten. Durch die raumhohen Trennwände

Abb. 109 Le Corbusier, Citrohan, 1922; Ansicht.

---

356   Zu den verschiedenen Erscheinungsformen des Rasters vgl. Siegel 1960. – Pehnt 1983, S. 19–41. – Kluthe 2009. Curt Siegel differenzierte zwischen engen und weiten Rastern. Dabei berücksichtigte er die unterschiedlichen Gestaltungsmöglichkeiten. Die Dissertation Grit Kluthes basiert auf dem 1960 erschienenen Werk Siegels.
357   Vgl. Spaeth 1986, S. 27–31.

Abb. 110 Richard Neutra, Lovell-Health-House, Los Angeles, 1927; Ansicht.

im Wohnbereich und die nicht bis zur Decke reichenden Wände im Sammlungsbereich ist das Grundraster nicht besonders markant im Innenraum wahrzunehmen. Die Betonträger, die farblich hervorgehoben werden, geben jedoch Anhaltspunkte, die auf das Raster zurückführen.

7.4 EINZELFORMEN

Bei der Vorstellung der verschiedenen Wohnhäuser einzelner Architekten wurde auf Pergolen, runde Formen sowie Kragträger aus Holz oder Beton hingewiesen. An Wohnhäusern werden Pergolen häufig über Eingangsbereiche, Terrassen oder Laufgänge montiert, um einen halboffenen Wohnraum als Erweiterung des Hauses und Bindeglied zur Natur zu schaffen. Die seitlich offene und von oben meistens geschlossene Konstruktion einer Pergola bietet Schutz vor Regen, Wind, Sonne und neugierigen Blicken. Beim Wohn- und Sammlungshaus Domnick binden die Pergolen den Außenraum nach innen ein und mindern den Lichteinfall. In Verbindung mit dem durchgehenden Betonträger der Dachplatte ergänzt die Pergola die quadratische Grundform und suggeriert einen monolithischen Eindruck. Der Innenhof öffnet sich zum anschließenden Garten und wird als Terrasse genutzt. Erst hierdurch wird der Innenraum nach außen erweitert.

Beim Lovell Health House (1927) in Los Angeles von Neutra ist die Stahlskelett-Konstruktion anhand der Fassadengestaltung erkennbar (Abb. 110).[358] Das weiße Wohnhaus zeichnet sich durch seine Asymmetrie, Leichtigkeit und Auflösung der Wandflächen aus. Hervorstehende und zurücktretende Bauelemente erzeugen Dynamik. Eine dominant hervorstehende Dachplatte ist halboffen konstruiert. Die offen gelegte Struktur bildet eine schattenspendende Pergola. Die optische Erweiterung und Einbeziehung des Außenraumes könnte beispielgebend für Stohrer gewesen sein. Zahlreiche Bauwerke von Neutra stehen an der kalifornischen Küste. Er beschäftigte sich intensiv mit dem Thema Klimatisierung und der Verbindung von Architektur und Natur.

Beim Haus Kaufmann in Palm Springs (1947) schützen Dachüberstände und Lamellen die Bewohner vor Wind, Sonne und Hitze (Abb. 111a, b). Das Wohnhaus gilt als entscheidende Entwicklungsstufe für Neutras Architek-

---

[358] Im Kapitel 7.5.2 wird das Bauwerk beschrieben.

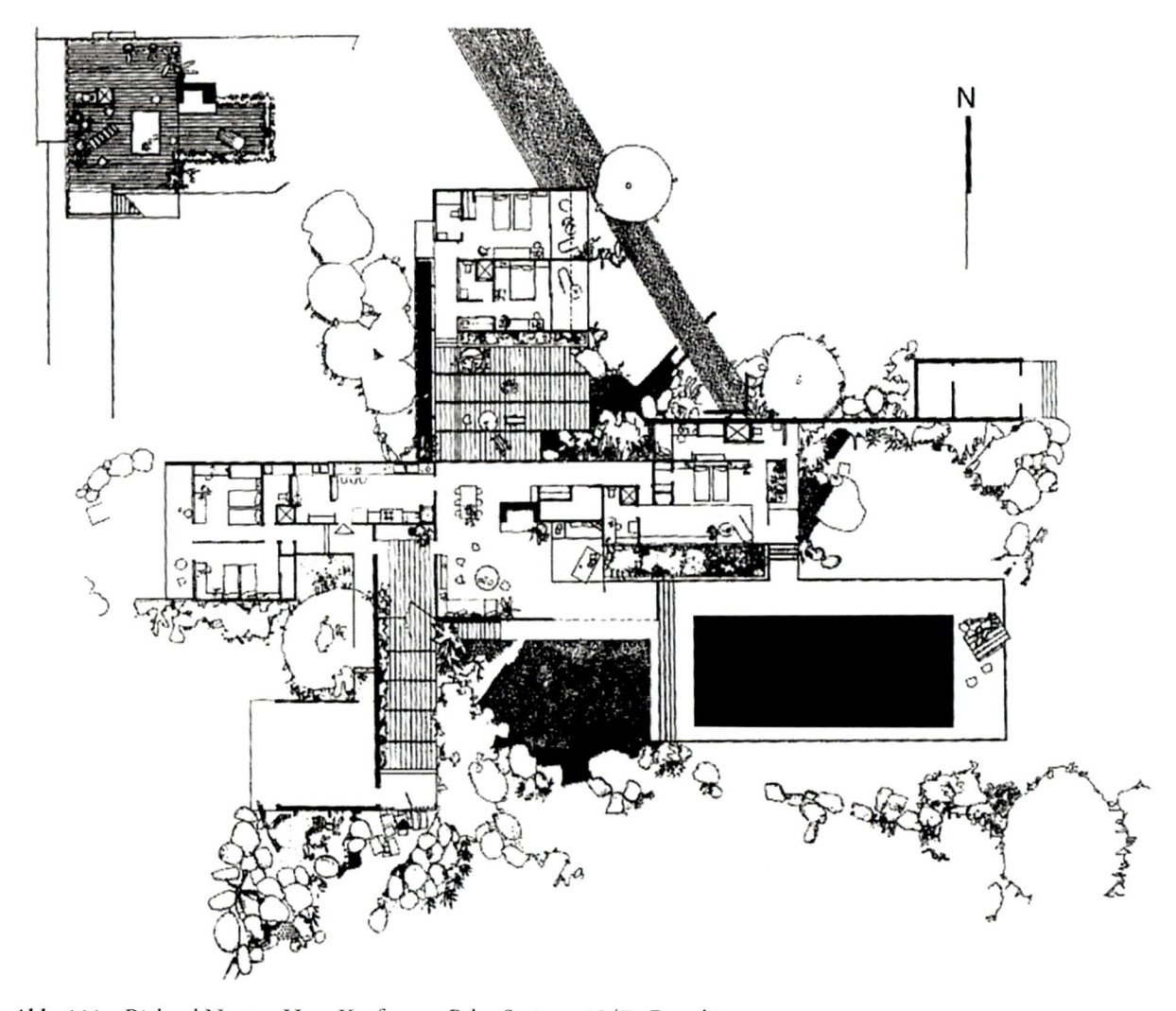

Abb. 111a Richard Neutra, Haus Kaufmann, Palm Springs, 1947; Grundriss.

Abb. 111b Richard Neutra, Haus Kaufmann, Palm Springs, 1947; Ansicht.

tur.[359] Der windmühlenartige Grundriss des Hauses geht auf eine Idee Frank Lloyd Wrights zurück. Um das zentrale Wohnzimmer ordnen sich Flügel in jede Himmelsrichtung an. Große Glasschiebetüren an Wohn- und Schlafzimmern führen zu den angrenzenden Terrassen. Das Haus besticht durch seine abstrakte Architektur und die spiegelnden Oberflächen. Durch die stufenartige Anordnung der Dächer entsteht eine pyramidenförmige Komposition. Große Dachüberstände unter anderem über der großzügigen Dachterrasse regulieren den Lichteinfall und spenden Schatten. Derartig immense Dachüberstände werden auch von Architekten wie Le Corbusier oder Mies van der Rohe als Brücke zwischen innen und außen angewendet. Die Pergola ist eine freie Konstruktionsweise. Im Allgemeinen schließen Pergolen mit einer glatten Kante ab, bei Dachüberständen treten vielfach Kragträger hervor. Die Dachüberstände Neutras

---

359 Vgl. McCoy 1960, S. 21–22.

154 Das Haus Domnick im Kontext der Wohnhausarchitektur

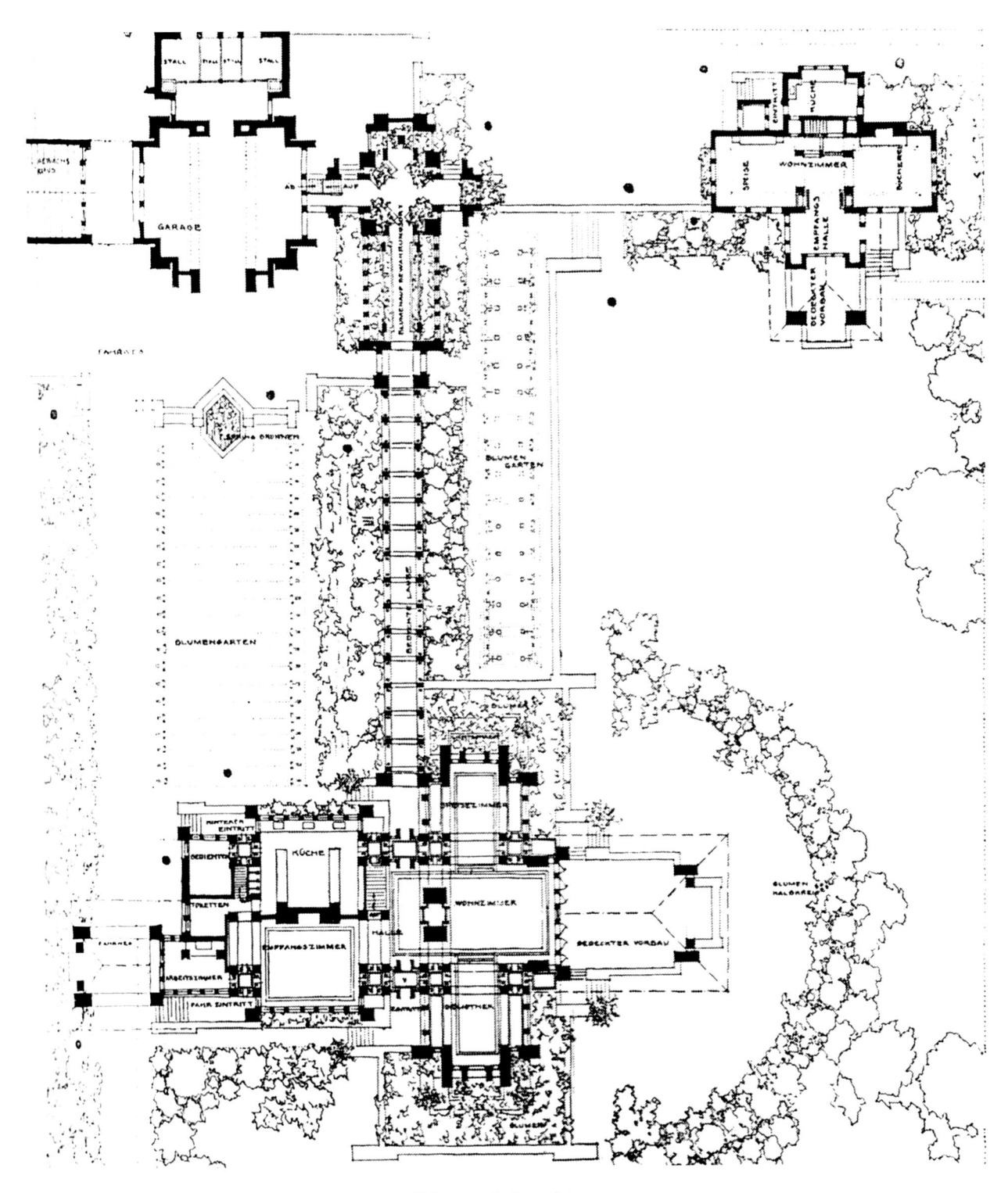

Abb. 112 Frank Lloyd Wright, Haus Martin, Buffalo, 1904; Grundriss.

werden Stohrer veranlasst haben, die Struktur der Pergolen aufzugreifen. Die plastische Ausgestaltung Neutras Bauwerke durch die Dachvorstände und die Wechselwirkung von innen und außen sowie Licht und Schatten sind erkennbare Formen in der Architektur des Wohn- und Sammlungshauses. Das Zusammenwirken der Pergolen mit wandhohen Verglasungen bei den Wohnhäusern Neutras erzeugen eine unterschiedlich verstärkte Innen-Außenraumverbindung. Die Fenster- und Terrassenöffnungen am Haus Domnick liegen unterhalb der massiven Betonträger, wodurch der Effekt eingeschränkt zu sehen ist. Erst die innenhofartigen Terrassen unterhalb der Pergolen bilden einen fließenden Übergang.

Die Architektur Frank Lloyd Wrights ist im Hinblick auf die gesamte Wohnhausarchitektur und speziell auf das Haus Domnick von grundlegender Bedeutung. Die

Einzelformen 155

Abb. 113 Frank Lloyd Wright, Haus Coonley, Riverside, 1908; Ansicht vom Garten.

Abb. 114a Frank Lloyd Wright, Haus Robie, Chicago, 1906; Ansicht von der Straße.

Prärie-Häuser Wrights integrieren sich durch ihre horizontale unregelmäßige Schichtung, ausladende Terrassen sowie ihre Decken- und Pergolastrukturen in die Landschaft.[360] Das Haus Martin in Buffalo (1904) und das Haus Coonley in Riverside (1908) sind luxuriöse Anwesen mit großzügigen Wohnbereichen, Pergolen und Gärten. Der große Wohnkomplex in Buffalo vereint Licht, Luft und Raum (Abb. 112). Typisch für die Architektur Wrights ordnen sich die offenen Räumlichkeiten um das mittige Wohnzimmer. Der abseitsstehende Wintergarten ist vom Eingang über einen Laufgang zu erreichen. Eine Pergola überschattet den Weg und verbindet die Bauteile miteinander. Auf diese Weise entsteht eine Einheit. Anschaulich sind die pergolaartig-durchbrochenen Dachüberstände zur Flussseite am Haus Coonley (Abb. 113). Durch die einzelnen Öffnungen entsteht ein Licht-Schatten-Spiel an der Fassade. Das Haus Robie (1906) in Chicago zeichnet sich durch dominant horizontale Linien, lange Fensterbänder und einen offenen fließenden Grundriss aus (Abb. 114a, b).[361] Die weit auskragenden Dachflächen des dreigeschossigen Gebäudes geben ein Gefühl der Geborgenheit und Schwerelosigkeit und lassen das Haus länger und gedrungener erscheinen. Der helle Sockel und die waagerechten Kanten betonen die horizontale Schichtung des Bauwerks. Im Inneren wird die Schichtung der Ebenen

---

360 Zu den Bauwerken Frank Lloyd Wrights vgl. Joedicke 1972. – Wright 1986. – Larkin/Brooks 1993. – Zevi 1998.

361 Vgl. Curtis 1989, S. 75–90.

Abb. 114b Frank Lloyd Wright, Haus Robie, Chicago, 1906; Terrasse vor dem Wohnraum.

aufgegriffen. Um die mittig im Fußboden eingelassene Feuerstätte liegen die angrenzenden Räume. Das Haus Domnick ist ähnlich mit einer dominanten Dachplatte gedeckt, die der niedrigen horizontalen Bauweise Ausdruck verleiht. Aber aufgrund der derben massiven Betonstruktur wirkt das Gebäude wie ein festverankerter Fels.

Das bekannteste Haus Wrights, Falling Water (1935), in Pennsylvania (USA) nimmt das Strukturprinzip der verschiedenen Ebenen auf (Abb. 115a, b). Das Haus ist das Paradebeispiel für die von Wright entwickelte organische Architektur, was die Integration eines Bauwerks in die Landschaft bedeutet. Die Architektur ist „nicht ‚auf den Hügel' gesetzt [...], sondern es müsse ‚vom Hügel' sein, ‚zu ihm gehören, damit Hügel und Haus zusammen leben konnten [...]."[362] Die gestapelte Architektur greift die natürlichen Muster und Strukturen der Felslandschaft auf. Die Verwendung von einheitlichem Material im Innen- und Außenbereich verstärkt die Verbindung von Natur und Architektur. Das Motiv der Pergola verwendet Wright hier mehrfach. Der Haupteingang liegt verborgen unter einer Pergola, eine vom Wohnraum zum Wasser führende Treppe sowie der Wintergartenbereich sind ebenfalls mit einer Pergola überdacht (Abb. 116a–c). Die Außenbereiche vereinen sich mit der Architektur und erweitern die Dimension des Hauses.[363] Die Bauwerke Frank Lloyd Wrights haben weltweit für Aufsehen gesorgt. Seine auskragenden Dächer aus Holz und Metall sowie seine Pergolen haben sich auf die Gestaltung des Wohn- und Sammlungshauses ausgewirkt. Grundsätzlich verwendet Wright Pergolen, um seine Interpretation der Organischen Architektur zu verwirklichen. Nach ihm musste der Aufbau eines Hauses nicht von innen nach außen gedacht werden, sondern eine individuelle Lösung für den Bauherrn und das Gelände sein und das äußere Erscheinungsbild musste zwischen Architektur und Natur eine enge Beziehung eingehen. Die starke Horizontalbetonung durch ausladende Dächer sowie Pergolen unterstützen dieses Vorhaben.[364]

Die Verwendung von Pergolen als Mittel der Durchbrechung des Innenraums und der Integration des Außenraums ist ein wiederkehrendes Element der modernen Architektur. Beim Haus Domnick bilden die massiv erscheinenden Pergolen einen konturierten Raum, der das Rastersystem markiert und die Struktur offen darlegt, wodurch der Bau einheitlich und geschlossen wirkt. Die hervorstehenden Betonträger betonen die Fassade und akzentuieren Eingangs- und Terrassenbereiche und die Gebäudeecken.

Die von Le Corbusier inspirierte runde Wand zu den Gästetoiletten im Sammlungshaus ist ein bekanntes Motiv der modernen Architektur. Le Corbusier beschäftigte sich seit Beginn des 20. Jahrhunderts mit geometrischen

---

362 Zit. nach Schultz 1999, S. 81.
363 Vgl. Schultz 1999.

364 Lupfer 1997, S. 118–120.

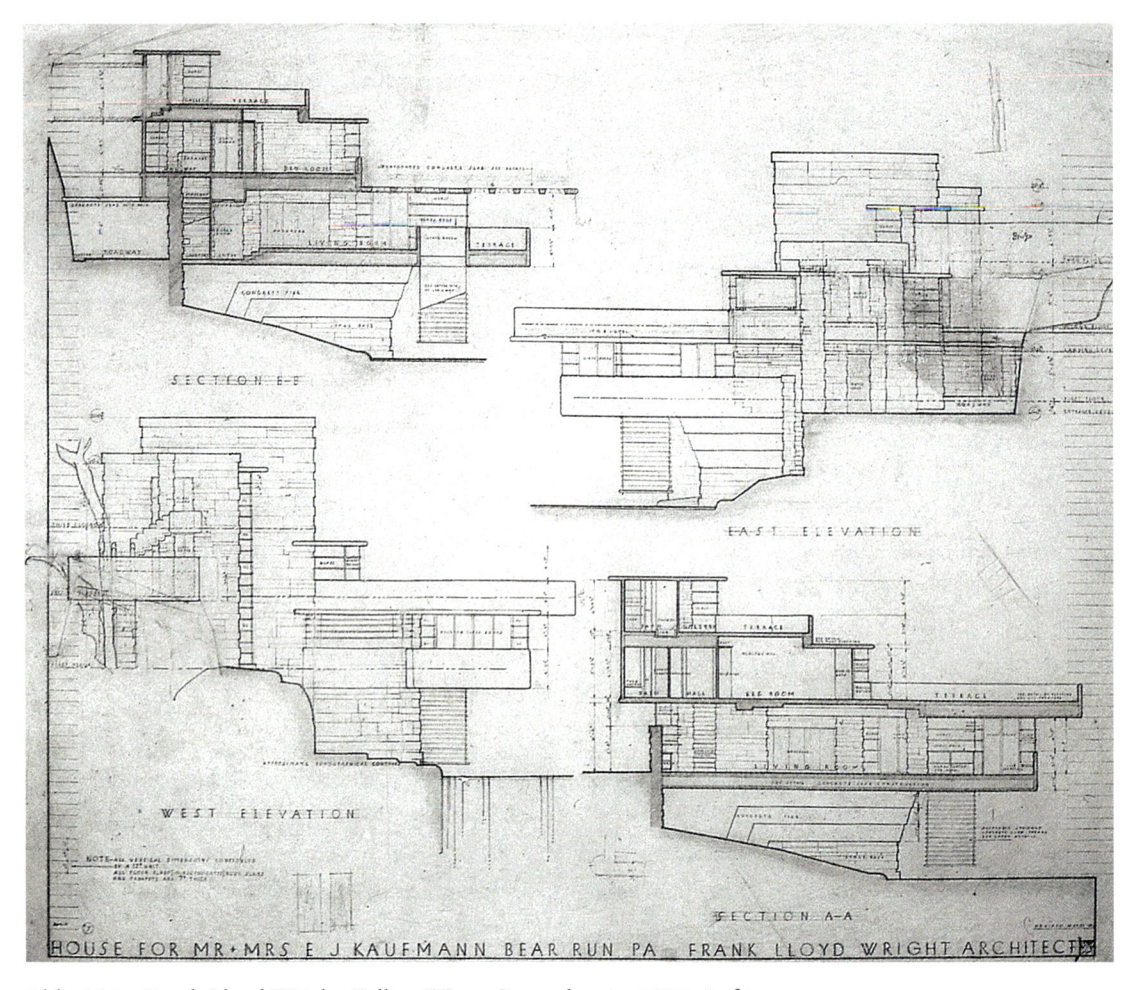

Abb. 115a Frank Lloyd Wright, Falling Water, Pennsylvania, 1935; Aufrisse.

Abb. 115b Frank Lloyd Wright, Falling Water, Pennsylvania, 1935; Ansicht von Süden.

Abb. 116a (oben) Frank Lloyd Wright, Falling Water, Pennsylvania, 1935; Ostterrasse des Wohnraums.

Abb. 116b (mittig) Frank Lloyd Wright, Falling Water, Pennsylvania, 1935; Terrasse des Wohnraums.

Abb. 116c (unten) Frank Lloyd Wright, Falling Water, Pennsylvania, 1935; Treppe vom Wohnraum ins Wasser.

Abb. 117 Le Corbusier, Maison Lipchitz-Miestchainow, Boulogne-sur-Seine, 1923–25; Ansicht.

Formen wie Kuben, Zylindern und der Farbe Weiß. Die verschiedenartigen Flächen, ihre Wirkung im Verlauf des Tages und ihre Veränderungen bei Licht und Schatten begeisterten ihn. In Zusammenarbeit mit Amédée Ozenfant entwickelte er den puristischen Stil, woraus er die Grundlage seiner Architektursprache ableitete. „Rechtecke, Kurven, Proportionen, Räume und Farben der Bilder konnten sich auf Grundriss, Schnitt, Fassade oder Innenräume eines Gebäudes auswirken."[365]

Die Villa Lipchitz-Miestchaninow in Boulogne-sur-Seine (1923–25) folgt den Prinzipien des Dom-Ino-Hauses (Abb. 117). Das dreigeschossige, weiß verputzte Bauwerk kennzeichnet eine gekurvte Ecke an der Grundstücksecke, die in einen Zylinder mündet. Der Grundriss ähnelt Collagen aus rechteckigen und kurvigen Formen.

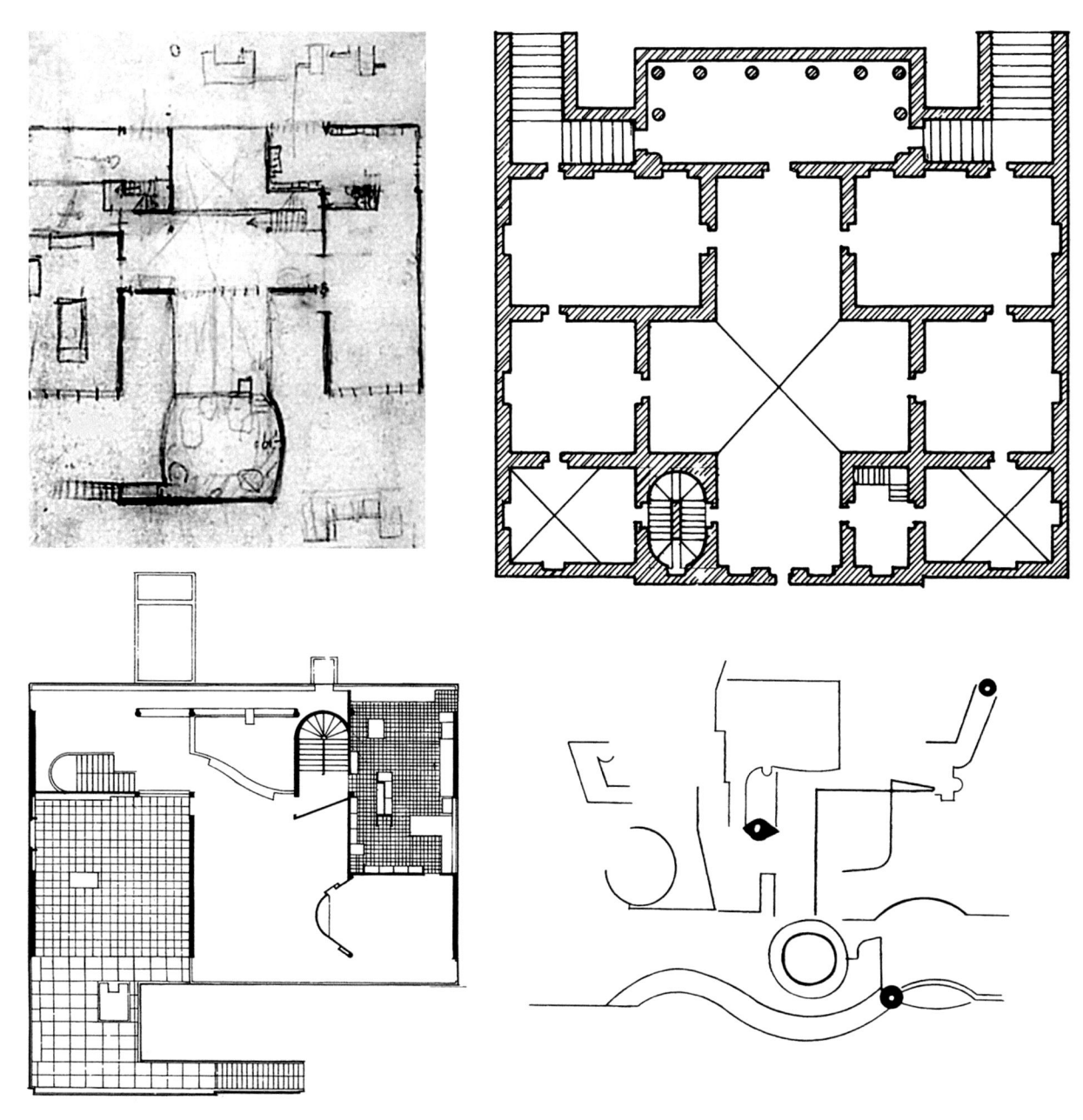

Abb. 118 Le Corbusier, Villa Stein-de Monzie, Garches, 1926–28; Grundriss und schematisches Bild eines Stilllebens.

160 Das Haus Domnick im Kontext der Wohnhausarchitektur

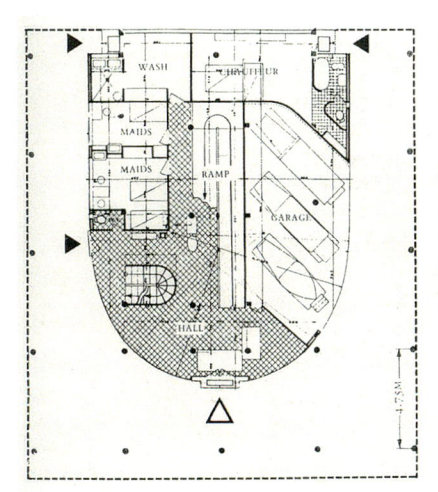

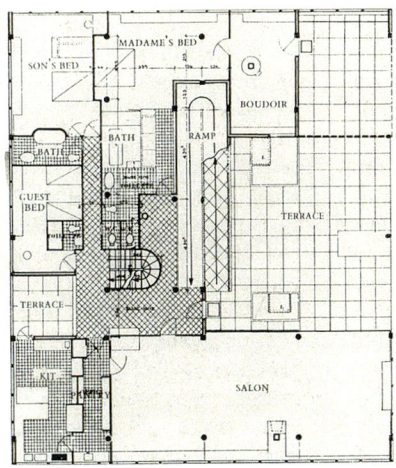

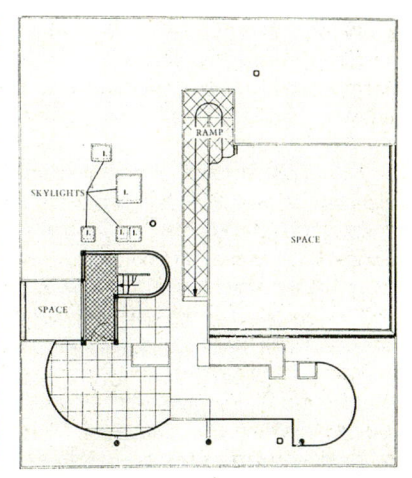

Abb. 119a Le Corbusier, Savoye, Poissy, 1928–30; Grundriss.

Ein weiteres Beispiel ist das Haus Cook (1926) in Paris. Das würfelförmige Haus ruht auf Pilotis. Die vier Geschosse haben einen freien Grundriss. Zur Verdeutlichung der Unabhängigkeit vom Stützenraster wurden die Trennwände in jeder Etage individuell gesetzt. Der Grundriss der Villa Garches (1926/28) in Paris erinnert an Stillleben-Bilder aus der Mitte der 1920er Jahre (Abb. 118).[366] Die Betonvilla hat eine geschlossene Nordseite und eine transparente Südseite. Innerhalb des quadratischen Konstruktionsrasters sind gekurvte Trennwände eingestellt, die mit dem Grundrissraster und der Fassade kontrastieren. Der Grundriss der Villa Savoye (1928/30) belegt ebenfalls die wiederkehrende kontrastreiche Anwendung von Kurven innerhalb eines quadratischen Konstruktionsrasters.[367] Das Wohnhaus ist ein Ergebnis der Dom-Ino-Bauweise und Höhepunkt der puristischen Architektur (Abb. 119a, b). Sie repräsentiert die Fünf Punkte einer neuen Architektur und den plan libre in Vollkommenheit. Das überragende quadratische Obergeschoss ruht auf umlaufenden Säulen und einem zurückversetzten U-förmigen Unterbau. Dieser ist nach dem Wendekreis eines Autos bemessen. Durch den dunkelgrünen Anstrich verschwindet der Garagenbereich optisch im Schatten. Mittig führt eine Schneckentreppe in das quadratische Obergeschoss mit frei und offen gestaltetem Grundriss. Die Räume sind hier l-förmig angeordnet. Eine Terrasse nimmt die ergänzende Freifläche ein. Da die Traglast auf den Stützen liegt, können lange Fensterbänder die Räume erhellen. Eine zentrale Rampe, beginnend auf der Terrasse, führt auf das Dachgeschoss.

Abb. 119b Le Corbusier, Savoye, Poissy, 1928–30; Ansicht.

Hier sind gekurvte Mauern aufgestellt. Die Kurven und Rampen bilden einen Kontrast zum quadratischen Konstruktionsraster. Neben Symmetrie und Asymmetrie spielen in diesem Bauwerk Geschlossenheit und Transparenz und die Auflösung des strengen Rasters eine wichtige Rolle. Um die beliebige Lokalisierung der Trennwände hervorzuheben, richten sich die Maße der Räume nicht stringent nach dem Raster. Das Bauwerk beweist, dass die Innenraumgestaltung losgelöst vom Raster organisiert werden kann.

Neuartige Schemata für Grundrisse und Schnitte bezeugen die Kreativität Le Corbusiers. Geschwungene Trennwände innerhalb der Rasterflächen regulieren den Raumfluss und erzeugen eine Licht-Schattenwirkung.[368] Im Wohn- und Sammlungshaus folgen die Maße einiger Räume ebenfalls nicht dem Raster. Zur Bewahrung einer gewünschten Ordnung bemaß Stohrer die Raumgröße

---

365 Curtis 1987, S. 57.
366 Vgl. Curtis 1987, S. 93–96.
367 Zur Villa Savoye vgl. Curtis 1987, S. 109–125. – Sbriglio 2008. – Delhomme/Savoye 2020.
368 Vgl. Curtis 1987, S. 87 f.

entsprechend einem Viertel oder einer Hälfte eines Quadrates. Er übernahm die runde reliefierte Beton-Ummantelung für die Toiletten, um die starre Quadratur des Wohn- und Sammlungshauses aufzubrechen. Runde Wände werden häufig als Raumtrenner separierter Einzelräume verwendet: bei Mies van der Rohe erstmals während der Ausstellung der Seidenindustrie in Leipzig (1927) mit Lily Reich oder beim Haus Tugendhat (1928/30).[369]

Die halbrunde Tonne weicht wie bei Le Corbusier die quadratische Struktur auf. Das Architektenhaus von Hans und Traudl Maurer in München-Obermenzing ist ähnlich in einem strengen Raster strukturiert.[370] Die Räume unterhalb der quadratischen Dachfläche richten sich einerseits nach dem Raster, andererseits ist das parabelförmige Wohnzimmer völlig losgelöst von konstruktiven Zwängen.

Hans Scharoun beabsichtigte mittels der runden Formen seinen Architekturen einen lebendigen Charakter zu verleihen. Sie lösen die Axialität und Symmetrie der Fassade auf und unterstützen seine Auffassung einer organischen Architektur. Seine genau festgelegten Formen beziehen sich stets auf die Raumfunktion, wie es beim Haus Baensch in Berlin zu sehen ist. Diese Funktion der runden Formen ist in der Architektur des Wohn- und Sammlungshauses nicht zu erkennen.

7.5 DER ZEITGEIST DER WOHNHÄUSER AUS DEM 20. JAHRHUNDERT

Die Architektengeneration, die in den 1920/30er Jahren tätig war, prägte Stohrers Baustil. Seine ausgiebigen Studien zur Entwicklung der modernen Architektur sind in Zusammenarbeit mit dem Bauherrn in den Bauplan des Wohn- und Sammlungshaus in Nürtingen eingeflossen.

Im Folgenden werden exemplarische Einfamilienhäuser von Architekten der ersten und zweiten Generation der Moderne vorgestellt.[371] Am anschaulichsten kann die Architekturgeschichte und der Baustil der Modernen an Architektenhäusern abgelesen werden.[372] Diese befolgen dieselben Ansprüche und Bedürfnisse, sind aber gleichzeitig auch immer eine Referenz und ein Demonstrationsobjekt für den Architekten selbst. Bedeutende Architekten wie Frank Lloyd Wright, Walter Gropius, Erich Mendelsohn und Le Corbusier entwarfen ihr persönliches Eigenheim.[373] Großzügige Räumlichkeiten für Gesellschaften zur Selbstdarstellung sind wesentlich für diese Objekte. Mit der Aufwertung und wachsenden Bedeutung der Wohnhausarchitektur vollzog sich gleichzeitig ein Wandel der Künstlerhäuser. Seit dem 19. Jahrhundert zählten neben Palästen und Landsitzen nun auch einfache Wohnsitze zum Tätigkeitsgebiet der Architekten. Die ersten Architektenhäuser können als Erprobungen und Ausdrucksmittel der aufkommenden Reformbewegung gedeutet werden.[374]

Frank Lloyd Wright, Le Corbusier und Mies van der Rohe werden an dieser Stelle ausgespart, da sie durch ihre exponierte Stellung innerhalb der modernen Architektur mehrfach in der Arbeit erwähnt werden. Walter Gropius, Lehrmeister der modernen Baukunst, beeinflusste mit seinen Bauwerken der 1920er Jahre die gesamte weitere Entwicklung. Richard Neutra, als Meister der Innen- und Außenraum-Verbindung und Alvar Aalto, traditionsbewusster Vertreter der nachfolgenden Architektengeneration, hatten sich bereits in den frühen 1930er Jahren einen Namen gemacht. Walter Gropius, Marcel Breuer sowie der nachhaltig von Le Corbusier beeinflusste Oscar Niemeyer sind bedeutsame Vertreter, deren Werke besprochen werden. Hans Scharouns Verständnis eines architektonischen Raums innerhalb seiner Wohnhausarchitektur wird als expressiver Funktionalist angeführt. Ihre jeweiligen Formensprachen zeigen Parallelen, aber auch erhebliche Abweichungen. Gemeinsam haben sie eine Vorbildfunktion für Stohrer. In diesem Kontext wird das Haus Domnick betrachtet, da Domnick als Bauherr aktiv an den Bauplänen für sein Wohn- und Sammlungshaus mitwirkte und seine klaren Vorstellungen und Wünsche äußerte. Stohrer als ausführender Architekt versuchte die Anforderungen umzusetzen, jedoch empfahl er aufgrund seiner langjährigen Erfahrung diverse andere Möglichkeiten, die schlussendlich umgesetzt wurden.

---

369 Vgl. Spaeth 1986, S. 43–47.
370 Das Wohnhaus ist im Kapitel 1.2.2 aufgeführt. Vgl. Eckstein 1957.
371 Die erste Architektengeneration bilden Frank Lloyd Wright, Le Corbusier, Walter Gropius und Mies van der Rohe. Richard Neutra, Alvar Aalto, Marcel Breuer, Oscar Niemeyer und Hans Scharoun sind Vertreter der zweiten Generation. Paul Stohrer ist ein Architekt der dritten Generation.
372 Zu Architektenhäusern vgl. Stabenow 2000. – Pehnt 2002.
373 Zu den Einzelobjekten der Architekten liegen bereits zahlreiche Monographien und Aufsätze vor.
374 Vgl. Stabenow 2000, S. 13–15.

Im Folgenden wird der prägende Zeitgeist der Wohnhausarchitektur zu Beginn des 20. Jahrhunderts bis zum Ausbruch des Zweiten Weltkrieges vorgestellt. Welche baulichen Besonderheiten sind vorbildlich und nachhaltig einflussreich? Welche Gemeinsamkeiten sind festzustellen? Inwieweit sind individuelle Motive einzelner Architekten am Haus Domnick übernommen worden? Lässt sich ein Architekt als Hauptinspirationsquelle bestimmen?

Das Kapitel gibt Aufschluss über die Entwicklung der Wohnhausarchitektur während der Weimarer Republik, die nach 1945 erneut aufgegriffen und erweitert wurde.

7.5.1 Walter Gropius und die Meisterhäuser des Bauhauses

Der Begründer der Architektur- und Kunstschule Bauhaus, Walter Gropius (1883–1969), entwickelte in den 1920er Jahren mit seinen zeitgenössischen beruflichen Mitstreitern Le Corbusier, Mies van der Rohe und Frank Lloyd Wright die vermutlich bedeutendsten Bauwerke der Moderne.[375] Nach Gropius habe sich die Baukunst von allem Dekorativen zu befreien, sich auf ihre Funktion zu besinnen, die tragenden Wände zugunsten eines Stahlskeletts aufzugeben, die Wandöffnungen zu vergrößern und wirtschaftlich günstigere flache Dächer zu wählen für eine freie Entwicklung des Grundrisses.[376] Kosten- und Kraftaufwand sollen minimiert werden, wodurch eine Standarisierung des Wohnungsbaus erfolgt. Durch die vielfältigen Variationsmöglichkeiten beweisen jedes Einfamilienhaus und jeder Wohnblock die individuelle Eigenart des Architekten. Damit grenzt sich seine Architektur von den konservativen Formen der Stuttgarter Schule ab und wurde prägend für die Fortentwicklung der Architektur. Nach dem Zweiten Weltkrieg wandte sich die zweite Generation der Schulmitglieder, darunter auch Stohrer, verstärkt den modernen Formen zu. 1956 erläutert Stohrer:

„Unsere Zeit hat eine gesunde Sympathie für einwandfrei funktionierende Baukörper. Diese neue Ehrlichkeit prägt eindeutige Grundrisse, klare Formen und einen echten Stil, der ebenso unverwechselbar in die Geschichte eingehen wird wie der Klassizismus des 19. Jahrhunderts oder die Baukunst des frühen Mittelalters."[377]

Während Gropius Schaffenszeit hat sich sein architektonisches Werk vielfach gewandelt. Nach seiner zweijährigen Beschäftigung bei Peter Behrens beschloss er sich selbstständig zu machen. Mit dem Fagus-Werk (1911), einer Schuhleistenfabrik in Alfeld an der Leine, wurde er schlagartig berühmt. Dieses Bauwerk im neoklassizistischen Stil betrachtete er rückblickend selbst als „Jugendsünde". Dennoch sind das Fagus-Werk sowie die Bauten für die Werkbundausstellung in Köln (1914) erste richtungsweisende Zeugnisse seiner Bautechnik. Nach der politischen Revolution 1918 löste er sich vom Klassizismus und entwickelte eine expressionistische Architektursprache. Bald darauf machte er sich für eine internationale Architektur sowie eine Rationalisierung und Typisierung stark. Mit der Gründung des Bauhauses vereinigte er Kunst und Handwerk, Technik und Form.[378]

„Der beherrschende Gedanke des Bauhauses ist also die Idee der neuen Einheit, die Sammlung der vielen ‚Künste', ‚Richtungen' und Erscheinungen zu einem unteilbaren Ganzen, das im Menschen selbst verankert ist und erst durch das lebendige Leben Sinn und Bedeutung gewinnt."[379]

Das Ziel des Bauhauses ist kein Stil, kein System, kein Dogma, kein Rezept und keine Mode zu etablieren.[380] Die Bauhaus-Siedlung ist das erste Großprojekt der neugegründeten Schule. Mit Adolf Meyer entwickelte er ein Modellbausystem, den sogenannten „Wabenbau". Hierbei wurden verschiedene vorfabrizierte Raumzellen für eine größtmögliche Variabilität aneinandergefügt.[381] Trotz der komplexen und vielseitigen Baugestaltung und Raumstruktur des Wohn- und Sammlungshauses sind Übereinstimmung mit der nüchternen und funktionellen Bauhausarchitektur ersichtlich, weshalb Gropius Stilsprache grundlegend für das Haus Domnick ist.

Gropius erste Wohnbauten der 1920er Jahre hatten symmetrische Fassaden mit konventionellen Dächern. Beispielhaft war das Haus Sommerfeld (1920/22) in Berlin-Lichterfeld, das während des Krieges weitestgehend

---

375 Zu Walter Gropius vgl. Wingler 1965. – Probst 1986 – Frampton ²2007, S. 108–113. – Claussen 1986. – Krohn 2019. – Nerdinger 2019. Das Bauhaus wird im Folgenden zu der stilistischen Einordnung thematisiert.
376 Vgl. Wingler 1965, S. 9–11.
377 Interview mit Hans Fritzenschaft, zit. nach Grammel 2012, S. 53.
378 Vgl. Wingler 1965, S. 22–26. – Claussen 1986, S. 96–102 u. 103–112. – Nerdinger 2019, S. 13 f.
379 Wingler 1965, S. 36.
380 Vgl. Wingler 1965, S. 63.
381 Das System ist Grundlage des seriellen Bauens.

zerstört wurde. Das einem streng symmetrischen Plan folgende Gebäude hatte ein konventionelles Raumprogramm. Die Abkehr vom Klassizismus hin zum Kubismus und zur Bescheidenheit war an diesem Wohnhaus bereits deutlich, allerdings folgte Gropius bei der Gestaltung des Grundrisses den konventionellen Vorgaben. Die neuentwickelten Kuben wirken zunehmend wie Baukörper, bestehend aus Decken und Lichtbändern zwischen Brüstungen und breitgestellten Pfeilern.

Die Häuser der ‚Bauhausschule' demonstrieren die von der holländischen Kunstrichtung De Stijl angehauchten, asymmetrischen Kompositionen und die Übernahme der Fünf Punkte Le Corbusiers. Zudem wurden alle bildnerischen Disziplinen an der Entwurfsentwicklung beteiligt. Das dreiflügelige Schulgebäude in Dessau (1925/26) offenbart, Gropius Vorstellungen entsprechend, einen klaren Grundriss, der die drei Funktionsbereiche durch unterschiedliche Hausformen und Dimensionen deutlich voneinander trennt (Abb. 120).[382] Durch die flexible Skelettkonstruktion sind Umgestaltungen fortwährend durchführbar. Die Motive entsprechen denen am Haus Domnick und zahlreichen Bauten anderer Architekten. Sie verdeutlichen die Gedanken des Neuen Bauens und die Abgrenzung zum symmetrischen und ornamental verzierten Bauen vor dem Ersten Weltkrieg.

Nahe der Schule wurden 1925/26 ein Einzelhaus für den Direktor und drei Doppelhäuser für die Bauhausmeister errichtet. Die Wohnungen der Meisterhäuser sind gespiegelt und um 90 Grad gedreht, wodurch eine asymmetrische Komposition entsteht. Die einzelnen Stockwerke variieren in ihren Dimensionen. Herauskragende Balkone und Dachplatten akzentuieren die Fassade. Von außen sind die Häuser schlicht weiß verputzt. Die Fensterformen und Größen sind nach den Raumfunktionen bestimmt. Das Atelier im Obergeschoss hat beispielsweise bodentiefe Fenster. Das Direktorenhaus schließt sich dem Stil des Funktionalismus an. Das Raumprogramm richtet sich klar nach den Aufgaben der Räumlichkeiten und orientiert sich nach den Himmelsrichtungen. Von außen wirken die einzelnen Kuben wie ineinandergesteckt. Durch den teilweise dunkel abgesetzten Sockel scheint das Haus zu schweben.[383] Entgegen der glatten Oberfläche ist am Haus Domnick bereits die wiederkehrende Tendenz hin zu gestalteten Fassaden ablesbar. Die abwechslungsreiche Fassadengestaltung mittels minimaler und nicht aufwendiger Eingriffe ist beispielhaft für Stohrers Bauwerke. Dieser war wie weitere seiner Zeitgenossen bestrebt, Betonbauten bestmöglich zu modellieren.

Besonders eindrücklich sind die von Gropius konzipierten Häuser 16 und 17 (1927) für die Stuttgarter Weißenhofsiedlung. Entgegen den verknüpften Raumzellen wurden die Häuser als reine Kuben auf einem Grundraster mit genormten Türen und Fenstern realisiert. Sie demonstrieren die jahrelange Auseinandersetzung des Architekten mit der Industrialisierung des Wohnungsbaus. Die beiden Einfamilienhäuser sollten möglichst

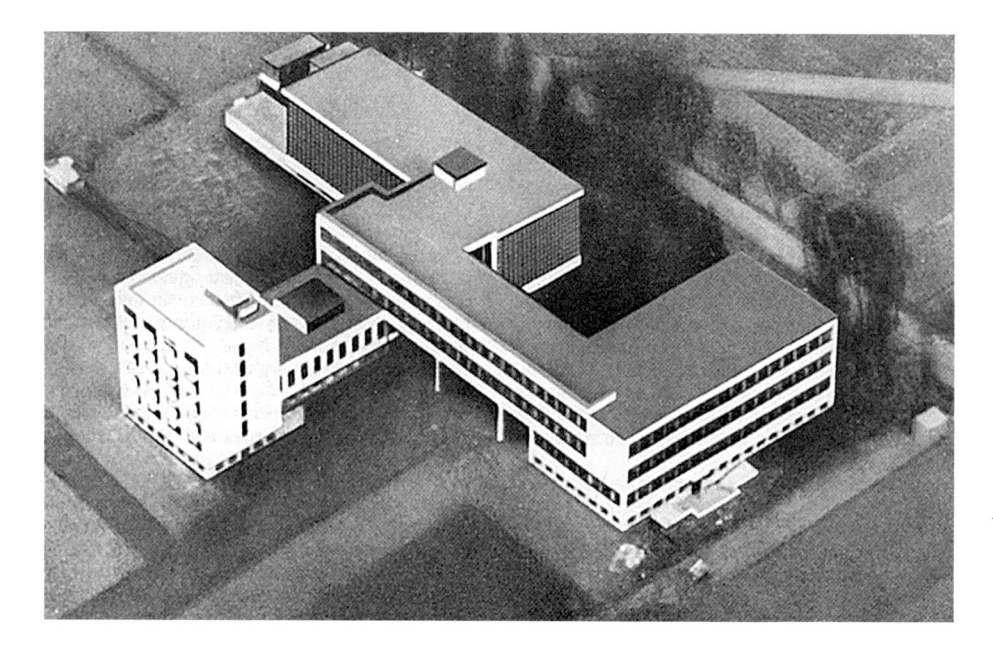

Abb. 120 Walter Gropius, Schulgebäude, Dessau, 1925–26; Vogelperspektive auf das Schulgebäude.

---

382 Vgl. Kraft 1997.

383 Zu den genannten Dessauer Gebäuden vgl. Krohn 2019, S. 66–77, 78–83 u. 84 f.

schnell und kostengünstig errichtet werden und wetterbeständig sein. In beiden Wohnhäusern wurden die Räume zellenartig platziert. Am Haus 16 wurde im Obergeschoss eine Ecke als Dachterrasse ausgespart. Die weitergeführte Eisenskelettkonstruktion integriert den Außenbereich innenhofmäßig in die Gesamtarchitektur. Die funktionale Bauweise und das stilistische Mittel der offenen Konstruktion stimmen mit der baulichen Gestaltung der Pergolen am Haus Domnick überein. Die sichtbaren Betonträger über der Terrasse und dem Eingangsbereich binden die Außenbereiche an die quadratische Grundform.

Bereits Ende der 1920er Jahre wandte Gropius sich allmählich von der holländischen Stilvorgabe der Asymmetrie ab und entwarf streng symmetrische Grundrisse mit Einflüssen der École des Beaux Arts.[384]

Nach seiner Emigration in die USA realisierte er weniger eigene Bauaufträge, wodurch sein besonderer Stil verblasste und seine Bedeutung für die Entwicklung der modernen Baukunst abnahm. Allerdings bildete er wie Mies van der Rohe die nachfolgende Architektengeneration aus und gewann dadurch Einfluss auf die Nachkriegsmoderne. Heute werden Bauten ohne Dekoration fälschlicherweise dem Bauhausstil zugeschrieben.

Die ausgeführten Bauwerke von Gropius und den führenden Architekten der 1920er Jahre lassen auf einen neuen Stil, den „International Style" schließen. Gemeinsamkeiten wie einfache symmetrische Formen, funktionsorientierte Räume, glatte Fassaden und das Flachdach sind Elemente, die die nachfolgenden Architektengenerationen aufgreifen. Insofern beruht die Baukunst der 1950er und 1960er Jahre auf den Grundsätzen des „Neuen Bauens". Gemeinsamkeiten zwischen dem Wohn- und Sammlungshaus und der Architektur Gropius sind geometrische Grundformen, die Einhaltung der Symmetrie und die schlichte, reduzierte Behandlung der Außenfassaden. Die Beschränkung auf funktionale Aspekte mit minimalistisch plastischen Betonungen und einfacher Farbgebung verleihen den Gebäuden einen zeitlosen Charakter.

Die Bautätigkeit von Gropius wirkte in der Mitte des Jahrhunderts ebenso nach wie in den 1930er Jahren. In den Architekturzeitschriften wurde das Bauhaus jedoch zumeist kritisch beurteilt. Einzig die Zeitung „Baukunst und Werkform" beschäftigte sich würdigend und eingängig mit der ästhetischen Bauhausrezeption.[385]

Der Überblick gab eine Vorstellung, inwieweit sich die Architektur bereits zu Beginn des 20. Jahrhunderts gewandelt hat und auf welchen Grundlagen architektonische Baustile ab der zweiten Hälfte des Jahrhunderts beruhen.

7.5.2 Die Bungalowbauten von Richard Neutra

Der österreichische Architekt Richard Neutra (1892–1970) gilt als wichtigster Wegbereiter und Katalysator der Bungalowarchitektur in Deutschland.[386] Folglich ist sein Werk bei der Untersuchung des Wohn- und Sammlungshauses Domnick unabdingbar. Ab den 1950er Jahren macht sich der Einfluss Neutras in Stohrers Werk bemerkbar. Dafür sprechen die raumübergreifenden Grundrisse, der Einbezug des Freiraums, die wandhohen Fensterflächen an der Gartenseite und der Bautypus des Bungalows. Diese Einflüsse prägten auch die Entwürfe für das Haus Domnick.

Neutra machte sich bis zum Ende der 1920er Jahre in den USA, speziell an der Westküste einen Namen. Private Wohnhäuser sollten zu seiner zentralen Bauaufgabe und zu dem Bautypus werden, mit dem seine Architektur am stärksten identifiziert wird. Innerhalb seiner Wohnarchitektur kann zwischen seinem Früh- und Spätwerk unterschieden werden. Während seiner Anfänge in den 1920/30er Jahren zeichnen sich seine Wohnhäuser mit glatten Fassaden und geschlossenen Gesamtformen durch den International Style aus. Dazu zählt das Lovell Health House (1927/28), das eines der eindrucksvollsten Wohnhäuser der Moderne ist (Abb. 110).[387] Das auf einem erhöhten Grundstück stehende Wohnhaus beruht als eines der ersten Wohnhäuser im Westen der USA auf einer vorfabrizierten Stahlkonstruktion. Durch die Dachträger entfallen Stützen, wodurch ein schwebender Charakter erzeugt wird. Drei unterschiedlich konzipierte Geschosse fügen sich in den Hang ein. Gäste und Servicebereiche ordnen sich in jedem Stockwerk an dem hinteren Ende des Gebäudes an. Auf allen Ebenen werden große Außenbereiche wie der Swimmingpool im Erdgeschoss, Terrassen im Obergeschoss und eine Dachterrasse im dritten Stockwerk in Verbindung mit der Architektur gebracht. Im Inneren ermöglicht die großzügige Verglasung ein Wechselspiel von Licht und Schatten sowie von Architektur und Natur, wodurch sich das Bauwerk an Wrights Gebäuden anlehnt. Die Wechsel der

---

384 Vgl. Krohn 2019, S. 13.
385 Vgl. Petsch 1979, S. 435 f. – Hitchcock 1994, S. 510.
386 Zu Richard Neutras Biografie, seinen Bauwerken und seinem nachhaltigen Wirken in den USA vgl. Neutra 1927. – McCoy 1960. – Drexler/Hines 1982. – Wandel-Hoefer 1989. – Ebert 2016, S. 32–36.
387 Zum Lovell House vgl. Drexler/Hines 1982, S. 19 u. 42–57.

Deckenhöhen im Bereich der offenen Treppen verbinden die verschiedenen Ebenen und erlauben Durchblicke durch die Räumlichkeiten. Das Prinzip des raumübergreifenden Grundrisses verwendet Stohrer eingeschränkt im Haus Domnick. Wie bei Neutra bezwecken die abwechselnden Deckenhöhen und Bodenniveaus eine Verschränkung und Differenzierung der Räume.

Die Flachdachvillen Neutras der 1940er und 1950er Jahre sind dunkler und architektonisch aufgelöster als seine vorherigen Bauten. Offenheit und Transparenz werden zum Thema der Architektur gemacht. Neutra beschäftigte sich ausgiebig mit dem „Biorealismus" und der wechselseitigen Beziehung zwischen Lebewesen und Umwelt.[388] Die früheren statischen Schutzbauten wandelten sich zum dynamischen Lebensraum mit einer räumlichen Verbindung von Innen- und Außenraum mittels der ausgeprägten Horizontalität zwischen der Bodenplatte und der auskragenden Deckenkonstruktion.[389] Beispielhaft ist das Haus eines Arztes in der Wüste Kaliforniens von 1954.[390] Das flach in der Landschaft liegende Einfamilienhaus ist bis auf die im Westen angeordneten Schlafzimmer offen gestaltet (Abb. 121). Das vorkragende Dach sowie die großen Schiebefenster gen Westen markieren das Gebäude als Bungalow. Der Gästebereich mit Badezimmer, einem kleinen Heizraum und die Küche nehmen den südlichen Teil des Gebäudes ein. Sie sind getrennt von den Privaträumen der Familie in der Westecke. Über zwei Stufen ohne Tür wird der Schlaftrakt von der Eingangshalle erschlossen. Die Eingangshalle, das Ess- und Wohnzimmer sind durch freistehende Wände unterteilt. Die räumliche Disposition sowie die Trennung und das gleichzeitige Zusammenbringen der verschiedenen Bereiche werden am Haus Domnick ausgeführt. Allerdings verlangte Domnick mehr Privatsphäre für sich und seine Frau, wodurch die Schlafzimmer strikt von den Sammlungsräumen isoliert sind. Auf Stohrers Einfamilienhäuser trifft diese räumliche Separierung der privaten Schlafräume ebenfalls zu. Überwiegend kommen bei Neutra traditionelle Baustoffe wie Holz und Backsteinmauerwerk zum Einsatz, wodurch Kombinationen einfacher Holzkonstruktionen mit Flachdächern entstehen. Dabei ordnet er die wenigen Materialien strukturellen Baugliedern zu. Zudem bedient er sich dem sogenannten balloon und western framing. Dabei handelt es sich um eine dicht gesetzte Holzrahmenbauweise mit sichtbaren Deckenbalken, die die Fassade rhythmisiert und eine wechselvolle Lichtführung bewirkt. Die „Casa Tuia", ein Wohnhaus in Ascona (1958/63), das Wohnhaus in Sidney Troxell oder Haus S. in Santa Barbara haben dieselbe Balken- und Holzkonstruktion. Das Wohnhaus in Ascona ist auf zwei Geschosse aufgeteilt.[391] Im unteren Geschoss befinden sich die Garage, die Gästezimmer sowie die Wirtschaftsräume. Über eine Treppe innerhalb des Hauses und eine Außentreppe ist das Obergeschoss erreichbar. Hier bilden der Wohnraum, das Studio und das Schlafzimmer des Bauherrenpaares eine Einheit. Gen Westen, Süden und Osten sind die Wände vollständig verglast. Die Dachvorsprünge sind stellenweise nicht gedeckt, um den Lichteinfall nicht zu mindern. Das Haus S. in Santa Barbara veranschaulicht die Vereinfachung und Bereinigung seiner Architektur.[392] Zwei Baukörper unterhalb eines Daches heben sich durch ihre interne Verschiebung voneinander ab. Durch die Stahlskelettkonstruktion wirkt das Dach wie losgelöst von dieser. Der südöstliche Gebäudeteil beherbergt das Wohn- und Esszimmer, Wirtschaftsräume und das Elternschlafzimmer. Sie haben ein niedrigeres Bodenniveau und gehen ineinander über. Der zweite zurückversetzte Baukörper umfasst einen großen Spiel- und Familienraum und die Küche an der Südseite und gegen Norden die Kinder- und Gästezimmer. Die im Innenraum sichtbaren markanten Betonträger

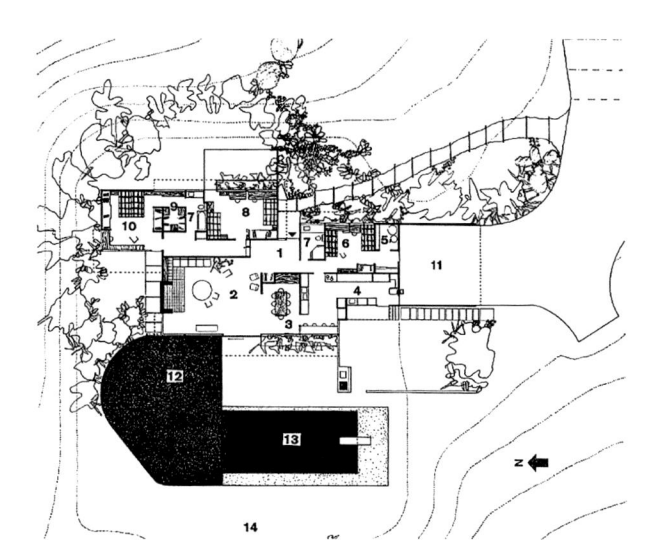

Abb. 121 Richard Neutra, Haus eines Arztes, kalifornische Wüste, 1954; Grundriss.

---

388 Vgl. Lavin 1998, S. 69. – Campe 2022, S. 79 f.
389 Vgl. Lavin 1998, S. 69.
390 Vgl. Zietzschmann 1954, S. 362–365.
391 Vgl. O.N. 1956. – Zietzschmann 1966. – Hesse 1967, S. 549–551. – Kat. Frankfurt a.M. 2010, S. 24–33 (Hubertus Adam).
392 Vgl. O.N 1956, S. 371–373. – O.N. 1958, S. 394–396.

sind etwa 15 Zentimeter vor die Deckenverschalung vorgezogen. Wie bei den vorherigen Bauwerken sind die Raumführung und -differenzierung mittels verschiedener Ebenen Motive analog zur Innenraumgestaltung im Wohn- und Sammlungshaus. Ein neuer mit den Pergolen am Haus Domnick vergleichbarer Aspekt sind die freiliegenden Deckenbalken als strukturell-gestalterische Form. Sie bewirken eine Rhythmisierung der Fassade, regulieren den Lichteinfall und erzeugen eine Verbindung zwischen außen und innen. Zudem wirken die Pergolen und die hervorstehenden Betonträger an den Ecken der Massivität geringfügig entgegen und erzeugen strukturelle Übergangsräume.

Zu Neutras Grundlagen zählen Funktionalität, Konstruktionsgerechtigkeit, klare Raumorganisation und organische Einbindung. Außerdem sind offene Grundrisse, die sogenannten spider legs[393], verglaste Ecken, reflecting pools[394], freistehende Kamine und Verwendung natürlicher Materialien Kennzeichen seiner Architektursprache. Um seine Gebäude optimal in die Landschaft zu integrieren, greift er möglichst wenig in die Topografie ein. Eine Verankerung mit der Natur erreicht er durch überstehende Wände, niedrige Brüstungen oder Pergolen, die das Volumen zunehmend optisch minimieren. Im Gegensatz zu Mies van der Rohes oder Frank Lloyd Wrights offenen Strukturen, erstellt Neutra einen membranhaften Übergang zwischen innen und außen. Sein strenges System wird unterschiedlich ausformuliert und kombiniert, sodass es auf die individuellen Wohnbedürfnisse der Auftraggeber zugeschnitten ist.[395] Wenn auch nicht alle Merkmale am Haus Domnick vertreten sind, finden sie in Stohrers Gesamtwerk großen Anklang.

Neutras Spätwerk prägt die europäische Architektur am nachhaltigsten.[396] Die Bewobau-Siedlungen in Walldorf, Quickborn und Hohenbuchau stehen für mustergültige Wohnhäuser für den Mittelstand.[397] Für die erste dieser Siedlungen in Walldorf wurden während eines ersten Bauabschnittes 42 Bungalows errichtet.

Neutra entwarf während seiner Schaffensphase neun verschiedene Grundrisstypen mit einem einheitlichen Erscheinungsbild. Die gespiegelten, freistehenden oder gruppierten Wohnhäuser ergaben eine Vielzahl individueller Grundrisse. Außerdem versuchte er Elemente wie die nach außen kragenden Innenwänden, kleine Schlafbereiche und Einbauschränke von seinen kalifornischen Wohnhäusern auf die neuen Bauten in Europa zu übertragen. Allerdings waren die europäischen Klimaverhältnisse problematisch. Zu viel Kälte drang beispielsweise von außen durch die großen Glasscheiben in die Innenräume.

Grundlage der Siedlungsbauten ist die diagonale Ausrichtung aller Bungalows nach Südwesten. Die einheitliche Bebauungsrichtung ermöglicht Ungestörtheit auf der einen Seite und private Offenheit auf der anderen Seite. Der am häufigsten vorkommende Grundrisstyp G (Abb. 122) zeigt ein ebenerdiges Einfamilienhaus, das nur zur Gartenseite hin großzügig geöffnet ist. Gemauerte Ecken bewirken geschützte Bereiche in den fließenden Räumen. Die Raumorganisation ist nach den Himmelsrichtungen angelegt. Die Raumgrößen und -schnitte sind funktional bemessen. Der Eingang, die Küche und die Bäder liegen im hinteren Teil des Hauses. Wohn- und Esszimmer sowie die Schlafbereiche sind nach Südwesten geöffnet, sodass die Bewohner das Abendlicht genießen können. Eingestellte Wände strukturieren den offenen Wohn- und Essraum. Der Verlauf bis zum hinteren Schlafzimmer ist fließend. Hier sind die Fensteröffnungen höher angelegt, um eventuell ein Möbelstück aufzustellen.

Die Konstruktion der Bungalowbauten offeriert beim Betreten des Hauses durch Glasscheiben bis zum Garten ein Gefühl von Weite. Die offene Raumanordnung sowie die sprossenfreien Schiebetüren und die freie Glasecke ermöglichen diagonale Blickführungen und evozieren einen gleitenden Übergang von innen und außen.

Im Vergleich mit dem Haus Domnick werden die Unterschiede zu Neutras Bungalowbauten besonders deutlich. Die Neutra-Bauten zeichnen sich durch ihre Ausrichtung nach den Himmelsrichtungen, die diagonalen Blickführungen in die Weite, die ungestörten und fließenden Übergänge von Innen- und Außenraum sowie gezielt geschützte Eckwände aus. Gemein mit dem Wohn- und Sammlungshaus sind lediglich die universelle räumliche Anordnung nach den Himmelsrichtungen

---

393 Spider legs sind nach außen versetzte Tragstützen. Sie ermöglichen die freie Eckkonstruktion an Neutras Bauten, indem sie das Gewicht der Dachplatte ableiten.

394 Über die Wasserbecken vor dem Haus spiegeln sich Sonne, Wolken und Bäume an der Decke der Wohnräume.

395 Vgl. Wandel-Hoefer 1989, S. 178–180 u. 183–185. – Kat. Frankfurt a.M. 2010, S. 11–23 (Joachim Driller). – Asendorf 2021, S. 116 f.

396 Zu Richard Neutras Bauten in Europa vgl. Kat. Frankfurt a.M. 2010. Zur Siedlung in Quickborn vgl. Engelbert 2003. – Campe 2022.

397 Vgl. Kat. Frankfurt a. M. 2010, S. 34–51 (Lilian Paff).

sowie die offene Struktur der Ausstellungsräume und des Wohn- und Essbereichs. Terrassentüren und Fenster liegen unterhalb des Sturzes und behindern den fließenden Übergang von Innen nach Außen.

Die Siedlung in Quickborn (1960/63) förderte die strategische Stadtanbindung Quickborns an Hamburg.[398] Die Wohnhäuser aus dem ersten Bauabschnitt entsprechen denen in Walldorf. Der Haustyp O besitzt eine vergleichbare Eingangssituation wie der Zugang zur Wohnung der Domnicks. Der schlauchartige Bereich vor der Haustür ist wie ein überdachter Innenhof mit einem Lichthof konzipiert. Diese Gestaltungsmaßnahme markiert den Übergang vom öffentlichen Raum in die Privatsphäre des Eigentümers. Die Außenwirkung des Gebäudes ist ansatzweise mit der des Hauses Domnick in Bezug zu setzen. Die Terrassen und Lichthöfe sowie die Auskragungen im Attikabereich erstellen Wechselbezüge zwischen Innen- und Außenraum. Zur Straße hin markiert die Pergola den Übergang von der öffentlichen Straße ins private Sammlungshaus.

Das Haus Rang in Königstein im Taunus (1960/64) gehörte zu den ersten Wohnhäusern in Deutschland, für die Neutra von einem privaten Auftraggeber engagiert wurde.[399] Auf der Recherchereise Domnicks und Stohrers, könnte das Beispiel eines der wenigen sein, an dem Domnick und Stohrer sich ein Bild über die Bungalowarchitektur haben machen können. Architektonisch erinnert das Haus Rang an ein Wohnhaus Wrights. Um eine zentrale Wohnhalle mit höherem Deckenniveau als Hervorhebung des Raumes, zentrieren sich drei Flügel. Die Räume im Wohnflügel verlaufen fließend, während der Kinderzimmerflügel kleinteilig gegliedert ist. Der dritte Flügel gen Nordwesten nimmt Küche, Esszimmer sowie einen Zugang zur Garage auf. Die differenzierte Raumaufteilung ist exemplarisch für die duale Raumstruktur der Bungalowarchitektur. Von außen besticht das Haus

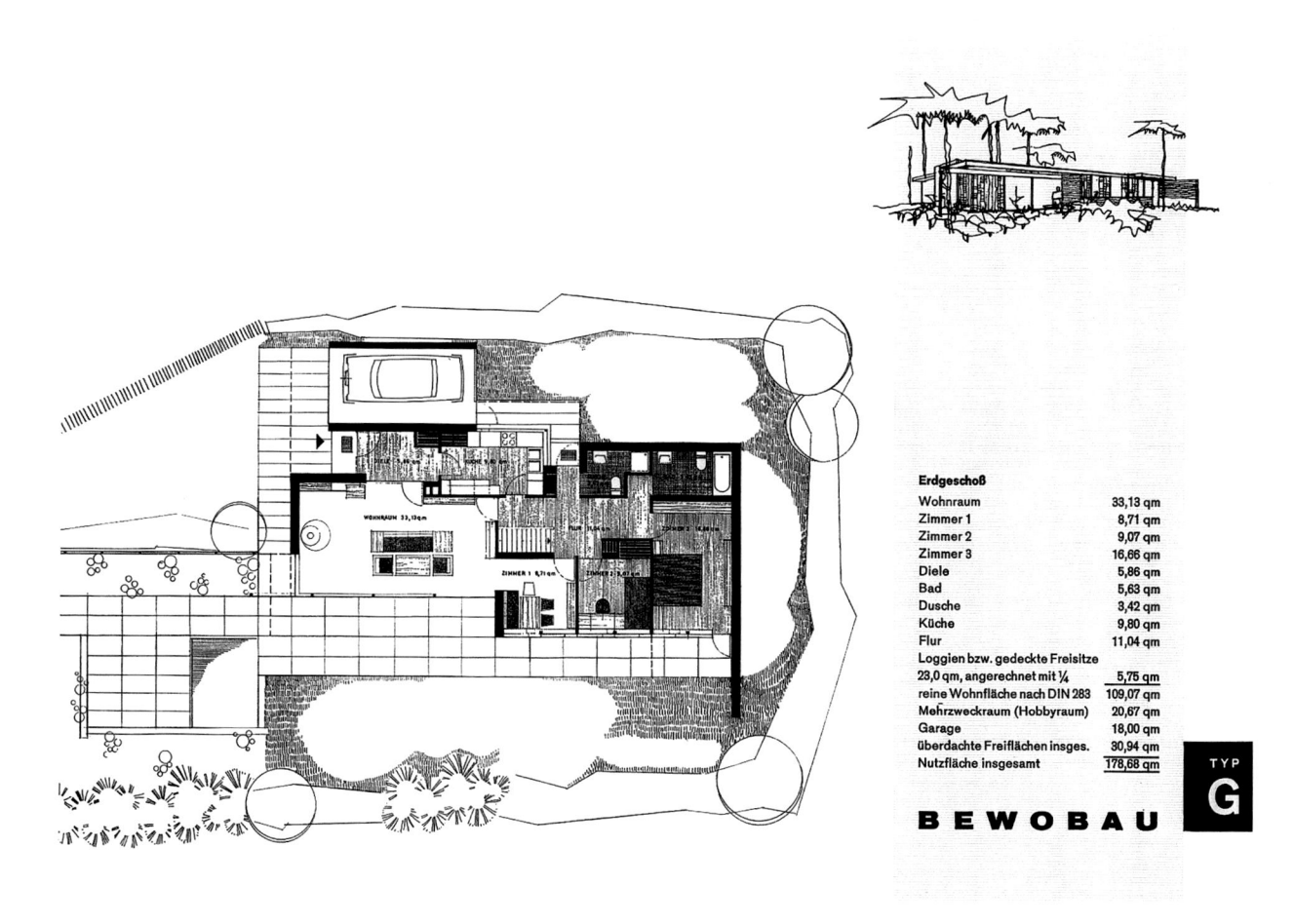

Abb. 122 Richard Neutra, Bewobau-Siedlung, Walldorf; Grundriss G.

---

398 Seit 2005 steht die Siedlung unter Denkmalschutz. Zuvor wurden leider diverse Umbauten und Veränderungen vorgenommen.

399 Vgl. Kat Frankfurt a.M. 2010, S. 52–60 (Joachim Driller). – Ebert 2016, S. 172–175.

Rang durch den Wechsel der eingesetzten Materialien, das erzeugte Lichtspiel, durch die teils geschlossenen Fensterflächen mit vertikalen Holzlamellen, die Verbindung von Innen- und Außenraum, durch verlängerte Mauerzüge und das auskragende Dach. Insgesamt überzeugt dieser Entwurf durch seine ästhetischen und funktionalen Eigenschaften. Das Haus kennzeichnet die wesentlichen architektonischen Merkmale Neutras Architektur, die am Haus Domnick aufgegriffen worden sind.

Das Haus Pescher in Wuppertal (1965/69) ist ein weiteres Beispiel für den Bungalow-Bautyp der 1960er Jahre in Deutschland.[400] Zwei flache Kuben mit einem geschlossenen, klar strukturierten Raumprogramm zeigen in Variationen Neutras typische Architekturelemente wie die spider legs, große Fensterflächen, über die eine Verbindung von Innen- und Außenraum erzeugt wird, reflecting pools und Spiegelbänder. Der Wohnraum ist im sogenannten Split-Level[401] angeordnet, wodurch unterschiedliche Raumhöhen die Raumzonen hierarchisieren und markieren. Von außen kennzeichnen die sich überschneidenden Dachplatten die unterschiedlichen Funktionsbereiche des Hauses. Die Raumkonfiguration ist im Vergleich zu anderen Villen Neutras einfach gehalten. Eingestellte Wände unterteilen Wohn- und Esszimmer. In einer Eckzone des Wohnzimmers ist das Arbeitszimmer integriert, das gleichzeitig als Bibliothek eingerichtet ist. Im Nordwesten des Gebäudes sind die Schlafräume beherbergt.

Die eingeschossigen Wohnhäuser Neutras mit ihrer Nähe zur Natur sind für die Architektur der 1950er und 1960er Jahre sowie das Haus Domnick von zentraler Bedeutung. Die horizontale Bebauung, die inneren Raumverflechtungen und die sichtbare Konstruktion als stilistisches und funktionales Mittel sowie das Licht-Schatten-Spiel und die Split-Level-Bauweise bilden architektonische Motive, die Stohrer in seine Pläne für das Wohn- und Sammlungshauses aufgenommen hat. Allerdings stehen die Architekturen der offenen, lichtdurchfluteten Bungalows und des geschlossenen, dunklen Hauses Domnick im Widerspruch zueinander. Auch ist die Art der Materialverwendung kaum vergleichbar, wie auch die starke, stets betonte horizontale Dachabschluss der Neutrabauten in Nürtingen keine Parallele besitzt, wo stattdessen das System der hohen Betonträger eine eigene Sprache entwickelt. Grundsätzlich war Neutras Bauweise für die architektonische Planung und Umsetzung des Hauses Domnick grundlegend. Die aufgeführten und vergleichbaren Motive belegen den Ursprung der baulichen Gestaltung zurück auf Neutras Bauweise.

7.5.3 Maison Mairea (Alvar Aalto)

Der finnische Architekt Alvar Aalto (1898–1967) gehört zu den bekanntesten Architekten des 20. Jahrhunderts. Er ist eine Vaterfigur für die skandinavische Architektur und ein Vorbild Stohrers.[402] Sein Frühwerk begann mit Bauten im neoklassizistischen Stil. Seine Architektur verlagerte sich ab den 1930er Jahren zum Funktionalismus und dem International Style, angepasst an die nationale Identität und die regionalen Gegebenheiten. Sein bekanntestes Bauwerk, das diesem Stil entspricht, ist das Tuberkulosesanatorium in Paimo (1928/33). Bald darauf erkannte er, dass diese Form der Architektur menschlichen Ansprüchen und Gewohnheiten nicht gerecht wurde.

Weltweite Anerkennung erlangte Aalto erst während seiner Schaffensperiode nach dem Zweiten Weltkrieg. Sein Stil „der typische Aalto" wurde von der beruflichen Tätigkeit der Familie im Forstwirtschaftswesen und in der Landvermessung maßgeblich beeinflusst. „Freie Kurven, fließende Umrisslinien und großzügig gestaltete Fassaden sowie unerwartete Kontraste von Materialien charakterisieren Aaltos Bauweise."[403] Sein Ziel war eine funktionale Architektur mit einer organischen Beziehung zwischen Bau und Mensch, bedingt durch das Baugelände, die zur Verfügung stehenden Materialien und die finanziellen Möglichkeiten zu kreieren. Insbesondere lokale Holzsorten zählten zu seinen bevorzugten Materialien.[404]

Beim Wohnungsbau ist Aalto die unmittelbare Verbindung von Natur und Mensch von höchster Relevanz. Neben Sonnenschein und frischer Luftzufuhr muss der stetige Blickkontakt zur Natur gewährleistet sein. Inspiriert durch die antike Architektur entwarf Aalto Häuser mit praktischen organischen Raumverbindungen, geschützten Höfen und verbindenden Hallen. Auf diese

---

400 Vgl. Kat. Frankfurt a.M. 2010, S. 102–113 (Joachim Driller).

401 Split-Level ist eine Bauweise mit mehreren zueinander versetzten Ebenen, um Halbgeschosse zu bilden.

402 Zu Alvar Aalto vgl. Kat. Berlin 1963. – Feig 1963. – Cresti 1975. – Feig 1979. – Frampton ²2007, S. 166–174. – Curtis 1989, S. 296–305. – Schildt 1994. – Weston 1997. – Feig 2004.

403 Kat. Essen 1978, S. 5.

404 Vgl. Kat. Berlin 1963, S. 6 f. (Lauterbach). – Kat. Essen 1978, S. 12–17 (Göran Schildt).

Weise wird wie beim Haus Domnick eine Synthese von Offenheit und Schutz nach außen erzeugt. Freie, nicht geometrische Formen werden bevorzugt angewandt.[405]
Aalto entwarf Privathäuser für seine Familie und Freunde. Zu seinen ersten Projekten zählte das 1918 für die Eltern entworfene Haus in Alajärvi, das bereits in den 1950er Jahren abgerissen wurde. 1923 baute er ein klassizistisches Herrenhaus in Töysä für den Cousin seiner Mutter. Über eine imposante Veranda mit Kolonnaden führt der Weg in die Eingangshalle des rechteckigen Gebäudes. Von hier aus sind alle weiteren Räume sowie die Treppe ins Obergeschoss zugänglich.

Sein Privatwohnhaus in Helsinki (1935) spiegelt sein Verständnis von einer rationalen und funktionalen Bauweise wider unter Berücksichtigung der Spezifikationen eines traditionellen finnischen Holzhauses (Abb. 123a, b).[406] Der l-förmige Baukörper aus einer Stahlrohr-Konstruktion, die an Gropius Meisterhäuser in Dessau erinnert, ist mit Beton gefüllt und besitzt ein Flachdach mit einer Dachterrasse. Gekalktes Backsteinmauerwerk und eine Holzschindelverkleidung sowie bambusähnliche Holzstäbe prägen die Optik des Aalto Wohnhauses. Durch den Kontrast des eingesetzten Materials lassen sich die beiden Funktionsbereiche des Hauses leicht unterscheiden. Das Raumprogramm richtet sich nach den Himmelsrichtungen. Zur Straßenseite hin ist das Gebäude verschlossen, zur Gartenseite öffnet es sich mit einer Pergola bedeckten Terrasse im Obergeschoss. Die Verbindung der differenten Baumaterialien, das Farbwechselspiel und die Abschottung zur Straße hat Stohrer in seine Architektur aufgenommen. Am Haus Domnick zeichnet sich diese Bauweise vornehmlich in den Innenräumen ab. Hier kommen zur Belebung und Differenzierung der Räume ebenfalls Beton, Ziegel und Holz sowie verschiedene Bodenbeläge zum Einsatz. Die individuelle Konstruktion des Aalto Hauses ist mit der des Sommerhauses in Dingelsdorf oder des Hielscher von Stohrer zu vergleichen.

Zu Aaltos Projekten gehörten große Gebäudekomplexe wie kulturelle Einrichtungen, Büro- und Industriegebäude. Kleinere Bauprojekte wie sein Wohnhaus (Helsinki), das Gemeindezentrum in Säynätsalo, die Villa Mairea und die Maison Carrée dokumentieren seinen individuellen Stil.

1938–39 entstand die inmitten der finnischen Landschaft gelegene, frei und experimentell gestaltete Villa Mairea (Abb. 124). Das Landhaus markiert den Übergang von Aaltos traditioneller Architektur hin zur Moderne und ist innerhalb seiner Architektur ein wichtiges Bauwerk.[407] Stilistisch gehört es zu den zeitgenössischen

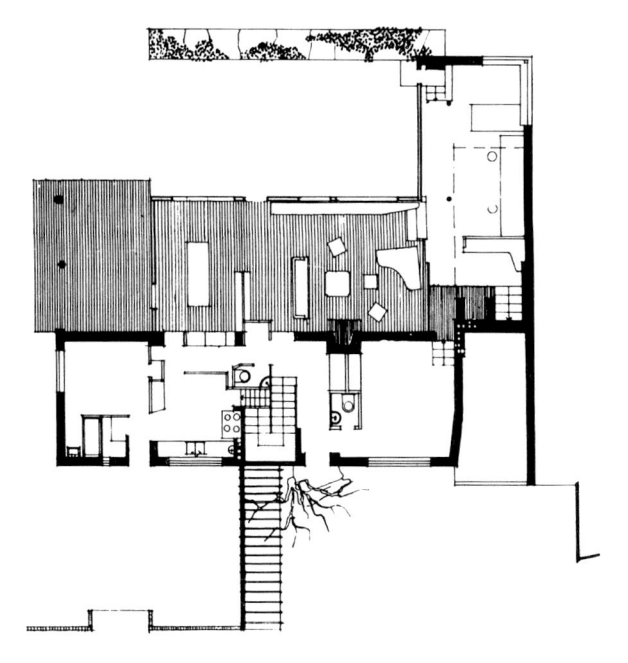

Abb. 123a Alvar Aalto, Privatwohnhaus, Helsinki, 1935; Grundriss.

Abb. 123b Alvar Aalto, Villa Mairea, 1938–39; Ansicht.

---

405 Vgl. Schildt 1994, S. 177.
406 Anfangs war das Atelier ins Privathaus integriert. Nach dem Bau eines neuen Ateliers wurden diese Räumlichkeiten ein Privatstudio. Vgl. Feig 1963, S. 62–65. – Weston 2002, S. 94.
407 Vgl. Curtis 1989, S. 298. – Hölz 2002, S. 28 f.

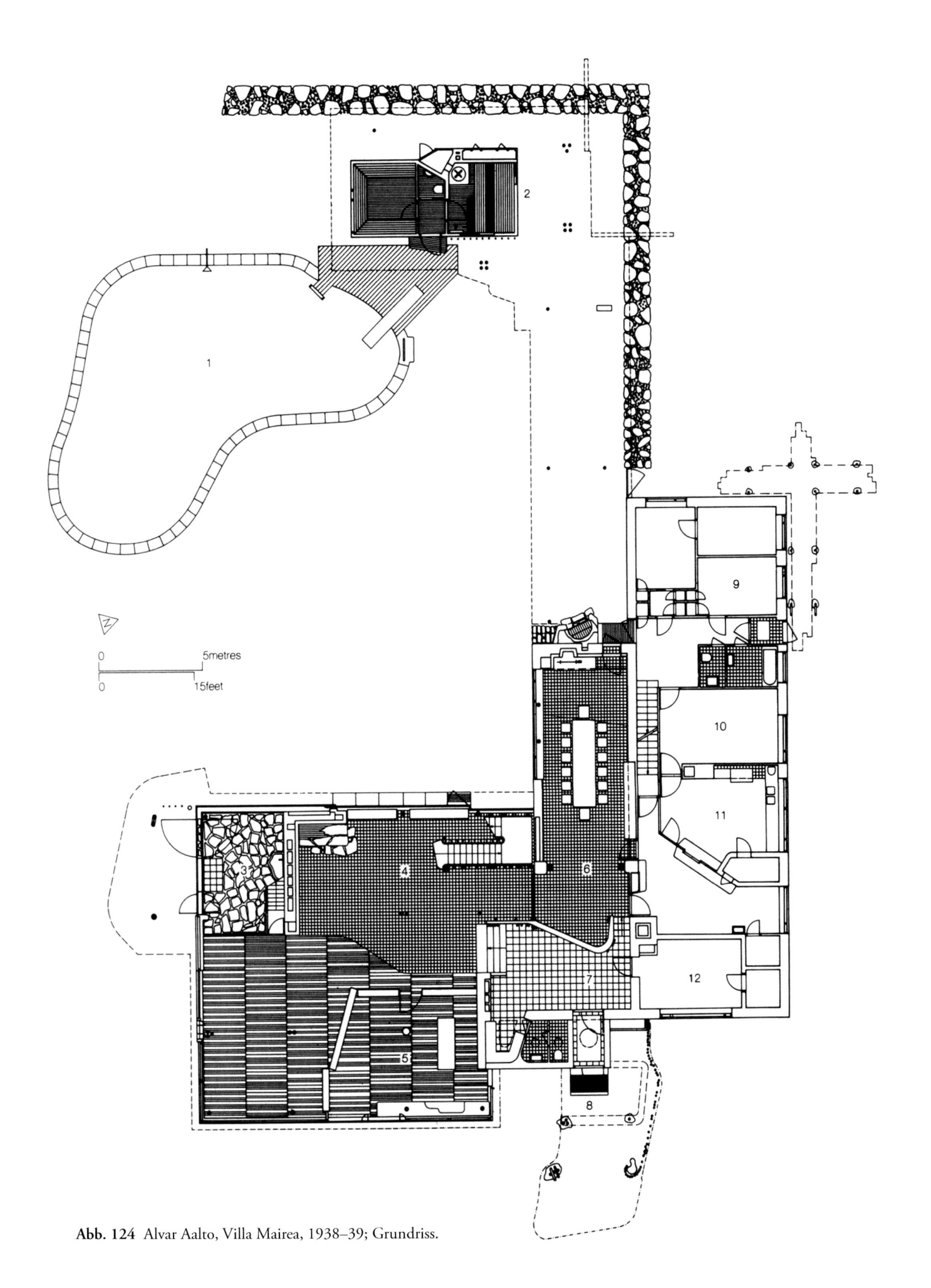

Abb. 124 Alvar Aalto, Villa Mairea, 1938–39; Grundriss.

Meisterwerken und ist ebenbürtig mit den Wohnhäusern Wrights, Le Corbusiers und Mies van der Rohes.[408] Das Anwesen wirkt ganzheitlich betrachtet wie eine Ansammlung verschiedener Gebäude und nicht wie ein geschlossener Baukörper. Der U-förmige Grundriss der gesamten Anlage ist ein typisches Element der Architektur Aaltos. Das nach innen gerichtete Gebäude ist durch Treppen und abgestufte Niveaus mit der Umgebung verbunden und umschließt einen Garten mit Swimmingpool. Der Wald übernimmt stellvertretend die fehlende vierte Wand für die Bildung eines Innenhofes.[409] Im Nordosten befindet sich eine finnische Sauna, die über einen überdachten Laufgang vom Essbereich im Hauptgebäude aus erreichbar ist. Sauna und Speisesaal zeigen Parallelen zu japanischen Teehäusern[410] und Le Corbusiers Dom-Ino-Häusern. Das Wohnhaus setzt sich aus zwei l-förmig angelegten Baukörpern zusammen. Die Fassade ist mit unterschiedlichen Holzarten verkleidet. Ursprünglich sollte die Kunstgalerie von den Wohnräumen separiert werden. Dieser Plan wurde zugunsten der Kombination von Alltag und Kunst aufgegeben. Speziell diese Verknüpfung musste am Haus Domnick ebenfalls erfolgen. Das große Wohnzimmer im Erdgeschoss kann mittels verstellbarer Schiebewände bedarfsgerecht geteilt und als Kunstgalerie genutzt werden. Zur Abgrenzung und Hierarchisierung der einzelnen Bereiche variiert Aalto das Bodenniveau und Bodenmaterial. Der Fokus liegt auf natürlichen Materialien und Farben, die Naturverbundenheit, Regionalität und Wärme ausstrahlen. Die ganzheitliche Planung eines Bauwerks entspricht der Auffassung Stohrers, ein Haus als künstlerische Aufgabe zu sehen und die Innenraumgestaltung mitzuentwerfen. Die Einrichtung im Wohn- und Sammlungshaus ist gemeinsam mit Domnick entwickelt worden. Die Differenzierung der Räumlichkeiten durch unterschiedliche Raumgrößen, verschiedene Bodenbeläge – Marmorplatten im öffentlichen, Teppichboden im privaten Bereich –, Richtungsänderungen und optische Sinneseindrücke können von Aaltos Raumkonzept inspiriert worden sein. Die diagonale, durch die Holzdecken betonte Blickführung in der Villa Mairea erinnert an die strukturelle Anordnung und diagonale Wegführung der Sammlungsräume. Trotz der äußeren Erscheinung, es handle sich um eine Zusammensetzung mehrerer Baukörper, verschmelzen im Inneren die Räume, sodass die erzeugte funktionale Flexibilität, mit der im Haus Domnick gleichartig gelingt.

Die hölzernen und stählernen Stützpfeiler vermitteln die Verbindung zur bewaldeten Natur. Die Schlafräume mit Terrassen und das Atelier liegen im Obergeschoss. Über den Terrassen sind Holzpergolen befestigt, die zusätzlich von herausragenden Kragträgern gehalten werden. Der collageartige Materialmix zur Differenzierung verschiedener Raumfunktionen verknüpft Modernität und rustikale Einfachheit. Unterschiedliche Einflüsse aus Finnland, Japan, Italien und der an Hollywood erinnernde, nierenförmig designte Swimmingpool treffen hier aufeinander. Das fließende Raumgefüge ist vollständig auf die Bedürfnisse der Bewohner zugeschnitten und wird der erwünschten Beziehung zwischen Mensch und Architektur gerecht.[411]

Architektonische Einflüsse im Haus Domnick basieren eher allgemein auf dem Anspruch einer humanen Architektur, die auf die individuellen Bedürfnisse des Bauherrn eingeht. Der Materialwechsel beispielsweise im Bodenbelag zur Hierarchisierung und Unterscheidung einzelner Räume in Nürtingen korrespondiert mit der Innenraumgestaltung Aaltos. Grundsätzlich dürften die Ideen Aaltos über die Architektursprache Stohrers und nicht unmittelbar auf den Bau in Nürtingen gewirkt haben.

7.5.4 Haus Harnischmacher II (1947) und das Boxensystem Marcel Breuers

Der Architekt Marcel Breuer (1902–1981) wurde 1927 von den Eheleuten Harnischmacher beauftragt, ihnen eine repräsentative Villa zu entwerfen.[412] Dieses, im Zweiten Weltkrieg zerstörte Gebäude war nach den gängigen Gestaltungsprinzipien der 1920er und 1930er Jahre errichtet worden.[413] Vergleichsanalysen mit zeitgenössischen Bauten von Le Corbusier (Villa Savoye und Villa Stein) und Mies van der Rohe (Haus Tugendhat) belegen analoge architektonische Merkmale. Der auf Säulen stehende kubische Baukörper entsprach der Grundrissdisposition Le Corbusiers.[414]

1952/53 erhielt Breuer erneut von den Eheleuten Harnischmacher den Auftrag, ein Haus in Wiesbaden zu

---

408 Vgl. Gutheim 1960, S. 8–9.
409 Curtis 1989, S. 298.
410 Japanische Teehäuser sind kleine pavillonartige Gartenhäuser.
411 Vgl. Weston 2002, S. 94 f.

412 Zu Marcel Breuer vgl. Kultermann 1959. – Driller 1990. – Driller 1998.
413 Das Privathaus wurde 1947 von neuen Eigentümern verändert wiederhergestellt.
414 Zu der Vergleichsanalyse vgl. Driller 1990, S. 28–48.

planen (Abb. 125a, b).⁴¹⁵ Der Bungalow ist das letzte bestehende Wohnhaus Breuers in Deutschland, dass die amerikanische Nachkriegsmoderne nach Deutschland exportierte und damit von besonderer Bedeutung für die moderne Architektur ist. Das Einfamilienhaus ist typisch für die Architektursprache Breuers. Immer wieder werden Flachdächer, große Glasflächen, Wände aus Holz und Naturstein eingesetzt. Im Bungalowbau und bei Landhäusern favorisiert Breuer Sichtbeton. Aufgrund seines äußeren Erscheinungsbildes kann es als eine mustergültige Vorlage für das zur Straße abweisende und zum Garten offene Haus Domnick betrachtet werden. Auch die Umsetzung der Terrasse als Innenhof scheint analog mit dem Wohnhaus in Wiesbaden zu sein. Das eingeschossige Haus Harnischmacher fügt sich in die Landschaft ein und weist eine strenge Geometrie mit weiß verputzten Wänden und einem grau abgesetzten Flachdach auf. Zur südlichen Gartenseite sind bodentiefe Fenster ins Mauerwerk eingelassen. Die Terrasse wird von einer weit auskragenden Dachplatte im Wechsel mit einer pergolaähnlichen Konstruktion abgeschirmt. Die Bauweise gleicht einem Wohngarten und bietet Sonnenschutz. Neben den äußerlichen Übereinstimmungen ist die Raumverteilung mit der im Haus Domnick vergleichbar. Im Haus Harnischmacher befinden sich Richtung Norden schmale Fensterbänder. Westlich umfasst die Raumkombination Wohnraum, Esszimmer und Küche, östlich Studier- und Schlafzimmer. Im Haus Domnick orientieren sich die Haupträume ebenfalls nach Süden und Osten, während der Gästetrakt mit dem Mädchenzimmer entlang der Nordfassade angeordnet ist. Das Haus Harnischmacher präsentiert anschaulich die impulsgebenden Einflüsse Breuers auf Stohrers Architektur. Beide Wohnhäuser liegen flach in der Landschaft und erzeugen ein harmonisches Gesamtbild durch ihre schlichte Gestaltung. Neben der äußeren Erscheinung korrespondiert die funktionale Ausstattung der Innenräume. Insgesamt ist das Haus Harnischmacher als ein im Sinne des Bauhauses errichtetes Wohnhaus in Kombination mit klassischen und modernen Möbeln zu betrachten. Auf diese Weise diente es als inspirierende Vorlage für das Haus Domnick. Marcel Breuer war im 20. Jahrhundert in Deutschland vor allem als Möbeldesigner bekannt. In den USA feierte er hingegen mit seiner Baukunst Erfolge. Speziell die Wohnhausarchitektur besitzt in seinem Gesamtwerk hohe Priorität. Der „Gane's Pavillon" (1936) war wegweisend für Breuers späteren Häuser in Amerika. Sein Raumprogramm orientierte sich an typischen Einfamilienhäusern. Der Terrassenbereich wurde von einer vorspringenden Dachplatte in Kombination mit einer eingehängten pergolaähnlichen Sonnenblendenkonstruktion überfangen. Breuer interessierte sich für Materialkontraste und die Gegenüberstellung von Massivität und Transparenz.

Er setzte sich mit der neuen Wohnhausarchitektur, modernen Ansprüchen und der jungen Generation auseinander, die Wert auf die Ausrichtung ihrer Häuser nach den Himmelsrichtungen, mit großen Fensterfronten, geschlossenen Eingangszonen und intimen Gartenbereichen legten. So entstanden offene Grundrisse und das Mobiliar wurde als Raumteiler eingesetzt. Breuers Wohnhäuser stehen für eine allgemein formale und funktionale Architektur. Er entwickelte die Methodik des Bauhauses seines Lehrmeisters und Freundes Gropius später weiter. Die in Zusammenarbeit mit seinem Lehrmeister entstandenen Bauwerke prägten den Zeitgeist der amerikanischen Architektur. Aufgrund der Zusammenarbeit mit Gropius sind beide Architekten bedeutsam für das Haus Domnick und Stohrers Architektur.⁴¹⁶

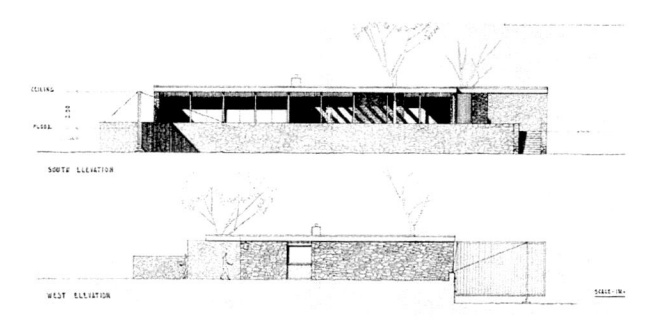

Abb. 125a Marcel Breuer, Haus Harnischmacher II, 1952–53; Aufrisse Süd- und Westfassade.

Abb. 125b Marcel Breuer, Haus Harnischmacher II, 1952–53; Paul Harnischmacher im Garten des Hauses.

---

415 Vgl. Driller 1990, S. 28–48.

416 Vgl. Driller 1990, S. 24–27. – Driller 1998, S. 16.

Allerdings entwickelte Breuer ein eigenständiges Formenvokabular für seine Wohnhäuser und einen individuellen „Breuer-Stil". Die typische Raumgestaltung eines Einfamilienhauses sieht bei ihm einen großzügigen Wohn- und Essbereich mit separierten, allseitig geschlossenen Schlafzimmern vor. Im Gegensatz zu Mies van der Rohes Wohnhäusern werden die Übergänge von Innen- und Außenraum bei Breuer eingeschränkt, um die Schutzfunktion des Innenraums zu erhalten. Musterwohnhäuser, die das offene Raumkonzept Le Corbusiers aufgreifen, wie das „Haus für einen Sportmann" auf der Berliner Bauausstellung 1931 bleiben bei Breuer Ausnahmen. Der rechteckige Bau besteht nahezu aus einem einzigen großen Raum mit zwei unterschiedlichen Deckenhöhen zur Unterteilung des kombinierten Wohn- und Gymnastikraums und den in Einzelkabinen untergebrachten Ess-, Arbeits- und Schlafplatz sowie ein Bad. Lediglich der Gästebereich wird vollständig abgetrennt. Breuer teilte Gropius Meinung, offene Raumschemata eigneten sich nicht für reale Alltagsbenutzer, weshalb er „konventionelle, aber funktionstüchtige und private Rückzugsmöglichkeiten"[417] vorzog. Stohrer und Domnick teilten offenbar diese Ansicht, weshalb die Schlafräume des Ehepaares und das Dienstmädchen- sowie das Gastzimmer getrennt von den öffentlichen Sammlungsräumen und dem privaten Wohnzimmer liegen. Überdies sind die Einbaumöbel als Trennelemente Motive der Breuerschen Architektur.

Viele Wohnhäuser Breuers in Amerika beruhen auf dem Grundrisssystem des Zweizellenhauses, das er immer wieder etwas veränderte. Er selbst sagte dazu: „Man produziert im Grunde genommen immer dasselbe, höchstens in Nuancen variiert. Auch diese Variationen bewegen sich in langsamen, gesetzmäßigen Wellen."[418] Dieses 1943 entwickelte additive Boxensystem ermöglichte eine individuelle Zusammenfügung, ohne die inneren Raumdispositionen verändern zu müssen. Ein Beispiel ist das „Pittsburgh Glass House" von 1945, bei dem zwei Boxen stufenartig aufeinandergestapelt wurden. Beim Landhaus Robinson (1945/46) trennte ein Verbindungsgang die verschiedenen Trakte. Das Schmetterlingsdach kennzeichnete die unterschiedlichen Funktionsbereiche optisch von außen und im Innenbereich regulierten die schrägen Decken die Anordnung der Räume. Darüber hinaus entkräftete die Dachform den Eindruck einer einfachen Box. Breuer standardisierte die Kombinationsmöglichkeiten der Boxen. Bauten aus seiner Hochphase der 1940er und 1950er Jahre waren identisch aufgebaut. 1948 entwarf er ein Musterhaus für das Museum of Modern Art in New York. Die Räume in dem langgestreckten Bau lagen auf zwei Ebenen (Abb. 126). Eine dreiviertelhohe Trennwand separierte den Eingangsbereich. Auch hier waren die Raumfunktionen unter dem Schmetterlingsdach zu erkennen. „Durch eine derartige Vorgehensweise, die teilweise im Widerspruch zu der Forderung nach großmöglicher Variabilität steht, reduziert er seine damalige Wohnhausarchitektur auf die schon mehrfach angesprochenen Haustypen mit ihrem charakteristischen Erscheinungsbild."[419]

Trotz der einheitlichen Architektur gelang es Breuer, jedem Haus eine individuelle Note zu verleihen. Dabei umging er das „Ornament-Tabu" der modernen Architektur, indem er verschiedene Außenverkleidungen verwendete oder Details wie Außenstützen und Sonnenblenden aufwertete. Beim „Haus eines Sportsmannes" konstruierte er ein weit ausladendes, von Stützen getragenes Terrassendach mit Lichtöffnungen, wodurch ein Licht-Schatten-Spiel erzeugt wurde. Am Haus Gropius (1937/38) überdeckte er ebenfalls den Freiraum mit einer Dachplatte mit integrierten Sonnenblendenlamellen. Am Haus Domnick können die vorstehenden Betonträger sowie die Lochblendfenster am äußeren Eingangsbereich als solche ornamentartigen Gestaltungen betrachtet werden. Ebenso die Betonung der verschiedenen Dachplatten durch die vorstehenden Betonträger an der Ost- und Westseite heben den Wechsel und Sprung im Haus hervor.

Breuers Boxensystem hatte den Vorteil, dass es topographisch bedingungslos einsetzbar war. Die variable Ausrichtung ermöglichte unterschiedliche Unterkonstruktionen. Mit der Verkleidung regionaler Materialien fügte sich das Wohnhaus stets in die örtliche Landschaft ein. Beispielsweise war das Haus Aworth (Starkey) von 1956/59 aufgeständert. Der mehrflügelige, raumübergreifende Baukörper des Haus Staehelin (1956/59) bei Zürich besaß ein aufgesetztes Schlafzimmergeschoss und öffnete sich wie in Breuers Architektursprache üblich zur privaten Seite.

Markant ist die Raumaufteilung mithilfe von Innenhöfen und Terrassen. Gleichzeitig ist es der Beginn der Beton-

---

417 Driller 1998, S. 46.
418 Breuer 1934, S. 7 f. Joachim Driller setzte sich in seiner Dissertation ausführlich mit den Raumboxen Breuers auseinander. Vgl. Driller 1990, S. 48–85.

419 Driller 1998, S. 33.

Abb. 126 Marcel Breuer, Musterhaus MoMa, 1948; Ansicht.

konstruktionen Breuers. Breuers additives Prinzip der baukastenähnlichen Kombination verschiedener autonomer Bauglieder ermöglicht eine größtmögliche Variabilität, eine strenge Trennung unterschiedlicher Funktionsbereiche und besitzt einen formalästhetischen Eigenwert. Das System ist in den Entwürfen Stohrers für das Haus Domnick in Kirchheim/Teck wiederzuerkennen. Ferner orientierte sich Stohrer wahrscheinlich an Breuers klarer, konventioneller Begrenzung der Räume sowie der Geschlossenheit zur Straße und Öffnung zur Gartenseite. Er stellt zwischen Innen- und Außen mittels Pergolen oder Mauerzügen eine Beziehung her und schafft zugleich eine Privatzone bei den Terrassen an der Südseite. Die funktionstrennenden Innenhöfe können ebenfalls auf Breuers Architektursprache zurückgeführt werden. Prinzipiell kann das zweite Haus Harnischmacher als mustergültiges Vorbild für das Haus Domnick betrachtet werden.

7.5.5 Das Privathaus Oscar Niemeyers (1953)

Der brasilianische Architekt Oscar Niemeyer (1907–2012) war eine der führenden Schlüsselfiguren der Architektur des 20. Jahrhunderts in Lateinamerika und darüber hinaus. Vorweg sei gesagt, dass am Haus Domnick nur indirekt Bezüge zur Architektur Niemeyers festzustellen sind. Neben der Wahl des Baumaterials, dem vielseitig gestaltbaren Beton kann die Auflösung der starren geometrischen Bauform als Kontrast zur Dynamik der Natur auf den brasilianischen Architekten zurückgeführt werden. Dies ist jedoch weit hergeholt, da der halbrunde Einbau kein charakteristisches Motiv des organischen Bauens ist, sondern auf Le Corbusier verweist. Die Vorstellung Niemeyers soll an dieser Stelle erfolgen, um sein Verständnis des organischen Bauens zu erläutern und sein Einwirken auf Stohrers Architektursprache zu verdeutlichen.

Bekannt war er für seine öffentlichen Gebäude in Rio de Janeiro.[420] Obwohl Wohnhäuser nicht im Fokus seines architektonischen Wirkens standen, soll anhand seines Privatwohnhauses sein Verständnis von funktionaler Architektur vorgestellt werden.

1953 baute Niemeyer für sich selbst in Rio de Janeiro zwischen zwei Bergkuppen ein neues Zuhause (Abb. 127a, b). Hierbei setzte er sich wie weltweit viele Architekten mit der Konstruktion von Betonbauten, dem Bau von Häusern in Hanglage und dem Einsatz von Glas

---

420 Zu Oscar Niemeyer vgl. Papadagi 1960. – Hornig 1981. – Joedicke 1990, S. 51–53. – Hess 2006. – Andreas 2013. – Simsek 2019.

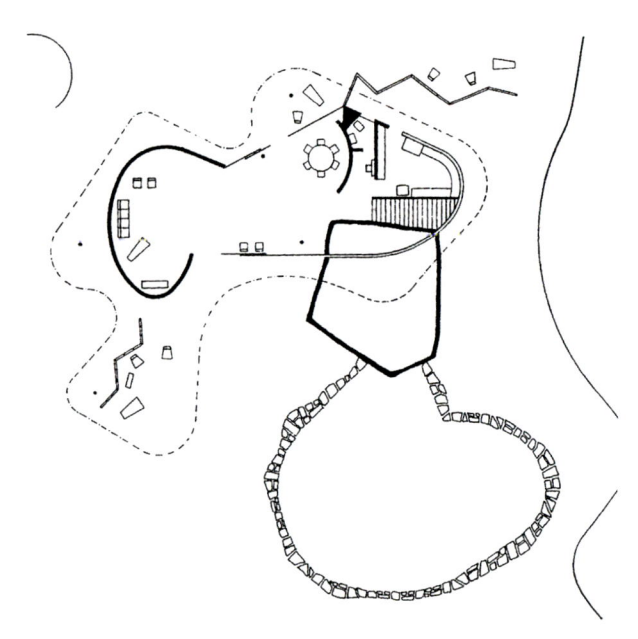

Abb. 127a Oscar Niemeyer, Niemeyer Haus, Rio de Janeiro, 1953; Grundriss.

Abb. 127b Oscar Niemeyer, Niemeyer Haus, Rio de Janeiro, 1953; Ansicht.

zur Verbindung von Innen- und Außenraum auseinander. Die großen Glasflächen unterhalb des auskragenden Flachdaches ermöglichen eine eindrucksvolle Aussicht in die Landschaft. Im Inneren entschloss er sich für ein fließendes Raumkontinuum mit wenigen Gliederungselementen. Dafür verlegte er die Schlafzimmer in ein Untergeschoss. Das markant geschwungene Dach verläuft scheinbar zufällig. Gebogene Wände trennen Ess- und Wohnzimmer voneinander. Ein großer Felsbrocken ist Bestanteil des Hauses und in den Swimmingpool integriert. Der Granitfelsen bildet einen auffälligen Kontrast zu der offenen leichten Pavillonkonstruktion. Das Einfamilienhaus lässt Niemeyers Abneigung gegenüber geraden Linien und rechten Winkeln erkennen. Sein Bestreben war es, die Konturen der Natur mimetisch nachzuempfinden, um Natur und Architektur in Einklang zu bringen.[421]

Der neue Stil der Modernen erreichte Brasilien bereits ab den 1920er Jahren durch Einwanderer. Insbesondere während des Zweiten Weltkrieges nutzten Architekten wie Le Corbusier oder Marcello Piacentini die Chance, im aufstrebenden Brasilien mit seinen modernen Bauvorhaben ihre Ideen zu verwirklichen. Sein 1942 auf Pilotis errichtetes Wohnhaus in Rio de Janeiro, dessen Räume sich um eine Rampe anordnen, spiegelt deutlich die Einflüsse Le Corbusiers wider. Trotz Niemeyers Zusammenarbeit im Architekturbüro Le Corbusiers unterschieden sich ihre Interpretationen einer funktionalen Architektur. Für Niemeyer bestand Architektur aus Traum, Fantasie, Kurven und leerem Raum. „Die Kurve ist die Natur: Berge, Körper, Wasser. Alles fließt. Und man darf die Natur nicht immer überall gegen rechte Winkel rennen lassen."[422] Der Einfluss Niemeyers auf Stohrers Architektur ist am deutlichsten an seinem Wohnhaus in Dingelsdorf zu erkennen. Hier wurden die Räume mittels unterschiedlicher Winkel miteinander verzahnt, wodurch es sich von der europäischen Kastenarchitektur abgrenzt.[423] Ein Vergleichsbeispiel Niemeyers ist das Wohnhaus für Mrs. Prudent de Maria Morais Neto von 1943 in Rio de Janeiro (Abb. 128).

Die Bauwerke Niemeyers beeindruckten durch plastische Monumentalität mit klassischen Gestaltungskriterien und waren den klimatischen Bedingungen seines Heimatlandes angepasst. Experimente mit der Formenvielfalt des Stahlbetons kennzeichneten seine plastische Architektur. Sein Bestreben war es, eine freie lebendige Formensprache, gelöst von der starren Rechteckform und der strengen Geometrie, zu schaffen. Nach ihm sind nicht der Purismus oder Funktionalismus mit ihren standardisierten Bauweisen maßgebend, sondern die plastische Gestaltungsfreiheit, die ein Gebäude individuell in die unregelmäßige Landschaft einpflegt. Dies erreichte

---

421 Vgl. Weston 2002, S. 105–108. – Cavalcanti 2013, S. 35.
422 Andreas 2013, S. 22.
423 Vgl. Hess 2006, S. 24–25.

Abb. 128 Oscar Niemeyer, Wohnhaus für Mrs. Prudent, Rio de Janeiro, 1943; Zeichnung.

er durch kantige, unregelmäßig geformte Dächer mit Überständen, gerundete Schmetterlingsdächer oder durch wirkungsvolle Fassaden mit dekorativen Kolonnaden. Bezeichnend hierfür sind die Wohnhäuser Edmundo Cavanelas (Abb. 129) in Pedro do Rio (1954) und der Alvorada Palast (1956/58) in Brasilien auf einer Halbinsel im Paranoá-See.[424]

Das Wohnhaus für die Eheleute Anne und Joseph Strick ist das einzige Bauwerk Niemeyers in den USA. 1964 entstand das Gebäude in Santa Monica. Das auf einem Feldvorsprung errichtete t-förmige Bauwerk, zeichnet sich äußerlich durch den Wechsel von großen Glasfronten mit vermauerten weißen Wänden sowie den vorstehenden tragenden Holzbalken der Deckenkonstruktion, die die starre Architektur auflösen, aus. Im Inneren werden die verschiedenen Bereiche über Stufen voneinander getrennt. Das Wohnhaus demonstriert eine weitere Ausdrucksweise Niemeyers umfangreicher Formensprache.

Das Wohnhochhaus im Berliner Hansaviertel (1958) ist Niemeyers einziges architektonisches Zeugnis in Deutschland, an dem seine Bauweise und der Einfluss Le Corbusiers ablesbar sind. Der Betonbau auf V-Stützen umfasst insgesamt 78 Wohnungen und steht für Niemeyers Vorstellung des Gemeinwesens von Wohnen und Leben in einem Mehrfamilienhaus. Das offene Erdgeschoss sowie das fünfte und achte Obergeschoss haben multifunktional nutzbare Flächen. Ein dreieckig geformter Fahrstuhlturm ist dem Gebäude vorgelagert. Unterschiedlich behandelte Betonoberflächen verhelfen zu einer lebendig wirkenden Optik:

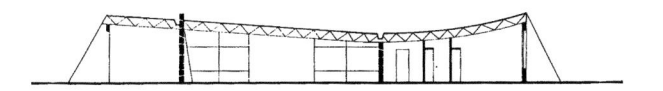

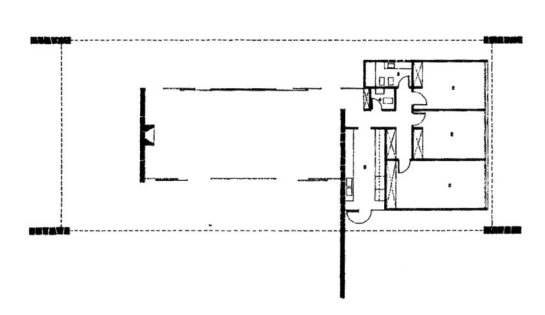

Abb. 129 Oscar Niemeyer, Wohnhaus Cavanelas, Pedro do Rop, 1954; Grund- und Aufriss.

„Für die Pilotis wurde glatter grauer Sichtbeton gewählt; für Deckenunterschichten und Schotten im Bereich der Loggien Sichtbeton mit sägerauen Oberflächen und sichtbaren Fugen schmaler Schalungsbretter; nur der Fahrstuhlturm wurde verputzt und ist mit intarsienartig eingelegten graugrünen Scheiben in Kreisform strukturiert, die beiden Aufzugsbrücken zeigen wiederum eine sägeraue Betonoberfläche, den Gegensatz zwischen glatten und strukturierten Oberflächen betonend."[425]

---

[424] Vgl. Hess 2006, S. 31–36.

[425] Krau/Vallentin 2013, S. 53.

Stohrer war regelrecht fasziniert von Niemeyers Interpretation der modernen Architektur: individuelles Bauen für das bedürftige Volk. Das Leben und die Menschen nahmen für Niemeyer einen besonderen Stellenwert ein.[426] Eine klare Formensprache aus Stahlbeton, der mehr bietet als rechte Winkel, zeichneten seine kontrastreichen Bauwerke aus.

7.5.6 Von Haus Schminke bis Haus Baensch (Hans Scharouns Architektur)

Der deutsche Architekt Hans Scharoun (1893–1972) gilt als wichtiger deutscher Architekt und Vertreter des „Neuen Bauens", der die Lücke zwischen den 1920er Jahren und der Nachkriegszeit überbrückte.[427] Als expressiver Funktionalist lässt sich Scharoun schwer in die Geschichte der modernen Architektur einordnen, weshalb er in der Forschung oft übersehen wird. Die weißen Oberflächen, die horizontalen Fenster und die zunehmend geordneten Grundrisse seiner Bauwerke zeugen von stilistischen Einflüssen des International Style. Dennoch blieb er seinem geschwungenen Stil treu. Als Mitglied der jungen Architekten, neben Max Taut sowie den Brüdern Hans und Wassili Luckhardt, beteiligte sich Scharoun an zahlreichen Wettbewerben, die ihn bekannt machten. Der Erfolg war für ihn nebensächlich. Wichtiger waren die Herausforderung und die Teilnahme an Wettbewerben. Neben den anderen Protagonisten des Neuen Bauens, die klare geometrische Bauwerke konzipierten, beschritt er den Weg der organischen Architektur, wodurch er sich erheblich unterscheidet. Aufgrund dessen ist ein Überblick über seine Architektur notwendig, um seine andersartige Auslegung des Neuen Bauens zu verstehen, ehe Einflüsse seiner Architektursprache auf Stohrer und das Haus Domnick bezogen werden.

Das Haus Schminke in Löbau (1930/33), seine wohl schönste Villa, vereint alle Merkmale des Neuen Bauens und gilt inzwischen als Klassiker des Wohnbaus vor der Restriktion durch die Nationalsozialisten (Abb. 130).[428] Der wohlhabende Fabrikant Schminke wünschte sich ein familiäres, individuelles und bescheiden wirkendes Haus. Auskragende Sonnenterrassen, dynamische Linien und große Glasflächen dominieren die Außenansicht des zweigeschossigen Hauses. Im Inneren werden die verschiedenen Funktionsbereiche klar voneinander getrennt und sind ihrer Funktion maßstäblich angepasst. Zudem werden diverse Wohnfunktionen in einer Raumeinheit zusammengefügt. Die physikalische Begrenzung wird optisch durch die Einbeziehung der Landschaft scheinbar aufgelöst. Wesentlich ist jedoch die gegen den Raum führende Achse.[429] Der langgestreckte Grundriss auf dem unebenen Grundstück öffnet sich zu beiden Längsseiten. Abwandlungen des Rasters und der Fassade erfolgen zugunsten etwaiger Raumgewinnung. Die Enden sind jeweils um dreißig Grad gen Süden und Norden gedreht. Auf diese Weise entsteht eine Zweiachsigkeit. Im Mittelpunkt des Hauses liegt der offene Wohnbereich, an den die Eingangshalle und ein Wintergarten anschließen. Die allseitige Verglasung stellt die Naturverbundenheit her. Mithilfe von Vorhängen und Schiebetüren ist das Erdgeschoss an verschiedene Funktionen flexibel anpassbar. Die Garage an der Rückseite erinnert an die Villa Savoye von Le Corbusier. Das Obergeschoss nimmt kleine Schlafräume und Gästezimmer auf.

> „Das Haus Schminke ist ein wichtiger Schritt zum organisch-funktionalen Bauen. Es folgt keinem primärgeometrischen Prinzip, sondern lässt Raumgefüge durch Funktionsabläufe entstehen, die sich weder dem Primat des rechten Winkels noch des Kubus unterordnen."[430]

Die starke Differenzierung der Raumgrößen und die klare Abgrenzung von Schlaf-, Wohn- und Wirtschaftsräumen sind Grundlagen des Wohn- und Sammlungshauses in Nürtingen. Die Vereinigung der beiden Raumfunktionen und die diagonale Aneinanderreihung der Sammlungsräume mit den spontanen Ausblicken nach draußen und den eingestellten Trennwänden bewirken ebenfalls besondere Blickachsen durch die Räumlichkeiten.

Die Architekturtheorie Hugo Härings (1882–1958) übte starken Einfluss auf Scharouns Verständnis von „Organischem Bauen" aus. Häring setzte sich mit dem „Problem der Funktionsform und dem architektonischen Strukturwandel der Zeit" auseinander.[431] Er differenzierte zwischen Bauen als Aufgabe und Form als Ergebnis. Ein Haus sollte nach Häring als Organ betrachtet werden, das mit Unterstützung leicht verwendbarer Materialien verwirklicht werden konnte. Beim Entwerfen stand nicht länger die Individualität des Künstlers im Fokus, sondern

---

426 Simsek 2019, S. 151 f.
427 Zu Hans Scharoun vgl. Kat. Bremerhaven 1970. – Pfankuch 1974. – Jones 1980. – Janofske 1984. – Bürkle 1993. – Kat. Berlin 1994. – Tönnesmann 1992. – Krohn 2018.
428 Weston 2002, S. 60. Zum Haus Schminke vgl. Bürkle 1993, S. 16 u. 84–87. – Hoh-Slodcyzk 1992, S. 40–45.
429 Vgl. Hölz 2002, S. 26.
430 Bürkle 1993, S. 84.
431 Bürkle 1993, S. 18.

Abb. 130 Hans Scharoun, Haus Schminke, Löbau, 1930–33; Ansicht.

allein die Perfektion eines gebrauchstechnischen Gegenstandes. Scharoun teilte Härings Auslegung des organischen Bauens. Diese beinhaltete Frank Lloyd Wrights Auffassung von einer harmonischen Verbindung von Bauwerk und Landschaft und schloss die Idee der organischen, aus der Funktion heraus entstandenen Form mit ein.[432] Der Bau sollte ganz das sein, was er für den Menschen zu sein hatte.[433]
Scharouns Wohnungsbau ist durch die bestmögliche Präsentation der Beziehung zwischen Raum und Form gekennzeichnet. Architekten wie Le Corbusier und Mies van der Rohe setzten ebenfalls Schiebewände und große Glasflächen als Elemente der funktionalen Architektur ein. Scharouns Innenräume unterscheiden sich jedoch von denen seiner Zeitgenossen. Seine Räume nehmen Bezug auf Lage, Funktion und Orientierung. Große Möbel werden beim Entwurf berücksichtigt, sodass Räume auf sie zugeschnitten werden.[434] Das plastisch modellierte Einfamilienhaus für die Stuttgarter Weißenhofsiedlung (1927) bildet den östlichen Abschluss der Weißenhof-

---

432 Vgl. Janofske 1984, S. 32–36. – Bürkle 1993, S. 18–20. – Häring 2001, S. 117 f. Zum organischen Bauen vgl. Janofske 1984, S. 146–148.

433 Janofske 1984, S. 146.
434 Vgl. Jones 1980, S. 76 u. 118.

Der Zeitgeist der Wohnhäuser aus dem 20. Jahrhundert **179**

siedlung (Abb. 131). Es ist ein Aushängeschild für den Stil und das differente Raumverständnis von Scharoun.[435] Der Grundriss des Eckgebäudes hat eine durchgehende Funktionsachse vom Eingang zum Wohnraum, der Wirtschafts- und Wohnbereich trennt. Im Zentrum liegt das große Esszimmer, um das sich die übrigen Räume ordnen. Hinsichtlich des klaren Grundrisses ist das Haus beispielhaft. Die äußerlichen Rundungen der Fassade lösen den geometrischen und axialen Charakter auf. Um ein homogenes äußeres Erscheinungsbild zu erreichen, ist auch die Südecke gerundet. Scharoun gelingt es, dem kleinen Wohnhaus im Inneren eine große Weiträumigkeit zu verleihen. Die Einbeziehung der Natur, klare Funktionstrennungen sowie große räumliche Maßunterschiede hinterlassen einen nachhaltigen Gesamteindruck. Obwohl das Wohnhaus viele Elemente des International Style aufweist, hebt es sich von den fundamentalen Grundsätzen der Puristen ab, weshalb es von diesen nicht gewürdigt wird.[436]

Scharouns transportables Holzhaus für die Deutsche Garten- und Gewerbeausstellung (1926–27, zerstört) steht für seine bedürfnisorientierte Architektur. Das eingeschossige kleine Wohnhaus bietet innen ein großes Raumgefühl. Das Baukastensystem und das Baumaterial gewährleisten Erweiterungsfähigkeit und Variabilität. Der Wohn-/Essraum beherrscht das Zentrum des rechtwinkligen Hauses. Auch hier werden die anderen Funktionsräume maßstäblich differenziert und separiert.[437]

Die Architektur Scharouns beeinflusste die künstlerische Entwicklung Stohrers. Berührungspunkte mit dem Haus Domnick sind die Raumprogramme und ungewöhnliche spannende Blickachsen im Innenraum von einer Ebene in die nächste. Wie bei Scharoun bezieht sich der Grundriss auf Lage, Funktion und Orientierung. Die Sammlungsräume bilden eine Funktionsachse, die den Wirtschafts- bzw. Gästetrakt von den privaten Wohnräumen des Ehepaares trennt. Gezielt eingebaute Möbel wie die Schrankwand zwischen Sammlungsraum sieben und dem Wohnzimmer erzeugen einen offenen Grenzübergang. Insbesondere die umgekehrte Herangehensweise, die Konstruktion solle sich an die Räume anpassen, trifft auf die Unterteilung der Bereiche im Haus Domnick mittels springender Fußbodenniveaus zu. Sie unterstützen eine Differenzierung der Räume. Des Weiteren wird

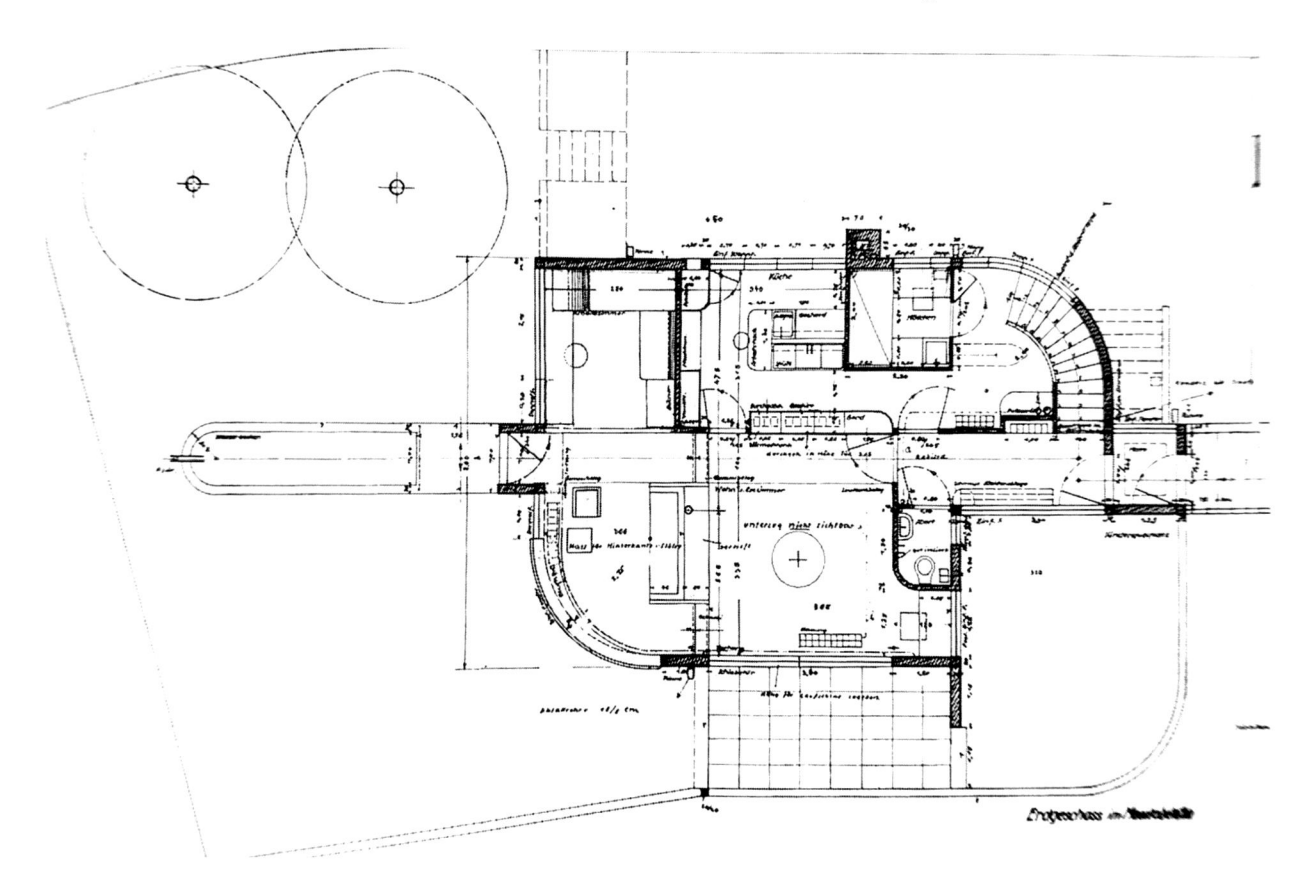

Abb. 131 Hans Scharoun, Einfamilienhaus für die Weißenhofsiedlung, Stuttgart, 1927; Grundriss EG.

---

435   Zum Stuttgarter Wohnhaus vgl. Bürkle 1993, S. 13–15 u. 62 f.

436   Vgl. Jones 1980, S. 70.

437   Vgl. Pfankuch 1974, S. 62 f.

ein einheitliches Erscheinungsbild durch die diagonal gegenüberliegenden Pergolen angestrebt, die gleichzeitig eine Erweiterung erlauben.[438]

Speziell für den sozialen Siedlungsbau entwickelte Scharoun mustergültige Grundrisslösungen. Von 1929 bis 1931 war er für die Errichtung der Großsiedlung Siemensstadt mitverantwortlich. Die damals modernen Wohnungsgrundrisse haben einen mittigen Wohn- und Essraum, der die gesamte Tiefe des Gebäudes einnimmt. Auf reine Erschließungsräume wird möglichst verzichtet.[439] Nach dem Ende des Zweiten Weltkrieges folgten weitere Wohnhochhausprojekte. Im Gegensatz zu Aussagen, Scharoun wüsste aufgrund seines abgebrochenen Studiums zu wenig über Architekturgeschichte, belegen seine frühen Zeichnungen, dass er sich intensiv mit den traditionellen Stilformen auseinandergesetzt hatte.[440] Bei seinen Planungsarbeiten verzichtete er auf die altüberkommenen Bauformen. Erste Würdigungen erhielt er für seine Entwürfe für ein Hochhaus am Bahnhof Friedrichstraße in Berlin (1921) und für ein Büro- und Geschäftshaus am Börsenhof in Königsberg (1922). Die Bauten weisen geschwungene Linien und zusammengesetzte Fassaden auf, wodurch sie lebendig wirken und nicht wie tote Kisten mit statischen Einzelschachteln. Seine Bauten wurden nach 1923 schließlich gebundener mit rechteckigen Formen.[441]

Während des Nationalsozialismus emigrierten viele Architekten nach Südamerika. In dem Glauben, die Zeit der politischen Unterdrückung überstehen zu können, blieb Scharoun in Deutschland. Das Haus Baensch in Berlin-Spandau (1935) ist ein frühes Beispiel einer Architektur, die durch das Kunst- und Architekturverständnis der politischen Machthaber plötzlich eingeschränkt wurde (Abb. 132). Dennoch gilt das Gebäude als Pionier der organischen Grundrisse mit verbesserten Raumqualitäten.[442] Drei unterschiedliche Raumniveaus ordnen sich terrassenartig wie ein Flügelrad um das schmaler werdende, runde Esszimmer. Die Formgebung einzelner Bereiche, wie das Esszimmer oder die Flügelecke, sind von ihren Funktionen abhängig. Daneben beeinflussen Raumbeziehungen, die Orientierungs- und Lagebedingungen die übrigen Formen.[443] Der gestaffelte Wohnraum resultiert einerseits aus dem Gefälle des Grundstückes, andererseits wird auf diese Weise ein freier Blick auf die Havel möglich. Im Obergeschoss befinden sich drei Schlafräume, ein Bad und eine große, nach Süden gerichtete Terrasse. Die Ordnung des oberen Grundrisses weicht vom Erdgeschoss ab. Von außen sind die neuen staatlichen Vorgaben sichtbar. Der Ziegelsteinbau mit einem auskragenden Satteldach wirkt im Vergleich zu früheren Werken der modernen Architektur beinahe alltäglich. Im Gegensatz zu Mies van der Rohe und Walter Gropius spielte die optische Erscheinung der Wohnhäuser für Scharoun eine untergeordnete Rolle, weshalb er trotz der behördlichen Restriktionen weiterarbeiten konnte.[444] Dagegen wird das Haus Endell in Berlin-Wannsee (1939/40) von außen erheblich traditioneller.[445] Die innere Unterteilung der Bereiche und Räume gestatten Scharoun, trotz der politisch vorgeschriebenen Einschränkung, seinem Stil treu zu bleiben (Abb. 133). Vielfältige Blickbeziehungen, Höhenunterschiede und großräumige Wohnlandschaften verleihen den Räumen im Erdgeschoss flexible Wandelbarkeit und Nutzung. Sie dienten der Arbeit, dem Wohnen und der Repräsentation. Abgesehen von den geschwungenen Linien sind vor allem die Innenraumperspektiven über Brüstungen und der fließenden Raumverbindungen vergleichbar mit

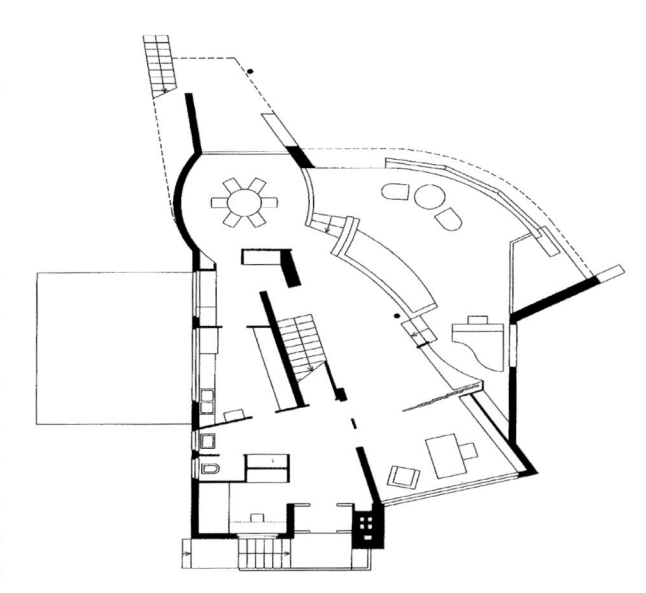

Abb. 132 Hans Scharoun, Haus Baensch, Berlin-Spandau, 1935; Grundriss.

---

438 Vgl. hierzu die Baupläne für den Anbau der Schwimmhalle.
439 Vgl. Pfankuch 1974, S. 47 f.
440 Carl Claussen bemängelte 1925 in den Insterburger Nachrichten seine „Ungelehrtheit". Vgl. Pfankuch 1974, S. 47.
441 Vgl. Fries 1926, S. 31. – Bürkle 1993, S. 12 f.
442 Vgl. Jones 1980, S. 9. – Bürkle 1993, S. 16 u. 92 f.
443 Vgl. Jones 1980, S. 13.
444 Vgl. Jones 1980, S. 11 f.
445 Vgl. Krohn 2018, S. 117–119.

den Übergängen im Haus Domnick. Zwar verwenden die anderen aufgeführten Architekten ebenfalls räumlich-fließende Übergänge, jedoch scheint die organische Verzahnung Scharouns, mehrere Funktionsbereiche ineinander überlaufen zu lassen, für die Raumverbindung im Haus Domnick zutreffender zu sein.

Ein letztes Beispiel ist das Haus Tormann von 1965/66 in Bad Homburg (Abb. 134).[446] Das eingeschossige Bauwerk kennzeichnet ein durchlaufendes Band des Daches, das die Horizontale betont und die im Inneren mehrfach springenden Bodenniveaus zur Kennzeichnung der verschiedenen Zonen. Im Gegensatz zum Haus Domnick folgen die verschiedenen Ebenen einer klaren Hierarchisierung. Die privaten Bereiche liegen am niedrigsten, die halböffentlichen etwas höher und die für jedermann zugänglichen Räume am höchsten. Im Sammlungshaus werden die Räume durch die Ebenensprünge gegliedert, eine Rangordnung ist allerdings nur teilweise interpretierbar.

Zusammengefasst zeichnen sich Scharouns Wohnhäuser durch ihre organischen Grundrisse und individuell angepassten Raumkonzepte aus. Konstruktion und Details sind sekundär, weshalb seine Bauwerke oft aus kostengünstigem Stahlbeton bestehen und sich äußerlich unscheinbar präsentieren. Die Grundrisse und Raumkonzeptionen sind revolutionär und außergewöhnlich. Die Raumgestaltung und Nutzung sind bestimmend. Seine ungewöhnlichen fließenden Räume erwecken durch ihr Ineinandergreifen den Eindruck, dass viele Räume zu einem werden oder aber ein Raum zu vielen. Die Konzeption des Gesellschaftsraums als „Raum in der Mitte" für Gesellschaft und Kommunikation erlaubt viele verschiedene Blickrichtungen und eröffnet unterschiedliche Achsen. Diese primären Merkmale des Architekturverständnisses Scharouns unterscheiden sich von der organischen Architektur Frank Lloyd Wrights, der die Feuerstelle als Herz eines jeden Wohnhauses betrachtete.[447]

Das Haus Lehn in Stuttgart (1957/58) von Stohrer ist offensichtlich von Scharouns Stil beeinflusst worden. Der asymmetrische Grundriss, die Abkehr vom rechten Winkel sowie das eigenwillige Raumprogramm lassen auf die Architektur Scharouns schließen. Parallelen zum Sammlungshaus zeigen sich im Bereich der Innenraumverteilung und -einrichtung. Die Verkettung der Sammlungsräume mit dem privaten Bereich sowie die Zweckbezogenheit des ganzen Hauses können mit den Gesetzmäßigkeiten seiner organischen Architektur in Verbindung gebracht werden. Die Berücksichtigung großer

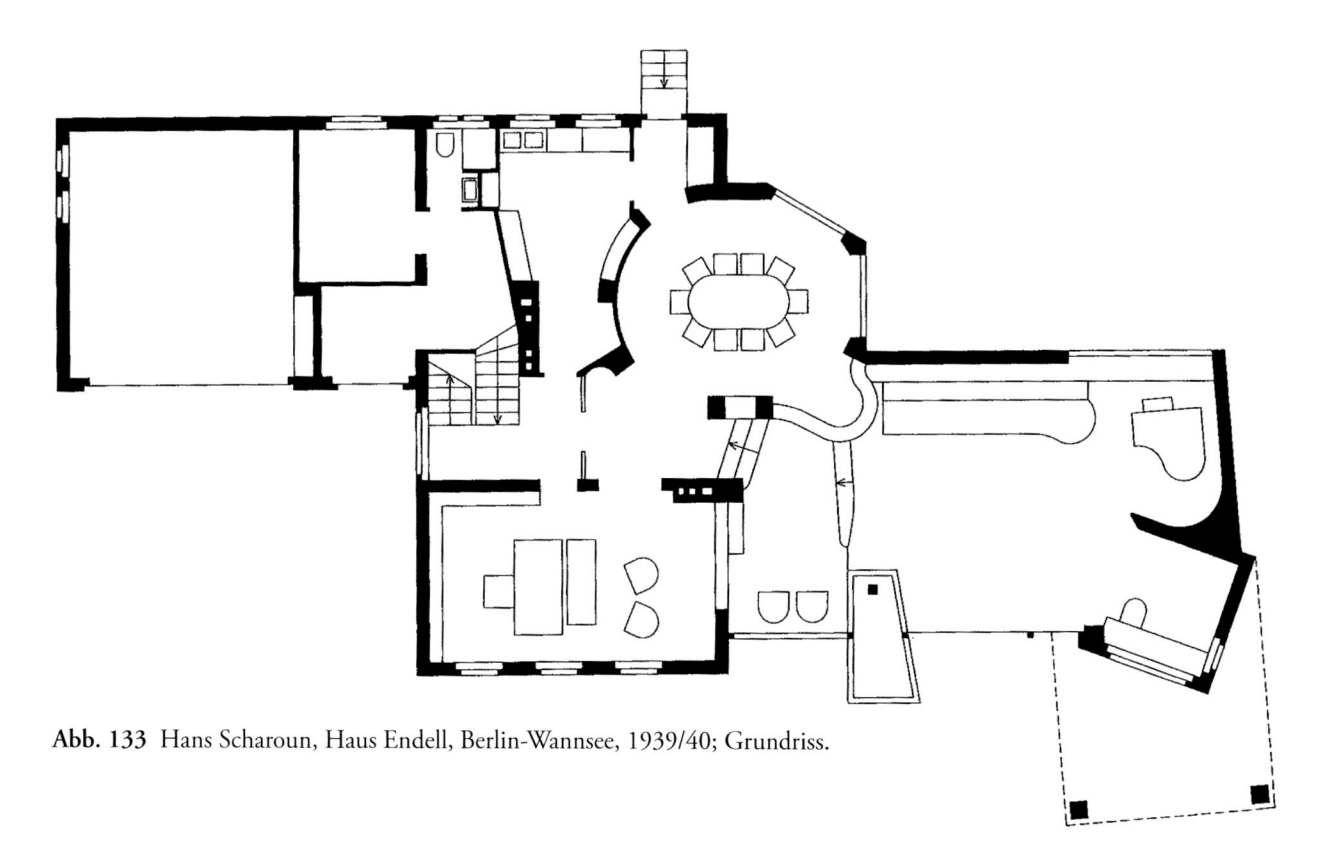

Abb. 133 Hans Scharoun, Haus Endell, Berlin-Wannsee, 1939/40; Grundriss.

---

446 Krohn 2018, S. 118.
447 Vgl. Feig 1963. – Kat. Bremerhaven 1970 (Heinrich Lauterbach). –Jones 1980, S. 12.

448 Der Terminus Materialität verweist auf die tragende Grundlage eines Gegenstandes; in erster Linie ist seine sinnlich erfahrbare Stofflichkeit gemeint.

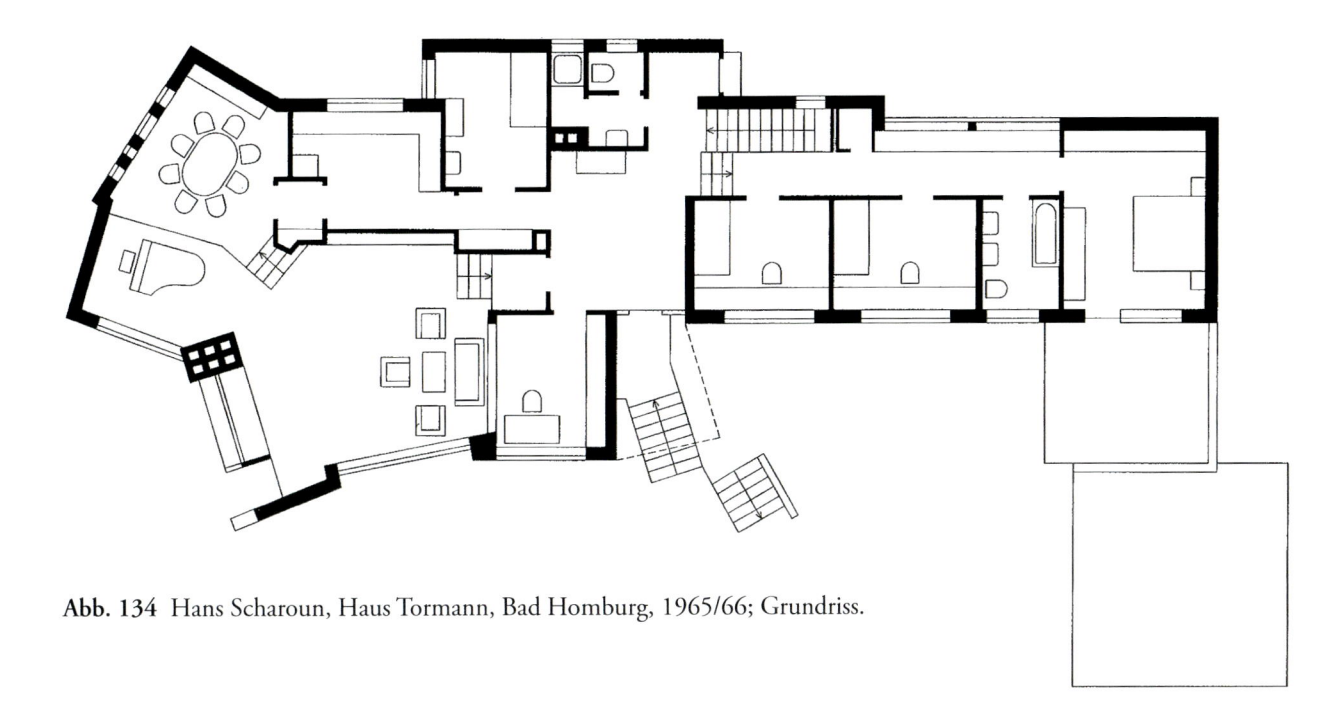

Abb. 134 Hans Scharoun, Haus Tormann, Bad Homburg, 1965/66; Grundriss.

Möbelstücke wie dem Konzertflügel, der Einsatz von Einbauschränken sowie die wirtschaftliche Raumordnung der kleinen Privatwohnung der Domnicks erinnern an Scharouns Grundsätze. Die gezielte Positionierung des Mobiliars unterstützt die räumliche Differenzierung.

7.6 ZUSAMMENFASSUNG

Im Grundsatz entspricht das Wohn- und Sammlungshaus aufgrund seiner Dimension einer Villa auf dem Land. Aufgrund der Doppelfunktion ist neben der Einordnung in die Museumsarchitektur eine Einordnung in die Wohnhausarchitektur des 20. Jahrhunderts zwingend. Der gleitende Übergang zwischen musealem und privatem Bereich erfordert eine gemeinsame wie auch eine getrennte Betrachtung der Wohn- und Sammlungsräume.
Das Haus Domnick steht im Kontext der Entwicklung der Wohnkultur, beginnend nach dem Ersten Weltkrieg bis in die 1960er Jahre. Der Fortschritt in der Bauindustrie, die zunehmende Urbanisierung, die sich wandelnde allgemeine Kultur- und Sozialgeschichte sowie veränderte Ansprüche an Wohnqualität haben auf die Architektur und die Einrichtung des Wohnhauses großen Einfluss genommen. Bereits während des 19. Jahrhunderts herrschte Wohnraummangel in den Städten, der sich nach den beiden Weltkriegen immens steigerte. Gründungen neuer Wohnsiedlungen, die unter dem Einfluss des Neuen Bauens und des Bauhauses entwickelt wurden, neu konzipierte Wohnblöcke und Projekte wie die Unité d'Habitation versuchten der Wohnungsnot entgegenzuwirken. Serielles Bauen und gleichzeitig gewonnene Individualität waren Ziele der modernen Architektur. Die Architekten des Neuen Bauens und der Neuen Sachlichkeit standen auf den Kongressen der CIAM im ständigen Austausch miteinander und propagierten auf internationaler Ebene einen gemeinschaftlich entwickelten funktionalen Wohn- und Städtebau. Viele stilistische Umbrüche und Entwicklungsfortschritte fanden in dieser Phase in der Wohnhausarchitektur statt. Die richtungsweisenden Architekten der ersten Generation (Frank Lloyd Wright, Le Corbusier, Walter Gropius und Mies van der Rohe u.a.) wie auch die nachfolgende Generation (Richard Neutra, Hans Scharoun, Marcel Breuer und Oscar Niemeyer) bildeten ihr eigenes Baukastensystem. Auf dieser Grundlage konnten sie Gebäude individuell zusammensetzen. Domnick und Stohrer profitierten von diesem Expertenaustausch. Beide konnten sich dadurch fundiertes Wissen über die neusten Bautechniken und Gestaltungselemente aneignen.
Einzelbeispiele geben einen Überblick über die Baugeschichte und die architektonische Entwicklung der Wohnhausarchitektur. Mitte des 20. Jahrhunderts mit kontinuierlichem Wohlstand, neuen Baustoffen und kostengünstigen Bautechniken und -maschinen konnte verstärkt auf wachsende Ansprüche, die an ein Eigenheim gestellt wurden, eingegangen werden. Ebenerdige Wohnhäuser mit direktem Zugang zum Garten entwickelten sich zum favorisierten Bautyp. Speziell der Bungalow avancierte zur bevorzugten Hausform. Im Fokus stehen dabei Materialität,[448] Konstruktion, Typologie sowie der Bezug zur Natur. Zudem ist zwischen Bungalow und Pavillon zu unterscheiden und die Pavillonisierung des Bungalows zu erläutern. Anhand von exemplarischen

Gebäuden wurden die Anforderungen und Merkmale eines (pavillonisierten) Bungalows und Pavillons zusammengetragen. Die Gegenüberstellung mit der baulichen Gestaltung des Hauses Domnick kristallisierte Gemeinsamkeiten und Unterschiede heraus. Berührungspunkte sind die ebenerdige Ausführung eines Einfamilienhauses mit Bezügen zur umliegenden Landschaft, ein markant abgesetztes Flachdach sowie die fließende Innenraumgestaltung, die klare Trennung von Wohn- und Schlafräumen und die maßstäblich angepassten Raumgrößen. Wesentliche Charakteristika eines Bungalows wie die Innen- und Außenraumverbindung werden am Haus Domnick nur beschränkt umgesetzt. Der quadratische Baukörper ist fast zu allen Seiten verschlossen. Die Lichthöfe, die architektonische Einbindung der Terrassen und die Öffnung nach Süden ermöglichen eine partielle Innen- und Außenraum-Verbindung und eine Raumerweiterung. Für die typische Dualität der Straßen- und Gartenansicht eines Bungalowbaus wäre eine großzügige Verglasung entlang der gesamten Südseite zur Schwäbischen Alb notwendig gewesen. Zu berücksichtigen ist, dass das Gebäude früher mit Weinranken bewachsen war, wodurch es für den Betrachter unscheinbar in der Landschaft lag. Die Symbiose von Architektur und Natur äußerte sich folglich durch die gedrungene und bewachsene Gestaltung. Auf Grundlage der gewonnenen Ergebnisse lässt sich das Haus Domnick der Kategorie eines geschlossenen Wohnhofbungalows zuordnen.

Die Übernahme grundlegender Motive der modernen Architektur ist auffällig. Der Verzicht auf repräsentative Details, die Verwendung industriell gefertigter Baustoffe, kubistische Elemente sowie das Prinzip Le Corbusiers plan libre und das Konzept der fließenden Räume sind Phänomene, die auch international bei diversen Bautypen wie Museen oder Theatern, Verwaltungsgebäuden usw. erscheinen. Bereits die museologische Kontextualisierung ordnet den Aufbau des Wohn- und Sammlungshauses innerhalb der modernen Museumsarchitektur ein. Die architektonische Veränderung und Entwicklung des Wohnhauses weisen analoge Strukturen auf. Aufgrund dessen ist die Architektur des Hauses Domnick ein Konstrukt des allgemeingültigen, neu aufgekommenen modernen Stils.

Der Grundriss der Wohnung Domnicks entspricht, für sich betrachtet, ebenfalls der Vorstellung des fließenden Raumprogramms. Die Ausrichtung der Räumlichkeiten nach Himmelsrichtungen ist eine geläufige Methode der Grundrissgestaltung. Sie sind maßstäblich angepasst und über Niveauunterschiede sowie Barrieren aus Einbaumöbeln voneinander getrennt. Unüblich ist die nicht vorhandene Öffnung des Wohnraumes infolge fehlender vollverglaster Fronten in Richtung Natur.

Zuletzt folgt die Konkretisierung des Zeitgeistes der Wohnhausarchitektur des 20. Jahrhunderts mit angesehenen Architekten, deren individuelle Entwicklungswege die modernen Stilformen entstehen ließen. Aus der Ablehnung des Historismus Anfang des 20. Jahrhunderts entwickelten sich progressive Gestaltungsprinzipien. Funktionalismus und Rationalismus waren neue Kerngedanken des sich etablierenden International Style. Organisches Bauen, kubische Baukörper, asymmetrische Gruppierungen, klare, einfache und geometrische runde Formen sind wesentliche Bestandteile der Modernen. An den Fallbeispielen lassen sich viele dieser nachhaltig prägenden Merkmale nachweisen, die die Formensprache der 1950er und 1960er Jahre beeinflussten sowie auch Stohrers architektonische Arbeit nachhaltig inspirierten.

Die Vorstellung der einzelnen Bauwerke mit ihren jeweiligen beeindruckenden, typischen Spezifika belegen die analoge Entwicklung des Neuen Bauens, die stilistischen Überschneidungen und gleichartige Umsetzung sowie den Einfluss von Le Corbusiers, Mies van der Rohes, Frank Lloyd Wrights und Walter Gropius. Diese sind in Stohrers Architektur offenkundig und in seinem Œuvre an einigen seiner Bauwerke wiederzuerkennen. Rückschlüsse auf das Haus Domnick sind partiell vorzufinden. Speziell können Marcel Breuer und Hans Scharoun als maßgebliche Inspirationsquellen genannt werden. Insbesondere die Architektur und Ausstattung des Hauses Harnischmacher weisen innen wie außen übereinstimmende Merkmale auf. Die Funktionstrennung und Raumverteilung erinnern jedoch an die organische Verzahnungsmethode Scharouns. Allerdings muss das Haus Domnick im Gesamtkontext der Moderne betrachtet werden. Es vereint viele individuelle Lösungen in sich, die sich teilweise auch synchron entwickelt haben.

Zusammengefasst ist das Haus Domnick ein Wohnhofbungalow aus Beton mit zeitprägenden Stilmerkmalen und Gestaltungsvorgaben unter Rücksichtnahme seiner Doppelfunktion.

8 Einordnung in den Architekturstil der 1950er und 1960er Jahre

„Die neue Architektur öffnet ihre Wände wie Vorhänge und lässt Luft und Licht und Sonnenschein ins Haus. Statt die Gebäude im Grund massiv zu verankern, stellt sie die Häuser leicht, doch standfest auf den Erdboden. Stilimitation oder oberflächliche Ornamentik sind ihr fremd, aber sie erstrebt organische Einheit, deren scharf abgezeichneten Teile sich zur künstlerischen Gesamtform verschmelzen. So gibt sie gleichzeitig unseren materiellen und psychologischen Bedürfnissen Befriedigung. […] räumliche Harmonie, Ruhe, edle Proportionen. Wir haben genug von der willkürlichen Nachahmung historischer Stile. […] wir (haben) gelernt, das Leben unserer Epoche in reinen, vereinfachten Formen auszudrücken."[449]

Der Beginn der Moderne, die sich aus kulturellen, politischen und technischen Wandlungen entwickelte, ist schwer zu fixieren. Die Architektur des Klassizismus als kultureller Wegbereiter, die Stadtentwicklung als territoriale Veränderung sowie der technische Fortschritt im Ingenieurbau mit Dampfmaschinen und der Eisenskelettbauweise sind wesentliche Umbrüche im 18. Jahrhundert, die die Moderne eingeleitet haben.[450] Der Begriff „Moderne" ist ebenso wie ihr Entstehungszeitpunkt umstritten. Sie fasst generell alle künstlerischen Entwicklungen seit dem Impressionismus zusammen. Ab 1905 bis zum Ausbruch des Zweiten Weltkrieges gehören die Stilrichtungen vom Expressionismus bis zum Surrealismus zur „Klassischen Moderne". Die Fachliteratur lässt die Epoche der Modernen zumeist um die 1920er Jahre mit der Errichtung von Gebäuden wie die Villa Savoye von Le Corbusier oder dem Dessauer Bauhaus von Walter Gropius beginnen.[451] Die Architektur besinnt sich, konträr zu den Stilformen des 19. Jahrhunderts, zurück auf einfache geometrische Grundformen und den Verzicht auf jeglichen Bauschmuck und Ornamente. Künstler sahen die Moderne als bauliche Erfüllung sozialer Hoffnung. Hieraus entwickelten sich diverse avantgardistische Stilrichtungen und Kunstbewegungen wie der Kubismus, Purismus, Funktionalismus, Expressionismus, das Bauhaus und der International Style. Während des Zweiten Weltkrieges bis in die 1950er Jahre pausierten diese Tendenzen.[452]

Die Jahre nach 1952 bis Mitte der 1960er sind bekannt als Wirtschaftswunderjahre. Das Bruttosozialprodukt verdoppelte sich und damit ging gleichzeitig allgemeiner Wohlstand einher. Obwohl sich die Bauindustrie positiv entwickelte, kam es zu keinen neuen Stilrichtungen. Die kriegszerstörten Städte ermöglichten die Umsetzung der architektonischen Thesen der CIAM (Congrès Internationaux d'Architecture Moderne, 1928), die auf Le Cor-

---

449 Wingler 1965, S. 18.
450 Vgl. Frampton ²2007, S. 8, 12–36.
451 Die Frage nach dem Ursprung der Modernen wird in dieser Arbeit nicht thematisiert. Vgl. u.a. Klotz 1984. – Durth 1986. – Joedicke 1990. – Frampton ²2007.
452 Vgl. Kapner 1980, S. 400. – Schönecker 2016, S. 8–10.

busiers 1933 veröffentlicher Charta von Athen basieren. Anhand dieser Thesen begannen die Planung und Gliederung „funktionaler Städte" in Quartiere und ihre Nutzungszonen.[453] Bauwerke der 1960er Jahre wurden vielfach aufgrund der schwierigen Beurteilung, ob das Bauwerk denkmalwert wäre, abgerissen oder entstellt.[454] Die industrielle Fertigteilästhetik, die eine einfache, günstige und verkürzte Bauzeit ermöglichte, war der Nährboden für neue Architekturströmungen wie den holländischen Strukturalismus und den englischen „New Brutalism". Sie sind seit den 1960er Jahren fest etabliert.[455]

Die architektonischen Besonderheiten des Wohn- und Sammlungshauses in Nürtingen können auf diese Stilströmungen zurückgeführt werden. Um den Einfluss des Strukturalismus und Brutalismus auf die künstlerische Umsetzung im Haus Domnick nachzuvollziehen, werden die Stile, ihre Entwicklung und Verbreitung sowie bedeutende Pionierbauten zunächst theoretisch betrachtet. Daran schließen sich eine Detailbetrachtung der am Bau erkennbaren Architekturmotive dieser Kunstbewegungen sowie die Suche nach architektonischen Impulsen an. Zuletzt wird Klaus Jan Philipps These, das Haus Domnick stehe im Kontext der Festungsarchitektur, untersucht.

8.1 DIE ARCHITEKTUR NACH 1945

Obwohl Stohrer nicht als Brutalist oder Strukturalist charakterisiert werden kann, finden sich Merkmale der beiden Architekturströmungen am Haus Domnick wieder. Der planmäßige Grundriss mit seiner strengen Beibehaltung des quadratischen Systems und die Offenlegung der Struktur mittels der Betonträger des aus Sichtbeton erbauten Hauses Domnick, basiert auf Grundlagen der strukturalistischen und brutalistischen Stilströmung der 1960er Jahre. Um diese Erkennungszeichen verständlicher und ausführlicher darzulegen, folgen zunächst Erläuterungen, die die Grundlagen und Eigenschaften der beiden nachkriegszeitlichen Stile vorstellen.

Mit der Abkehr vom funktionellen Städtebau der 1930er Jahre entwickelten sich Ende der 1950er Jahre international die architektonischen Stilrichtungen des Strukturalismus und Brutalismus, deren Ursprung in den funktionalistischen Strukturen der Klassischen Moderne lag. Beide Stile prägten gleichsam die Architektur der 1960er und 1970er Jahre. Ihre gemeinsamen Denkansätze erlaubten Bauwerke teilweise als strukturalistisch oder brutalistisch einzustufen.[456]

Initiator dieser neuen Stilströmungen war die Architektengruppe „Team X", bestehend aus Vertretern der jüngeren Generation wie Alison und Peter Smithsons, Aldo van Eyck, Jacob Bakema, Georges Candilis, John Voelcker sowie William und Jill Howell. Die Mitglieder setzten sich kritisch mit den Defiziten der klassischen Moderne und den städtebaulichen Theorien Le Corbusiers auseinander. Die Einteilung einer Stadt in vier Zonen – Wohnen, Arbeiten, Freizeit und Verkehr – war für sie nicht mehr zeitgemäß. Erklärtes Ziel war es nun, die funktionelle Stadt zu einer sozialen Stadt zu entwickeln und viele Wohnungen auf mehreren Ebenen auf einem kleinen Grundstück zu bauen. Auf ein alleinstehendes Bauwerk bedeutet das, die Suche

„nach das menschliche Leben bestimmenden Strukturen, die die Primärform ihrer Bauten generierten; die aber – auf einer zweiten Ebene – genügend Raum für individuelle Bedürfnisse sowie Veränderungen und Wachstum im Laufe der Zeit offen lassen."[457]

Strukturalismus

Die neue Architektur des Strukturalismus ist vor allem in Europa, Japan, den USA und Kanada vertreten und basiert auf den Ideen aus den Bereichen Kunst, Linguistik, Ethnologie, Anthropologie und Philosophie.[458]

Die Begriffe „Struktur" und „Strukturalismus" wurden Mitte der 1960er Jahre erstmals in Zusammenhang mit der Ausstellung „Structuren" an der Kunstakademie für Architektur in Amsterdam von Piet Blom, einem Schüler Aldo van Eycks, verwendet.

Eine ausführliche Begriffsdefinition stammt vom japanischen Architekten Kenzo Tange aus dem Jahr 1966. Er beschrieb den Strukturalismus als Prozess der Gliederung, wodurch die funktionellen Einheiten verbunden wurden

---

453 Vgl. Giebeler 2008, S. 172 f.
454 Vgl. Buttlar 2007, S. 14 f. Zur Architekturentwicklung ab Mitte des 20. Jahrhunderts vgl. Siegel 1960. – Pehnt 1970. – Durth 1987. – Lange 2003. – Pehnt 2005. – Frampton ²2007. – Kastroff-Viehmann 2010. – Philipp 2013. – Stalder 2017.
455 Vgl. Hillmann 2007, S. 80 f.
456 Vgl. Joedicke 1990, S. 140.
457 Beckel 2002, S. 7.
458 Zum Strukturalismus vgl. Lüchinger 1976. – Lüchinger 1981. – Joedicke 1990, S, 140–161. – Dreyer 2012, S. 37–41. – Denkinger 2019, S. 126–265. – Döllinger 2019. – Volberg 2019, S. 34.

Abb. 135 Kenzo Tange, Präfekturgebäude, Tokio, 1945; Ansicht.

unter der strukturellen Berücksichtigung der gegenseitigen Beziehung der Elemente in Raum und Zeit. Demnach müssen Räume nicht nur nach ihrer Funktion, sondern auch nach ihrer Struktur belegt werden. Das verbindende Glied ist zwar die visuelle Kommunikation, erzeugt durch Festpunkte sowie Verbindungswege.[459] Meistens überspannt ein einfaches geometrisches Raster die Anlage, die von regelmäßigen Anordnungen des Leitmotivs und klaren Kommunikationswegen gekennzeichnet ist.[460] Somit verleiht beispielsweise ein planmäßiges Verkehrssystem den an der Straße stehenden Bauwerken wie der Rastergrundriss im Haus Domnick Struktur.

Zwei Beispiele von Tange, das Präfekturgebäude in Takamatsu (Abb. 135) von 1945 und das 1964/67 erbaute Pressezentrum in Kōfu (Abb. 136), visualisieren das beschriebene Kommunikationssystem.[461] Beim Präfekturgebäude übernimmt der Treppenaufgang den vertikal verlaufenden Kommunikationsweg innerhalb des Gebäudes.[462] Beim Pressezentrum ermöglichen die ebenfalls vertikal angeordneten Trag-, Erschließungs- und Versorgungsstränge gleichzeitig eine horizontale Raumausdehnung. Zudem ist das Gebäude ausbaufähig, wodurch wesentliche Aspekte des Metabolismus erfüllt werden.[463] Als erster Vertreter des Strukturalismus gilt der nieder-

---

459 Demnach bestimmt das Kommunikationsnetz die architektonische und städtebauliche Form. Vgl. Tange 1966. – Lüchinger 1981, S. 48–52. – Joedicke 1990, S. 140 f. – Hecker 2007, S. 30–31.
460 Vgl. Lüchinger 1976, S. 8 f.
461 Vgl. Wieschemann/Gatz 1968, S. 94 f. – Tange/Kultermann 1978, S. 58–62, 78–81.
462 Vgl. O.N. 1960, S. 11–17.
463 Die Architektur des japanischen Metabolismus ist verwandt mit dem Strukturalismus. Wesentliche Kriterien sind Wachstum und Veränderung. Vgl. Beckel 2002. – Gleiter 2017.

Abb. 136 Kenzo Tange, Pressezentrum, Kōfu, 1964–67; Ansicht.

ländische Architekt Aldo van Eyck. Sein bekanntestes Bauwerk, das Waisenhaus in Amsterdam (1958/60), markiert den Anfang dieser Strömung (Abb. 137).[464] Der Gebäudekomplex, bestehend aus Häusern, Gängen und Plätzen, hat einen gleichförmigen Rhythmus und visualisiert seine Vorstellung, ein Haus sei eine kleine Stadt und eine Stadt ein großes Haus.[465] Innerhalb der lebendigen Architektur entstanden gleichartige Raumsituationen, die ein harmonisches Zusammenleben für viele Kinder erlaubten. Die Vogelperspektive macht die aus kleinen und großen Modulen gebildete „große" Struktur, geordnet durch ein Quadratraster, erkennbar. Die Vielfalt erzeugt ein komplexes Muster innerhalb des geordneten Rasters und erzeugt Einheit. Acht zweigeschossige Pavillons liegen auf zwei sich kreuzenden Diagonalen, die als Binnenstraßen für die Kommunikation dienen. Die eingeschossigen Nebengebäude haben eine kleinere Grundfläche und gruppieren sich jeweils um einen Innenhof. Orthogonal angeordnete Korridore verbinden die Innenhöfe miteinander. Ein großer zentraler Platz verbindet das gemeinschaftliche Leben.

Im Norden befindet sich der zweigeschossige Verwaltungstrakt mit Personalräumen und Bibliothek. Wie ein Riegel verknüpft er die diagonalen Pavillonketten. Das strenge Raster des Gebäudekomplexes wird durch groß-

---

464 Zu Aldo van Eyck und dem Waisenhaus vgl. O.N. 1962b. – Klotz 1984, S. 113–118. – Lüchinger 1999. – Graf/Herfst/Fischer 2018. – Noell 2018.

465 Vgl. O.N. 1962b, S. 16.

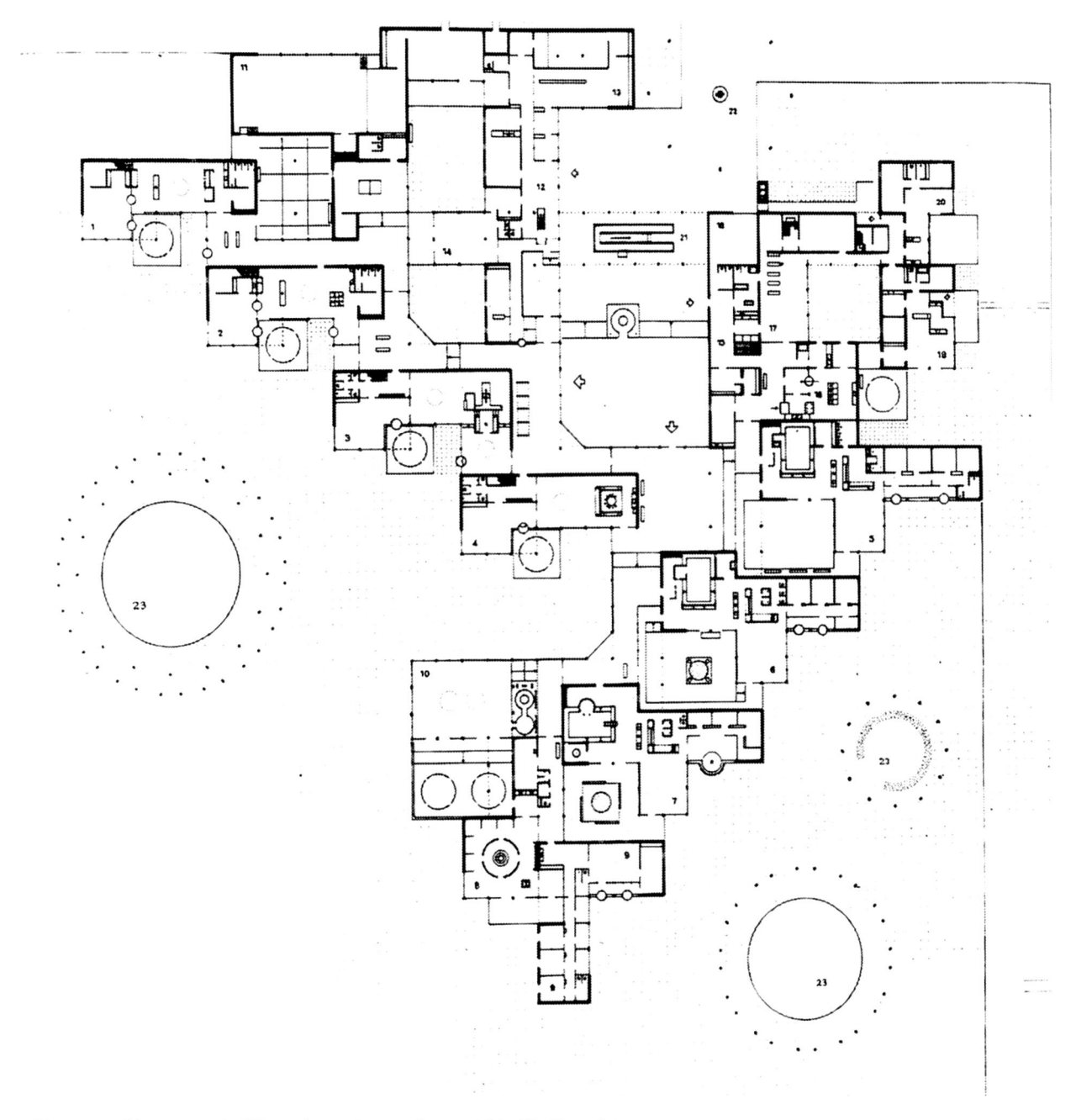

Abb. 137 Aldo van Eyck, Waisenhaus, Amsterdam, 1958–60; Grundriss.

zügige Verglasungen, Materialwechsel, Terrassen und Innenhöfe aufgebrochen. Gleichzeitig entsteht eine Wechselwirkung von Innen- und Außenraum. Dem geometrischen System der quadratischen und rechteckigen Einzelbauten steht ein passendes räumliches Konzept von Einheit und Vielfalt durch die kreisförmigen Kuppeln gegenüber. Nach Team X betont der Kreis den Übergangsbereich von innen und außen.[466] Van Eyck sagte selbst über das Bauwerk:

„Der Entwurf stellt den Versuch dar, die Vorteile der zentralisierten Anordnung mit denen der dezentralisierten zu vereinigen und die Nachteile beider zu vermeiden. Es versteht sich, dass dieses sehr viel mit meiner Absicht zu tun hat, dem Doppelphänomen des Individuellen und Kollektiven einen Platz zu bereiten, ohne dass die Eigenart von beiden verlorenginge. Aus diesem Grund wurde der Ver-

---

466 Vgl. Curtis 1987, S. 209. – Noell 2018, S. 222–226.

467 Newman 1961, S. 33–37.

such gemacht, Einheit und Vielfalt architektonisch zu versöhnen. Um es einfach zu sagen: Ich halte es für ein fundamentales Prinzip sowohl der Architektur wie auch des Städtebaus im allgemeinen, dass man einer Realität grundsätzlich am nächsten kommt, wenn man nach der Doppelrealität strebt, in die sie künstlich aufgeteilt wurde."[467]

Die Zwillingsphänomene Individuum-Gemeinschaft, Teil-Ganzheit, innen-außen, viel-wenig, groß-klein, Bewegung-Ruhe usw. sind Kernpunkte der Architekturauffassung. Die aufgelöste, undifferenzierte Großform, gebildet durch die vorangegangene Einteilung der Kleinform, ist der Ausgangspunkt. Auf diese Weise bilden die Bauten und Freiräume ein einheitliches System und erhalten eine „Labyrinthische Klarheit". Weitere stilistische Kriterien sind Wachstum, Zusammenhang und Veränderung. Struktur und Form müssen so geschaffen sein, dass sie anpassungsfähig sind und ein Gefüge der Einzelteile beibehalten.[468]

Ein entscheidendes Doppelphänomen für die Architektur und den Grundriss des Kinderheimes ist die Anordnung unter den Leitlinien der „labyrinthian clarity" und der „cabash organiée". Das beschriebene Chaos wird durch ein Raster organisiert. Das erzeugte Cluster aus den kleinen Pavillons und Innenhöfen erinnert an frühe Bilder Mondrians oder durch die arabisch inspirierten Kuppeln an nordafrikanische Dörfer.[469] Auf das Haus Domnick angewendet, kann der Grundriss ebenfalls als ein Raumcluster betrachtet werden, das sich zellenartig zu einem Ganzen zusammensetzt.

Anhand Eycks Beispiel lassen sich die wichtigsten Merkmale des Strukturalismus festhalten. Diese sind eine klare Grundstruktur, deren Form und Konstruktion ablesbar sind und die Veränderungen und Erweiterungen zulässt, ohne den Zusammenhang zu verlieren. Beachtet werden muss ebenso die Anti-Amorphität der Baumasse, die der willkürlichen Errichtung von Bauwerken im städtebaulichen Konzept entgegenwirkt.[470] Darüber hinaus sind polyvalente Formen, die eine individuelle Interpretation ermöglichen, wünschenswert. Daran knüpft der Begriff der Identität, der im Sinne von „Individualität" oder „Ganzheit" verstanden wird, an. Jeder Bewohner soll die Freiheit genießen, sich selbst einrichten zu können unter einer vom Architekten vorgegeben Strukturform, die die maßgeblichen Erkennungszeichen vorgibt. Aldo van Eyck führte hierzu auf, dass ohne ein Erkennungszeichen ein Haus – kein Haus, eine Straße – keine Straße, ein Dorf – kein Dorf und eine Stadt – keine Stadt werden kann.[471] Erstrebenswert ist es, das Gefühl zu vermitteln, ein bestimmter Jemand an einem bestimmten Ort zu sein. Gestalt und Formcharakter erhalten die Formidentität trotz Veränderungen.[472]

Allerdings sollte der Strukturalismus aufgrund seiner vielfältigen Kriterien nicht als ein eigenständiger Stil, sondern als eine Methode innerhalb der Architektur betrachtet werden.[473]

Mehrere dieser Kennzeichen des Strukturalismus lassen sich auf das Haus Domnick übertragen. Darunter die klare Grundstruktur, die durch die Betonung der Betonträger allgegenwärtig ist, die Fähigkeit der Veränderung und Erweiterung der Bausubstanz sowie die Gestaltlosigkeit der Baumasse.

Brutalismus

Die Architekturlandschaft des 20. Jahrhunderts ist durch die kostengünstige und zügige Fertigteilbauweise von brutalistischen Betonbauwerken geprägt. Der Begriff „Brutalismus" leitet sich vom französischen „béton brut" ab. Damit wird die Verwendung von Beton in seiner rohen Bauform bezeichnet. Angestrebt wird die Sichtbarmachung des Materials und der Schalungs- und Herstellungsprozesse sowie die Offenlegung der Konstruktion. Auf diese Weise werden Innen- und Außenwände in ihrem unbearbeiteten Zustand belassen und erhalten eine Struktur.

Ab den 1950er Jahren verbreitete sich der Brutalismus unter dem Namen New Brutalism weltweit.[474] Die Herkunft und Bedeutung des Begriffs „New Brutalism" ist umstritten. Reyner Banham, Vertreter der Independent Group, veröffentlichte 1955 den ersten Artikel über den „New Brutalism". Er definiert die brutalistische Stilbewegung in drei Attribute: 1. Der Erinnerbarkeit als ‚Image', 2. der Sichtbarkeit der Konstruktion und 3. eine Hochschätzung der Materialien ‚as found'.[475] „As found" bezieht sich auf die Herstellungsweise und die

---

468 Vgl. Lüchinger 1981, S. 40–42.
469 Vgl. Curtis 1987, S. 347.
470 Vgl. Lüchinger 1981, S. 42.
471 Zit. nach Lüchinger 1981, S. 60.
472 Vgl. Lüchinger 1981, S. 58–60.
473 Vgl. Denkinger 2019, S. 140 f.

474 Zum Brutalismus vgl. Pehnt 1960. – Joedicke 1964. – Banham 1966. – Gutzmer 2012. – Busse 2014. – Henley 2017. – Elser 2019. – Denkinger 2019, S. 50–125. – Volberg 2019, S. 31–34. – Elser 2020.
475 Vgl. Banham 1955, S. 355.

Kornzusammensetzung, um einen möglichst rauen, körnigen Beton zu erhalten. Ziegelsteine wurden ebenfalls unter dem Aspekt ihrer Rauigkeit ausgewählt. Die Smithsons benutzten ironisch die französische Formulierung béton brut, um eine Ethik zu beschreiben. Ihre Theorie hinterfragte weniger Form und Baustoff als die Begriffe Verantwortung, Wahrheit, Objektivität, Material- und Konstruktionsgerechtigkeit, Ablesbar- und Erkennbarkeit sowie Image. Diese zielen ab auf die Verantwortung eines Bauwerks gegenüber der Gesellschaft und der städtischen Struktur, der Herstellungsweise, der natürlichen Verarbeitung der Materialien, der erkennbaren Konstruktion und der ablesbaren Wahl der Baustoffe. Der wichtigste Begriff ist „image", der die einprägsame Bildhaftigkeit und die erinnerungswürdige Gestalt eines Gebäudes fordert.[476] Darüber hinaus wird ein Sichtbarmachen der Massivität des Materials angestrebt.

Unterschieden wird zwischen zwei Phasen des Brutalismus: dem New Brutalism, der aus der Diskussion der 1950er Jahre in England rund um die Smithsons entstand und dem sich anschließenden internationalen Brutalismus. Die Vorlaufphase sowie parallele Entwicklungen werden getrennt davon betrachtet.[477]

Demnach beruft sich der Stil auf Le Corbusiers béton brut und den Massenwohnungsbau, der Unité d'Habitation in Marseille (1947/53).[478] Die Gestaltung des Gebäudes beruhte auf der langjährigen Beschäftigung des Architekten mit kollektiven Wohnräumen. Der unbehandelte Stahlbeton wurde für ihn zum Präzisionsbaustoff des Maschinenzeitalters und wurde von einer ganzen Generation „Brutalisten", darunter die Architekten des Team X, aufgenommen. Die sogenannte „Wohnmaschine" war seinerzeit umstritten und ist es heute noch. Franzosen nannten sie „maison du fada" (das Irrenhaus).[479]

Der sichtbare Beton als neues Gestaltungselement Le Corbusiers, die massiven Formen sowie die strukturierten und gekurvten Fassaden wurden typisch für das englische Architektenpaar Alison und Peter Smithson und prägten den New Brutalism.[480] In ihrem 1953 veröffentlichen Artikel „Architectural Review" forderten sie die Erneuerung und Anpassung der Grundsätze der klassischen Moderne.[481]

Sie waren davon überzeugt,

> „dass der New Brutalism zu diesem Zeitpunkt die einzig mögliche Weiterentwicklung der Moderne darstellt, entstammt nicht nur dem Wissen, dass Le Corbusier (seit dem béton brut Habitation) ihn vertritt, sondern der Tatsache, dass im Grunde beide die der japanischen Architektur zugrunde liegende Idee, ihre Prinzipien und ihren Geist als Maßstab benutzt haben. Die japanische Architektur verführte die Generation von 1900 und bewirkte bei Frank Lloyd Wright den offenen Grundriss und eine seltsame Art konstruierter Dekoration; bei Le Corbusier die puristische Ästhetik – verschiebbare Zwischenwände, kontinuierlichen Raum, die Kraft des Weiß und der Erdfarben; bei Mies das konstruktive Skelett und die Wandausfachung als Absolutum. [...] Das Neue des New Brutalism gegenüber anderen Richtungen ist, dass er seine enge Verbindung nicht zu vergangenen Architekturstilen, sondern zu bäuerlichen Wohnformen findet. Er hat nichts mit Handwerk zu tun. Wir betrachten die Architektur als unmittelbares Ergebnis einer Lebensweise. [...]."[482]

Typische Bauten und Projekte der Smithsons im New Brutalism sind die Hunstanton Schule (1949/54), die Wohnhäuser für die Arbeitersiedlung der Golden Lande in London (1952) und die Sheffield Universität (1953). Die Hunstanton Schule zeigt in ihrer formalen Klarheit, der nahezu vollständigen Verglasung der Gebäudetrakte und der Beibehaltung der symmetrischen Fassadengestaltung deutliche Merkmale Mies van der Rohes Formensprache.[483] Federführend waren seine Gebäude für das Illinois Institute of Technology in Chicago (1938/56), die aufgrund ihrer symmetrischen Stahlkonstruktion und der offenen Darlegung der Technik, der Montage und Funktion als Frühwerke des Brutalis-

---

476 Vgl. Banham 1966, S. 62–67. – Joedicke 1964, S. 421. – Joedicke 1990, S. 82–84.
477 Vgl. Joedicke 1964, S. 421. – Joedicke 1990, S. 82 f.
478 Zur Unité d'Habitation als erstes Bauwerk des Strukturalismus und Brutalismus vgl. Banham 1966, S. 16 f. – Curtis 1987, S. 284–288. – Beckel 2002.
479 Vgl. Banham 1966, S. 16 f. – Curtis 1987, S. 284–289. – Joedicke 1990, S. 84.
480 Zu Team X und Alison und Peter Smithson vgl. Frampton ²2007, S. 223–237. – Stalder 2017.
481 Vgl. Banham 1955, S. 356. – Banham 1966, S. 73 f. – Joedicke 1990, S. 82 f. – Busse 2014, S. 84 f.
482 Cowburn 1957, zit. nach Banham 1966, S. 45 f.
483 Vgl. Banham 1955, S. 358–361. – Banham 1966, S. 17 f. – Frampton ²2007, S. 226 f.

Abb. 138 Le Corbusier, Maison Jaoul, Paris, 1954–56; Ansicht.

ling und James Growan, die zusammen die Wohnhäuser in Ham Common bei London entwarfen. Wasserspeier und Betonträger geben dem Wandaufbau aus Ziegelsteinen mit dazwischenliegenden Stahlbetonstreifen die Struktur.[484] Stilistisch orientierten sich die Architekten an Le Corbusiers Maison Jaoul in Paris (1954/56).[485] Die zwei Vorstadthäuser teilen sich einen gemeinsamen Sockel. Die schichtweise Anordnung der Fassade wird durch das rohe Ziegelmauerwerk mit den dazwischen liegenden Betonstreifen der Deckenplatten charakterisiert (Abb. 138). Im Inneren führten sie nach Le Corbusier katalanische Gewölbe aus, die von den durchgehenden Betonträgern gehalten werden. Die Zurschaustellung und Betonung des Baumaterials entsprechen brutalistischen Merkmalen. In Anlehnung an die Wohnhäuser entstanden weitere Bauwerke wie die Studentensiedlung in New Haven (1960/62) von Paul Rudolph (Abb. 139). In Deutschland gelten die frühen Bauwerke (1953/55) Oswald Mathias Ungers als die ersten Vertreter des New Brutalism. Die aus Beton und Backstein kombinierten Häuser mit ihren Rasterfassaden ähneln Le Corbusiers Jaoul Häusern und Alvar Aaltos Rathaus in Säynätsalo (1949/52).[486] Das globale Wirken Le Corbusiers wirkte sich bis nach Japan aus. Hier verbreitete sich der Stil des Brutalismus, auf dem die japanische Strömung des Metabolismus beruhte.[487] Ein ästhetisches Ausdrucksmerkmal dieser Architektur ist beispielsweise die hervorgehobene Trennung von Tragstruktur und raumbegrenzenden Elementen. Das vielfach von Stohrer verwendete Stützen-Balken-System kann auf diese moderne Baugestaltung zurückgeführt werden.[488]

mus gelten. Dagegen stellen die scheibenförmigen Wohnhäuser mit hochgelegten Fußgängerdecks der Arbeitersiedlung Golden Lane eine Neuinterpretation Le Corbusiers béton brut dar.

Um 1958 wurde vom internationalen Brutalismus gesprochen, der seit den 1960er Jahren eine anerkannte Stilrichtung war. Abhängig von der nationalen und regionalen Interpretation sowie den jeweiligen Architekten ergaben sich individuelle Auffassungen des Brutalismus. Hauptvertreter und Pioniere waren James Stir-

Die Zusammenarbeit des Team X endete 1962. Die von ihnen geforderten Innovationen fanden bis in die 1970er Jahre Berücksichtigung.

Zur Verdeutlichung, inwieweit die beiden Stilströmungen sich auf das Haus Domnick ausgewirkt haben, werden in den nachfolgenden Kapiteln weitere Beispiele mit charakteristischen Merkmalen in Bezug auf das Wohn- und Sammlungshaus aufgeführt und erläutert, weshalb die Architektur unter dem Einfluss des Strukturalismus und Brutalismus steht. Darüber hinaus soll nach der Herkunft der hervorstehenden Betonträger gesucht werden.

Abb. 139 Paul Rudolph, Studentensiedlung, New Haven, 1960–62; Ansicht.

---

484 Vgl. Joedicke 1964, S. 421 f. – Stirling 1984. – Joedicke 1990, S. 90–92.
485 Die Jaoul-Häuser sind aufgrund der Gewölbe und den tragenden Wänden charakteristisch für Le Corbusiers Werk. Vgl. Banham 1966, S. 85. – Curtis 1987, S. 200.
486 Vgl. von Buttlar 2017, S. 65.
487 Die japanische Architekturströmung des Metabolismus.
488 Vgl. Grammel 2012, S. 132 f.

8.1.1 Die strukturierte Architektur am Haus Domnick

Beim Entwurf des Wohn- und Sammlungshauses stand die künftige Funktion „Wohnen, Sammeln und Verwalten" im Mittelpunkt aller Überlegungen. Skizzen vorangegangener Projekte sowie erste Baupläne für das Gelände in Nürtingen lassen die Absicht Domnicks erkennen, sein neues Domizil im Pavillon-Stil zu errichten (Abb. 12, 13, 14). Unter Beibehaltung der aneinander gefügten Sammlungsräume in Verbindung mit dem symbolischen Gehalt eines Quadrates als Grundform, ordnen sich die übrigen Bauaufgaben um den Hauptbereich an (Abb. 21).[489]

Darüber hinaus kennzeichnet das Haus Domnick die konsequente Beibehaltung des quadratischen Basismoduls.[490] Das übergeordnete Raster erzeugt Ordnung und Organisation und stellt sich dem räumlichen Chaos entgegen. Da die gebildete Einheit aus unterschiedlich komplexen Elementen besteht, wirkt das Muster diffus.

Abb. 140 Paul Stohrer, Haus Domnick, Nürtingen 1967, Nürtingen; Aufsicht auf Modell.

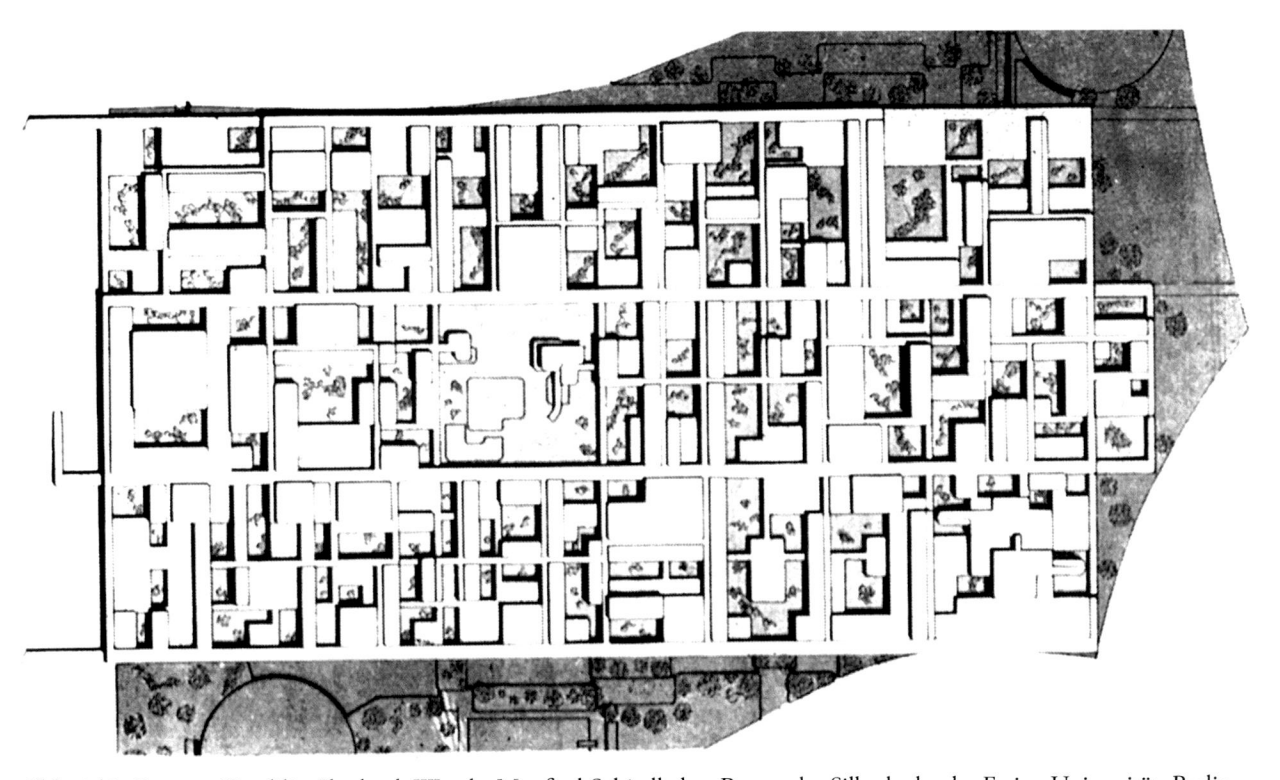

Abb. 141 Georges Candilis, Shadrach Woods, Manfred Schiedhelm, Rost- oder Silberlaube der Freien Universität, Berlin, 1967–72; Plan.

---

489 Der Prozess der Formfindung ist auf den Architekten und Architekturtheoretiker Christian Norberg Schulz zurückzuführen, der der Auffassung war, ein Architekt müsse zunächst die funktionale Struktur einer Bauaufgabe ermitteln und anschließend eine semantisch formale Struktur finden. Hierbei bedient sich der Architekt eines architektonischen Symbolsystems, das aus konventionellem Zeichen besteht. Für eine konkretere Erläuterung mit Beispielen vgl. Dreyer 2012, S. 41–46.

490 Die deutliche Betonung der Struktur als dominant übergeordnetes Element ist, nach dem Architekten und Architekturhistoriker Francis Strauven, unabdingbar für ein strukturalistisches Gebäude. Vgl. Denkinger 2019, S. 130 f.

Die große, offene Raumaufteilung ähnelt aus der Vogelperspektive einem Labyrinth, wodurch es an die Teppichbebauung anklingt (Abb. 140). Das Raster im Haus Domnick besteht aus verschieden großen Modulen. Als verbindendes Element bzw. als „Binnenstraße" dient die diagonale Kette der Sammlungsräume, an die kleine Wohneinheiten modulübergreifende und modulbegrenzende Innenräume angrenzen. Hieraus entsteht ein arrangiertes Cluster.

Die labyrinthische Teppichbebauung gilt als wichtigste architektonische Neuerung des 20. Jahrhunderts. Die Struktur beruht auf der Gliederung alter arabischer Städte, deren Häuser zu Innenhöfen hin ausgerichtet sind, die einzelne Gebäude in ein geschlossenes städtisches Ganzes integrieren und die auf architektonische Repräsentation verzichten.[491] Insbesondere der Bazar wurde zu einem Leitmotiv für die bauliche Gestaltung der sogenannten Rost- oder Silberlaube der Freien Universität Berlin, die 1963 von den Team X-Mitgliedern Georges Candilis und Shadrach Woods entworfen und 1967/72 erbaut wurde und ein Paradebeispiel für den Strukturalismus ist (Abb. 141).[492] Die netzartige Bebauung und scheinbar willkürliche Anordnung ermöglichte eine unbegrenzte Erweiterung des Gebäudes und erinnert an die Struktur des Hauses Domnick.

Woods und Candilis kamen in den 1950er Jahren in Paris noch mit den Ausläufern der École de Paris und den Lehrmeistern Le Corbusier, Marcel Lods und Jean Prouvé in Berührung. Der Einfluss zeigt sich am baulichen Konzept der Freien Universität Berlin, das Le Corbusiers fünf Punkte Postulat einer modernen Architektur, sein Modularsystem und das „Spiel der Füllung" berücksichtigt. Das Bestreben einer Erweiterungsmöglichkeit und der „promenade architcturale" entstammen Vorlagen ihrer Lehrmeister.[493]

Die teppichartige Grundrisskomposition der „Rostlaube" beruht auf einem quadratischen Raster aus parallel verlaufenden Hauptstraßen und individuell geführten Nebenstraßen. Dazwischen liegen die Räume für Forschung und Lehre, gruppiert um Innenhöfe. Das zweistöckige Bauwerk und dessen Stahlverbundkonstruktions-Fassade sind so entwickelt, dass es jederzeit in Höhe und Breite erweitert werden kann und ohne Aufzüge auskommt.

Im Haus Domnick werden durch die drei Ebenen und die unterschiedlich geschnittenen Räume mit eingestellten Wänden spannend verwinkelte Durchblicke erzeugt (Abb. 32, 40). Die stufenartige Struktur in Ergänzung mit den modulhaften Räumen und Innenhöfen und seitlich platzierten Treppen sowie den raumteilenden Innenwänden unterstützen den labyrinthartigen Charakter. Zusammen mit den Innenhöfen, um die sich die Räume anordnen und den Terrassen lehnt sich das räumliche Konzept an Aldo van Eycks Grundgedanken an, ein Haus als kleine Stadt und eine Stadt als ein großes Haus zu betrachten.[494]

Im Haus Domnick ist die gewünschte räumliche Flexibilität und Fähigkeit der Erweiterung im Sinne des Strukturalismus vergleichbar mit der Rostlaube. Das anfängliche Konzept des Tragwerks der Rostlaube stammte von Jean Prouvé. Seine leicht transportierbare und abbaubare Rohbaukonstruktion gestattete räumliche Wachstums- und Veränderungsmöglichkeiten sowie die Anpassungsfähigkeit des Wandsystems. Diese geforderte Flexibilität gewährte eine zwanglose Innenraumaufteilung. Lediglich die Hauptstraßen und geschossübergreifenden Hörsäle sind festgesetzte Bereiche. Das schließlich ausgeführte Tragwerkkonzept der Berliner Stahlbaufirma Krupp-Druckenmüller ist ein Verbund aus einer Stahlkonstruktion mit einer Betondeckenplatte. Kragarme, die in alle Richtungen verlaufen, erlauben eine stützenfreie Fassade, eine allgemeine Veränderbarkeit und Flexibilität unter Beibehaltung der maßgebenden Rasterstruktur. Entsprechend bleibt im Haus Domnick die Grundstruktur, trotz Verschiebung der Module, um ein bestimmtes Maß lesbar.

Die Außenfassaden und die Terrassenlandschaft auf dem Dach waren variantenreich gestaltet. Der verwendete Cor-Ten-Stahl korrodierte an der Luft und bildete eine feste Rostschicht als Schutzschicht.[495] Während die Südostfassade von einer ausgeprägten Horizontalität dominiert wird, ist die Struktur der Südwestfassade stark differenziert. Durch einen Versprung des Baukörpers und vorspringende Treppenhäuser ist die Ansicht sehr abwechslungsreich. Die unterschiedlich geschossigen Höfe und Dächer des Bauwerkes, verschiedene Aufbauten, Oberlichter und gläserne Treppenhausaufbauten verleihen dem Bauwerk Plastizität. Auf den Dachflächen wechseln sich Grünflächen und Pflasterungen ab.

---

491 Vgl. Sewing 2003, S. 76 f. – Frampton ²2007, S. 235.
492 Vgl. Joedicke 1990, S. 147 f. Zur Rostlaube vgl. Jaeger 1985, S. 67 f. – Tzonis 2005. – Kiem 2008.
493 Vgl. Curtis 1987, S. 185–199. – Kiem 2008, S. 99–103.
494 Eyck, zit. nach O.N. 1962b, S. 16.
495 Ein anderer Gebäudeteil wurde mit Aluminium verkleidet, weshalb die Rostlaube auch Silberlaube genannt wird.
496 Denkinger 2019, S. 200.

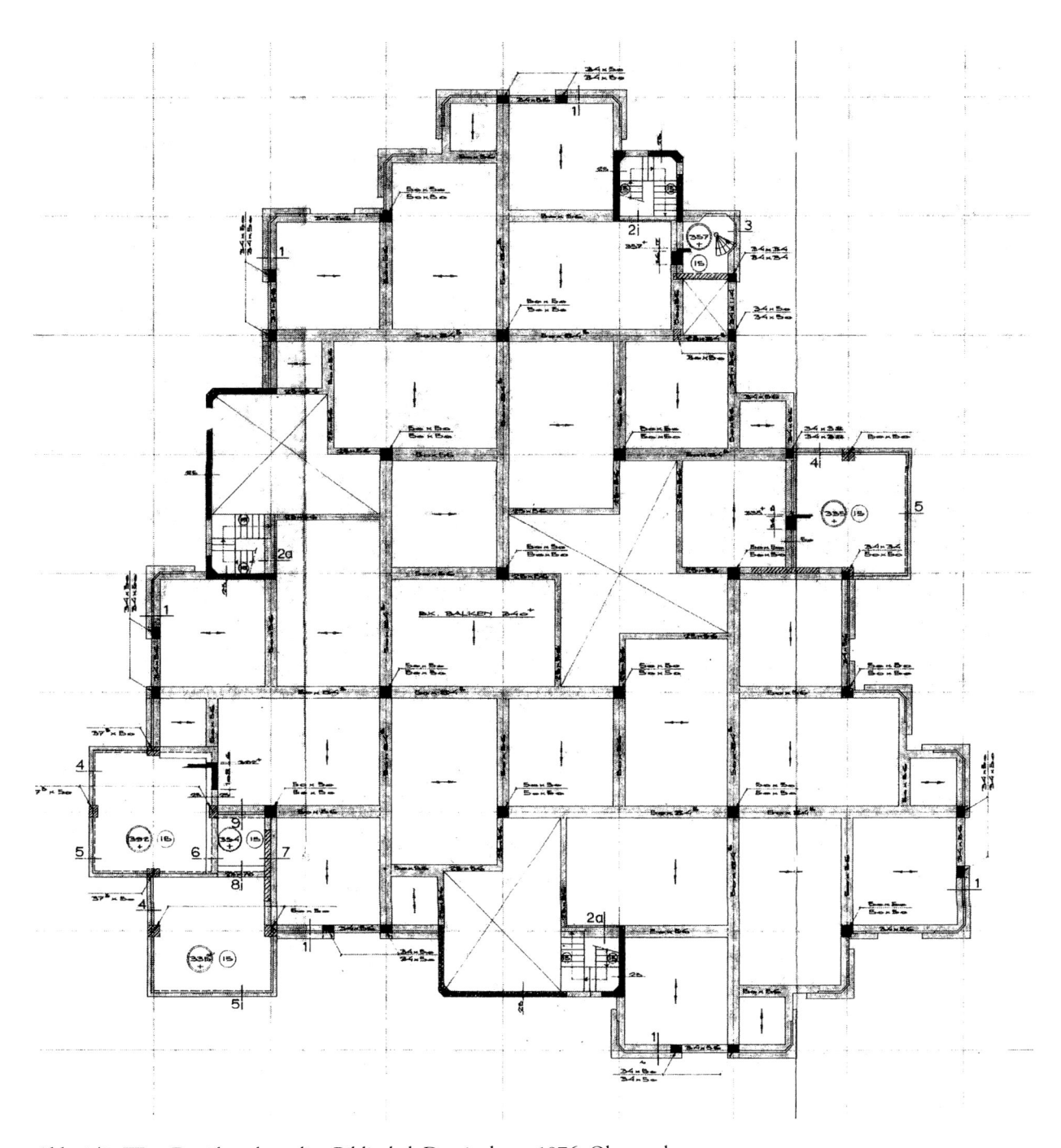

Abb. 142 Wim Davidse, ehemalige Bibliothek Doetinchem, 1976; Obergeschoss.

Am Haus Domnick wird am Außenbau lediglich durch die markante Dachplatte und den Betonträgern Plastizität erstellt. Wie bei der Rostlaube entstehen auf diese Weise eine Differenzierung des Volumens, eine proportionierte, abwechslungsreiche Fassade sowie eine bescheidene Bauform. Beide Bauwerke überzeugen ohne monumentale Details und fügen sich harmonisch durch ihre zurückhaltende Farbgebung in ihre Umgebungen ein.

Auch der Grundriss des zweigeschossigen Bibliotheksgebäudes von Wim Davidse in Doetinchem (1976) erweckt den Eindruck des Zufälligen. Es ist eines der wenigen strukturalistischen Bauwerke, dessen Gesamtform ansatzweise von außen ablesbar ist. Die komplexe Struktur beruht auf einem Raster mit dem Achsmaß von 2,5 x 2,5 Metern mit einer verzeichneten Tragstruktur von 5 x 5 Metern. Verschieden große quadratische und rechteckige Module sowie der Sonderfall der windmühlenförmigen Treppenhäuser werden aus diesen Grundeinheiten gebildet (Abb. 142). Wie im Haus Domnick sind im Innenraum die dynamischen Bewegungsabläufe zwischen den Modulen durch „Brüstungen mit Höhenversätzen, Wände, die in Unterzüge übergehen, nischenförmige Zugänge zu angelagerten Räumen und die abgestuften Untersichten der Treppen" betont.[496]

Die Architektur nach 1945

Das übergeordnete Raster gestattet eine Variabilität hinsichtlich der Architektur und Nutzung, denn das Bauwerk kann an die neuen Funktionen angepasst oder erweitert werden. Das Prinzip flexibler Nutzungseinheiten basiert auf Theorien von Louis Kahn.[497] Bedeutsam ist seine Vorstellung über die Entstehung eines Entwurfs. Er ging vom Wesen eines Bauwerkes aus, das in die äußere Gestalt überführt wird. „Eine Form entsteht aus den der Form innewohnenden Strukturelementen." – Form evokes Function.[498] Räume werden wohlüberlegt geschaffen und lassen Material und Konstruktion klar erkennen. Er gliederte den Grundriss in Räume mit bestimmbaren Funktionen wie Treppen, Flure und Sanitärbereiche und in veränderbare, frei nutzbare Räume.[499] Dabei unterscheidet er zwischen dienenden und nutzungsneutralen Räumen. Bekannte Beispiele sind das Medical Research Central (1957/64) und das jüdische Gemeindezentrum in Trenton.

Das Grundprinzip des jüdischen Gemeindezentrums in Trenton (1954/59) ist ein Stützenraster (Abb. 143).[500] Entsprechend zum Haus Domnick unterliegt die Raumgliederung der strengen Wahrung der vorgegebenen Maße. Die quadratischen Raumeinheiten haben ungefähr drei Meter Kantenlänge. Ihr Abstand zueinander beträgt die doppelte Kantenlänge. Auf diese Weise bildet sich ein System aus quadratischen Räumen von der Kantenlänge drei und sechs Meter sowie rechteckige Räume mit drei mal sechs Metern. Abge-

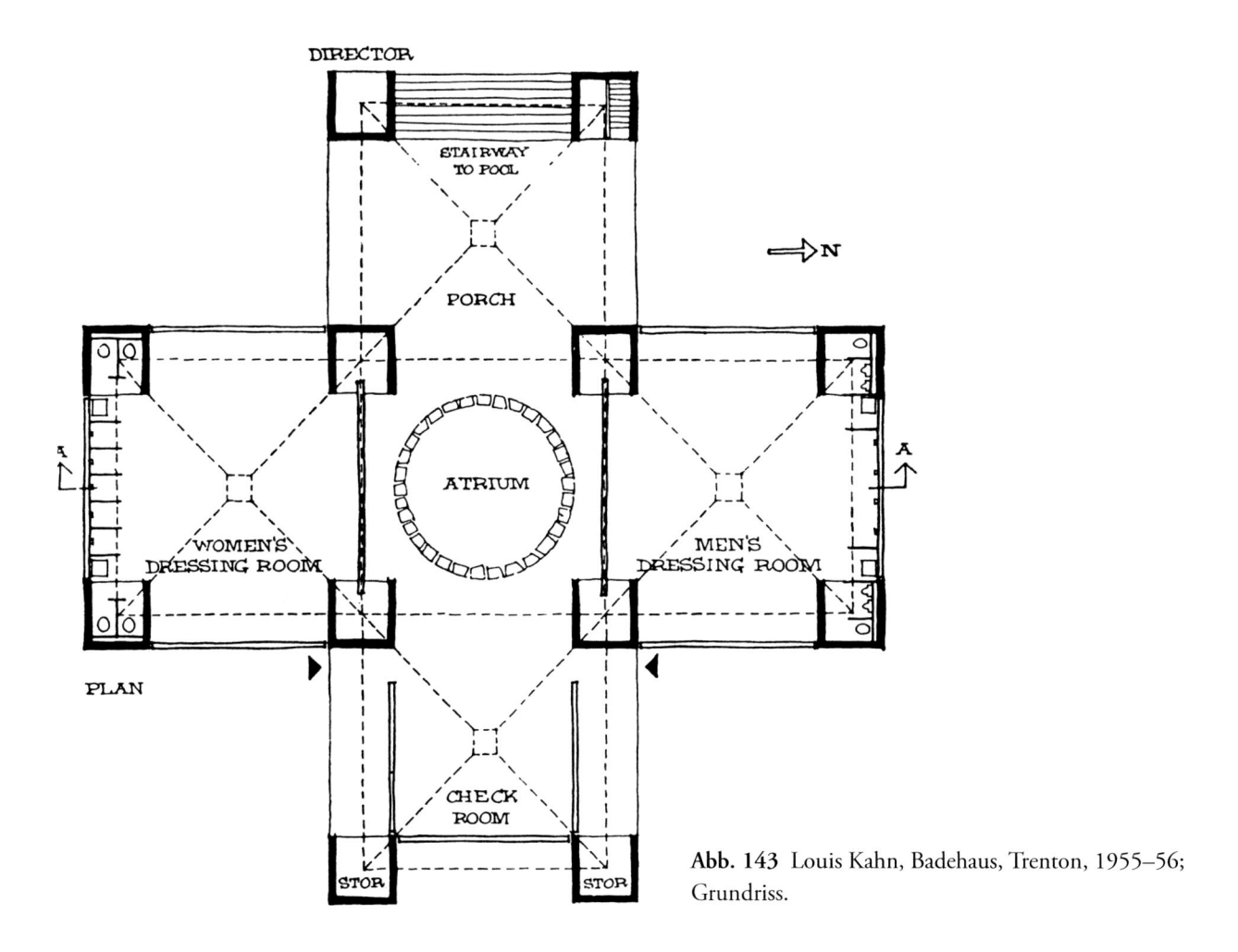

Abb. 143 Louis Kahn, Badehaus, Trenton, 1955–56; Grundriss.

---

497 Louis Kahn (1901–1974) wird als ein weiterer geistiger Urheber des Strukturalismus angesehen. Insbesondere das Spätwerk des Amerikaners weist Merkmale der strukturalistischen Strömung auf. Seine Architektur zeichnet sich unter anderem durch ungeteiltes Bau- und Raumvolumen, kubische oder quaderförmige Baumassen, Betonung des Materials und die Spannung von offenen und geschlossenen Bauteilen aus. Die Bauwerke zeugen von äußerlicher Strenge, innerer Vielfältigkeit sowie spannenden Einschnitten und starken Proportionen. Vgl. Joedicke 1990, S. 118–129. – Favole 2011, S. 90 f.
498 Kahn 2001, S. 162.
499 Vgl. Curtis 1989, S. 310 f.
500 Realisiert wurde von dem Entwurf lediglich das Badehaus. Vgl. Giurgola 1979, S. 97–100.

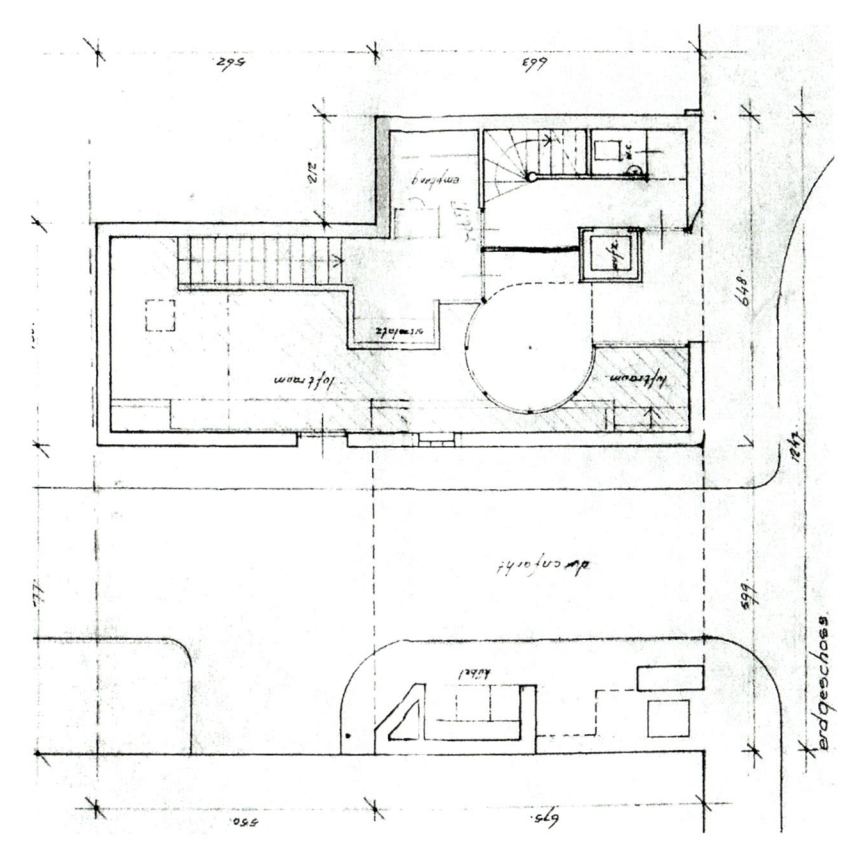

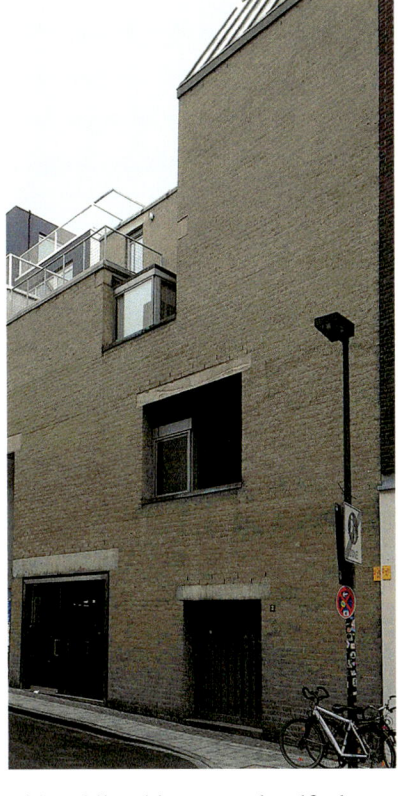

Abb. 144a Aldo van Eyck, Alfred Schmela, Wohn-Galeriehaus Schmela, 1969–71; Grundriss.

Abb. 144b Aldo van Eyck, Alfred Schmela, Wohn-Galeriehaus Schmela, 1969–71; Fassade.

stumpfte Pyramidendächer mit Oberlichtern und dazwischenliegende Flachdächer übertragen das Raumsystem nach außen. Das realisierte Badehaus offenbart die konsequente Durchführung dieses Prinzips.[501] Es wird deutlich, dass die durchlaufenden Betonträger, die die Rasterstruktur freilegen, das Haus Domnick als einen strukturalistisch geprägten Bau charakterisieren.

Ein von Domnick und Stohrer besichtigtes und mit der Funktionszusammensetzung des Hauses Domnick vergleichbares Gebäude ist das Wohn- und Galeriehaus Schmela in Düsseldorf (1971). Es hat aufgrund des komplizierten Verhältnisses zwischen dem Bauherrn, Alfred Schmela, und dem Architekten, Aldo van Eyck, eine interessante Baugeschichte (Abb. 144a, b). Unstimmigkeiten und Diskussionen führten sogar zu einer zeitweiligen Kündigung des Arbeitsverhältnisses.[502] Das kombinierte Konzept aus Wohnen und Galeriebetrieb verleiht dem Gebäude einen ungewöhnlichen Charakter. Von großer Bedeutung ist der gläserne Zylinder im Innenraum. Über diesen Lichtschacht werden die anliegenden Räume mit Tageslicht versorgt. Verschiedene offene Geschossebenen, Vor- und Rücksprünge, Loggien, Terrassen und ein Dachgarten durchdringen sich gegenseitig. Die großzügige Raumbewegung im hermetisch geschlossenen Betonbau verhindert den Ausbau privater Bereiche. Beim Haus Domnick entstehen durch die räumliche Abstufung in Verbindung mit den raumtrennenden Einbaumöbeln Rückzugsorte. Räumliche und auf den Nutzen bezogene Veränderungen sind partiell möglich. Der offene Übergang zwischen öffentlichem und privatem Raum lässt Spielraum für neue Interpretationen (Abb. 46, 47). Die Trennung der Teilbereiche wird durch die territoriale Differenzierung sowie die Einbaumöbel offensichtlich.

Die Teilung des Hauses Domnick durch die diagonal angeordneten Sammlungsräume als Binnenstraße ist ein Kennzeichen des Strukturalismus. Ähnlich verhält es sich mit dem Wohnhaus Oswald Ungers in der Belvederestraße in Köln-Müngersdorf, das durch eine Wen-

---

501 Vgl. Hecker 2007, S. 89 u. 113.

502 Vgl. Denkinger 2019, S. 230–241.

deltreppe halbiert ist.⁵⁰³ Innerhalb des dreigeschossigen Gebäudes befinden sich drei Wohneinheiten, die sich an der Mittelachse orientieren. Lediglich im Obergeschoss wird die Zweiteilung aufgegeben. Diese Wohnung nimmt die gesamte Fläche ein.

Das Haus Domnick weist typische Merkmale des Strukturalismus auf. Darunter die klare Grundstruktur mit einer Binnenstraße, die trotz der Größen- und Formvarianz der zusammengesetzten Module nach einem spezifischen Maß, stets durch die offengelegte Konstruktion ablesbar ist. Daraus entwickelt sich das für den Strukturalismus wesentliche Prinzip eines Labyrinths, dem ein Ordnungssystem zugrunde liegt. Weiterhin ist die Erweiterungs- und Veränderungsfähigkeit sowie die an der Fassade erkennbare Rasterstruktur bedeutsam für die Stilströmung. Folglich ist das Haus Domnick exemplarisch für den Strukturalismus und gewährt unterschiedlichen Interpretationen Spielraum.

8.1.2 Die offene Konstruktion als brutalistisches Motiv

Stilistisch lässt sich das Haus Domnick durch den raugeschalten Rohbeton der sichtbaren Trägerkonstruktion innerhalb des Gebäudes und durch die markanten Betonträger an der Außenfassade dem Stil des Strukturalismus und des Brutalismus zuordnen (Abb. 26, 27).

Die Bilder und der Hell-Dunkel-Kontrast im Innenraum betonen die übergeordnete Struktur, wodurch das Raster und die Bauweise allgegenwärtig sind. Diese Gestaltung leitet sich von den Jaoul-Häusern Le Corbusiers ab. Ihre weitere Entwicklung ist allerdings nur ansatzweise rekonstruierbar, soll aber im Folgenden untersucht werden. Insbesondere die Pergola am Eingang und auf den Terrassen lassen unterschiedliche Interpretationen ihrer Ableitung zu. Einsatz finden Pergolen an zahlreichen Bauwerken Richard Neutras, Alvar Aaltos oder auch Frank Lloyd Wrights. Hier dienen sie im Gegensatz zum Haus Domnick der optischen Raumerweiterung in den Außenbereich und dem Sonnenschutz.

Prinzipiell sind die hervorstehenden Betonträger wie beim Haus Domnick keine Seltenheit. Mit Beginn der 1960er Jahre sind sie weltweit immer häufiger anzutreffen. Vergleichsbauwerke sind in Deutschland bisher jedoch kaum zusammengestellt oder systematisch untersucht worden.⁵⁰⁴ Daher ist es unabdingbar international nach Bauwerken zu recherchieren, die zwischen den 1950er und 1970er Jahren erbaut wurden und ähnliche Gestaltungselemente aufweisen, um die Übernahme dieses Motivs am Wohn- und Sammlungshaus zu erklären. Der international wirkende Einfluss Le Corbusiers ist im Hinblick auf die brutalistische Zurschaustellung der

Abb. 145 Kenzo Tange, Rathaus, Kurashiki, 1960; Ansicht.

---

503 Zum Wohnhaus Oswald Ungers vgl. Klotz 1985, S. 56 f. – Neumeyer 1991, S. 38–41. – Stabenow 2000, S. 188–205. – Buttlar 2017.

504 Die folgenden Beispiele stammen aus der Datenbank #SOS Brutalismus und dem Katalog zur Ausstellung im Deutschen Architekturmuseums Elser/Kurz/Chachola-Schmal 2017. Abbildungen von den Vergleichsbeispielen können online oder aus den Büchern entnommen werden.

Abb. 146a Émile-Jean Duhon, Town Hall/Hôtel de Ville, Agadir 1964–66; Ansicht von der Straße.

Konstruktion ein wesentlicher Indikator, der die architektonische Übernahme und Weiterentwicklung weltweit förderte.
Wird diese architektonische Einwirkung zurückverfolgt, stößt man auf Bauwerke der Mitglieder des Team X, Kenzo Tange, Louis Kahn und Mies van der Rohes. Amerikanische Beispiele sind die Yale University Art Gallery (1951/53) von Louis Kahn oder das Art and Architecture Building (1958) von Paul Rudolph ebenfalls auf dem Campus der Yale University. Durch Le Corbusiers weltweite Tätigkeit und Zusammenarbeit mit internationalen Architekten gelangte sein Stil bis nach Japan. Nach der Besatzung durch westliche Truppen vermischten sich in der Architektur moderne Bautechniken mit der japanischen traditionellen Bauweise. Exemplarisch ist das Rathaus in Kurashiki (1960) von Kenzo Tange (Abb. 145).[505] Der Stahlbetonbau verbindet westliche Baumaterialien mit traditioneller japanischer Holzbauweise und landestypischer Gestaltung. Aus dem aufgeständerten Bau ragen vereinzelt Betonträger hervor. Weitere Beispiele sind das Präfekturbüro in Kagawa (1954/58) und die Harumi Apartment-Gebäude in Tokyo (1957/58).
Insbesondere die Architekten des Team X wirkten an zahlreichen städtebaulichen Bauprojekten mit. Eines der

Abb. 146b Émile-Jean Duhon, Town Hall/Hôtel de Ville, Agadir 1964–66; Ansicht im Innenhof.

---

505 Vgl. Tange/Kultermann 1978, S. 86–89.

Abb. 147 Claude Verdugo, Marktgebäude, Agadir, 1964–65; Ansicht.

ersten Aufträge von Georges Candilis, Shadrach Woods und Henri Piot war ein Mehrfamilienhaus in Casablanca (1951). Es markiert den Beginn des internationalen Brutalismus in Marokko.[506] Nach der Unabhängigkeit Marokkos von Frankreich und Spanien 1956 und einem Erdbeben 1960 mussten Städte, speziell die Hafenstadt Agadir, wieder neu aufgebaut werden. Ansässige und zugereiste Architekten und Stadtplaner, unter anderem der deutsche Architekt Hans Joachim Lenz, wurden engagiert. Vorgabe war, erdbebensichere Gebäude aus Stahlbeton mit Ausfachungen aus Mauerwerk oder Natursteinen zu entwerfen. Émile-Jean Duhon (1911–1983) entwarf Anfang der 1960er die Town Hall (Hôtel de Ville) (Abb. 146a, b). Die Außenfassade im Mondrian-Stil prägen rechteckige Rahmen vor den Fenstern und vorstehende Balkenköpfe der Betonträger in der Attikazone durchlaufen offen das Gebäude. Mittig in der quadratischen Einkaufshalle liegt ein großzügiger Innenhof. Die Struktur der Fassade mit den sichtbaren Betonträgern ist auch hier sichtbar, ebenso wie die Gliederung der Stockwerke an den Seitenansichten.

Das städtische Marktgebäude von Claude Verdugo (1964/65) ist ein harmonisches Zusammenspiel von Innen- und Außenbereichen (Abb. 147). Die sichtbaren Betonträger formen außen eine pergolaartige Überdachung. Elie Azagury (1918–2009) war ein marokkanischer Architekt, der an der École de Paris lernte und in der Galerie Auguste Perretes arbeitete. Der von ihm geplante flachgedeckte Gerichtshof (1967/68) besteht aus mehreren aufeinandergesetzten Baukörpern (Abb. 148). Die Konstruktion aus Sichtbetonträgern mit dazwischenliegenden weißen Mauerflächen erinnert an die Jaoul-Häuser von Le Corbusier. Die Dachzone bildet sich aus vorstehenden Betonträgern und einer darüber liegenden Dachplatte mit integrierten Wasserspeiern. Die Laufgänge an den Außenmauern werden durch auskragende Dachplatten, die von Betonträgern gehalten werden, beschattet. Insgesamt wirkt das marokkanische Bauwerk durch die Fassadengestaltung und die zurückliegenden dunklen Fenster mit Gittern und Rollläden wie eine Festung. Die Fakultät für Naturwissenschaften in Dhar El Mehraz ist von Henri Tastemain, ebenfalls einem Schüler Auguste Perrets und Le Corbusiers, entworfen worden. Ihre Errichtung soll zwischen 1960 und 1970 liegen. Graue Betonträger durchziehen die einzelnen weißen Unigebäude und betonen die Fassade.

---

506 Vgl. O.N. 1957. Zum Brutalismus in Marokko vgl. Chaouni 2017. – Augereau/Dahmani/Moumni 2022. – Zaugg 2022.

Abb. 148 Elie Azagury, Gerichtshof, Agadir, 1967/68; Ansicht.

Die verschiedenen Fallbeispiele in Marokko demonstrieren den universellen Gebrauch diverser Bautypen des Brutalismus und der offenen Konstruktion. Unabhängig von Bautyp und -funktion wird Beton ab den 1950er Jahren verstärkt eingesetzt. Die Formgebung dieser Architektur bestimmt das einheitliche, schlichte Design. Die brutalistischen Formen, die Symmetrie und Axialität sorgen für eine angemessene optische Bescheidenheit. Die Ästhetik der Gebäude zeichnet sich durch die Massivität, Schwere und die Rohheit des Materials zusammen mit den kontrastreich gestalteten Wänden aus. Diese können aufgrund der verschiedenen Schalungsabdrücke, eine raue und körnige oder glatte Oberfläche haben. Unterschiedliche Fensterformate, Wasserspeier oder Betonträger sind weitere Möglichkeiten, Akzente am Gebäude zu setzen. Die Konstruktion auf diese Weise sichtbar zu machen, ist bereits an Le Corbusiers Bauwerken zu beobachten und tritt ab den 1960er Jahren verstärkt in Erscheinung. 1951 bereiste das Ehepaar Domnick Marokko. Die Kultur und Architektur der nordafrikanischen Städte mit ihren verwinkelten Gassen haben den Bauherrn besonders inspiriert. Es ist anzunehmen, dass Domnick nach seiner Reise weiterhin reges Interesse an der Entwicklung des Landes, insbesondere der Architektur, zeigte.

Die École de Paris und Le Corbusiers beeinflussten durch ihre Tätigkeiten in Nordafrika maßgeblich die Architektur in Marokko. Aufgrund dessen lässt sich eine direkte Verbindung der Architektur des Wohn- und Sammlungshauses zu den marokkanischen Bauwerken, unterstützt durch die Begeisterung Domnicks zu diesem Land, herstellen. Ferner ermahnte Domnick Stohrer öfters, er solle beim Entwerfen an marokkanische Städte denken.[507]

Die Formensprache der marokkanischen Neubauten finden Parallelen zu dem Haus Domnick. Alison und Peter Smithson bestätigten in einem Kommentar von 1955 die internationale Anerkennung der marokkanischen Architektur:

„We regard these buildings in Marocco as the greatest achievement since Le Corbusiers Unitè d'Habitation in Marseille […]. The importance of the Maroccan buildings is that they are the first manifestation of a new way of thinking. Fot this reason, they are presented as ideas; but it is their realization in built form that convinces us that here is a new universal."[508]

---

507 Vgl. Domnick ²1989, S. 307.

508 Smithson 1955, S. 2, zit. nach Augereau/Dahmani/Moumni 2022, S. 93.

Abb. 149a Hans-Joachim Lenz, Ketteler-Internat, 1961–66; Ansicht.

Abb. 149b Hans-Joachim Lenz, Ketteler-Schule, 1961–66; Ansicht.

Abb. 149c Hans-Joachim Lenz, Ketteler-Schule, 1961–66; Detail.

Die marokkanische Architektur diente eindeutig als Inspirationsquelle für diverse Bauwerke in anderen Ländern. Ein eindrucksvolles Beispiel in Deutschland ist das Ketteler Internat (1961–66) in Mainz von Hans Joachim Lenz. Es ist eines der wenigen Beispiele in Deutschland mit herausstehenden Betonträgern (Abb. 149a–c).[509] Der eingeschossige Sockelbau hat eine Betonrippendecke, die das systematische Raster des Bauwerks markiert. Die offen gelegten Betonträger durchlaufen das Gebäude und strukturieren die Außenfassade. Um den zentralen Gesellschaftsraum, auf dem mittig das neungeschossige Hochhaus steht, gruppieren sich Innenhöfe, über die die anschließenden Räume erreichbar sind. Folglich ist die Grundfläche des Erdgeschosses größer als die des Hochhauses. Die Balkenlager kennzeichnen einerseits den oberen Raumabschluss, andererseits tragen sie den darüber liegenden Hochbau. Die Konstruktion erinnert an die im Haus Domnick, wobei hier die Betonträger keine statische Funktion besitzen.

Im 20. Jahrhundert wurden an Wohn- und Bürogebäuden vielfach Betonrippendecken mit monolithischen Unterzügen über Fenstern oder nichttragenden Wänden eingesetzt. Wirtschaftlich sinnvoll sind sie ab einer Spannweite von fünf Metern, weshalb sie vornehmlich an Schul- und Verwaltungsgebäuden verbaut werden.[510] Leider gibt es keine Hinweise auf Vorbilder. Jedoch erinnert die Beibehaltung der Symmetrie, die Offenlegung des Rasters sowie die stereometrische Konstellation an die Architektur Mies van der Rohes.

Bemerkenswert ist die Anwendung dieser Gestaltung der Konstruktion an verschiedenartigen Bautypen. Beispielsweise wird die im Stil des Brutalismus erbaute Heilig-Geist-Kirche in Offenburg (1963/71) des deutschen Architekten Rainer Disse durch die Vor- und Rücksprün-

---

509 Vgl. Wieschemann/Gatz, 1968, S. 74–76.

510 Vgl. Giebeler 2008, S. 182 f.

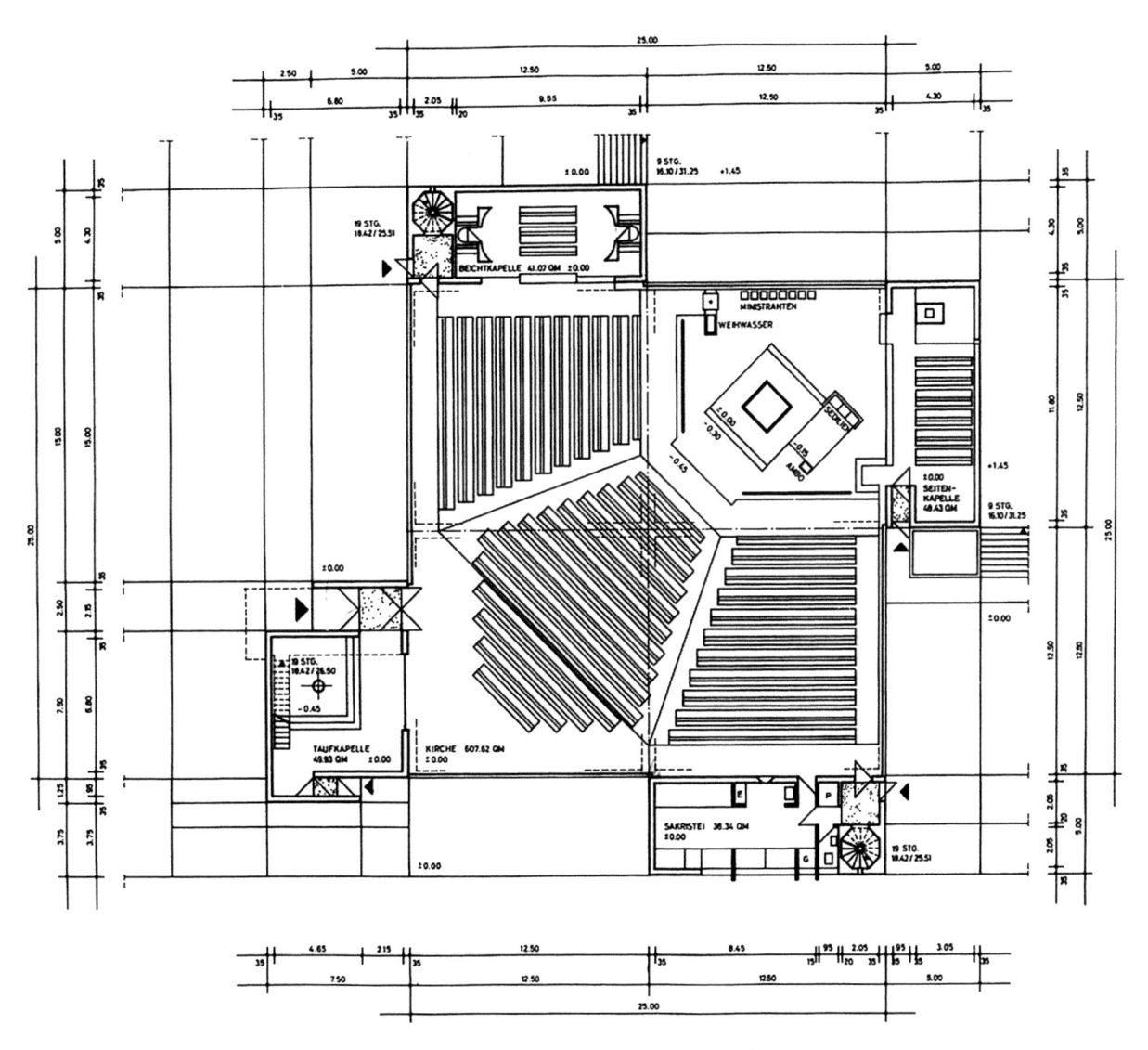

Abb. 150a Rainer Disse, Heilig-Geist-Kirche, Offenburg, 1963–71; Grundriss.

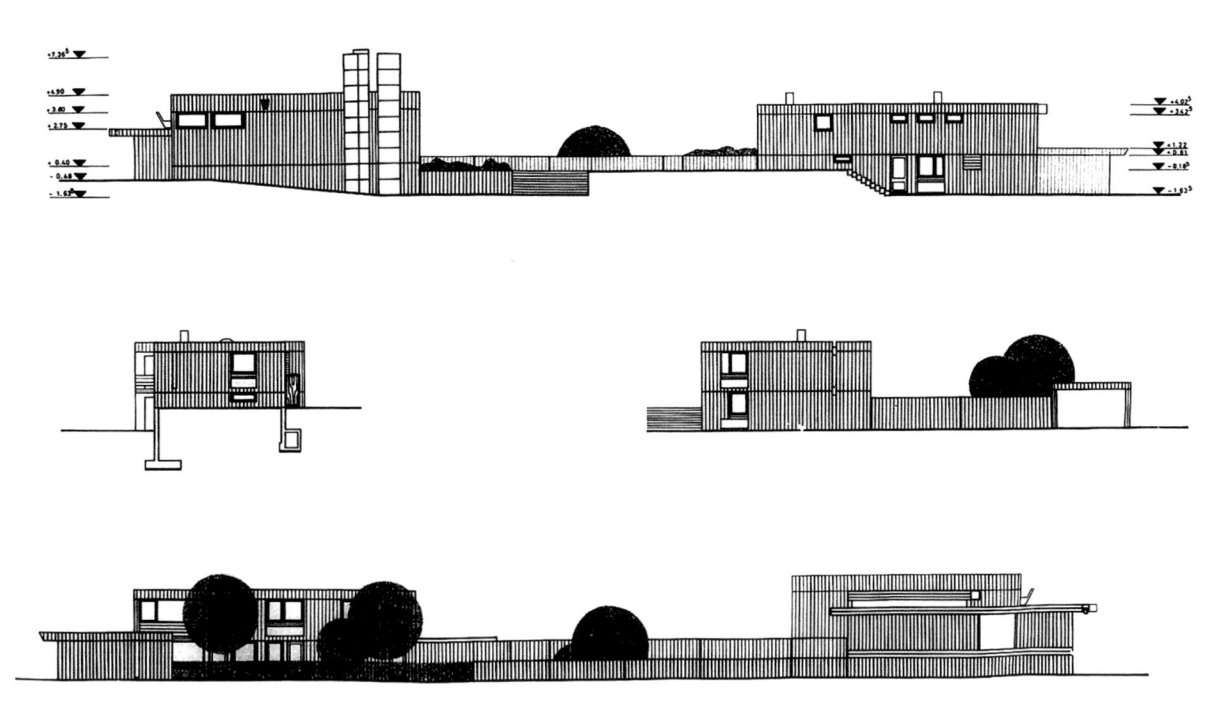

Abb. 150b Rainer Disse, Heilig-Geist-Kirche, Offenburg, 1963–71; Ansicht.

ge der einzelnen Ebenen und die bloßen Betonträger gekennzeichnet (Abb. 150a, b).

Das Hochdahlhaus (1971/72) von Paul Schneider-Esleben in Hochdahl veranschaulicht die Anwendung einer gleichartigen Gestaltung an einem Büro- und Ausstellungsgebäude für die „Entwicklungsgesellschaft Hochdahl GmbH" (Abb. 151). Das Bauwerk ruht auf einem quadratischen Grundmodul und setzt sich aus fünf einheitlichen Gebäuderiegeln zusammen, die in der Längsachse gegeneinander verschoben sind.[511] Durch eine stufenweise Abtreppung passt sich das Bauwerk an die Hanglage des Grundstücks an. Die Betonskelettbauweise ermöglicht im Inneren Flexibilität. Durch den Wechsel von Sichtbetonflächen und rot-orange-gelb gestrichenen Wänden wird die Trägerkonstruktion optisch hervorgehoben. Insgesamt weist das Gebäude eine ausgeprägte Horizontalität auf. Diese wird durch die Betonbrüstungen unterhalb der Fensterbänder und die überragenden Flachdächer betont. Die Kopflastigkeit wird durch die leicht herausstehenden Betonrippen unterhalb der Dachplatte verstärkt. Darüber hinaus wird die Fassade rhythmisiert und wirkt lebendig. Die horizontale Schichtung der einzelnen Geschosse erinnert an Frank Lloyd Wrights Fallingwater House (Abb. 115–116) und ähnelt dem Kanzleigebäude Egon Eiermanns in Washington D.C. (1962/64), das ebenfalls die Idee eines Terrassenhauses zeigt. Das Werk Schneider-Eslebens spiegelt die Stilströmungen ab den 1950er Jahren wider. Zeigen seine frühen Bauten noch Einflüsse amerikanischer Vorbilder angelehnt an den International Style, weisen spätere Bauwerke andere stilistische Merkmale auf. Losgelöst von seinem Idol Mies van der Rohe, ersetzte er die Eisen-Stahl-Konstruktionen gegen schalungsrauen Sichtbeton. Leichtigkeit und Transparenz wurden durch Körperhaftigkeit und Massivität ausgewechselt.[512] Die neu entwickelten Bauwerke lehnen sich an die Architektur Le Corbusiers an. Auffällig ist die zunehmende Ausbreitung der vorstehenden Betonträger bei modernen Bauwerken in dieser Zeit.

Das Glasgebäude der Augsburger Industrie- und Handelskammer visualisiert eine Stahlbetonkonstruktion versteckt hinter einer dominanten galerieartigen Betonbrüstung. Die umrahmenden Betonträger dienen lediglich der Fassadengestaltung. Waagerechte Betonträger verlaufen durch das gesamte Gebäude und durchstoßen die Brüstung. Zusätzliche vertikale Betonpfeiler markieren die Eckpunkte und gliedern die Fassade in vier Felder. Eine konkrete Bauzeit ist nicht bekannt, weshalb eine Fertigstellung in die 1970/80er Jahre datiert wird.

Abb. 151 Paul Schneider-Esleben, Hochdahlhaus, 1971–72; Ansicht.

---

511 Vgl. Schneider-Esleben 1996, S. 138–141.

512 Vgl. Schneider-Esleben/Klotz 1996, S. 144–149. – Kat. München 2015, S. 138–141 (Tobias Zervosen).

Zuletzt sei auf das Murrhardter Gymnasium in Walterichstadt hingewiesen, das aufgrund der wachsenden Schülerzahl einen Neubau bekam. Nach der Ausschreibung eines Architekturwettbewerbs 1967 erhielt der freie Architekt Paul Michael Kaufmann aus Nürtingen den Zuschlag, das neue Schulgebäude zu bauen. 1971 war der brutalistische Terrassenbau fertiggestellt. Das aufgeständerte Bauwerk steht an einem Steilhang. Nach oben verjüngen sich die einzelnen Ebenen. Durchgehende Betonträger markieren die Fassade. Sie werden von Betonpfosten gestützt. Die Balustrade der zweiten und dritten Ebene wird zusätzlich von einem horizontal vorgelagerten Betonträger durchstoßen. Im Innenraum gruppieren sich Klassenzimmer und Fachräume um das zentrale Treppenhaus.[513] Die Ausschreibung des Architekturwettbewerbs korrelierte mit der Planungs- und Errichtungszeit des Wohn- und Sammlungshauses. Es ist möglich, dass der aus Nürtingen stammende Architekt Kaufmann die Bauarbeiten verfolgte und ihn die Fassadengestaltung inspirierte. Eine umgekehrte Beeinflussung ist unwahrscheinlich.

Die Stilsprache am Haus Domnick ist am ehesten mit der Konstruktion des Ketteler-Internats in Verbindung zu bringen und kann dadurch auf die marokkanische Baukunst und auf die École de Paris sowie Le Corbusier zurückgeführt werden. Das Motiv der vorstehenden Betonträger an den Ecken und die ausgebildeten Pergolen am Haus Domnick sind zu der Zeit des Aufbaus eine neuartige Gestaltungsart (Abb. 27), die das Rahmenwerk der Architektur an der Fassade preisgeben. Diese Architektur tritt ab den 1970er Jahren vermehrt in Erscheinung. Die plastische Ausgestaltung an den Fassaden resultiert aus dem Bestreben, Sichtbetonbauten architektonisch in Szene setzen zu wollen.

Parallel wurden international ähnliche Konstruktionen ausgeführt, was das länderübergreifende brutalistische Bauen und Experimentieren bestätigt. In Österreich lebte und arbeitete Norbert Heltschl (1919–2017), einer der Pioniere des Sichtbetons. Sein Internat Mariannhill (1963/67) ist ein grauer Kubus mit einer klaren Struktur der Fassade, dominiert von gliedernden Betonträgern. Diese liegen unterhalb der Deckenplatten. Ein weiteres Beispiel ist das Kurs- und Erholungszentrum im Feriendorf Fiesch in der Schweiz aus dem Jahr 1967. Die pavillonartigen Gebäude integrieren sich harmonisch in die Hanglage und suchen den Einklang mit der Natur. Die herausstehenden Betonträger sollen die Horizontalität betonen und die Innen-/Außenraum-Verbindung verstärken.[514] Parallelen finden sich beim Gymnasium in Zürich vom Architektenpaar Esther und Rudolf Guyer (1964/67). Auch hier machen die gliedernden und teilweise doppelten Betonträger die Innenstruktur von außen sichtbar.

In Italien behauptet sich Vittoriano Viganò als erster Brutalist. Die geschlossene Einrichtung für straffällige Jugendliche in Mailand (1955/58) ist ein frühes Zeugnis mit einer klaren Ordnung, bei dem Material und Konstruktion außen wie innen sichtbar freigelegt sind. Halbhohe Wände verbinden größere Abschnitte.[515] Auffällig sind die hier bereits durchgehenden und an der Fassade auftretenden Betonträger zur plastischen Gestaltung. Obwohl in Italien Anfang der 1950er Jahre intensiv über die Architektur der Moderne in der Nachkriegszeit diskutiert wurde, fand der Brutalismus erst zum Ende des Jahrzehnts Zuspruch. Es gibt jedoch Bauwerke aus den frühen Fünfzigern, die die von Banham aufgestellten Kriterien des New Brutalism erfüllen, aber nicht als solche kategorisiert wurden.[516]

Bemerkenswert ist die Übernahme brutalistischer Formen in der Architektur des 21. Jahrhunderts. Das Architekturbüro Buchner Bründler aus der Schweiz plante ebenerdige Sichtbetonbauten mit Pergolastrukturen. Eine Villa in Binningen von 2018 steht auf einem rechteckigen Grundstück zwischen Ein- und Mehrfamilienhäusern.[517] Das Gebäude überzeugt einerseits durch seine Offenheit und andererseits ist der private Bereich geschlossen. Zur Straßenseite schließt das Gebäude mit einer schwarz gestrichenen Betonmauer mit herausstehenden Betonrippen in der Dachkonstruktion ab. Einblicke sind lediglich durch eine runde Öffnung in der Wand möglich. Hinter dieser Abschottung liegt das allseitig transparente Haus umgeben von einem Garten. Innen dominiert ein gen Süden und Westen geöffneter, großer Wohnbereich mit Küche. Die abgetrennten Kinderzimmer befinden sich an der Ostwand. Eine Wand an der Südseite grenzt einen kleinen Bereich und das Grundstück ab. Das überragende Flachdach aus einer Rippenkonstruktion wird durch einen Querträger gegliedert und stabilisiert. Herabhängende Wandschürzen an der Stirnseite des Hauses erweitern den Wohnraum. Die

---

513 Vgl. Klaper 2021.
514 Vgl. O.N. 1968.
515 Vgl. Molinari 2017, S. 85–87.
516 Vgl. Molinari 2017, S. 89 f.
517 Vgl. Aerni 2020.

weiterlaufenden Dachrippen bilden eine offene Konstruktion bis zur Mauer an der Straße und übernehmen eine Pergolafunktion über den schmalen Vorgarten im Süden. Innerhalb der geschützten, teilweise dunkel gestrichenen Betonmauern erhält das Bauwerk eine intime Privatsphäre, die dennoch eine maximale Offenheit gewährleistet.

8.2 DAS HAUS DOMNICK ALS FESTUNG

Klaus Jan Philipp beschreibt 2014 in seinem Aufsatz *„Festungen zum Wohnen. Einfamilienhäuser und Wohnungen der 1960er Jahre"* das Haus Domnick neben anderen Einfamilienhäusern und Beispielen aus dem Siedlungsbau als Festung.[518] Auf dieser Grundlage wirft das Kapitel einen Blick auf extreme Entwurfspositionen des Einfamilienhausbaus in der Nachkriegszeit.[519] Dabei wird das Wohn- und Sammlungshaus Domnick als ein Beispiel für den festungsartigen Wohnungsbau betrachtet. Eine Begründung für diese wehrhafte Architektur ist Domnicks Bedürfnis nach Schutz und Sicherheit für seine Bilder. „Eine in sich geschlossene, private Welt als Ersatz für Weltoffenheit. Orientierungslos im ‚Weltengebraus' versucht der einzelne seine Identität, sein Hab und Gut zu schützen und über die Zeit zu retten."[520] Kennzeichnend für die Nachkriegsarchitektur ist die Abschottung zur Außenwelt, die Philipp auch für den Wohnungsbau in den 50er und 60er Jahren feststellte. Er beschrieb die Tendenz „zum Bunker, zur Höhle, zum Schutzbau, zum Donjon des mittelalterlichen Festungsbaus als dem letzten Rückzugsort."[521]

„Innen und Außen, Privatheit und Öffentlichkeit, deren Trennung und deren Verzahnung, waren einmal grundlegende Voraussetzungen der modernen Architektur."[522] In der Blütezeit des Brutalismus während der 1960/70er Jahre entstanden festungsartige Architekturen. Es setzt eine Besinnung zurück zum eigentlichen Sinn eines Hauses ein: die Schutzfunktion. Diese Bewusstseinsänderung ist im Kirchenbau wie beim Wohnbau festzustellen. Das Kloster des Jesuitenordens von Paul Schneider-Esleben bei München sowie die Kirche in Den Haag von Aldo van Eyck (1968/70) sind introvertierte Bauten, die nach außen auf den Betrachter abweisend wirken.

In der Wohnhausarchitektur wird die Selbstdarstellung des Bewohners ein Thema. Innerhalb der Ich-Architektur der Modernen soll ein Wohnhaus Abschirmung und Distanzierung sowie Autarkie und Seelenruhe leisten, gleichzeitig soll es den Bewohner repräsentieren. Ich und Haus stehen in gegenseitiger Abhängigkeit und gegenseitiger Beeinflussung. Der Mensch formt sein Haus und umgekehrt das Haus seinen Bewohner. Das opulente Wohn- und Sammlungshaus kann als Autobiographie Domnicks gesehen werden. Die Architektur folgt seinen Vorstellungen und Anforderungen, gleichzeitig gestattet das in völliger Freiheit am Stadtrand Nürtingens stehende Haus ein zurückgezogenes intimes Leben innerhalb geschützter, geschlossener Wände. Darüber hinaus spiegelt das Haus den Wandel von der einstigen Offenheit und Flexibilität zur Privatisierung wider. Das Innenraumkonzept des plan libre musste für mehr Sicherheit und Persönlichkeit im Haus weichen.[523] Im Haus Domnick werden die beiden Funktionsbereiche mittels der verschiedenen Innenraumgestaltungen differenziert, deren Übergang offen gestaltet ist. Der fließende Grundriss ist allerdings von außen nicht mehr festzustellen (Abb. 24b, c).[524] Innerhalb des Sammlungshauses liegt die private Welt des Bauherrn mit seinem Hab und Gut. Das zu drei Seiten fast gänzlich verschlossene Wohn- und Sammlungshaus öffnet sich nur zaghaft zur Landschaftsseite und gibt nach außen keinerlei Hinweis auf das Innere. Die sich unter dem starken Weinbewuchs abzeichnenden Betonträger verliehen dem in der Natur versteckten Gebäude einen bunkerartigen Charakter, der das verborgene Privatleben zusätzlich schützte (Abb. 28). Folglich bezeichnet Klaus Jan Philipp das Haus Domnick zu Recht als Festung.[525] „Zugleich ist es […] eine Selbstentäußerung des Bauherrn, der seine Verweigerungsgeste gegenüber dem Außen als sein individuelles Recht behauptet."[526]

Umgekehrt können abwehrende Architekturen auch Indizien auf die Funktion eines Bauwerkes geben. Das Verwaltungsgebäude der Polizei in Boston (1969) ist ein mit schwarzbraunem Tuffstein verkleideter, edler Quader, versehen mit einem gewaltigen Dachgesims als Zinnenkranz für Armbrustschützen. Die äußere Gestaltung dient einerseits der Abschreckung, andererseits kennzeichnet sie das Gebäude als Polizeihauptquartier.[527]

---

518 Vgl. Philipp 2014.
519 Vgl. Philipp 2014, S. 290.
520 Jonak 2008, S. 14.
521 Philipp 2014, S. 289.
522 Jonak 2008, S. 29.

523 Vgl. Pisani 2014, S. 9–16 u. 27–30.
524 Vgl. Jonak 2008, S.13.
525 Jonak 2008, S. 14.
526 Philipp 2014, S. 295.
527 Vgl. Klotz 1977, S. 59–61.

Die folgenden Vergleichsbeispiele geben einen Einblick in die Architektur festungsartiger Wohnhäuser nach dem Zweiten Weltkrieg. Das „House oft the Future" (1956) von Alison und Peter Smithson wirkt unnahbar und hermetisch nach außen verschlossen. Dennoch demonstriert es eine Dopplung aus Rückzug und Enthüllung.[528] Das Wohnhaus erinnert an den südfranzösischen Ort Les Beaux-de-Provence, den die Smithsons zu Beginn des Jahrzehnts besuchten. Die verschieden großen Räume differieren durch Form und Höhe und fließen ineinander über. Insgesamt wird der innenliegende Patio, ein naturbelassener Garten, von einem Pavillon umhüllt. Der Innenraum ist mit modernster Technik ausgestattet. Eine Klimaanlage und automatisierte Reinigungsmaschinen sorgen für eine angenehme Atmosphäre. Um den Bewohner bestmöglich zu schützen, sind Ausblicke nur gen Himmel durch Deckenkuppeln möglich. Es entsteht eine Art Wohnhöhle, die vor der Umwelt Schutz bietet. Das Haus Dickes in Bridel (in der Nähe von Luxemburg) von Rob Krier (1974) steht beispielhaft für eine verteidigende und bewachende Architektur, die die Bewohner vor Voyeuren schützen sollte. Der weiße Kubus erinnert an Le Corbusiers geometrische Bauvolumen auf Stelzen mit ihren schmucklosen Fassaden.[529] Sie erwecken den Eindruck von Sicherheit. Insbesondere die ab den 1930er Jahren errichteten Betonbauten sowie das Spätwerk des Architekten prägen die festungsartigen Bauwerke der nachfolgenden Jahrzehnte. Die Maisons Jaoul in Neuilly (1951/54) bezeugen als Stellvertreter des Brutalismus die verschlossene und abwehrende Architektur aus Sichtbeton und Backstein (Abb. 138). Das Museum in Chandigarh aus rotem Backstein mit Oberlichtern zeugt von der vielschichtigen Bandbreite der bunkerartigen Bauweise.

Oswald Mathias Ungers kombinierte Beton und Backstein mit einer hermetischen Bauweise. Seine Wohnhäuser in Köln (1957/59) strahlen eine Bunkermentalität aus.[530] Sein Privathaus in Köln-Müngersdorf (1958/59) ist durch die Lage innerhalb eines dichten Bebauungsgebietes introvertiert geplant (Abb. 152a, b). Der kubische Baukörper fügt sich optisch in die Umgebung ein und ist weitestgehend hermetisch nach außen geschlossen, sodass er keine Auskunft über die innere Gestaltung preisgibt. Die bunkerartige Bauweise ist „offensichtlich auf traumatische Kriegserlebnisse als Schreckensversion des Terriblen und Erhabenen oder auch auf das Gefühl der Geborgenheit" zurückzuführen.[531]

Ein radikaleres Beispiel ist das Wohn- und Atelierhaus Werner Schürmanns (1964). Ungestörtheit und Wetterschutz waren die maßgeblichen Forderungen. Der inmitten einer freien Landschaft liegende introvertierte Bau ist nur durch den Schornstein als Wohnhaus zu erkennen.[532]

Innerhalb der Museumsarchitektur widerspricht ein verschlossener und versteckter Auftritt den Aufgaben öffentlicher Gebäude, die eine Darstellungsfunktion für die Stadt oder in diesem Fall für den Bauherrn besitzen. Mit der modernen Architektur entstanden erste Museumsbauten mit geschlossenen Fassadenflächen. Die Bauwerke korrespondierten mit dem umliegenden Stadtraum und boten Freizeitaktivitäten an, während sie im Inneren ihre Exponate wahrten. Moderne künstliche Lichttechniken unterstützten diese Einkastelung.[533] Neben den Sicherheitsüberlegungen setzten sich Stohrer und Domnick intensiv mit dem Lichtkonzept auseinander. Die wenigen Fensterspalten in den Sammlungsräumen sorgen dafür, möglichst unabhängig vom Tageslicht zu sein. Daneben war Domnicks Leitgedanke „menschliche und in Beziehungen zu den Kunstwerken stehende Maßstäbe herzustellen", um auf diese Weise „keine galerie- und museumsartigen Sammlungsräume, sondern eine ‚bewohnte' Gruppierung vielfach fensterloser Raumteile" zu entwickeln.[534]

Die erzeugte introvertierte Atmosphäre erinnert an Bibliotheken mit ebenfalls hermetischer Architektur. Beispiele sind das Forum der Technischen Universität Braunschweig (1960/71) von Friedrich Wilhelm Kraemer, die Kölner Universitätsbibliothek (1969/70) von Rolf Gutbrod sowie die Bibliothek der Yale Universität (1960/63) von Gordon Bunshaft in New Haven. Die Gebäude sind weitestgehend einfache geometrische Kuben teilweise mit Innenhöfen und besonderen Lichtplanungen.

Es entstanden gleichermaßen geschlossene wie auch gläserne Gebäude gemäß den architektonischen Ansprüchen der Modernen. Magazin, Lesesaal und Arbeitsraum benötigen verschiedene Raum- und Lichtkonzepte. Ruhe

---

528 Vgl. Columnia 2017, S. 24–27.
529 Vgl. Jonak 2008, S. 80 f.
530 Vgl. Ungers 1983.
531 Von Buttlar 2017, S. 66. Zum Wohnhaus Ungers vgl. Klotz 1985, S. 56–59. – Neumeyer 1991, S. 38–41. – Stabenow 2000, S. 188–205. – Buttlar 2017.
532 Philipp 2008, S. 293–295.
533 Vgl. Vetter 2019, S. 259–265.
534 Stohrer 1967, zit. nach Grammel 2012, S. 143.

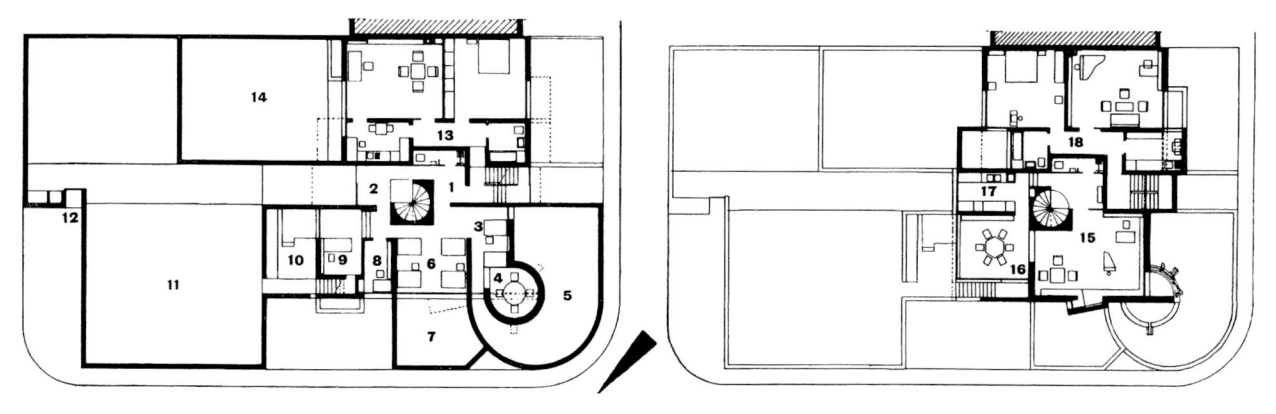

Abb. 152a Oswald Mathias Ungers, Wohnhaus, Köln-Müngersdorf, 1958–59; Grundriss.

Abb. 152b Oswald Mathias Ungers, Wohnhaus, Köln-Müngersdorf, 1958–59; Ansicht.

und Stille, kurze Verkehrswege sowie gute Lichtverhältnisse sollten gewährleistet sein. In der Bibliothek des Mount Angel Benedictine College (1967) in Mount Angel (Oregon) von Alvar Aalto fließen nahezu alle Räume ineinander Lediglich der Vortragsraum und die Verwaltung sind abgeschlossene Räume.[535]

Insbesondere die Bauwerke Rolf Gutbrods stehen für das zeitbedingte Bauen in Sichtbeton während der 1950er und 1960er Jahre. Neben seinen zahlreichen Bauwerken in Stuttgart, die das Stadtbild bis heute prägen, war er auch in Großstädten wie Berlin oder Köln tätig. Das Büchermagazin der Stadt- und Universitätsbibliothek in

---

535 Vgl. Schmitz 2016, S. 34.

Köln ist ein streng geometrischer Stahlbetonskelettbau, dessen Fassade einerseits mit Glasbausteinen ausgemauert ist, andererseits mit kleinen Fensteröffnungen mit plastischen Betonfertigteilen versehen ist.[536] Die Schauseite von der Straßenbahnhaltestelle aus ist die augenfällige Betonfassade. Die nach innen gerichteten rechteckigen Betonwerksteine verhindern eine direkte Sonneneinstrahlung zum Schutz der Bücher. Die Gestaltung erzeugt sowohl einen lebhaften als auch einen sicheren, standhaften und monströsen Eindruck. Aufgrund des Volumens, der brutalistischen Ästhetik und der Verschlossenheit von außen wirkt das Bauwerk hermetisch.

Der angestrebte Schutz vor greller Sonneneinstrahlung ist der Grund, Bibliotheken wie auch Museen geschlossen zu entwerfen und über Oberlichter oder Innenhöfe zu belichten.

Offen bleibt die Frage nach dem Warum? Einfluss auf diese Form der Abschottung nahmen sicherlich die Weltkriege. Die Bevölkerung sehnte sich nach den Wirren der vergangenen Jahrzehnte nach Ruhe, Schutz und Geborgenheit.

Während heutzutage Häuser mittels Rollläden, Gitter, Überwachungskameras und Alarmsystemen gesichert werden, mussten Bauherren in den 1960er Jahren auf digitale Schließanlagen und elektronische Sicherheitstechnik verzichten. Die Alternative waren formenbildende Einflüsse auf die Architektur wie die geschlossenen rau geschalten Sichtbetonfassaden beim Wohn- und Sammlungshaus Domnick. Die nach außen gerichteten Umfassungswände wurden nicht zuletzt aufgrund Domnicks Sicherheitserwägungen kaum durchbrochen und konfrontierten den Besucher mit brutaler Betonmasse, die keinen Rückschluss auf das Innere zuließ, und mit einem Wohnhaus mit optisch beklemmendem Festungscharakter.[537]

---

536 Zu Rolf Gutbrod vgl. Philipp 1995. – Philipp 2011b. – Derenbach 2019. – Kilzer 2020. – Kleinmanns 2021.

537 Vgl. Philipp 2014, S. 299.

9 Würdigung

Das Wohn- und Sammlungshaus Domnick ist in seiner Funktion und Architektur einmalig. Aus der Leidenschaft für Kunst entstand innerhalb kürzester Zeit eine umfassende Sammlung abstrakter Kunst des 20. Jahrhunderts. Nach dem Zweiten Weltkrieg begannen der Bauherr, Ottomar Domnick und seine Ehefrau Greta, Kunstgalerien aufzusuchen, mit Malern in Kontakt zu treten und Künstler zu besuchen. Zu jener Zeit waren die Bilder für sie noch keine Wertobjekte, sondern Teile des lebendigen Interesses. „Das Unbekannte in der Kunst"[538], wie es Willi Baumeister nannte, traf den Nerv Domnicks und weckte in ihm eine schwer zu stillende Leidenschaft, die auch Musik und Literatur miteinschloss. Ausstellungen, Konzerte, Lesungen, überhaupt die Beschäftigung mit Kultur im eigenen Ambiente bestimmten einen wesentlichen Teil im Leben des Ehepaars Domnick.

Domnick selbst wollte jedoch mehr als das bisher Erreichte. Neben seinem Beruf als Neurologe und Psychiater und seinem Interesse an der Kunst drängte es ihn, selbst künstlerisch aktiv zu werden. Er strebte daher eine Karriere als Filmemacher an, denn in diesem Genre konnte er seine bislang auf diversen Gebieten gewonnenen kulturellen Erkenntnisse miteinander verbinden. Gleichzeitig zog er sich aus dem sich verändernden, nicht mehr seinen Vorstellungen entsprechenden Kunstmarkt zurück, ohne jedoch jemals das Interesse an der Kunst zu verlieren.

Domnick war sich der Bedeutung seiner Sammlung durchaus bewusst und wollte sie daher mit der Öffentlichkeit teilen. Deshalb überlegte er sich als erstes eine Zusammenarbeit mit dem Land Baden-Württemberg und verschiedenen an Kunst interessierten Institutionen. Verhandlungen mit der Stuttgarter Staatsgalerie zerschlugen sich jedoch, geplante Bauvorhaben scheiterten aufgrund für Domnick unzumutbare Bedingungen und umgekehrt an seinen zu hohen Erwartungen und Forderungen an mögliche Grundstücksgeber. Die probate Lösung: „Das Gehäuse selbst zu schaffen, in dem Kunstwerke ihre endgültige Heimat finden sollten. Also eine Symbiose eingehen zwischen Malerei und Architektur, wozu dann noch Veranstaltungen mit Konzerten und den eigenen Filmen kommen sollten. Das war unser Ziel."[539]

Mit seinem langjährigen Architektenfreund, Paul Stohrer, fand er 1966 endlich das geeignete Baugelände auf der Oberensinger Höhe am Randgebiet Nürtingens. Nach fundierten Recherchen, Besuchen anderer Museen, Gedankentransfers, intensiven Diskussionen und unendlich vielen Korrekturen, die bis ins kleinste künstlerische und technische Detail reichten, wurde 1967 der Bau des Wohn- und Sammlungshauses realisiert.

Das Wohn- und Sammlungshaus Domnick war für den Architekten Stohrer zweifelsohne ein Höhepunkt am Ende seines architektonischen Schaffens. Innerhalb seines Œuvres besticht das Bauwerk durch seine eigenwillige Architektursprache, die geprägt war von namhaften Architekten mit Vorbildfunktion, der Beton-Konstruktion, der Raumanordnung und der Lichtplanung.

Domnick erinnerte Stohrer während der Entwurfsphase stets an die schmalen Gassen Pompejis. Er wünschte sich einen labyrinthischen Charakter der Raumanordnung, sodass ein kontinuierlicher Weg durch das Museum führt. Der Grundriss des Wohn- und Sammlungshauses mit der kurvigen Wegführung und den funktionstrennenden Innenhöfen erinnert an das Netz der Teppichbebauung. Das Konzept ermöglicht darüber hinaus eine gewollte und geschützte Privatsphäre.

---

538 Domnick 1982, Ottomar und Greta 2, S. 10.

539 Domnick 1982, Ottomar und Greta, S. 57.

Im Kontext der Museumsarchitektur besitzt das Haus Domnick typische Merkmale. Die exponierte Lage inmitten des Landschaftsschutzgebietes verleiht dem Gebäude Ruhe: für das Ehepaar, Gäste und Besucher ein Ort der Erholung, des Austauschs. Die ebenerdige quadratische Architektur ist ebenfalls nicht ungewöhnlich für Museumsbauten. Zahlreiche Vergleichsbeispiele zeigen Rastergrundrisse, geschlossene Außenwände und wechselvolle Lichtverhältnisse. Wesentlich ist, dass im Wohn- und Sammlungshaus durch die Verkettung der Räume das strenge System kaum wahrnehmbar ist.

Stohrer und Domnick präferierten zunächst aneinander gereihte Pavillonbauten. Diese Vision konnte aufgrund der Grundstücksmaße nicht realisiert werden. Innerhalb des kubischen Baukörpers konnte aber die Pavillon-Idee weiterhin aufrechterhalten werden. Die labyrinthische Raumordnung mit Höhensprüngen, verstellten Blicken durch eingestellte Wände, kleine intime Ecken und „Gassen" ähneln der Infrastruktur einer marokkanischen Stadt. Zugleich wird auf diese Weise die Struktur des Rasters aufgeweicht. Pavillon-Museen wie das Louisiana Museum in Dänemark oder die Moderne Galerie in Saarbrücken widmen jedem Bau eine eigene Ausstellungsplattform. Sie sind klar strukturiert ohne räumliche Verknüpfungen und auf möglichst große Flexibilität hin konzipiert. Auch die Museen, die aus einem Baukörper bestehen, legen großen Wert auf offene große Säle, die sich individuell an neue Ausstellungen anpassen können. Domnick, der seinen Bildern einen festen Platz geben wollte, hatte nicht diesen Anspruch. Wechselausstellungen fanden hier nicht statt. Auf diese Weise konnte Stohrer gezielt für die bestehende Sammlung adäquate museale Räume entwerfen.

Das Farbkonzept und das Lichtsystem im Wohn- und Sammlungshaus sind ungewöhnlich. Dunkle Decken verleihen den Räumen einen gedrungenen Eindruck. Domnick bewirkte zusammen mit einer künstlichen Punktbeleuchtung eine Fokussierung auf die Bilder. Die wenigen schmalen Fensterschlitze geben den Räumen gerade ausreichend Tageslicht und leiten den Besucher durch die Sammlung. Dabei schaffen sie eine wohlige Atmosphäre.

Innerhalb der Museumsarchitektur ist das Haus Domnick damit einzigartig. Zwar sind wesentliche Faktoren, die ein Museum verlangt, beim Bau berücksichtigt worden, allerdings unterlag die Planung in der Konsequenz den Anforderungen Domnicks. An dieser Stelle kann bereits gesagt werden, dass das Haus Domnick bautypologisch nicht als Museum mit angebautem Wohntrakt zu verstehen ist. Die verbindliche Hängung der Bilder, die fest darauf bezogene Lichtinstallation und die gesamte auratische Atmosphäre innerhalb des verschlossenen Gebäudes lassen auf ein Wohnhaus mit einer beachtlichen Erweiterung des Wohnbereichs schließen, die als Ausstellungsräume genutzt werden können. Gegen ein Museum spricht zudem die relativ niedrige Deckenhöhe, die mehr mit der Wohnhausarchitektur korrespondiert.

Im Kontext der Wohnhausarchitektur finden sich klare Parallelen zum Wohn- und Sammlungshaus. Neben Stohrers eigenen Vorstellungen flossen insbesondere Leitideen großer Architekten des 20. Jahrhunderts mit in das Konzept des Hauses Domnick ein. Der rege Austausch internationaler Architekten durch die Gründung der CIAM führte zu gleichen baulichen Zielsetzungen und verstärkte die gemeinsame Ausbildung des „Neuen Bauens". Auffällig sind daher Überschneidungen und identische Motive mit avantgardistischen Wohnhäusern dieser Epoche. Gleichzeitig brachte die immer stärker werdende Industrialisierung neue Bauverfahren und Baustoffe hervor, die verstärkt zum Einsatz kamen.

In der Architektur etablierte sich das Baukasten-System, weshalb wesentliche Module ähnlich waren, aber individuell gestaltet und verarbeitet wurden. Darunter fallen die Eisen-Stahl-Konstruktionen, die offen fließenden Räume, die Ausrichtung nach den Himmelsrichtungen, die Einbeziehung der Natur durch organische Formen, Dachüberstände und Pergolen, ebenerdige Bauwerke und großflächige Verglasungen.

Das eingeschossige Haus Domnick wurde daraufhin mit freistehenden, individuell entworfenen Bungalowbauten verglichen. Die Verschlossenheit war jedoch ungewöhnlich für diesen Wohnbautypus des 20. Jahrhunderts. Transparenz, Offenheit, prominent abgesetzte Dächer und eine harmonische Verbindung von Natur und Architektur waren wesentliche Elemente. Das Haus Domnick ist aber in sich gekehrt und gewährt von außen kaum Einblicke, die Rückschlüsse auf das Innere zulassen. Lichthöfe und Terrassen erlauben lediglich geringfügigen Kontakt und Ausblicke nach draußen. Auch ist eine großflächige Verglasung Richtung Süden undenkbar, da für die Bilder notwendige Wände entfallen wären. Durch die Lage der Räume diagonal durch das Gebäude ohne direkten Kontakt zu Außenwänden – außer der nach Westen und minimal nach Süden – war eine weitläufige Öffnung zur Natur nicht möglich. Die gezielt eingesetzten Fensterschlitze sind Stohrer und seiner architektonischen Kompetenz zu verdanken.

Die Raumanordnung der Wohnung mit Einbauschränken ist konventionell nach Himmelsrichtungen ausgerichtet und zugunsten einer größeren Wohnzimmerfläche in Kombination mit Esszimmer und Büro auf die notwendigen Maße beschränkt. Die Bodenversprünge helfen bei der Differenzierung der unterschiedlichen Raumfunktionen. Die Sammlungsräume selbst können als erweiterter Wohnbereich angesehen werden, die durch ihre offene Architektur jederzeit eine neue Nutzung erfahren können. Das Haus Domnick lässt sich im Ergebnis als geschlossener Wohnhofbungalow in der Architektur des béton brut charakterisieren. Eine weiterführende Recherche bezogen auf Sichtbetonbungalows der 1960er Jahre würde die Vielseitigkeit der Bungalowbauten, wie sie in der Arbeit bereits angedeutet wird und die Kategorisierung des Hauses Domnick verdeutlichen. Der Rastergrundriss war der Betonkonstruktion und der erforderlichen Statik geschuldet. Le Corbusier und seine gedanklichen Mitstreiter lösten die Starrheit dieses Systems durch runde Formen auf. Fließende Räume verhelfen ebenfalls diese Strenge aufzulösen. Beim Haus Domnick ist das Raster durch die diagonale Raumführung, Höhenversprünge der Decken und Böden sowie die frei eingestellten Wände kaum wahrnehmbar. Die runde Ummantelung um die Toiletten ist lediglich ein bescheidener Faktor, der sich von der quadratischen Geometrie losbindet. Die Struktur der Pergolen löst die Massivität des Betonbaus minimal auf. Sie erzeugen ein Licht-Schatten-Spiel und rhythmisieren die Fassade. Das Motiv ist geläufig und wurde vielfach von Architekten wie Frank Lloyd Wright, Richard Neutra und anderen verwendet. Bemerkenswert ist, dass Stohrer mit einer der ersten Architekten war, der die offene Konstruktion mit vorstehenden Betonträgern gestaltete. Das Wohn- und Sammlungshaus ist demnach im Stil des Brutalismus mit der methodischen Vorgehensweise des Strukturalismus in Zusammenhang zu bringen.

Es handelt sich in der Konsequenz um einen Bungalow, bei dem der Wohnbereich erheblich erweitert und als Sammlungsbereich genutzt wurde. Philipp verweist auf Stohrers Leitmotiv, „[…] menschliche und in Beziehungen zu den Kunstwerken stehende Maßstäbe herzustellen", und so „gibt es keine galerie- und museumsartigen Sammlungsräume, sondern eine ‚bewohnte' Gruppierung vielfach fensterloser Raumteile."[540] Stohrer schnitt die Architektur ausschließlich auf die Bedürfnisse und ureigenen Interessen Domnicks zu, auf die Kunstsammlung, die Cello-Musik, sodass dieses Gebäude geprägt ist von der Autobiografie seines Bauherrn.[541]

Zusammengefasst ist das festungsartige Haus Domnick im Stil des béton brut mit einem strukturierten Grundriss bautypologisch kein Museum, sondern ein aus Sichtbeton verschlossener Bungalow in der Architektur der 1950/60er Jahre. Stohrer hat mit dem Bau den Wunsch Domnicks erfüllt, mit seiner Sammlung zusammenleben zu können und für sich ein architektonisches Meisterwerk geschaffen, indem er ein Wohnhaus mit musealen Ansprüchen konzipiert hat.

Aus heutiger Sicht hat das Wohn- Sammlungshaus Domnick als Teil der Staatlichen Schlösser und Gärten Baden-Württemberg die Funktion eines Museums übernommen, da es inzwischen für die breite Öffentlichkeit zugänglich ist. Die singuläre Architektur ist inhaltlich so konzentriert auf die Person Ottomar Domnicks, dass sie untrennbar mit seiner ausdrucksvollen Autobiographie verbunden ist.

---

540 Stohrer 1967, zit. nach Grammel 2012, S. 143. Vgl. Philipp 2014, S. 299.

541 Vgl. Philipp 2014, S. 299.

Anhang

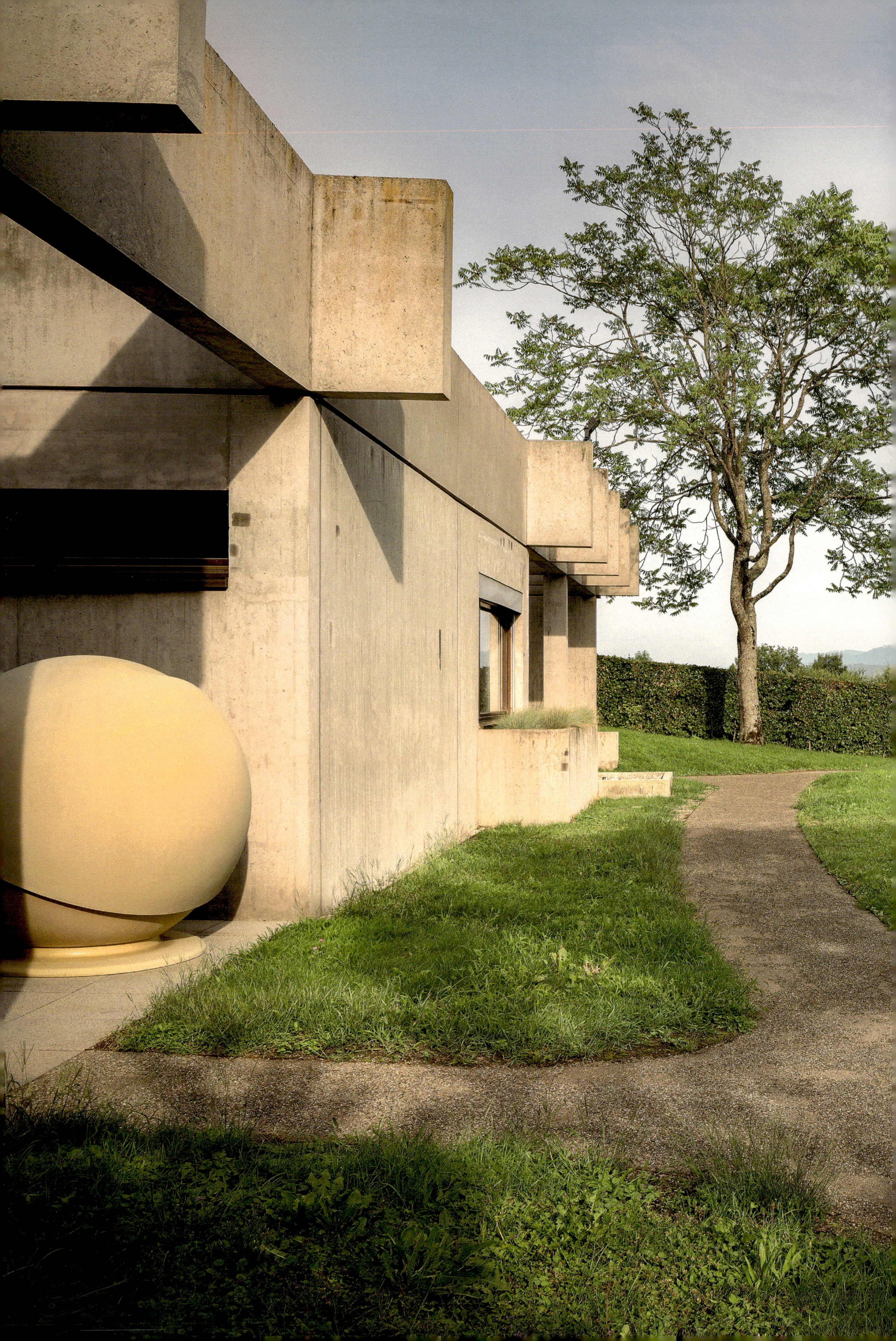

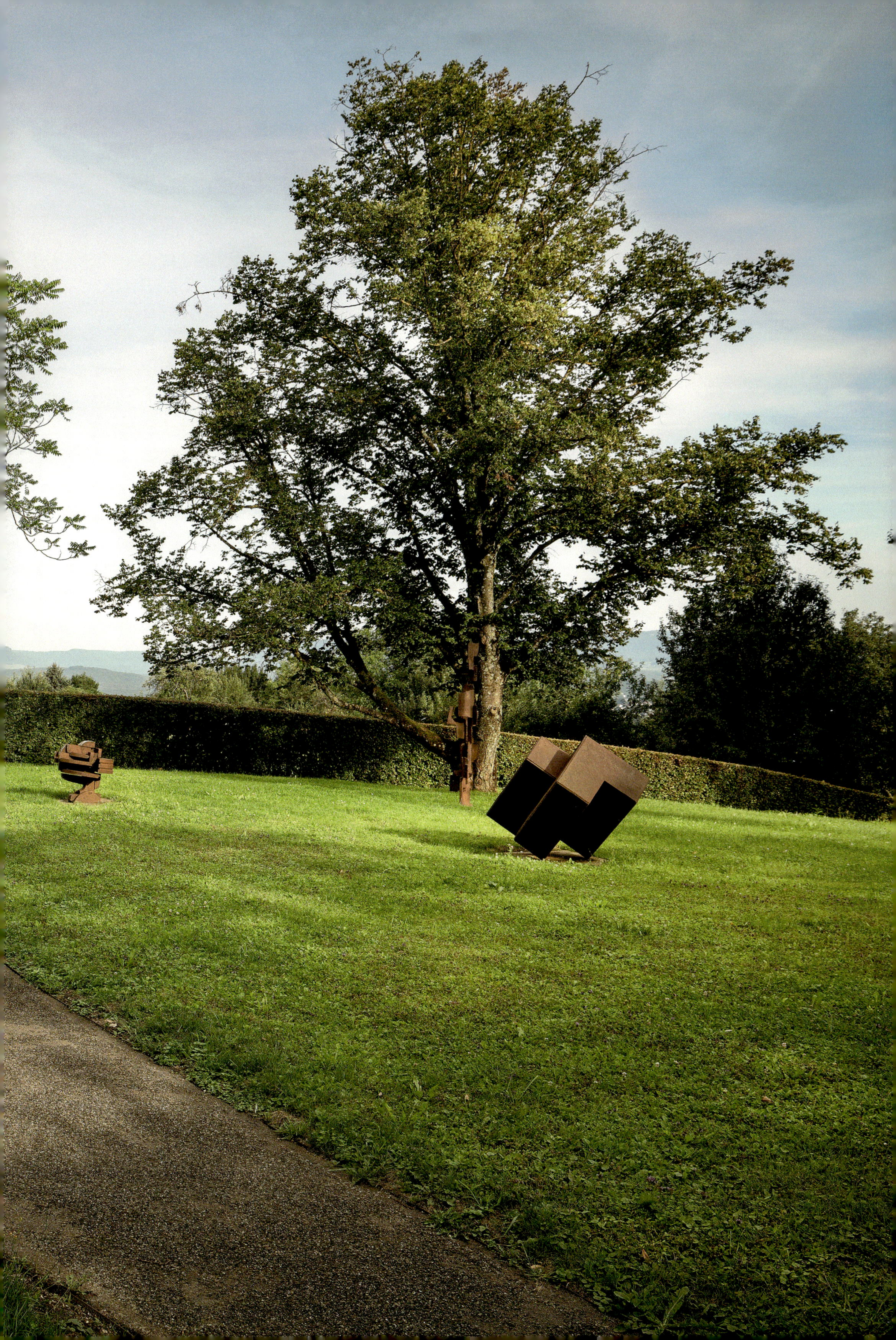

Literatur- und Quellenverzeichnis

Archive / Quellen

Archiv Sammlungshaus Nürtingen (ASD)

Hamburgisches Architekturarchiv, Verkaufsbroschüre von Professor Richard J. Neutra entworfen. Von der BEWOBAU verwirklicht, Frankfurt / Hamburg 1963.

Sekundärliteratur

Aalto / Barüel 1999.
Alvar und Elissa Aalto / Jean-Jacques Barüel: Nordjyllands Kunstmuseum, København 1999.

Adlbert 2009.
Georg Adlbert: Die bauliche Revitalisierung des Kanzlerbungalow, in: Kanzlerbungalow, hg. v. Stiftung Haus der Geschichte der Bundesrepublik Deutschland, München 2009, S. 106–131.

Aerni 2018.
Georg Aerni: Buchner Bründler, 2018, URL: https://afasia-archzine.com/2018/08/buchner-brundler-30/ [26.10.2022].

Aerni 2020.
Georg Aerni: Baseler Brutalismus. Villa von Buchner Bründler, in: Bau Netz 24.04.2020, URL: https://www.baunetz.de/meldungen/Meldungen-Villa_von_Buchner_Bruendler_7219620.html [25.10.2022].

Andreas 2013.
Paul Andreas: Oscar Niemeyer. Eine Legende der Moderne, München 2013.

Asendorf 2021.
Christoph Asendorf: Zwischenräume / Übergänge. Gestalten der Uneindeutigkeit in der „Liquid Modernity", in: Zwischenräume in Architektur, Musik und Literatur, hg. v. Jennifer Konrad / Matthias Müller / Martin Zenck, Bielefeld 2021, S. 107–136.

Auer 1974.
Hermann Auer: Denkschrift Museen. Zur Lage der Museen in der Bundesrepublik Deutschland und Berlin (West), Boppard 1974.

Augerau / Dahmani / El Moumni 2022.
Laure Augerau / Imad Dahmani / Lahbib El Moumni: Brutalism. The gem of marocco's contribution to world culture, in: Agadir. Building the Modern Afropolis, hg. v. Tom Avermaete / Maxime Zaugg, Zürich 2022, S. 85–104.

Banham 1955.
Reyner Banham: The New Brutalism, in: The Architectural Review 708 (1955), S. 354–361.

Banham 1966.
Reyner Banham: Brutalismus in der Architektur – Ethik und Ästhetik?, Stuttgart 1966.

Barg 2014.
Rhea Rebecca Barg: Ein Leben für die Kunst. Der Architekt Manfred Lehmbruck, in: Eine große Idee. 50 Jahre Lehmbruck Museum, hg. v. Söke Dinkla, Duisburg 2014, S. 120–125.

Beckel 2002.
Inge Beckel: Im Zentrum steht der Mensch. Gedanken zum Strukturalismus der Nachkriegsarchitektur, in: (Neo) Strukturalismus 128 (2002), S. 7–12.

Betting / Vriend 1958.
Walter Betting / J. J. Vriend: Bungalows, Amsterdam 1958.

Beuckers 2023a.
Klaus Gereon Beuckers: Die Entstehung einer Sammlung. Zur Einleitung, in: Die Sammlung Domnick. Ihr Bestand und ihre Bedeutung für die Moderne nach dem Zweiten Weltkrieg, hg. v. Klaus Gereon Beuckers / Charlott Hannig, Petersberg 2023, S. 12–25.

Beuckers 2023b.
Klaus Gereon Beuckers: Figur und Raum. Zu den Plastiken der Sammlung Domnick, in: Die Sammlung Domnick. Ihr Bestand und ihre Bedeutung für die Moderne nach dem Zweiten Weltkrieg, hg. v. Klaus Gereon Beuckers / Charlott Hannig, Petersberg 2023, S. 174–191.

Beuckers / Hannig 2023.
Klaus Gereon Beuckers / Charlott Hannig: Die Sammlung Domnick. Ihr Bestand und ihre Bedeutung für die Moderne nach dem Zweiten Weltkrieg, Petersberg 2023.

Blake 1996.
Peter Blake: Philip Johnson, Basel / Boston / Berlin 1996.

Borngräber 1985.
Christian Borngräber: Nierentisch und Schrippendale. Hinweise auf Architektur und Design, in: Die fünfziger Jahre, hg. v. Dieter Bänsch, Tübingen 1985, S. 223–258.

Bott 1979.
Gerhard Bott: Von den Aufgaben des Kunstmuseums in der Gegenwart. Festvortrag im Kurpfälzischen Museum in Heidelberg zum 100. „Geburtstag", Heidelberg 1979.

Braatz 1962.
Wolfgang Braatz: Das Reuchlinhaus in Pforzheim. In: Bauwelt 12 (1962), S. 307–311.

Brackert 1967.
Giesela Brackert: Sammlung Domnick als offenes Haus, in: Das Kunstwerk 21 (1967/68), S. 38.

Brawne 1965.
Michael Brawne: Neue Museen – Planung und Errichtung, Stuttgart 1965.

Breuer 1934.
Marcel Breuer: wo stehen wir[?]. Typoskript eines Vortrags, gehalten 1931 an der Technischen Hochschule Delft (SU 10). In veränderter Form abgedruckt in Jones 1962, S. 260–262.

Brunnert 2016.
Stephan Brunnert: Handlungsfelder der präventiven Konservierung, in: Handbuch Museum. Geschichte – Aufgaben – Perspektiven, hg. v. Markus Walz, Stuttgart 2016, S. 222–234.

Büchner 2004.
Dieter Büchner: Leben mit Kunst. Haus und Sammlung Domnick in Nürtingen, in: Denkmalpflege in Baden-Württemberg 33 (2004), S. 125–126.

Bühler 1959.
Adolf Bühler: Der Erweiterungsbau des Kunsthauses in Zürich: Architekten Gebrüder Pfister, Zürich, in: Schweizerische Bauzeitung 77 (1959), S. 281–285.

Bühler 2015.
Dirk Bühler: Ein Meisterwerk der Betontechnologie. Der Bau des Deutschen Museums in München (1906–1911), in: Museum aus gegossenem Stein. Betonbaugeschichte im Deutschen Museum (Deutsches Museum Studies, Bd.1), hg. v. Wilhelm Füßl / Ulf Hashagen / Ulrich Kernbach / Helmuth Trischler, Münster 2015, S. 48–79.

Bürkle 1993.
Christoph Bürkle: Hans Scharoun, Löbnitz 1993.

Busse 2014.
Annette Busse: Was ist Brutalismus?, in: Baumeister 111 (2014), S. 81–89.

Buttlar 2007.
Adrian von Buttlar: Gefährdete Nachkriegsmoderne. Eine Forschungs- und Vermittlungsaufgabe, in: denkmal! Moderne – Architektur der 60er Jahre – Wiederentdeckung einer Epoche, hg. v. Adrian von Buttlar / Christoph Heuter Berlin 2007, S. 14–27.

Buttlar 2017.
Adrian von Buttlar: Brutalismus in Deutschland. Fortschrittspathos als ästhetische Revolte, in: Brutalismus. Beiträge des internationalen Symposiums in Berlin 2012, hg. v. Wüstenrot Stiftung, Zürich 2017, S. 63–75.

Campe 2022.
Barbara von Campe: Die Richard-Neutra-Siedlung in Quickborn (1960–1963). Siedlungen als bezahlbarer Wohnraum, Masterarbeit. Kiel 2022 [nicht publiziert].

Cavalcanti 2013.
Lauro Cavalcanti: Oscar Niemeyer und die brasilianische Tradition der Moderne, in: Oscar Niemeyer. Eine Legende der Moderne, hg.v Paul Andreas, München 2013, S. 27–36.

Chaouni 2017.
Azazi Chaouni: Agadir. Wie Marokko postkoloniale Moderne erwachsen wurde. Eine internationale Bestandsaufnahme, in: SOS Brutalismus, hg. v. Oliver Elser / Philip Kurz / Peter Cachola Schmahl, Zürich 2017, S. 52–57.

Claussen 1986.
Horst Claussen: Walter Gropius. Grundzüge seines Denkens (Studien zur Kunstgeschichte 39), Hildesheim / Zürich / New York 1986.

Cohen 1995.
Jean-Louis Cohen: Ludwig Mies van der Rohe, Basel 1995.

Columnia 2017.
Beatriz Columnia: New Brutalism und der Krieg, in: Brutalismus. Beiträge des internationalen Symposiums in Berlin 2012, hg. v. Wüstenrot Stiftung, Zürich 2017, S. 18–29.

Conrads 1968.
Ulrich Conrads: Der andere Mies, in: Bauwelt 38 (1968), S. 1210–1211.

Cresti 1975.
Carlo Cresti: Alvar Aalto, Luzern 1975.

Cunningham 1970.
Charles C. Cunningham: Das Museum der Zukunft, in: Das Museum der Zukunft. 43 Beiträge zur Diskussion über die Zukunft des Museums, hg. v. Gerhard Bott, Köln 1970, S. 35–38.

Curtis 1987.
William J.R Curtis: Le Corbusier. Ideen und Formen, Stuttgart 1987.

Curtis 1989.
William J.R. Curtis: Architektur im 20. Jahrhundert, Oxford 1989.

Czaja 2006.
Czaja, Wojciech: Das 20er Haus als Exponat seiner eigenen Wanderausstellung, in: Kunst fürs 20er Haus, hg. v. Gerbert Frodl / Adolf Krischanitz, Wien 2006, S. 17–23.

Deck 2013.
Meike Deck: Der Architekt und Kirchenbameister Rainer Disse (1928–2008). Reduktion und Konzentration im Zeitalter des Betonbrutalismus, Regensburg 2013.

Delhomme / Savoye 2020.
Jean-Philippe Delhomme / Jean-Marc Savoye: Die sonnigen Tage der Villa Savoye, Basel 2020.

Denkinger 2019.
Bernhard Denkinger: Die vergessenen Alternativen. Strukturalismus und brutalistische Erfahrung in der Architektur, Berlin 2019.

Derenbach 2019.
Rolf Derenbach: Exemplarische Bauwerke des Architekten Rolf Gutbrod in der Orientierungsphase des Bauens 1950 bis 1970, Bonn 2019.

Dinkla 2014.
Söke Dinkla: Das Museum als Raum der Aistheses. Zur Idee des Lehmbruck Museums, in: Eine große idee. 50 Jahre Lehmbruck Museum, hg. v. Söke Dinkla, S. 26–43.

Dittmann 2017.
Martin Dittmann: Die Moderne Galerie von Hans Schönecker und ihre Erweiterung. Eine wechselvolle Planungsgeschichte, in: Saarlandmuseum. Moderne Galerie, hg. v. Roland Mönig / Wilfried Kuehn, Saarbrücken 2017, S. 10–21.

Döllinger 1966.
Horst Peter Döllinger: Material, Struktur, Ornament – Beispiele Architektur heute, München 1966.

Domnick 1947.
Ottomar Domnick: Die schöpferischen Kräfte in der abstrakten Malerei. Ein Zyklus mit Fritz Winter, Otto Ritschl, Willi Baumeisterm Max Ackermann, Georg Meistermann, Bergen / Obb. 1947.

Domnick 1967.
Ottomar Domnick: Ein Haus für die Kunst, in: Blätter der Kulturgemeinschaft des DGB Stuttgart e.V., H3 1967, S. 22.

Domnick, Ottomar und Greta 1982.
Ottomar und Greta Domnick: Die Sammlung Domnick, Entstehung, ihre Aufgabe, ihre Zukunft: eine Dokumentation, Stuttgart / Zürich 1982.

Domnick 1987.
Ottomar Domnick: Mein Weg zu den Skulpturen, Stuttgart 1987.

Domnick ²1989.
Ottomar Domnick: Hauptweg und Nebenwege, Hamburg / Nürtingen ²1989.

Dongus 2002.
Margot Dongus: Rolf Gutbrod. Studien über das Leben und Werk des Architekten, Berlin 2002.

Drexler 1977.
Arthur Drexler: The architecture of the École des Beaux Arts, London 1977.

Drexler / Hines 1982.
Arthur Drexler / Thomas Hines: The Architecture of Richard Neutra: From International Style to California Modern, New York 1982.

Dreyer 2012.
Claus Dreyer: Strukturale Ansätze in der Architekturtheorie der sechziger und siebziger Jahre, in: Strukturelle Architektur. Zur Aktualität eines Denkens zwischen Technik und Ästhetik, hg. v. Joaquín Medina Warmburg / Cornelie Leopold, Bielefeld 2012, S. 37–54.

Driller 1990.
Joachim Driller: Marcel Breuer: das architektonische Frühwerk bis 1950, Diss. Freiburg 1990 [masch.].

Driller 1998.
Joachim Driller: Marcel Breuer. Die Wohnhäuser 1923–1973, Stuttgart 1998.

Durth 1986.
Werner Durth: Deutsche Architekten: Biographische Verflechtungen 1900–1970, Braunschweig 1986.

Durth 1987.
Werner Durth: Architektur und Städtebau der fünfziger Jahre, Bonn 1998.

Durth 1998a.
Werner Durth: Architektur und Städtebau der DDR (Bd. 1 und 2), Frankfurt am Main 1998.

Durth 1998b.
Werner Durth: Architektur und Städtebau der 30er/40er Jahre, Bonn 1998.

Ebert 2009.
Carola Ebert: Into the great wide open: The West-German modernist bungalow of the 1930s as a psycho-political re-creation of home, in: Multi. 2 (2008), S. 35–51.

Ebert 2014.
Carola Ebert: Die Pavillonisierung des Bungalows. Ein wiederkehrendes Motiv der (west-) deutschen Architekturgeschichte", in: ARCH+ 217 (2014), S. 40–47.

Ebert 2016.
Carola Ebert: Entspannte Moderne. Der westdeutsche Bungalow 1952–1969 als Adaption eines internationalen Leitbilds und Symbol einer nivellierten Mittelschichtsgesellschaft, Diss. Kassel 2016 [online publiziert].

Eckstein 1956.
Hans Eckstein: Zwei Einfamilienhäuser am Tegernsee & Oberbayern, in: Bauen + Wohnen 11 (1956), S. 194–199.

Eckstein 1957.
Hans Eckstein: Architektenhaus in München-Obermenzing, in: Bauen + Wohnen 11 (1957), S. 74–77.

Eisenman 1998.
Peter Eisenmann: Conversation I., in: Imagining the future of the museum of modern Art. New York: The Museum of Modern Art, hg. v. John Elderfield, New York 1998, S. 34–40.

Elser / Kurz / Cachola Schmahl 2017.
Oliver Elser / Philip Kurz / Peter Cachola Schmahl: SOS Brutalismus: Eine internationale Bestandsaufnahme, Zürich 2017.

Elser 2019.
Oliver Elser: SOS Brutalismus. Ein Zwischenbericht, in: Die Denkmalpflege 77 (2019), S. 66–74.

Elser 2020.
Oliver Elser: 70 Jahre Brutalismus, in: Neue Gesellschaft. Frankfurter Hefte 67 (2020), S. 65–68.

Engelbert 2003.
Eva von Engelberg: Richard Neutras Siedlung in Quickborn: „kalifornische Moderne" in Schleswig-Holstein, in: DenkMal!: Zeitschrift für Denkmalpflege in Schleswig-Holstein 10 (2003), S. 37–47.

Erner 2014.
Beatrice Erner: Markenadäquate Gestaltung von Live Communication-Instrumenten. Untersuchung der Wahrnehmung und Wirkung von Messeständen, Wiesbaden 2014.

Escher 2009.
Gudrun Escher: Stiftung Wilhelm Lehmbruck Museum Duisburg (Die neuen Architekturführer, Bd. 155), Berlin 2009.

Esper 2014.
Matthias Esper: Baugeschichte des Lehmbruck Museums, in: Eine große Idee. 50 Jahre Lehmbruck Museum, hg. v. Söke Dinkla, Duisburg 2014, S. 116–119.

Esser 1992.
Werner Esser: Ein Geschenk an Baden-Württemberg: Die Stiftung Domnick, in: Museum Aktuell, August 1992, S. 282–284.

Esser 1999.
Werner Esser: Sammlung Domnick – Eine Einführung, Nürtingen 1999.

Esser 2013.
Werner Esser: Weltsprache Abstraktion. Ottomar Domnick, früher Rufer in der Wüste, in: Kunst in Stuttgart. Epochen, Persönlichkeiten, Tendenzen, hg. v. Dietrich Heißenbüttel, Stuttgart 2013, S. 132–147.

Favole 2011.
Paolo Favole: Geschichte der Architektur. 20. / 21. Jahrhundert, München 2011.

Fehl 2001.
Gerhard Fehl: „Jeder Familie ihr eigenes Haus und jedes Haus in seinem Garte", in: Villa und Eigenheim. Suburbaner Städtebau in Deutschland, hg. v. Tilmann Harlander Stuttgart / München 2001, S. 18–48.

Feig 1963.
Karl Feig: Alvar Aalto. Band I. 1922–1962, Zürich 1963.

Feig 1979.
Karl Feig: Alvar Aalto, Zürich 1979.

Feig 2014.
Karl Feig: Alvar Aalto. Das Gesamtwerk, Basel 2014.

Fiedler 2008.
Susanne Fiedler: Museumsarchitektur und kulturelle Identität. Nordische Kunstmuseen in der zweiten Hälfte des 20. Jahrhunderts, Diss. Greifswald 2008 [online pub.].

Fiorito 1999.
Regina Fiorito: Wohnsiedlungsarchitektur der 60er Jahre in den Vereinigten Staaten von Amerika und Deutschland. Eine vergleichende Untersuchung, Köln 1999.

Fischer 2013.
Ole Fischer: Reflexion im Spiegelglas. Ludwig Mies van der Rohe, Philip Johnson und die Glashäuser. Eine kulturhistorische Betrachtung, in: Mies van der Rohe im Diskurs. Innovation – Haltungen – Werke – Aktuelle Positionen, hg. v. Kerstin Plüm, S. 139–158.

Foster 1994.
Norman Foster: Carre d'Art Nimes, in: Bauen + Wohnen 81 (1994), S. 12–15.

Fox 2001.
Stephan Fox: Cullinan Hall. A Window on Modern Houston, in: Journal of Architectural Education 54 (2001), S. 158–166.

Frampton [7]2007.
Kenneth Frampton: Die Architektur der Moderne – Eine kritische Baugeschichte, Stuttgart [7]2007.

Frankenberg 2013.
Pablo von Frankenberg: Die Internationalisierung der Museumsarchitektur. Voraussetzungen, Strukturen, Tendenzen (Berliner Schriftenreihe zur Museumsforschung, Bd. 31), Berlin 2013.

Fries 1926.
H. de Fries: Junge Baukunst in Deutschland. Ein Querschnitt durch die Entwicklung neuer Baugestaltung in der Gegenwart, Berlin 1926.

Gaspari 1974.
Claude Gaspari: La Fondation Maeght et Aimé Maeght, Paris 1974.

Geipel / Richters 2010.
Kaye Geipel / Christian Richters: Schönstes Museum der Welt, in: Bauwelt 5 (2010), S. 14–23.

Giebeler 2008.
Georg Giebeler: Zeitenatlas, in: Atlas Sanierung. Instandhaltung, Umbau, Ergänzungen, hg. v. Georg Giebeler / Rainer Fischer, München 2008, S. 116–205.

Gierschner 1989.
Sabine Gierschner: Das Wilhelm-Lehmbruck-Museum, in: Denkmalpflege im Rheinland 6 (1989), S. 14–17.

Giurgola 1979.
Romaldo Giurgola: Louis I. Kahn, Zürich 1979.

Gleiter 2017.
Jörg H. Gleiter: Brutalismus als Symptom. Zur umgekehrten Entwicklungslinie der japanischen Moderne, in: Brutalismus. Beiträge des internationalen Symposiums in Berlin 2012, hg. v. Wüstenrot Stiftung, Zürich 2017, S. 117–128.

Grafe / Herfst / Fischer 2018.
Christoph Grafe / Walter Herfst / Suzanne Fischer: Aldo van Eyck. Orphanage Amsterdam: buildings and playgrounds, Amsterdam 2018.

Grammel 2012.
Ursula Grammel: Paul Stohrer 1909–1975. Architekt in der Zeit des Wirtschaftswunders, Stuttgart 2012.

Gropius 1967.
Walter Gropius: Apollo in der Demokratie, Mainz / Berlin 1967.

Gutheim 1960.
Frederick Gutheim: Alvar Aalto, (Große Meister der Architektur, Bd. 1), New York 1960.

Gutzmer 2012.
Alexander Gutzmer: Mit der neuen Faszination für die 60er hat auch der Baustil des Brutalismus wieder Konjunktur, in: Baumeister 109 (2012), S. 40–41.

Hammer-Tugendhat 1998.
Daniela Hammer-Tugendhat: Ludwig Mies van der Rohe – das Haus Tugendhat, Wien 1998.

Händler 1965.
Gerhard Händler: „Das neue Wilhelm-Lehmbruck-Museum in Duisburg", in: Museumskunde 34, Bd. 3 (1965), S. 1–10.

Häring 2001.
Hugo Häring: Das Haus als organhaftes Gebilde, in: Programme und Manifeste zur Architektur des 20. Jahrhunderts, hg. v. Ulrich Conrads (Bauwelt Fundamente Bd. 1), Basel 2001, S. 117–118.

Harlander 2001.
Tilmann Harlander: Villa und Eigenheim. Suburbaner Städtebau in Deutschland, Stuttgart / München 2001.

Hartung 2010.
Olaf Hartung: Kleine Deutsche Museumsgeschichte. Von der Aufklärung bis zum frühen 20. Jahrhundert, Weimar / Wien 2010.

Hatje 1956.
Gerd Hatje: Neue deutsche Architektur, Stuttgart 1956.

Hecker 2007.
Michael Hecker: Structure / Structual. Einfluss „strukturalistischer" Theorien auf die Entwicklung architektonischer und städtebaulicher Ordnungs- und Gestaltungsprinzipien in West-Deutschland im Zeitraum von 1959–1975. Unter besonderer Berücksichtigung städtebaulicher und gebäudekundlicher Aspekte, Stuttgart 2007.

Heinle 2001.
Erwin Heinle: Bauen für Lehre und Forschung, Stuttgart / München 2001.

Henley 2017.
Simon Henley: Redefining brutalism, Newcastle 2017.

Hertzberger 1999.
Herman Hertzberger: Aldo van Eyck. Die kaleidoskopische Idee, in: Bauen + Wohnen 86 (1999), S. 56–57.

Hess 2006.
Alan Hess: Oscar Niemeyer Häuser, München 2006.

Hesse 1967.
Jeanne Hesse: Neutra in Tessin, in: Das Werk. Architektur und Kunst 54 (1967), S. 549–555.

Heyken 1955.
Richard Hekyken: Ein Landhaus bei Hennef / Sieg, in: Die Kunst und das schöne Heim 53 (1955), S. 272–274.

Hildebrandt 1941.
Hans Hildebrandt: Die Wohnung eines Kunstfreundes, in: Innendekoration 52 (1941), S. 287–295.

Hildebrandt 1949.
Hans Hildebrandt: Haus Dr. D. in Stuttgart, in: Die Kunst und das schöne Heim 47 (1949), S. 27–29.

Hillmann 2007.
Roman Hillmann: Fertigteilästhetik – Die Entstehung eines eigenen Ausdrucks bei Bauten aus vorgefertigten Stahlbetonteilen, in: denkmal! Moderne. Architektur der 60er Jahre. Wiederentdeckung einer Epoche, hg. v. Adrian Buttlar / Christoph Heuter, Berlin 2007, S. 80–87.

Hines 2005.
Hines, Thomas S.: Richard Neutra and the Search for Modern Architecture, New York 2005.

Hitchcock 1974.
Henry-Russell: Die Bielefelder Kunsthalle, Bielefeld 1974.

Hitchcock / Johnson 1985.
Henry-Russel Hitchcock / Philip Johnson: Der internationale Stil: 1932, Braunschweig 1985.

Hitchcock 1994.
Henry-Russell Hitchcock: Die Architektur des 19. und 20. Jahrhunderts, München 1994.

Hnídková 2013.
Vendula Hnídková: Die An- und Abwesenheit der Villa Tugendhat im Kontext der tschechischen Architektur, in: Mies van der Rohe im Diskurs. Innovation – Haltungen – Werke – Aktuelle Positionen, hg. v. Kerstin Plüm, Bielefeld 2013, S. 159–170.

Hoh-Slodczyk 1987.
Hoh-Slodczyk, Christine: Carlo Scarpa und das Museum, Berlin 1987.

Hoh-Slodczyk 1992.
Christine Hoh-Slodczyk: Neues Bauen, in: Hans Scharoun. Architekt in Deutschland 1893–1972, hg. v. Christine Hoh-Slodczyk / Norbert Huse / Günther Kühne / Andreas Tonnesmann, München 1992.

Hölz 2002.
Christoph Hölz: Der Architekt als Raumgestalter. Die klassische Moderne, in: Innenräume. Raum, Licht, Material, hg. v. Christian Schittich, Basel 2002, S. 16–29.

Hopkins 2021.
Owen Hopkins: The museum. From its origins to the 21st century, London 2021.

Hornig 1981.
Christian Hornig: Oscar Niemeyer. Bauten und Projekte, München 1981.

Hüwe 2021.
Gesa Hüwe: „Bunker mit Dornenkrone". Über die Rezeption der Düsseldorfer Kunsthalle zwischen 1945 und 1967, Essen 2021.

Jäger / Marlin 2021.
Joachim Jäger / Constanze von Marlin: Neue Nationalgalerie. Mies van der Rohe's museum, Berlin 2021.

Literatur- und Quellenverzeichnis

Jaeger 1985.
Falk Jaeger: Bauen in Deutschland. Ein Führer durch die Architektur des 20. Jahrhunderts in der Bundesrepublik und in West-Berlin, Stuttgart 1985.

Janofske 1984.
Eckehard Janofske: Architektur-Räume: Idee und Gestalt bei Hans Scharoun, Braunschweig 1984.

Jensen 1982.
Knud W. Jensen: Louisana. Samling og bygninger. The collection and Building, Værløse 1982.

Jensen 1991.
Knud W Jensen: Mein Louisiana-Leben: Werdegang eines Museums, Klagenfurt 1991.

Jesberg 1964.
Paulgerd Jesberg: Bibliotheken und Museen (Architektur Wettbewerbe. Bibliotheken und Museen 38), Stuttgart 1964.

Jodidio 2016.
Philip Jodidio: Neue Pavillons in der Architektur, München 2016.

Joedicke 1964.
Jürgen Joedicke: New Brutalism. Brutalismus in der Architektur, in: Bauen + Wohnen 18 (1964), S. 421–423.

Joedicke 1972.
Jürgen Joedicke: Frank Lloyd Wright 1893–1909. Die Entstehung einer neuen Raumkonzeption, in: Bauen + Wohnen 26 (1972), S. 510–514.

Joedicke 1990.
Jürgen Joedicke: Architekturgeschichte des 20. Jahrhunderts. Von 1950 bis zur Gegenwart, Stuttgart 1990.

Joly 1961.
Pierre Joly: Le nouveau musée du Havre, in: Quadrum 11 (1961), S. 163–166.

Jonak 2008.
Ulf Jonak: Arche_tektur. Getarnte Häuser oder Vom auffälligen Leben im Geheimen, Wien 2008.

Jones 1980.
Peter Blundell Jones: Hans Scharoun. Eine Monographie, Stuttgart 1980.

Kahn 2001.
Kahn, Louis I.: 1960. Ordnung ist, in: Programme und Manifeste zur Architektur des 20. Jahrhunderts (Bauwelt Fundamente, Bd.1), hg. v. Ulrich Conrads, Basel 2001, S. 162–163.

Kastroff-Viehmann 2010.
Renate Kastroff-Viehmann: Meilensteine der Architektur. Baugeschichte nach Personen, Bauten und Epochen, Stuttgart 2010.

Kat. Berlin 1963.
Alvar Aalto: Ausstellung in der Akademie der Künste, hg. v. Elisabeth Killy / Peter Pfankuch, Berlin 1963.

Kat. Berlin 1993.
Hans Scharoun. Chronik zu Leben und Werk Johann Friedrich Geist, Ausstellung in der Akademie der Künste Berlin, hg. v. Johann Friedrich Geist / Klaus Küvers / Dieter Rausch, Berlin 1993.

Kat. Bremerhaven 1970.
Hans Scharoun. Akademie der Künste, Sonderausstellung der Stadt Bremerhaven, hg. v. Peter Pfankuch, Berlin 1969.

Kat. Duisburg 2014.
Eine große Idee: 50 Jahre Lehmbruck-Museum, Ausstellung anlässlich des 50. Jubiläums des Lehmbruck Museums, hg. v. Söke Dinkla, Köln 2014.

Kat. Essen 1979.
Alvar Aalto. Das architektonische Werk, Ausstellung im Museum Folkwang Essen, hg. v. Museum Folkwang Essen, Essen 1979.

Kat. Frankfurt a.M. 2010.
Richard Neutra in Europa: Bauten und Projekte 1960–1970, anlässlich der Ausstellung in Frankfurt a.M., hg. v. Klaus Leuschel / Marta Herford, Köln 2010.

Kat. München 2015.
Paul Schneider-Esleben. Architekt, Ausstellung Paul Schneider-Esleben, Katalog zur Ausstellung Architekturmuseum der TU München in der Pinakothek der Moderne, hg. v. Andres Lepik / Regine Heß, Ostfildern 2015.

Kat. Stuttgart 1999.
Paul Stohrer Architekt. Ausstellung in der Architekturgalerie am Weißenhof Ausstellung vom 17.12.1999–13.02.2000, hg. v. Architektur-Galerie am Weißenhof, Stuttgart 1999.

Kat. Stuttgart 2012.
Mythos Atelier. von Spitzweg bis Picasso, von Giacometti bis Nauman, hg. v. Ina Conzen, München 2012.

Kat. Wien 1975.
Karl Schwanzer: Ordnen, planen, gestalten, formen, bauen, Ausstellung anlässlich der Verleihung des großen Österreichischen Staatspreises, hg. v. Karl Fleischer, Wien 1978.

Kat. Wien 2006.
Kunst fürs 20er Haus – 20er Haus für die Kunst, aus der Sammlung des 20. Jahrhunderts der österreichischen Galerie Belvedere, hg. v. Gerbert Frödel, Wien 2006.

Kerber 1999.
Bernhard Kerber: Soest. Morgner, Viegener, Wulff, in: Avantgarden in Westfalen? Die Moderne in der Provinz 1902–1933, hg. v. Sophie Reinhardt, Münster 1999, S. 59–68.

Kiem 2008.
Karl Kiem: Die Freie Universität Berlin (1967–1973), Weimar 2008.

Kilzer 2020.
Tanja Kilzer: Brutalismus an der Universität zu Köln. Die Beton-Bauten des Architekten Rolf Gutbrod, in: Rheinische Heimatpflege 57 (2020), S. 23–38.

King 1984.
Anthony King: The Bungalow. The Production of a global culture, London 1984.

Kirsch 2005.
Rüdiger Kirsch: ... in die Jahre gekommen. Kulturzentrum Reuchlinhaus in Pforzheim, Manfred Lehmbruck 1957–61, in: Deutsche Bauzeitung 11 (2005), S. 54–58.

Klaper 2021.
Elisabeth Klaper: Schule mit jahrhundertelanger Tradition, 21.10.2021, URL: https://www.murrhardter-zeitung.de/nachrichten/schule-mit-jahrhundertelanger-tradition-121009.html [27.02.2023].

Klein 1928.
Alexander Klein: Beiträge zur Wohnfrage, in: Probleme des Bauens, hg. v. Fritz Block, Potsdam 1928, S. 116–145.

Klein 2018.
Alexander Klein: Museum des Museums: Geschichte der deutschen Museen in ihrer Welt, Dresden 2018.

Kleinmanns 2021.
Joachim Kleinmanns: Eine Haltung, kein Stil. Das architektonische Werk von Rolf Gutbrod, Berlin 2021.

Kluthe 2009.
Grit Kluthe: Strukturformen der Modernen Architektur der 50er Jahre in Deutschland. Zum Einfluss der Wechselwirkung der Trag- Konstruktion auf die ästhetische Gestaltung vorbildlicher Bauten aus Düsseldorf und Kassel im Vergleich, Kassel 2009.

Kott 2014.
Christina Kott: The German Museum Curators and the Internationale Museums Office, 1926–1937, in: The German Museum Curators and the International Museums Office, 1926–1937, hg. v. Andrea Meyer / Bénédicte Savoy, Boston 2014, S. 215–218.

Kottjé 2009.
Johannes Kottjé: Bungalows und Atriumhäuser heute, München 2009.

Kottjé 2014.
Johannes Kottjé: Neue Bungalows und Atriumhäuser. Großzügig, komfortabel, lichterfüllt, München 2014.

Klotz 1977.
Heinrich Klotz: Die röhrenden Hirsche der Architektur. Kitsch in der modernen Baukunst, Luzern 1977.

Klotz 1984.
Heinrich Klotz: Moderne und Postmoderne: Architektur der Gegenwart 1960–1980, Braunschweig 1984.

Klotz 1985.
Heinrich Klotz: O. M. Ungers 1951–1984. Bauten und Projekte (Schriften der deutschen Architekturmuseums zur Architekturgeschichte und Architekturtheorie), Braunschweig / Wiesbaden 1985.

Koch 1980.
Georg Friedrich Koch: Museums- und Ausstellungsbauten, in: Architektur II: Profane Bauten und Städtebau (Kunst des 19. Jahrhunderts im Rheinland Bd. 2), hg. v. Werner Bornheim Schilling, Düsseldorf 1980, S. 203–234.

Kraft 1997.
Sabine Kraft: Gropius baut privat: seine Wohnhäuser in Dessau (1925/26) und Lincoln / Massachusetts (1938), Marburg 1997.

Krau / Valletin 2013.
Ingrid Krau / Rainer Vallentin: Das Hansaviertel. Denkmal – Energetische Herausforderungen – kleinteiliges Wohnungseigentum in großen Häusern, München 2013.

Kretzschmar 2017.
Denis Kretzschmar: Vom Wilhelm-Morgner-Haus zum Museum Wilhelm Morgner, in: Denkmalpflege in Westfalen-Lippe 23 (2017), S. 11–16.

Krohn 2014.
Carsten Krohn: Mies van der Rohe das gebaute Werk, Basel 2014.

Krohn 2018.
Carsten Krohn: Hans Scharoun. Bauten und Projekte, Basel 2018.

Krohn 2019.
Carsten Krohn: Walter Gropius. Bauten und Projekte, Basel 2019.

Kuenzli 2019.
Kuenzli, Katherine M.: Henry van de Velde: Designing Modernism, London 2019.

Kuhn 2001.
Gerd Kuhn: Suburbanisierung – Planmäßige Dezentralisierung und „wildes" Siedeln, in: Villa und Eigenheim. Suburbaner Städtebau in Deutschland, hg. v. Tilmann Harlander Stuttgart / München 2001, S. 164–173.

Kühn 2001.
Christian Kühn: Das Schöne, das Wahre und das Richtige (Bauwelt Fundamente 86), Basel 2001.

Kultermann 1959.
Udo Kultermann: Marcel Breuer. Möbelgestalter und Architekt, in: Bauen + Wohnen 13 (1959), S. 1–4.

Lange 2003.
Ralf Lange: Architektur und Städtebau der sechziger Jahre (Schriftenreihe des Deutschen Nationalkomitees für Denkmalschutz, Bd. 65), Bonn 2003.

Larkin / Brooks 1993.
David Larkin / Bruce Brooks: Frank Lloyd Wright, die Meisterwerke. Übersetzt von Antje Pehnt, Stuttgart 1993.

Lavin 1998.
Sylvia Lavin: „Von Architektur zu Environment. Richard Neutra und das Einfamilienhaus der Nachkriegszeit", in: Daidalos 68 (1998), S. 68–75.

Le Corbusier ²1924.
Le Corbusier: Vers une architecture, Paris ²1924. (Deutsch: Hildebrandt, Hans: Kommende Baukunst, Berlin / Leipzig 1926 sowie Ausblick auf eine Architektur, Berlin / Frankfurt / Wien 1963.)

Le Corbusier 1930.
Le Corbusier: Précision sur un état présent de l'architecture et de l'urbanisme. Crès, Paris 1930 (Deutsch: Feststellungen zu Architektur und Städtebau. (Bauwelt Fundamente Band 12), Ullstein / Berlin / Frankfurt am Main / Wien 1964).

Le Corbusier 2001.
Le Corbusier: Ausbilicke auf eine Architektur, in: Programme und Manifeste zur Architektur des 20. Jahrhunderts, hg. v. Ulrich Conrads (Bauwelt Fundamente Bd.1), Basel 2001, S. 56–59.

Le Corbusier/ Jeanneret 2001.
Le Corbusier/ Pierre Jeanneret: 1927. Fünf Punkte zu einer neuen Architektur in: Programme und Manifeste zur Architektur des 20. Jahrhunderts, hg. v. Ulrich Conrads (Bauwelt Fundamente Bd.1), Basel 2001, S. 93–95.

Lechtreck 2020.
Hans-Jürgen Lechtreck: Auf dem Weg in die Stadt. Über die Architektur von Kunstmuseen, in: „Und so etwas steht in Gelsenkirchen…", hg. v. Hans-Jürgen Lechtreck / Wolfgang Sonne / Barbara Welzel, Dortmund 2020, S. 42–57.

Lehmbruck 1964.
Manfred Lehmbruck: „Wilhelm-Lehmbruck-Museum in Duisburg", in: Architektur und Wohnform-Innendekoration 72 H.7 (1964), S. 347–356.

Lepik 2001.
Andres Lepik: Neue Nationalgalerie, in: Die Nationalgalerie, hg.v Peter-Klaus Schuster, Köln 2001, S. 64–69.

Lippold 1983.
Birgit Lippold: Das Ausstellungsgebäude des Mannheimer Kunstvereins, in: Mannheimer Kunstverein: 150 Jahre Mannheimer Kunstverein. 1833–1983, hg. v. Kunstverein Mannheim, Mannheim 1983, S. 38–39.

Loos 2009.
Loos, Adolf: Warum Architektur keine Kunst ist. Fundamentales über scheinbar Funktionales, o.O. 2009 [posthum veröffentlicht].

Lubitz 2012.
Jan Lubitz: Paul Stohrer. Architekt der Wirtschaftswunderzeit, in: Bauwelt 25 (2012), S. 36.

Lupfer 1997.
Gilbert Lupfer: Architektur der fünfziger Jahre in Stuttgart, Bamberg 1997.

Lüchinger 1976.
Arnulf Lüchinger: Strukturalismus: Eine neue Strömung in der Architektur, in: Bauen + Wohnen 30 (1976), S. 5–9.

Lüchinger 1981.
Arnulf Lüchinger: Strukturalismus in der Architektur und Städtebau, Stuttgart 1981.

Lüchinger 1999.
Arnulf Lüchinger: Architekt einer humanen und poetischen Baukunst: Aldo van Eyck zum Gedenken, in: Schweizer Ingenieur und Architekt 117 (1999), S. 136–139.

Mack 1999.
Mack Gerhard: Kunstmuseen: auf dem Weg ins 21. Jahrhundert, Basel / Berlin / Boston 1999.

Mahringer 1970.
Wolfgang Mahringer: Portrait Dr. O. Domnick, in: Ärzteblatt Baden-Württemberg 5 (1970), S. 447–457.

Marquart 2002.
Marquart, Christian: … in die Jahre gekommen – Die Sammlung Domnick in Nürtingen 1967, in: db deutsche bauzeitung, H9/2002, S. 96–100.

Matsukata 1989.
Matsukata, Kojiro: Masterpieces of the National Museum of Western Art, Tokio 1989.

Maurer 1957.
Hans Maurer: Neue Einfamilienhäuser, in: Bauen + Wohnen 11 (1957), S. 73.

May 1957.
Ernst May: Wohnungsbau, in: Handbuch moderner Architektur. Eine Kunstgeschichte der Architektur unserer Zeit vom Einfamilienhaus bis zum Städtebau, Berlin 1957, S. 115–221.

McCoy 1960.
Esther McCoy: Richard Neutra, (Meister der Architektur, Bd. 9), New York 1960.

Meissner 2013.
Irene Meissner: Sep Ruf. 1908–1982, Berlin 2013.

Meyer 1931.
Peter Meyer: Berliner Weltausstellung, in: Das Werk 18 (1931), S. 210–217.

Meyer-Bohe 1982.
Walter Meyer-Bohe: Neue Wohnhäuser, Leinfelden-Echterdingen 1982.

Mielke 1959.
Georg Mielke: Museen und Bibliotheken, Dresden 1959.

Molinari 2017.
Luca Molinari: Der italienische Weg zum Brutalismus. Erfahrungen von Vittoriano Viganò, Giancarlo De Carlo und Gino Valle, in: Brutalismus. Beiträge des internationalen Symposiums in Berlin 2012, hg. v. Wüstenrot Stiftung, Zürich 2017, S. 85–94.

Montana 1990.
Josep Maria Montana: Neue Museen. Räume für Kunst und Kultur, Barcelona 1990.

Mörike ²2013.
Eduard Mörike: Das Stuttgarter Hutzelmännlein, Stuttgart ²2013.

Müller 2004.
Ulrich Müller: Raum, Bewegung und Zeit im Werk von Walter Gropius und Ludwig Mies van der Rohe, Berlin 2004.

Muzurova 2014.
Eva Muzurova: Zu Frank Lloyd Wrights organischer Architektur, in: Neue kunstwissenschaftliche Forschungen 1 (2014), S. 80–87.

Nagel / Linke 1971.
Siegfried Nagel / S. Linke: Bauten für Bildung und Forschung: Museen, Bibliotheken, Institute, Gütersloh 1971.

Nerdinger 2019.
Winfried Nerdinger: Walter Gropius. Architekt der Moderne. 1883–1969, München 2019.

Nestler 1954.
Paolo Nestler: Neues Bauen in Italien, München 1954.

Nestler / Bode 1976.
Paolo Nestler / Peter M. Bode: Deutsche Kunst seit 1960. Architektur, München 1976.

Neumann 2020a.
Dietrich Neumann: Mies van der Rohes Barcelona Pavillon. Hundert Texte seit 1929, Basel 2020.

Neumann 2020b.
Dietrich Neumann: Zufall und Vision. Mies van der Rohes Barcelona Pavillon, Basel 2020.

Neumeyer 1986.
Fritz Neumeyer: Mies van der Rohe. Das kunstvolle Wort, Berlin 1986.

Neumeyer 1991.
Fritz Neumeyer: Oswald Mathias Ungers Architektur 1951–1990, Mailand 1991.

Neutra 1927.
Richard Neutra: Wie baut Amerika?, München 1927.

Neutra 1950.
Richard Neutra: Bauten und Projekte, Zürich 1950.

Neutra 1956.
Richard Neutra: Mensch und Wohnen, Stuttgart 1956.

Newhouse 1998.
Victoria Newhouse: Wege zu einem neuen Museum. Museumsarchitektur im 20. Jahrhundert, Ostfildern-Ruit 1998.

Newman 1961.
Oscar Newman: CIAM 59 in Otterlo, Stuttgart 1961.

Noell 2014.
Matthias Noell: Das Abstrakte und das Konkrete. Abstraktion in der Architektur. Zerstörung der Form, Befreiung der Mittel, in: Das Konkrete und die Architektur, hg. v. Susanne Hauser / Claus Dreyer, Baunach 2014, S. 67–79.

Noell 2018.
Matthias Noell: Zwischen Wohnung und Stadt. Aldo van Eyck und die Suche nach einer humanen und poetischen Architektur, in: Selbstentwurf: das Architektenhaus von der Renaissance bis zur Gegenwart, hg. v. Dietrich Boschung / Julian Jachmann, Paderborn 2018, S. 209–232.

O.N. 1948a.
O.N.: „Haus eines „Lehrers in Kalifornien. Architekt Richard Neutra, Los Angeles", in: Architektur und Wohnform 57 (1948), S. 14–15.

O.N. 1948b.
O.N.: „Haus eines Arztes am Meer. Ein Stahlhaus von Richard J. Neutra, Los Angeles, USA", in: Architektur und Wohnform 57 (1948), S. 16–19.

O.N. 1954.
O.N.: Einfamilienhaus mit Studio in Stuttgart, in: Bauen + Wohnen 8 (1954), S. 148–151.

O.N. 1955.
O.N.: Galerie für Moderne Kunst der Galleria d'Arte Moderne, Mailand. 1953, Iganzio Gardella, Architekt, Mailand, in: Das Werk: Architektur und Kunst 42 (1955), S. 273–277.

O.N. 1956.
O.N.: Wohnhaus in Santa Barbara, Kalifornien, in: Das Werk. Architektur und Kunst 43 (1956), S. 371–373.

O.N. 1957.
O.N.: Wohnbauten für Mohammedaner in Casablanca. Architekten Atbat-Afrique, G. Candilis und S. Woods, in: Das Werk. Architektur und Kunst 44 (1957), S. 166–167.

O.N. 1958.
O.N.: Haus S. in Santa Barbara, Kalifornien, in: Bauen + Wohnen 12 (1958), S. 394–398.

O.N. 1960.
O.N.: Verwaltungsgebäude der Präfektur Kagawa in Takamatsu, in: Bauen + Wohnen 14 (1960), S. 11–17.

O.N. 1961.
O.N.: Nationalmuseums für westliche Kunst in Tokio, in: Das Werk. Architektur und Kunst 48 (1961), S. 226–230.

O.N. 1962a.
O.N.: Corbusier-Museum Eckige Schnecke, in: Der Spiegel 12 (1962), S. 88–89.

O.N. 1962b.
O.N.: Kinderhaus in Amsterdam. Architekt Aldo van Eyck, in: Das Werk. Architektur und Kunst 49 (1962), S. 16–21.

O.N. 1964.
O.N.: Pforzheims Reuchlinhaus, in: Das Kunstwerk. 18 (1964/65), S. 26–28.

O.N. 1965a.
O.N.: Das Wilhelm Lehmbruck-Museum in Duisburg: Architekt Dr. Manfred Lehmbruck, Stuttgart, in: Das Werk. Architektur und Kunst 52 (1965), S. 215–219.

O.N. 1965b.
O.N.: Das Reuchlin-Haus in Pforzheim, in: Werk. Schweizer Monatsschrift für Architektur Winterthur 52 (1965). S. 212–215.

O.N. 1968.
O.N.: Kurs- und Erholungszentrum Feriendorf Fiesch vs: 1967, Architekten Paul Morisod, Jean Kyburz, Edouard Furrer, BSA/SIA, Sion, in: Häuser für die Jugend – Die Landschaft als Kunstwerk 55 (1968), S. 84–87.

Papadagi 1960.
Stamo Papadagi: Oscar Niemyer, (Große Meister der Architektur, Bd. 10), New York 1960.

Pehnt 1960.
Wolfgang Pehnt: Was ist Brutalismus?, in: Das Kunstwerk 14 (1960), S. 19–27.

Pehnt 1983.
Wolfgang Pehnt: Der Anfang der Bescheidenheit. Kritische Aufsätze zur Architektur des 20. Jahrhundert, München 1983.

Pehnt 2002.
Wolfgang Pehnt: Architektenhäuser im 20. Jahrhundert, in: Zeitschrift Köln Architektur 26.04.2002, URL: https://www.koelnarchitektur.de/pages/de/home/news_archiv/645.htm [02.09.2022].

Pehnt 2005.
Wolfgang Pehnt: Deutsche Architektur seit 1900, München 2005.

Pehnt 2009.
Wolfang Pehnt: Gebaute Diplomatie – Der Kanzlerbungalow in seiner Zeit, in: Kanzlerbungalow, hg. v. Stiftung Haus der Geschichte der Bundesrepublik Deutschland, München 2009, S. 10–33.

Petsch 1979.
Joachim Petsch: Die Bauhausrezeption in der Bundesrepublik Deutschland in den fünfziger Jahren, in: Wissenschaftliche Zeitschrift der Hochschule für Architektur und Bauwesen Weimar 26 (1979), S. 433–437.

Pfankuch 1974.
Peter Pfankuch: Hans Scharoun. Bauten, Entwürfe, Texte, Akademie der Künste, Berlin 1974.

Philipp 1995.
Klaus Jan Philipp: Rolf Gutbrod zum 85. Geburtstag, in: Bauwelt 86 (1995), S. 1836.

Philipp 2010.
Klaus Jan Philipp: Beton. Reputationsgeschichte eines Baumaterials, in: Akzeptiert Gott Beton? – Die Ulmer Pauluskirche im Kontext, hg. v. Klaus Jan Philipp, Tübingen / Ulm 2010, S. 9–20.

Philipp 2011a.
Klaus Jan Philipp: Einführung in die internationale Leitbildentwicklung der 1960er und 1970er Jahre, in: Bauten und Anlagen der 1960er und 1970er Jahre, hg. v. Michael Hecker und Ulrich Krings Köln 2011, S. 19–27.

Philipp 2011b.
Klaus Jan Philipp: Rolf Gutbrod. Bauen in den Boomjahren der 1960er, (Schriften des Süddeutschen Archivs für Architektur und Ingenieurbau, Bd. 2), Salzburg / Wien 2011.

Philipp 2013.
Klaus Jan Philipp: Schwerpunkt: Vom Wirtschaftsboom zur Wachstumsgrenze. Bauten der 1960er Jahre, Esslingen 2013.

Philipp 2014.
Klaus Jan Philipp: Festungen zum Wohnen. Einfamilienhäuser und Wohnungen der 1960er Jahre, in: Ein Haus wie ich. Die gebaute Autobiographie der Moderne, hg. v. Salvatore Pisani und Elisabeth Oy-Marra, Bielefeld 2014, S. 289–308.

Pisani 2014.
Salvatore Pisani: Ich-Architektur. Das Haus als gelebte Vita und Alter Ego, in: Ein Haus wie ich. Die gebaute Autobiographie der Moderne, hg. v. Salvatore Pisani und Elisabeth Oy-Marra, Bielefeld 2014, S. 9–40.

Pizonka 2020a.
Sonja Pizonka: Der öffentliche Charakter des Gebäudes. Museum Folkwang, Essen, in: „Und so etwas steht in Gelsenkirchen ...", hg. v. Anna Kloke Klein, Dortmund 2020, S. 104–117.

Pizonka 2020b.
Sonja Pizonka: Begegnung, Umschau und Ausschau. Bauten für Kunst und Kultur im Ruhrgebiet und ihre Standorte, in: „Und so etwas steht in Gelsenkirchen ...", hg. v. Anna Kloke Klein, Dortmund 2020, S. 202–221.

Plüm / Meincke 2013.
Kerstin Plüm / Kerstin Meincke: Mies van der Rohe im Diskurs. Innovationen – Haltungen – Werke, Bielfeld 2013.

Probst 1986.
Hartmut Probst: Illustriertes Werkverzeichnis, in: Walter Gropius. Der Architekt und Theoretiker, hg. v. Hartmut Probst / Christian Schädlich, Berlin 1986, S. 66–291.

Rainer 1948.
Roland Rainer: Ebenerdige Wohnhäuser, Wien 1948.

Reynolds 2001.
Jonathan Reynolds: Maekawa Kunio and the Emergence of Japanese Modernist Architecture, London 2001.

Ricciotti 1985.
Dominic Ricciotti: The 1939 Building of the Museum of Modern Art: The Goodwin-Stone Collaboration, in: The American Art Journal 17 (1985), S. 50–76.

Ricker 2017.
Julia Ricker: Mit Phantasie das Einfachste. 60 Jahre Kunsthalle Darmstadt, in: Monumente (2017), URL: https://www.monumente-online.de/de/ausgaben/2017/3/Kunsthalle-Darmstadt-Theo-Pabst.php#.WVoHIoTyjcs [09.05.2022].

Ridler 2012.
Gerda Ridler: Privat gesammelt – öffentlich präsentiert: Über den Erfolg eines neuen musealen Trends bei Kunstsammlungen. Über den Erfolg eines neuen musealen Trends bei Kunstsammlungen, Bielefeld 2012.

Riese 1986.
Hans-Peter Riese: Glashaus im Verborgenen, in: Deutsche Architektur nach 1945, hg. v. Mathias Schreiber, Stuttgart 1986, S, 73–75.

Riley / Bergdoll 2002.
Terence Riley / Barry Bergdoll: Mies in Berlin: Ludwig Mies van der Rohe, die Berliner Jahre 1907–1938, München 2002.

Rohe 1986.
Ludwig Mies van der Rohe: «Was wäre Beton, was Stahl ohne Spiegelglas?» [1930], in: Fritz Neumeyer, Mies van der Rohe. Das kunstlose Wort: Gedanken zur Baukunst, Berlin 1986, S. 378.

Rohe 2001.
Ludwig Mies van der Rohe: 1920. Über die Form in der Architektur, in: Programme und Manifeste zur Architektur des 20. Jahrhunderts, hg. v. Ulrich Conrads (Bauwelt Fundamente Bd.1), Basel 2001, S. 96–99.

Romeu 2023.
Vera Romeu: Greta und Ottomar Domnick. Ein Leben für die Moderne, in: Die Sammlung Domnick. Ihr Bestand und ihre Bedeutung für die Moderne nach dem Zweiten Weltkrieg, hg. v. Klaus Gereon Beuckers / Charlott Hannig, Petersberg 2023, S. 26–37.

Roos 2004.
Dorothea Roos: Moroshito. Das Sommerhaus des Architekten Paul Stohrer in Dingelsdorf am Bodensee, 1959–61, in: Architectura 34 (2004), S. 201–213.

Rotzler 1959.
Willy Rotzler: Das Kunstgewerbemuseum Zürich und seine Sammlungen, in: Das Werk. Architektur und Kunst 46 (1959), S. 52–59.

Ruf / Warmburg / Swiridoff 2009.
Sep Ruf / Joaquín Medina Warmburg / Paul Swiridoff: Sep Ruf, Kanzlerbungalow, Bonn / Stuttgart 2009.

Ruhl 2013.
Carsten Ruhl: Henry van de Velde, das Bauhaus, der Internationale Stil und die Historiographie der Moderne, in: Prophet des Neuen Stils. Der Architekt und Designer Henry van de Velde, hg. v. Hellmuth Th. Seemann / Thorsten Valk, Weimar 2013, S. 17–32.

Salcher 2012.
Wolfgang Salcher: 20er Haus 3.0. Eine sanfte Metamorphose. Die Geschichte in 3 Teilen, in: Österreichische Zeitschrift für Kunst und Denkmalpflege 66 (2012), S. 141–183.

Salm-Salm 2023.
Marie-Amélie zu Salm-Salm: Die Werke von Pierre Soulages in der Sammlung Domnick, in: Die Sammlung Domnick. Ihr Bestand und ihre Bedeutung für die Moderne nach dem Zweiten Weltkrieg, hg. v. Klaus Gereon Beuckers / Charlott Hannig, Petersberg 2023, S. 130–139.

Sayah 1987.
Amber Sayah: Ein Heldenleben. Der Stuttgarter Architekt Paul Stohrer (1909–1975), in: Bauwelt 84 Heft 31 (1987), S. 1127–1144.

Sayah 2011.
Amber Sayah: Architekt im Wirtschaftswunderland, (Rezension über die Monografie von Ursula Grammel), in: Stuttgarter Zeitung vom 22. Dezember 2011, URL: https://www.stuttgarter-zeitung.de/inhalt.architekt-architekt-im-wirtschaftswunderland.2fab7662-d428-491a-b677-5e7af38b2b6d.html [10.03.2022].

Sbriglio 2008.
Jacques Sbriglio: Le Corbusier: The Villa Savoye, Basel 2008.

Schieder 2005.
Martin Schieder: Im Blick des anderen. Die deutsch-französischen Kunstbeziehungen 1945–1959, Berlin 2005.

Schieder 2023.
Martin Schieder: Neues Weltbild oder Neurose der Zeit? Ottomar Domnick und die Abstraktion zwischen Frankreich und Deutschland, in: Die Sammlung Domnick. Ihr Bestand und ihre Bedeutung für die Moderne nach dem Zweiten Weltkrieg, hg. v. Klaus Gereon Beuckers / Charlott Hannig, Petersberg 2023, S. 38–51.

Schildt 1994.
Göran Schildt: Alvar Aalto. The Complete Catalogue of Architecture, Design and Art, Keuruu 1994.

Schiller 1965.
Friedrich Schiller: Über die ästhetische Erziehung des Menschen in einer Reihe von Briefen, mit einem Nachwort von Käte Hamburg, Stuttgart 1965.

Schirmbeck 1994.
Egon Schirmbeck: Paul Stohrer und das weise, korrekte und großartige Spiel der Formen im Licht, in: Festschrift zum 70. Geburtstag von Antonio Hernandez, hg.v Institut für Architekturgeschichte der Universität Stuttgart, Stuttgart 1994, S. 113–130.

Schittich 2016.
Christian Schittich: Museumsbauten. Handbuch und Planungshilfen, München 2016.

Schmidt-Voges 2015.
Schmidt-Voges: Das Haus in der Vormoderne, in: Das Haus in der Geschichte Europas, hg. v. Roman Bonderer, München 2015, S. 1–18.

Schmitt 1893.
Eduard Schmitt: Gebäude für Sammlungen und Ausstellungen – Archive und Bibliotheken; Museen; Pflanzenhäuser; Aquarien; Ausstellungsbauten (Handbuch der Architektur 4. Bd. Gebäude für Erziehung, Wissenschaft und Kunst, Halbbd. 6. H. 4), Darmstadt 1893.

Schmitz 2016.
Karl-Heinz Schmitz: Form und Funktion im Bibliotheksbau, in: Entwurfsatlas Bibliotheken, hg. v. Nolan Lushington / Wolfgang Rudorf / Liliane Wong, Basel 2016, S. 30–37.

Schneider-Esleben 1954.
Paul Schneider-Esleben: Ebenerdiges Wohnhaus bei Düsseldorf, in: Bauen + Wohnen 8 (1954), S. 369–370.

Schneider-Esleben / Klotz 1987.
Paul Schneider-Esleben / Heinrich Klotz: Paul Schneider-Esleben. Entwürfe und Bauten 1949–1987, Braunschweig 1987.

Schneider-Esleben / Klotz 1996.
Paul Schneider-Esleben / Heinrich Klotz: Paul Schneider-Esleben. Entwürfe und Bauten, Ostfildern-Ruit 1996.

Scholze 2004.
Scholze, Jana: Medium Ausstellung. Lektüren musealer Gestaltung in Oxford / Leipzig / Amsterdam / Berlin / Bielefeld 2004.

Schönecker 2016.
Hanns Schönecker: Hanns Schönecker – Moderne Galerie, Saarbrücken 2016.

Schreiber 1986.
Mathias Schreiber: Deutsche Architektur nach 1945, Stuttgart 1986.

Schulte 2001.
Sabine Schulte: Das deutsche Hygiene-Museum in Dresden von Wilhelm Kreis, Diss. Bonn 2001 [online publiziert].

Schultz 1999.
Anne-Catrin Schultz: Der Schichtungsprozess im Werk von Carlo Scarpa. Eine Untersuchung der Hintergründe von Entwurfsmethodik und Kompositionsstrategie Carlo Scarpa's, Stuttgart 1999.

Schwanzer 1964.
Schwanzer, Karl: Wiener Bauten: 1900 bis heute, Wien 1946.

Schwanzer / Pogoreutz 2021.
Caroline Schwanzer / Mirko Pogoreutz: Leidenschaftlich modern – Karl Schwanzer und seine Architektur. Eine Anthologie in Fotographien, Basel 2021.

Schwarz 1947–49.
Felix Schwarz: Betrachtung zum individuellen Wohnhausbau, in: Bauen + Wohnen 1–5 (1947–49), S. 1–3.

Schweizer / Selg 1957.
Otto Ernst Schweizer / Karl Selg: Einfamilienhäuser, in: Handbuch moderner Architektur. Eine Kunstgeschichte der Architektur unserer Zeit vom Einfamilienhaus bis zum Städtebau, hg. v. Reinhard Jaspert, Berlin 1957, S. 223–307.

Sewing 2003
Werner Sewin: Bildregie. Architektur zwischen Retrodesign und Eventkultur, Basel / Berkin / Boston 2003.

Seyfert 2008.
Susann Seyfert: Das Haus der Sammlung Domnick in Nürtingen, Oberensinger Höhe, in: Denkmalpflege in Baden-Württemberg 37 (2008), S. 113–114.

Sheehan 2002.
James J. Sheehan: Geschichte der deutschen Kunstmuseen. Von der fürstlichen Kunstkammer zur modernen Sammlung, München 2002.

Sheridan 2017.
Michael Sheridan: Louisana – architektur og landskab, Louisana 2017.

Siegel 1960.
Curt Siegel: Strukturformen der modernen Architektur, München 1960.

Simsek 2019.
Onur Simsek: Oscar Niemeyer – Architektur als ein metafunktionales Spektakel, in: Vergleichende Architektur- und Bauforschung. Ein Forschungs- und Lehrmotte. Eine Festschrift für Erich Lehner, hg. v. Renate Bornberg / Ulrike Herbig, Wien 2019, S. 149–160.

Smithson 1955.
Alison und Peter Smithson: Collective Housin in Marocco, in: Architectural Design 25 (1955), S. 2–8.

Spaeth 1986.
David Spaeth: Mies van der Rohe. Der Architekt der technischen Perfektion, Stuttgart 1986.

Stabenow 2000.
Jörg Stabenow: Architekten wohnen. Ihre Domizile im 20. Jahrhundert, Berlin 2000.

Stach 2021.
Edgar Stach: Renzo Piano. Raum – Detail – Licht, Basel 2021.

Stalder 2017.
Laurent Stalder: Vor der New Brutalism. Die Schule in Hunstanton von Alision und Peter Smithson, in: Brutalismus. Beiträge des internationalen Symposiums in Berlin 2012, hg. v. Wüstenrot Stiftung, Zürich 2017, S. 129–136.

Stephan 2008a.
Regina Stephan: Theo Pabst (1905–1979): Architektur im Kontinuum über alle Zeiten, Baunach 2008.

Stephan 2008b.
Regina Stephan: Kunsthalle Darmstadt 1956/57, in: Theo Pabst (1905–1979): Architektur im Kontinuum über alle Zeiten, hg. v. Regina Stephan, Baunach 2008, S. 80–85.

Stephan 2021.
Regina Stephan: Der Abriss des Wohnhauses Theo und Grete Pabst in Darmstadt, in: Bauwelt 61 (2021), S. 44–47.

Stirling 1984.
James Stirling: James Stirling. Bauten und Projekte 1950–1953, Stuttgart 1984.

Stockhausen 1998.
Tilmann von Stockhausen: Der gescheiterte Mäzen? Ottomar Domnick und die Stuttgarter Staatsgalerie, in: Mäzenatisches Handeln. Studien zur Kultur des Bürgersinns in der Gesellschaft (Bürgerlichkeit, Wertewandel, Mäzenatentum Bd. 1), hg. v. Thomas W. Gaethgens und Martin Schieder Berlin 1998, S. 179–195.

Stohrer 1967.
Paul Stohrer: Die Sammlung Domnick – eine architektonische Aufgabe und ihre Lösung, in: Dabei, Blätter der Kulturgemeinschaft des DGB, 1967, S. 23.

Stoppioni 2014.
Benedetta Stoppioni: Planungsphasen des Lehmbruck Museums, in: Eine große Idee. 50 Jahre Lehmbruck Museum, hg. v. Söke Dinkla, Duisburg 2014, S. 110–115.

Syamken 1970.
Georg Syamken: Die Kunsthalle der Stadt Bielefeld, in: Kunst und Museum. Beiträge für Alfred Hentzen, hg.v Hans Werner Grohn / Wolf Stubbe, Hamburg 1970, S. 266–276.

Tange / Kultermann 1987.
Kenzo Tange / Udo Kultermann: Kenzo Tange, Zürich 1987.

Teirlink 1959.
Herman Teirlink: Henry van de Velde, Brüssel 1959.

Timm 2011a.
Christoph Timm: Architektur – Reuchlinhaus. Kulturerbe der Moderne (Pforzheimer Stadtrundgänge Bd. 3), Basel 2011.

Timm ²2011b.
Christoph Timm: „Von einer Welt in eine vollkommen andere" 50 Jahre Reuchlinhaus in Pforzheim, in: Denkmalpflege in Baden-Württemberg 40 (2011), S. 135–142.

Thome 2015.
Markus Thome: Narrativer Überbau. Museumsarchitektur und Raumgestaltungen in Formen einer nationalen Baukunst, in: Die Musealisierung der Nation. Ein kulturpolitisches Gestaltungsmodell des 19. Jahrhunderts, hg. v. Constanze Breuer / Bärbel Holtz / Paul Kahl / Markus Thome, Berlin 2015, S. 201–236.

Tøjner 2008.
Poul Erik Tøjner: Louisiana. Museum for Moderne Kunst, Daenisch 2008.

Tönnesmann 1992.
Andreas Tönnesmann: Im Dritten Reich, in: Hans Scharoun. Architekt in Deutschland 1893–1972, hg. v. Christine Hoh-Slodczyk / Norbert Huse / Günther Kühne / Andreas Tonnesmann, München 1992, S. 46–77.

Trost 1961.
Klara Trost: Landhaus und Bungalow. Beispiele moderner Eigenhäuser im In- und Ausland mit einer Einführung, Frankfurt a. M. 1961.

Tzonis 2005.
Alexander Tzonis: Experiment im Blick von 1968. Shadrach Woods Verteidigung seines Entwurfs, in: Bauwelt 34 (2005), S. 28–29.

Tzōrtzi 2015.
Kalē Tzōrtzi: Museum space. Where architecture meets museology, Farnham 2015.

Ungers 1983.
Liselotte Ungers: Die Suche nach einer neuen Wohnform: Siedlungen der zwanziger Jahre damals und heute, Stuttgart 1983.

Velde 1969.
Henry van de Velde: Studien zur Architektur und Architekturtheorie Henry van de Veldes, Göttingen 1969.

Velde 1986.
Henry van de Velde: Geschichte meines Lebens, München 1986.

Vetter 2019.
Andreas Vetter: Hermetische Architektur: Überlegungen zu einer grundsätzlichen Dimension, Boston 2019.

Vieregg 2008.
Hildegard K. Vieregg: Geschichte des Museums. Eine Einführung, München 2008.

Vogel 2003.
Klaus Vogel: Das Deutsche Hygienemuseum Dresden 1911–1990, Dresden 2003.

Vogt 1965.
Paul Vogt: Museum Folkwang Essen, in: Wallraf-Richartz-Jahrbuch 27 (1965), S. 449–453.

Volberg 2019.
Claudia Verena Volberg: Bedeutungsträger Beton – Potenziale der Materialsemantik am Beispiel von Großwohnbauten der 1960er und 1970er Jahre, Diss. Dortmund 2019 [online publiziert].

Volmer 2016.
Lutz Volmer: Musealisierte Häuser. Bausubtanz, Ideologien, Gründungspersönlichkeiten, Münster / New York 2018.

Wagner 2006.
Sebastian Wagner: Manfred Lehmbruck. Ein Architekt der Moderne, Diss. Weimar 2006 [masch.].

Waidacher 1999.
Friedrich Waidacher: Handbuch der Allgemeinen Museologie, Göttingen 1999.

Wandel-Hoefer 1989.
Rena Wandel-Hoefer: Zur Architektur Richard Neutras: eine Analyse seines theoretischen Werkes und der Umsetzung in seinen Bauten, Darmstadt 1989.

Warmburg 2009.
Joaquín Medina Warmburg: Transatlantischer Bungalow, in: Sep Ruf, Kanzlerbungalow, Bonn, hg. v. Wüstenrot Stiftung und Stiftung Haus der Geschichte der Bundesrepublik Deutschland, München 2009, S. 16–23.

Wefing 2009.
Heinrich Wefing: Der Kanzlerbungalow im internationalen Vergleich, in: Kanzlerbungalow, hg. v. Stiftung Haus der Geschichte der Bundesrepublik Deutschland, München 2009, S. 34–49.

Wegers 2023.
Raphaela Wegers: Die Architektur des Sammlungshauses Domnick in Nürtingen, in: Die Sammlung Domnick. Ihr Bestand und ihre Bedeutung für die Moderne nach dem Zweiten Weltkrieg, hg. v. Klaus Gereon Beuckers / Charlott Hannig, Petersberg 2023, S. 88–99.

Weisberg 2013.
Gabriel P. Weisberg: Judenstil und Japanismus. Zur Katagami-Rezeption im Frühwerk van de Velde, in: Prophet des Neuen Stils. Der Architekt und Designer Henry van de Velde, hg. v. Hellmuth Th. Seemann / Thorsten Valk, Weimar 2013, S. 33–52.

Weston 1997.
Richard Weston: Alvar Aalto, London 1997.

Weston 2002.
Richard Weston: Das Haus im 20. Jahrhundert, München 2002.

Wex 2006.
Norbert Wex: Der lange Weg zum Morgnerhaus, in: Soester Schau-Plätze. Historische Orte neu erinnert. Festschrift zum 125-jährigen Bestehen des Vereins für Geschichte und Heimatpflege (Soester Beiträge Bd. 59), hg. v. Norbert Wex, Soest 2006, S. 261–267.

Wieschemann / Gatz 1968.
Paul Gerhard Wieschemann / Konrad Gatz: Betonkonstruktion im Hochbau, Augsburg 1968.

Wingler 1965.
Hans Wingler: Die Neue Architektur und das Bauhaus. Grundzüge und Entwicklung einer Konzeption, Mainz 1965.

Wipfer 2021.
Ester Pia Wipfer: Das Künstleratelier zwischen Kulturtourismus, Empire und Denkmalpflege, in: Kunstchronik 74 (221), S. 538–544.

Wittig 1978.
Albrecht Wittig: Zum Wettbewerbsentwurf Kultur- und Kommunikationszentrum Gelsenkirchen-Buer, Januar 1978, S. 1, Baukunstarchiv NRW.

Wolk 1992.
Johannes van der Wolk: Auf Sand gebaut. Henry van der Velde, das Ehepaar Kröller-Müller und die Museumsvision, in: Henry van de Velde: ein europäischer Künstler seiner Zeit, hg. v. Klaus-Jürgen Sembach, Köln 1992, S. 379–396.

Wright 1986.
Frank Lloyd Wright: Ausgeführte Bauten und Entwürfe, Tübingen 1986 (Nachdruck Berlin 1910).

Zapf 1999.
Katrin Zapf: Haushaltsstrukturen und Wohnverhältnisse, in: Geschichte des Wohnens. 1945 bis heute Aufbau, Neubau, Umbau Bd. 5, hg. v. Ingeborg Flagge, Stuttgart 1999, S. 563–614.

Zaugg 2022.
Maxime Zaugg: Building Agadir, in: Agadir. Building the Modern Afropolis, hg. v. Tom Avermaete / Maxime Zaugg, Zürich 2022, S. 105–248.

Zevi ⁴1998.
Bruno Zevi: Frank Lloyd Wright, Basel ⁴1998.

Zietzschmann 1954.
Ernst Zietzschmann: Einfamilienhaus eines Arztes in der kalifornischen Wüste, in: Bauen + Wohnen 8 (1954), S. 362–365.

Zietzschmann 1955.
Ernst Zietzschmann: Eigenheim eines Architekten in Saarbrücken, in: Bauen + Wohnen 9 (1955), S. 428–432.

Zietzschmann 1957.
Ernst Zietzschmann: Wohnhaus K. in Köln, in: Bauen + Wohnen 11 (1957), S. 87–89.

Zietzschmann 1966.
Ernst Zietzschmann: Wohnhaus „Casa Tuja" am Waldhang des Monte Vertià in Ascona, in: Bauen + Wohnen 20 (1966), S. 489–504.

Abbildungsnachweis

Angegeben sind die Abbildungsnummern und bei Abbildungen ohne Nummern die jeweilige Seitenzahl im Buch.

ASD (Archiv Sammlung Domnick): 1–20, 22–23, 25, 29, 58–61c, 78, 80, 140
In Anlehnung an ASD: 21, 24, 28
Adlbert 2009, S. 112: 103
Bayerl, Günther: 30, S. 8/9, S. 214/215
Bewobau 1963: 122
Bistum Mainz (zur Verfügung gestellt): 149a–c
Blake 1996, S. 27: 97
Brawne 1965, S. 36: 91a–c
Curtis 1987, S. 63: 109
Curtis 1987, S. 86: 117
Curtis 1987, S. 94: 118
Curtis 1987, S. 111: 119a
Curtis 1987, S. 164: 119b
Curtis 1989, S. 68: 139
Curtis 1989, S. 93: 112
Curtis 1989, S. 128: 120
Curtis 1989, S. 343: 136
Curtis 1989, S. 347: 137
Curtis 1989, S. 291: 141
Deck 2013, S. 229: 150a
Deck 2013, S. 230: 150b
Denkinger 2019, S. 204: 142
Denkinger 2019, S. 232: 144a
Denkinger 2019, S. 240: 144b
Driller 1998, S. 157: 125a
Driller 1998, S. 159: 125b
Eckstein 1965, S. 194–195: 95
Escher 2009, S. 10: 84
Feig 1963, S. 213: 92a–b
Feig 1963, S. 259: 75
Grammel 2012, S. 86: 68
Grammel 2012, S. 88: 66a, 66b
Grammel 2012, S. 97: 62

Grammel 2012, S. 101–102: 63a–c
Grammel 2012, S.105: 64a
Grammel 2012, S. 109: 64b
Grammel 2012, S.116: 65
Grammel 2012, S. 212: 67
Günter Bayerl: 30
Henley 2017, S. 97: 135
Hess 2006, S. 25: 128
Hess 2006, S. 32: 129
Jesberg 1964, S. 58: 90a–c
Joedicke 1990, S. 95: 145
Kat. Frankfurt a.M. 2017 (Azazi Chouni, S. 52): 146a
Kat. Frankfurt a.M. 2017 (Azazi Chouni, S. 57): 146b
Kat. Frankfurt a.M. 2017 (Azazi Chaouni, S. 54): 147, 148
Klotz 1985, S. 127: 143
Klotz 1996, S. 138: 151
Krohn 2014, S. 24–25: 73
Krohn 2014, S. 58: 107
Krohn 2014, S. 76: 100b
Krohn 2014, S. 96: 101a–b
Krohn 2014, S. 159: 102a–b
Krohn 2018, S. 86: 132
Krohn 2018, S. 117: 133
Krohn 2018, S. 181: 134
Larkin/Brooks 1993, S. 82: 113
Larkin/Brooks 1993, S. 98: 114a
Larkin/Brooks 1993, S. 99: 114b
Larkin/Brooks 1993, S. 152: 115a–b
Larkin/Brooks, S. 156: 116a
Larkin/Brooks, S. 158: 116b
Larkin/Brooks, S. 160: 116c
Meyer-Bohe 1982, S. 27: 105
Nagel/Linke 1971, S. 9: 83a
Nagel/Linke 1971, S. 36: 86
Nagel/Linke 1971, S. 57: 85a
Nagel/Linke 1971, S. 58: 85b
Nagel/Linke 1971, S. 60: 82a
Nagel/Linke 1971, S. 61: 82b
Nagel/Linke 1971, S. 67: 76a

Nagel/Linke 1971, S. 69: 76b
Nagel/Linke 1971, S. 71: 77a
Nagel/Linke 1971, S. 72: 77b
Nagel/Linke 1971, S. 74: 88, 96a
Nagel/Linke 1971, S. 75: 96b
Nagel/Linke 1971, S. 77: 87
Nagel/Linke 1971, S. 81: 89a–b
Nagel/Linke 1971, S. 94: 81
Nagel/Linke 1971, S. 97: 93b
Nagel/Linke 1971, S. 98: 93a
Nagel/Linke 1971, S. 99: 93c
Nagel/Linke 1971, S. 104: 95a
Nagel/Linke 1971, S.105: 95b
Nagel/Linke 1971, S. 106: 95c2
Neumeyer 1991, S. 144: 152a–b
O.N. 1961, S. 185: 94
Pfankuch 1974, S. 67: 131
Pfankuch 1974, S. 102: 130
Schneider-Esleben 1954, S. 369: 104
Setinert: Vorsatz, Nachsatz, S. 10
Spaeth 1986, S. 56: 100a
Spaeth 1986, S. 148: 78a
Spaeth 1986, S. 149: 78b
Syamken 1970, Abb. 128: 83b
Teirling 1959, Abb. 20: 74a
Teirling 1959, Abb. 21: 74b
Tzōrtzi 2015, S. 19: 69–72
Wegers, Raphaela [02.2022]: Umschlag, 26–27, 31–56
Weston 1997, S. 86: 124
Weston 1997, S. 97: 123a–b
Weston 2002, S. 40: 108
Weston 2002, S. 55: 110
Weston 2002, S. 108: 127a
Weston 2002, S. 109: 127b
Weston 2002, S. 112: 138
Weston 2002, S. 138: 111a
Weston 2002, S. 139: 111b
Weston 2002, S. 154: 126
Zietzschmann 1954, S. 362: 121a–b
Zietzschmann 1955, S. 430: 106
Zietzschmann 1957, S. 89: 99